묵시록 계현

―묵시록 17·18·19·20·21장 영해(靈解)―

예 수 인

묵시록계현 [4]
―묵시록 17·18·19·20·21장 영해(靈解)―

E. 스베덴보리 지음
이 영 근 옮김

예 수 인

THE APOCALYPSE REVEALED

by

EMANUEL SWEDENBORG

차 례

옮긴이의 머리말 · 15
저자의 서문 · 19

묵시록 17장 ··23
　제 17장 본문(17장 1-18절) · 23
　제 17장 간추린 영적인 뜻(17장 1-18절) · 24
　　　전장의 간추린 대의 · 24
　　　각절의 간추린 대의 · 25
　제 17장 상세한 영적인 해설(17장 1-1절) · 30

묵시록 18장 ··87
　제 18장 본문(18장 1-24절) · 87
　제 18장 간추린 영적인 뜻(18장 1-24절) · 90
　　　전장의 간추린 대의 · 90
　　　각절의 간추린 대의 · 91
　제 18장 상세한 영적인 해설(18장 1-24절) · 99

묵시록 19장 ··195
　제 19장 본문(19장 1-21절) · 195
　제 19장 간추린 영적인 뜻(19장 1-21절) · 197
　　　전장의 간추린 대의 · 197
　　　각절의 간추린 대의 · 197
　제 19장 상세한 영적인 해설(19장 1-21절) · 203

묵시록 20장 ··266
　제 20장 본문(20장 1-15절) · 266
　제 20장 간추린 영적인 뜻(20장 1-15절) · 267
　　　전장의 간추린 대의 · 267
　　　각절의 간추린 대의 · 267
　제 20장 상세한 영적인 해설(20장 1-15절) · 272

묵시록 21장···322
    제 21장 본문(21장 1-26절)·322
    제 21장 간추린 영적인 뜻(21장 1-26절)·324
        전장의 간추린 대의·324
        각절의 간추린 대의·324
    제 21장 상세한 영적인 해설(21장 1-26절)·332

이 책에 인용된 저자의 서명들

표기된 서명	영문서명(原名)
주님론*	the Doctrine of the New Jerusalem concerning the Lord
성서론*	the Doctrine of the New Jerusalem concerning the Sacred scripture
생활론*	the Doctrine of the New Jerusalem from the Ten commandments
믿음론*	the Doctrine of the New Jerusalem concerning Faith
천계비의	Arcana Coelestia
섭리론	the Angelic wisdom concerning the Divine Providence
천계와 지옥	Heaven and Hell
신령사랑과 신령지혜	the Angelic wisdom concerning the Divine Love and the Divine Wisdom

* 이 책들은 ≪새로운 교회의 사대교리≫(四大敎理)라는 서명으로 <도서출판 · 예수인>에서 2003년에 출판하였다. (역자 주)

옮긴이의 머리말

찬미 예수!
주님께서 우리 사람들에게 그분의 말씀, 즉 성언(聖言·the Word)을 주신 목적을 성경은 이렇게 밝히고 있습니다. 먼저 구약의 시편서의 말씀입니다.

> 다음 세대가 읽도록
> 주께서 하신 일을 기록하여라.
> 아직 창조되지 않은 백성이,
> 그것을 읽고 주를 찬양하도록 하여라.
> (시편 102 : 18)

신약의 요한복음서의 말씀입니다.

> 예수께서는 이 책에 기록하지 않은 다른 많은 표적도 제자들 앞에서 행하셨다. 그런데 여기에 이것이나마 기록한 목적은, 여러분으로 하여금, 예수가 그리스도요 하나님의 아들이심을 믿게 하고, 또 그렇게 믿어서 그의 이름으로 생명을 얻게 하려는 것이다.
> (요한 20 : 30, 31)

신약의 서간문의 말씀입니다.

> 무엇이든지, 전에 기록한 것은 우리에게 교훈을 주려고 한 것이며, 성경이 주는 인내와 위로로써, 우리로 하여금 소망을 가지게 하려고 한 것입니다.
> (로마 15 : 4)
> 이런 일이 그들에게 일어난 것은, 본보기가 되게 하려는 것이며, 그것들이 기록된 것은, 말세를 만난 우리에게 경고가 되게 하려는 것입니다.
> (고린도 전서 10 : 11)

그리고 우리의 본문 성경인 묵시록서는 그 책 서두에서 이렇게 밝히고 있습니다.

요한은, 하나님의 말씀과 예수 그리스도의 증거, 곧 자기가 본 것을 다 증언하였습니다. 이 예언의 말씀을 읽는 사람과 듣는 사람과 그 안에 기록되어 있는 것을 지키는 사람이 복이 있습니다. 그 때가 가까웠기 때문입니다.
(묵시록 1 : 2, 3)

  저자의 저서들을 읽으신 분들께서는 잘 아시고 계시듯이, 저자 스베덴보리 선생님께서는 요한의 "묵시록"의 영해를 서명이 각각 다른 두 책들로 저술하였습니다. 그 하나는 ≪묵시록 해설≫(黙示錄 解說・the Apocalypse Explained)이고, 다른 하나는 ≪묵시록 계현≫(黙示錄 啓顯・the Apocalypse Revealed)입니다. 독자 여러분들께서는 이미 전자의 책(=묵시록 해설)은 완역된 것은 아니고 부분적이지만(묵시록 1-5장까지) 이미 읽으셨습니다.* 그리고 ≪묵시록 해설≫을 발간하게 된 동기와 목적도 그 책의 "옮긴이의 머리말"에서 이미 언급하였기 때문에 다시 부연하지 않겠습니다.
  그러나 이 책, 즉 ≪묵시록 계현≫(黙示錄 啓顯)이라는 책명에 관해서는 말씀드리겠습니다. 이 책 ≪묵시록 계현≫은 일본 사람들이 사용한 책명입니다. "계현"이라는 낱말은 우리의 한글사전에는 나오지 않는 생소한 낱말이지만, 그럼에도 불구하고 이 낱말을 그대로 사용하는 것은, 이미 우리나라에 소개된 선생님의 책들에서 "묵시록 계현"이라는 낱말을 사용하였고, 그리고 다른 낱말을 사용할 경우, 혹시 혼돈이 있을 것 같아서 그대로 사용했음을 밝힙니다. 이 책을 먼저 번역하신 정인보 목사는 이 책명을 ≪요한 계시록 풀이≫라고 하였고, ≪묵시록 계현≫의 번안(飜案)이지만, 이모세 목사는 ≪요한 묵시록 영해≫라는 책명을 사용하였습니다. 따라서 옮긴이가 번역하기에 앞서 두 권의 책이 번역되어 발간되었다는 것도 말씀드리고, 본서 ≪묵시록 계현≫을 읽으시면서, 앞서의 두 책도 참고하시면, 저자의 해설내용을 이해하시는데, 도움이 될 것으로 생각됩니다.
  어찌되었든, 서두에서 밝혔듯이, 성경말씀(聖言)이 우리 사람에게는 필수적이고, 당연지사(當然之事)인 것은 우리 사람이 예수 그리스도를

---

* <도서출판・예수인>에서는 이영근・박예숙의 옮김으로 ≪묵시록 해설≫의 책명으로 1-3권 세 권의 책을 발간하였다. (역자 주)

바르게 알고, 믿고, 그분의 이름(=가르침)으로 생명을 얻게 하려는 것이다는 목적의 터전 위에서, 그리고 그 말씀을 통하여 중생한 사람으로 말씀을 바르게 깨닫고, 그 말씀에 순종하여 주님을 찬양하고, 고백하고, 성경말씀이 가리키는 복(福)인 "구원의 역사"가 우리 주님으로부터 독자 여러분에게, 그리고 한국교계에 충만하게 있으시기를 기도드립니다. 그리고 이 책이 그런 일에 도움이 된다면 더할 나위 없는 영광으로 삼겠습니다.

  이 책을 번역, 발간하는데, 동기를 부여하신 경북 상주에서 목회하시는 김재훈 목사님에게 감사의 말씀을 드리고, 또 말씀드리지만, 어려운 가운데서 word processing에 수고하시는 조근휘 목사님에게, 그리고 시간적으로 경제적으로 도움을 아끼지 않는 라정채 전도사님에게도 감사의 말씀을 드립니다.

  독자 제현의 충고와 조언에 감사의 말씀도 드립니다.

  감사합니다.

2009년 8월 15일
예수+교회 제일예배당 서재에서
이 영 근

저자의 서문

묵시록 해설(黙示錄 解說)에 노력한 사람들이 많이 있습니다. 그러나 지금까지 성언의 영의(聖言靈意)가 열려지지 않았기 때문에 그들은 거기에 숨겨져 있는 비의(秘義)를 볼 수가 없었습니다. 왜냐하면 오직 영적인 뜻만이 이런 것들을 드러내 보여 줄 수 있기 때문입니다. 이런 이유 때문에 많은 해석자(解釋者)들은 다종다양한 것들을 억측(臆測)하였고, 그리고 그들의 대부분은 교회적인 사건들에 관해서 역시 어떤 것들을 뒤섞는 일을 하면서 거기에 내포된 수많은 것들을 제국적인 상태들(帝國·the states of empires)에 적용하였습니다. 그러나 ≪묵시록서≫ (the Apocalypse)는, 성언 전체와 같이, 최소한 성언의 영적인 뜻으로 이 세상적인 것들을 다루지 않고, 오히려 천계적인 것들(heavenly things)을 다루고 있습니다. 따라서 제국이나, 여러 왕국들에 속한 것들을 다루고 있지 않고, 천계(天界)나 교회(敎會)에 속한 것들을 다루고 있다는 것입니다. 주지하여야 할 것은, 1758년 런던(London)에서 출판된 작은 책자에서 그것에 관해서 읽을 수 있는 1757년 영계에서 수행된 "최후심판"(最後審判·the Last Judgment) 이후, 기독교인들로 말미암아 하나의 새로운 천계(a New Heaven)가 형성되었다는 것인데, 그러나 이들은, 마태복음서 28장 18절에 기술된 주님의 말씀에 일치하여 천지(天地)의 하나님으로서 주님(the Lord)을 오직 영접, 수용할 수 있는 자들이었고, 그리고 이 세상에서는 동시에 자신의 악행들을 회개하였던 자들이었습니다. 이 새로운 천계로부터 "새 예루살렘"을 가리키는 이 땅의 새로운 교회(the New Church)가 하강(下降)하고 있고, 또한 하강할 것입니다. 이 교회가 오직 주님만을 시인(是認)할 것이다는 것은 묵시록서의 장절들에게서 아주 명료합니다. 묵시록서의 말씀입니다.

일곱 천사가 마지막 때에 일곱 재난이 가득 담긴 일곱 대접을 가졌는데, 그 가운데 하나가 나에게로 와서 말하기를 "이리로 오너라. 어린 양의 아내인 신부를 너에게 보여 주겠다" 하고, 나를 성령으로 휩싸서 높고 큰 산 위로 데리고 가서, 하나님께로부터 하늘에서 내려오는 거룩한 도시 새 예루살렘을 보여 주었습니다.
(묵시록 21 : 9, 10)

그리고 또 다른 곳에서는—.

("할렐루야,
주 우리의 하나님,
전능하신 분께서 왕권을 잡으셨다.)
기뻐하고 즐거워하며,
하나님께 영광을 돌리자.
어린 양의 혼인날이 이르렀다.
그의 신부는 단장을 끝냈다.……
또 그 천사가 나에게 말하였습니다. "어린 양의 혼인 잔치에 초대를 받은 사람에게는 복이 있다고 기록하여라."
(묵시록 19 : 7, 9)

거기에 새로운 천계(a New heaven)가 있다는 것, 그리고 거기에서부터 새로운 교회가 하강할 것이라는 것 등은 그 책의 이런 말씀들로부터 명확합니다.

나는 새 하늘과 새 땅을 보았습니다. 이전의 하늘과 이전의 땅이 사라지고, 바다도 없어졌습니다. 나는 또, 거룩한 도시 새 예루살렘이 남편을 위하여 단장한 신부와 같이 차리고, 하나님께로부터 하늘에서 내려오는 것을 보았습니다.……그 때에 보좌에 앉으신 분이 말씀하셨습니다. "보아라, 내가 모든 것을 새롭게 한다." 또 말씀하셨습니다. "기록하여라. 이 말은 신실하고 참되다."
(묵시록 21 : 1, 2, 5)

"새 하늘"(the New Heaven)은 기독교인들에게서 비롯된 "새로운 천계"(a New heaven)를 가리킵니다. 그리고 이 "새 예루살렘"은 새로운 천계와 더불어 한 몸처럼 행동할 이 땅의 "새로운 교회"(the New Church)를 가리킵니다. 여기서 "어린 양"(the Lamb)은 신령인간(神靈人間・神靈人性・the Divine Human)의 측면에서 주님을 가리킵니다.

여기에 예증(例證)을 위하여 몇 가지 내용을 부연하고자 합니다. 기독교인의 천계(the Christian Heaven)는 고대의 천계들(the Ancient Heavens) 아래에 있습니다. 그 천계에는 주님께서 이 세상에 계셨던 주님의 때로부터 세 분 인격들 하의 한 분 하나님(one God under three person)을 예배하였고, 그리고 동시에 세 하나님들(=三神·three Gods)의 개념을 가지지 않았던 자들이 허입(許入)되었습니다. 그리고 이것은 기독교계에 세 분의 삼위일체(三位一體·the Trinity of Persons)를 수용하였기 때문입니다. 그러나 주님의 인성에 관해서 다른 사람의 인성 이상으로 다른 개념을 결코 가지고 있지 않는 자들은 새 예루살렘의 믿음을 영접, 수용할 수 없습니다. 다시 말하면 주님(the Lord)께서 유일하신 하나님(the only God)이시고, 그 분 안에 삼일성(三一性·the Trinity)이 존재한다는 그 믿음을 수용할 수 없습니다. 이런 이유 때문에 이런 사람들은 분리되어야 하였고, 변방(邊方)으로 쫓겨나야 했습니다. 나에게는 최후심판이 있은 뒤, 그들의 분별들과 옮김(移動)들을 보는 것이 허락되었습니다. 왜냐하면 온 천계(the whole heaven)는 올바른 하나님 개념(=올바른 신관·a just idea of God) 위에 기초하고 있고, 그리고 지상의 모든 교회와 일반적인 모든 종교가 그 위에 세워졌기 때문입니다. 그리고 올바른 신관에 의하여 결합(結合)이 있고, 그리고 그 결합에 의하여 빛(光明)·지혜(智慧)·영원한 행복(永福)이 있기 때문입니다.

어느 누구나 반드시 볼 수 있는 것은 《묵시록서》는 주님 이외에는 결코 설명될 수 없다는 것입니다. 왜냐하면 그 책 안에 있는 각각의 말씀은 비의(祕義·arcana)를 담고 있기 때문인데, 그 비의는 개별적인 조요(照耀·敎化·enlightenment), 따라서 특별한 계시(啓示·revelation) 없이는 결코 알려질 수 없기 때문입니다. 그러므로 주님께서는 나의 영적인 시각(the sight of my spirit)을 여시고, 나에게 가르치시는 것을 무척 기뻐하셨습니다. 따라서 나 자신으로부터 거기에 내포된 어떤 것도 내가 취하지 않았다는 것도 믿으십시오. 또한 어느 천사에게서 취한 것이다는 것도 믿지 마시고, 오직 주님에게서 취한 것이다는 사실만을 믿으십시오. 주님께서는 역시 천사를 통하여 요한 사도에게 이렇게 말씀하셨습니다.

이 책에 적힌 예언의 말씀을 봉인하지 말아라.

(묵시록 22 : 10)

이 장절은 예언의 말씀들이 명확하게 드러날 것이다는 것을 뜻합니다.

제 17장 본   문(17장 1-18절)

1 대접 일곱 개를 가진 그 일곱 천사 가운데 하나가 와서, 나에게 "이리로 오너라. 큰 바다 물 위에 앉은 큰 창녀가 받을 심판을 보여 주겠다.

2 세상의 왕들이 그 여자로 더불어 음행을 하였고, 땅에 사는 사람들이 그 여자의 음행의 포도주에 취하였다" 하고 말하였습니다.

3 그리고 그 천사는 성령으로 나를 휩싸서, 빈 들로 데리고 갔습니다. 나는 한 여자가 빨간 짐승을 타고 앉아 있는 것을 보았는데, 그 짐승은 하나님을 모독하는 이름들로 가득하였고, 머리 일곱과 뿔 열 개가 달려 있었습니다.

4 이 여자는 자주색과 빨간색 옷을 입고 금과 보석과 진주로 꾸미고, 손에는 금잔을 들고 있었는데, 그 속에는 가증한 것들과 자기 음행의 더러운 것들이 가득하였습니다.

5 그리고 이마에는 '땅의 음녀들과 가증한 물건들의 어머니, 큰 바빌론'이라는 비밀의 이름이 적혀 있었습니다.

6 그리고 나는 그 여자가 성도들의 피와 예수의 증인들의 피에 취하여 있는 것을 보았습니다. 내가 그 여자를 보고 크게 놀라니,

7 그 때에 천사가 나에게 말하였습니다. "왜 놀라느냐? 나는 이 여자의 비밀과, 이 여자를 태우고 다니는 머리 일곱과 뿔 열이 달린 그 짐승의 비밀을, 너에게 말하여 주겠다.

8 네가 본 그 짐승은, 전에는 있었지만 지금은 없으며, 장차 아비소스에서 올라와서, 나중에는 멸망하여 버릴 자다. 그리고 땅 위에 사는 사람들 가운데 창세 때로부터 생명책에 이름이 적혀 있지 않은 사람들은, 그 짐승을 보고 놀랄 것이다. 그것은, 그 짐승이 전에는 있다가, 지금은 없으나, 장차 다시 나타날 것이기 때문이다.

9 여기에 지혜를 가진 마음이 필요하다. 머리 일곱은 그 여자가 타고 앉은 일곱 산이요, 또한 일곱 왕이다.

10 그 가운데서 다섯은 이미 망하고, 하나는 있고, 또 다른 하나는 아직 나타나지 않았다. 그것이 나타날지라도, 잠깐밖에 머물지 못할 것이다.

11 또 전에 있다가 지금은 없는 그 짐승은 여덟 번째인데, 그것은 그 일곱 가운데 속한 것으로서, 마침내 멸망하여 버릴 자다.

12 네가 본 열 뿔은 열 왕이다. 그들은 아직 나라를 차지하지 못하였지만, 그 짐승과 함께 한동안 왕권을 차지할 것이다.

13 그들은 한 마음이 되어서, 그들의 능력과 권세를 그 짐승에게 내줄 것이다.

14 그들이 어린 양에게 싸움을 걸 터인데, 어린 양이 그들을 이길 것이다. 그것은, 어린 양이 만주의 주요 만왕의 왕이기 때문이며, 어린 양과 함께 있는 사람들이 부르심을 받고 택하심을 받은 신실한 사람들이기 때문이다."

15 천사가 또 나에게 말하였습니다. "네가 본 물, 곧 그 창녀가 앉아 있는 물은 백성들과 무리들과 민족들과 언어들이다.

16 그리고 네가 본 그 열 뿔과 그 짐승은 그 창녀를 미워해서 비참하게 만들고 벌거벗은 꼴로 만들 것이다. 그들은 그 창녀의 살을 삼키고, 그 여자를 불에 태울 것이다.

17 그것은, 하나님께서 당신의 말씀을 이루실 때까지, 당신의 뜻을 행하려는 마음을 그들에게 주셔서, 그들이 한 마음이 되어, 그들의 나라를 그 짐승에게 주게 하셨기 때문이다.

18 네가 본 그 여자는 세상의 임금들을 다스리는 통치권을 가진 큰 도시를 가리킨다."

간추린 영적인 뜻(17장 1-18절)

◆ 전장의 간추린 대의(大意)

로마 가톨릭 종교에 관한 것입니다. 어떤 방법으로 그것이 성언을 위화(僞化)하였는지가 기술되어 있습니다. 그리고 그것으로 인하여 교회에 속한 모든 진리들이 어떻게 왜곡(歪曲)되었는지도 기술하고 있습니다(1-7절). 그것이 그 종교의 통치에 예속(隷屬)된 자들이 가지고 있는 진리들을 어떻게 위화하고, 왜곡하였는지를 기술하였습니다(8-11절). 따라서 그 교회의 통치에 예속(隸屬)되지 않은 자들에게서는 덜 위화되었고, 왜곡되었다는 것입니다(12-15절). 개혁교회에 관하여 다루어졌는데, 그들은 그 교회의 통치의 멍에로부터 자기 스스로 물러났다는 것이 기술되었습니다(16, 17절). 그리고 변함없는 그것의 통치에 관하여 다루어졌습니다(18절).

◆ 각절의 간추린 대의(大意)

[1절] :
"대접 일곱 개를 가진 그 일곱 천사 가운데 하나가 와서, 나에게 말하였습니다"라는 말씀은, 로마 가톨릭 종교에 관한 주님에게서 온 극내적인 천계에서 비롯된 입류(入流)와 계시(啓示)를 뜻합니다(본서 718항 참조). "나에게 '이리 오너라. 큰 바다 물 위에 앉은 큰 창녀가 받을 심판을 보여 주겠다'"는 말씀은, 그것의 성언에 속한 진리들의 모독(冒瀆)들과 섞음질들의 측면에서 그 종교에 관한 계시를 뜻합니다(본서 719항 참조).

[2절] :
"세상의 왕들이 그 여자와 더불어 음행을 하였다"는 말씀은, 그것이 성언에서 비롯된 그 교회의 진리들과 선들을 섞음질을 하였다는 것을 뜻합니다(본서 720항 참조). "땅에 사는 사람들이 그 여자의 음행의 포도주에 취하였다"는 말씀은 그 종교 안에 있는 자들이 가지고 있는 성언의 섞음질에서 비롯된 영적인 것들 안에 내재된 광기(狂氣 · insanity)를 뜻합니다(본서 721항 참조).

[3절] :
"그 천사는 성령으로 나를 휩싸서, 빈 들로 데리고 갔습니다"라는 말씀은, 영적인 상태에서 황폐화된 교회에 속한 것들을 가지고 있는 자들에게 그가 옮겨졌다는 것을 뜻합니다(본서 722항 참조). "나는 한 여자가 빨간 짐승을 타고 앉아 있는 것을 보았는데, 그 짐승은 하나님을 모독하는 이름들로 가득하였다"는 말씀은, 그 종교가 그들에 의하여 모독된 성언 위에 세워졌다는 것을 뜻합니다(본서 723항 참조). "머리

일곱과 뿔 열 개가 달려 있었습니다"라는 말씀은, 처음에는 거룩하고, 그 뒤에는 전무(全無)하고, 종국에는 광기로 변한 성언에서 비롯된 총명과 그리고 계속해서 성언에서 비롯된 많은 능력을 뜻합니다(본서 724항 참조).

[4절] :
"이 여자는 자주색과 빨간색 옷을 입고 있었다"는 말씀은 그들 가운데에 있는 성언에 속한 것을 가리키는, 천적인 신령선과 신령진리를 뜻합니다(본서 725항 참조). "금과 보석으로 꾸미었다"는 말씀은 그들에게 있는 성언에 속한 것을 가리키는 영적인 신령선과 신령진리를 뜻합니다(본서 726항 참조). "진주로 꾸미었다"는 말씀은 그들이 가지고 있는 성언에 속한 것을 가리키는 선과 진리의 지식들을 뜻합니다(본서 727항 참조). "손에는 금잔을 들고 있었는데, 그 속에는 가중한 것들과 자기 음행의 더러운 것들이 가득하였습니다"라는 말씀은 모독된 성언에 속한 거룩한 것들로 말미암은, 그리고 무시무시한 거짓들에 의하여 더럽혀진 그것의 선들이나 진리들에게서 비롯된 그 종교를 뜻합니다(본서 728항 참조).

[5절] :
"그리고 이마에는 '땅의 음녀들과 가증한 물건들의 어머니, 큰 바빌론'이라는 비밀의 이름이 적혀 있었습니다"라는 말씀은 숨겨져 있는 그것의 내면적인 성질이나 본성의 측면에서의 로마 가톨릭 종교를 뜻하는데, 그것은 그것의 근원인 지배에 속한 애욕(=지배욕·the love of dominating)에서, 그리고 교회에 속한 거룩한 것들을 다스리려는, 그리고 천계를 다스리려는, 따라서 주님에게 속한 것들이나, 주님의 성언에 속한 것들을 모두 다스리려는 자기사랑(自我愛)에서 비롯된 것으로, 그것은 성언에 속한 것들이나, 그것에서 온 교회에 속한 모든 것들을 더럽히고, 모독하였습니다(본서 729항 참조).

[6절] :
"나는 그 여자가 성도들의 피와 예수의 증인들의 피에 취하여 있는 것을 보았습니다"라는 말씀은, 그 종교가 주님에 속한, 성언에 속한, 그리고 그것에서 비롯된 교회에 속한, 신령진리들과 신령선들을 섞음질하고, 모독한 것으로 인하여 미치광이가 되었다는 것을 뜻합니다(본서 730항 참조). "내가 그 여자를 보고 크게 놀랐다"는 말씀은, 그 종교가

내면적으로는 그런 부류이지만, 그럼에도 불구하고 그 때 그것은 외면적으로는 달리 나타난다는 것을 뜻합니다(본서 731항 참조).
[7절] :
"그 때에 천사가 나에게 말하였습니다. '왜 놀라느냐? 나는 이 여자의 비밀과 이 여자를 태우고 다니는 머리 일곱과 뿔 열이 달린 그 짐승의 비밀을, 너에게 말하여 주겠다'"라는 말씀은 앞서 나온 것과 보여진 것들이 뜻하는 것이 무엇인지에 관한 폭로(=까발림 · disclosure)를 뜻합니다(본서 732항 참조).
[8절] :
"네가 본 그 짐승은, 전에는 있었지만 지금은 없다"는 말씀은, 그들로서는 거룩한 것으로 시인하였지만, 그럼에도 불구하고 실제적으로는 시인하지 않은 성언을 뜻합니다(본서 733항 참조). "장차 아비소스에서 올라와서, 나중에는 멸망하여 버릴 자다"라는 말씀은 평신도나 보통 사람에 의한 성언의 수용(受容 · reception)과 성경의 읽음(讀經 · reading)에 관해서 가톨릭 종교회의(the Papal Consistory)가 여러 차례 행한 심의토의(審議討議 · deliberation)와 그러나 종국에는 허용하지 않은 부결(否決)을 뜻합니다(본서 734항 참조). "땅 위에 사는 사람들 가운데 창세 때로부터 생명책에 이름이 적혀 있지 않은 사람들은, 그 짐승을 보고 놀랄 것이다. 그것은, 그 짐승이 전에는 있다가, 지금은 없으나, 장차 다시 나타날 것이기 때문이다"는 말씀은, 비록 그와 같이 부결되기는 했지만, 그 시초부터 천지(天地)를 다스리고, 그 성언을 지배할 목적을 가지고 있는 그 종교에 속한 모든 자들의 놀라움(驚異)을 뜻합니다(본서 735항 참조).
[9절] :
"여기에 지혜를 가진 마음이 필요하다"는 말씀은 주님으로 말미암아, 영적인 뜻 안에 있는 자들을 위한 자연적인 뜻(the natural sense)으로의 해석(解釋 · interpretation)을 뜻합니다(본서 736항 참조). "머리 일곱은 그 여자가 타고 앉은 일곱 산이요, 또한 일곱 왕이다"라는 말씀은 그 종교가 그것들 위에 세워졌지만, 시간이 지나감에 따라서 파괴되었고, 종국에는 모독된 성언에 속한 신령선들이나 신령진리들을 뜻니다(본서 737항 참조).
[10절] :

"그 가운데서 다섯은 이미 망하고, 하나는 있고, 또 다른 하나는 아직 나타나지 않았다. 그것이 나타날지라도 잠시밖에 머물지 못할 것이다" 라는 말씀은, 이것을 제외하면, 그리고 다른 하나, 아직 문제에 이른 것은 아니지만, 그러나 남아 있지 않을 주님의 인성(the Lord's Human) 은 신령하다는 것을 제외하면 천지(天地)의 모든 능력이 주님에게 주어 졌다는 것을 뜻한다는 성언에 속한 모든 신령진리들이 멸망하였다는 것을 뜻합니다(본서 738항 참조).
[11절] :
"또 전에 있다가 지금은 없는 그 짐승은 여덟 번째인데, 그것은 그 일곱 가운데 속한 것으로서, 마침내 멸망하여 버릴 자다"는 말씀은, 위에서 설명한 것과 같이, 성언이 신령선 자체이고, 신령진리 자체이다는 것과 그리고 그들의 지도자들에 의하여 그것 안에서 이루어진 모독들이나 섞음질들이 나타나지 못하도록, 그리고 그들에게서 제거된 평신도나 보통 사람에게서 후퇴하는 일이 없도록, 그들에게서 제거되었다는 것 등을 뜻합니다(본서 739항 참조).
[12절] :
"네가 본 열 뿔은 열 왕이다. 그들은 아직 나라를 차지하지 못하였다"는 말씀은, 불란서 왕국에 있고, 그리고 교황 통치의 멍에 아래에 크게 매여 있지는 않지만, 그렇다고 로마 가톨릭 종교에서 완전하게 분리된 교회를 형성하지도 못한 자들이 가지고 있는 신령진리에서 비롯된 능력의 측면에서의 성언을 뜻합니다(본서 740항 참조). "그 짐승과 함께 한동안 왕권을 차지할 것이다"는 말씀은, 성언이 그들과 더불어 능력(能力·power)을 갖는다는 것과 그리고 마치 그들이 성언의 신령진리들 안에 있는 것처럼, 그들이 성언에 의하여 능력을 가지고 있다는 것을 뜻합니다(본서 741항 참조).
[13절] :
"그들은 한 마음이 되어서, 그들의 능력과 권세를 그 짐승에게 내줄 것이다"는 말씀은 교회를 다스리는 정치와 통치권(government and dominion)이 오로지 성언을 통하여 있다는 것을 이구동성(異口同聲)으로 시인하는 것을 뜻합니다(본서 742항 참조).
[14절] :
"그들이 어린 양에게 싸움을 걸 터인데, 어린 양이 그들을 이길 것이

다. 그것은, 어린 양이 만주의 주요 만왕의 왕이기 때문이다"는 말씀은, 그것 안에 계신 주님은 천지(天地)의 하나님이시고, 그리고 역시 성언(聖言)이시기 때문에, 그분의 신령인간에 대한 시인에 관해서 그들과 싸우는 싸움을 뜻합니다(본서 743항 참조). "어린 양과 함께 있는 사람들이 부르심을 받고 택하심을 받은 신실한 사람들이기 때문이다"는 말씀은 오직 주님에게만 가까이 나아가고, 그리고 그분만을 예배하는 자들은, 교회의 내적인 것들이나 극내적인 것들 안에 있는 자들과 꼭 같이, 그 교회의 외적인 것들 안에 있는 자들도 천계에 들어온다는 것을 뜻합니다(본서 744항 참조).

[15절]:
"천사가 또 나에게 말하였습니다. '네가 본 물, 곧 창녀가 앉아 있는 물은 백성들과 무리들과 민족들과 언어들이다'"라는 말씀은, 교리나 계율(戒律)의 다양함들에 속해 있고, 종교와 고백(告白)의 다양함들에 있으면서, 교황의 통치하에 있지만, 그러나 성언에 속한 진리들 안에 있는 자들이 그 종교에 의하여 매우 다양하게 섞음질하고 모독하였다는 것을 뜻합니다(본서 745항 참조).

[16절]:
"네가 본 그 열 뿔과 그 짐승은 그 창녀를 미워한다"는 말씀은, 교황 통치의 멍에서 자기 스스로 완전히 벗어난 개신교도들(the protestants)이 가지고 있는 신령진리에서 비롯된 능력의 측면에서 성언을 뜻합니다(본서 746항 참조). "그녀를 비참하게 만들고 벌거벗은 꼴로 만들 것이다"는 말씀은 그들이 그것의 거짓들이나 악들로부터 스스로 벗어날 것이다는 것을 뜻합니다(본서 747항 참조). "그들은 그 창녀의 살을 삼키고, 그 여자를 불에 태울 것이다"는 말씀은 증오(憎惡)로 말미암아 그들이, 그 종교에 속한 악들과 거짓들을 자기 자신들 가운데서 저주(詛呪)할 것이고, 그리고 그들 가운데서 그것을 더럽힐 것이다고 주장하는 것을 뜻합니다(본서 748항 참조).

[17절]:
"그것은, 하나님께서 당신의 뜻을 행하려는 마음을 그들에게 주셔서, 그들이 한 마음이 되어, 그들의 나라를 그 짐승에게 주게 하셨기 때문이다"는 말씀은, 주님에게서 비롯된 그들에게 있는 판단(=심판)을 뜻하는데, 그 판단은 그들이 로마 가톨릭 종교를 전적으로 부인하고, 그리

고 저주 받은 종교이다고 주장하는 것이고, 그리고 자기들 스스로 그
것을 파괴하고, 뿌리째 뽑을 것이다는 것 등을 가리킵니다. 그리고 또
한 그들이 성언을 시인하고, 그 위에 그들이 교회를 세운다는 것에 대
한 이구동성적인 판단이기도 합니다(본서 749항 참조). "하나님께서 당
신의 말씀을 이루실 때까지"라는 말씀은, 그것에 관해서 예언된 모든
것들이 다 충분하게 채워질 때까지를 뜻합니다(본서 750항 참조).
[18절] :
"네가 본 그 여자는 세상의 임금들을 다스리는 통치권을 가진 큰 도시
를 가리킨다"는 말씀은 로마 가톨릭 종교가 기독교계 안에 있는 교리
를 다스린다는 것을 뜻하고, 그리고 그들이 교황 통치 하에 있지 않다
고 해도 어느 정도는 개혁교회 안에서 다스린다는 것을 뜻합니다(본서
751항 참조).

제 17장 상세한 영적인 해설(17장 1-18절)

717. 1절. 앞에서 나온 7장부터 16장까지는 대체적으로 개혁교회(改
革敎會·the Reformed church)를 다루고 있습니다. 그리고 우리 본문장
17장과 그 다음의 18장은 자신들에게는 주님나라를 열고, 닫는 능력
이 있다고 주장하는 교황주의자(敎皇主義者·the Papists)들을 다루고
있는데, 이들이 바로 "바빌론"이 뜻하는 자들입니다. 그러므로 여기서
는 먼저 특히 "바빌론"이 뜻하는 바를 언급하겠습니다. "바빌론" 또는
"바벨"(Babel)은 자기사랑에서 비롯된 교회에 속한 거룩한 것들을 지
배하는 통치적인 욕망(支配欲·the love of dominion)을 뜻합니다. 그리
고 이 욕망(=사랑)은, 통치력이 느슨해지면, 그것에 비례하여 기승(氣
勝)을 부리기 때문에, 그리고 교회에 속한 거룩한 것들 역시 천계에 속
한 거룩한 것들이기 때문에, 그러므로 "바빌론"이나 "바벨"은 천계를
지배하려는 통치를 뜻합니다. 따라서 이 욕망(=사랑)은 이와 같이 그것
을 열망하고, 악마의 역할을 행하기 때문에 그것은, 성언에 속한 선들
이나 진리들을 섞음질하고, 모독하는 짓에 의하여 거룩한 것들을 모독

17 : 1 - 18

하는 것 이외의 다른 짓을 할 수 없기 때문에, 그러므로 "바빌론"이나 "바벨"은 거룩한 것에 대한 모독(冒瀆)을 뜻하고, 그리고 성언에 속한 선과 진리의 섞음질을 뜻합니다. 여기 묵시록서에서의 "바빌론"과 예언서나 역사서의 "바벨"의 뜻이 이런 내용이다는 것은 아래의 장절들에게서 잘 드러나고 있습니다. 이사야서의 말씀입니다.

> 바빌론을 두고 받은 엄한 경고의 예언이다.……
> 주의 날이 온다.
> 무자비한 날,
> 진노와 맹렬한 분노의 날,
> 땅을 황폐하게 하고
> 그 땅에서 죄인들을 멸절시키는,
> 주의 날이 온다.
> 하늘의 별들과 그 성좌들이
> 빛을 내지 못하며,
> 해가 떠도 어둡고,
> 달 또한 그 빛을 비치지 못할 것이다.
> 내가 세상의 악과
> 흉악한 자들의 악행을 벌하겠다.
> 교만한 자들의 오만을 꺾어 놓고,
> 포악한 자들의 거만을 낮추어 놓겠다.……
> 나라들 가운데서 가장 찬란한 바빌론,
> 바빌로니아 사람의 영예요 자랑거리인
> 바빌론은
> 하나님께서 멸망시킬 때에,
> 마치 소돔과 고모라처럼 될 것이다.……
> 거기에는 다만 들짐승들이 뒹굴며,
> 사람이 살던 집에는
> 부르짖는 짐승들이 가득하며,
> 타조들이 거기에 깃들이며,
> 산양들이 그 폐허에서 뛰어 놀 것이다.
> 화려하던 궁전에서는 승냥이가 울부짖고,
> 화려하던 신전에서는 늑대가 울 것이다.
> (이사야 13 : 1, 9-11, 19, 21, 22)

이사야서 13장에는 그 밖의 다른 것들도 여럿 있습니다.

> 너희는 바빌론 왕을 조롱하는, 이런 노래를 부를 것이다.
> "웬일이냐, 폭군이 꼬꾸라지다니!
> 그의 분노가 그치다니!……
> 너의 영화가
> 너의 거문고 소리와 함께
> 스올로 떨어졌으니,……
> 웬일이냐, 너, 아침의 아들, 새벽별아,
> 네가 하늘에서 떨어지다니!……
> 네가 평소에 늘 장담하더니
> '내가 가장 높은 하늘로 올라가겠다.
> 하나님의 별들보다 더 높은 곳에
> 나의 보좌를 두고,
> 저 멀리 북쪽 끝에 있는 산 위에,
> 신들이 모여 있는 그 산 위에
> 자리잡고 앉겠다.
> 내가 저 구름 위에 올라가서,
> 가장 높으신 분과 같아지겠다' 하더니,
> 그렇게 말하던 네가 스올로,
> 땅 밑 구덩이에서도
> 맨 밑바닥으로 떨어졌구나.……'"
> 만군의 주께서 말씀하신다.
> "내가 바빌론을 멸하겠다.
> 그 명성도 없애고,
> 살아 남아서 바빌론의 이름을 이어갈 자도,
> 하나도 남기지 않고 멸종시키겠다."
> (이사야 14 : 4, 11-15, 22)

그 밖의 다른 더 많은 것들이 전 장에는 있습니다.

> 주께서 예언자 예레미야를 시켜서 선포하신 말씀이다.……
> "그러므로 너희의 어머니 바빌론 도성이
> 크게 수치를 당할 것이며,
> 너희를 낳은 여인이 치욕을 당할 것이다.

17 : 1 - 18

보아라,
이제 바빌로니아는
온 세상에서 가장 뒤떨어진 나라,
메마르고 황량한 사막이 될 것이다.……"
"활을 당기는 모든 사람들아,
너희는 바빌론 도성을 에워싸고 진을 쳐라.
그 도성에 활을 쏘아라.
그 도성은 나에게 범죄하였다.……
세상을 쳐부수던 쇠망치가
어쩌다가 이렇게
깨지고 부서지게 되었는가?
바빌로니아가 어쩌다가
이렇게 세계 만민이 놀라도록
비참하게 되었는가?……
너희는 활 쏘는 사람들을 불러다가
바빌론을 쳐라.
그들이 이스라엘의 거룩한 하나님,
주 앞에서 오만하게 행동하였으니,
너희는 바빌론 도성을 포위하고 쳐라.
아무도 빠져 나가지 못하게 하여라.……
나 만군의 주, 주의 말이다.
너 오만한 자야, 내가 너를 치겠다.
너의 날, 곧 네가 벌을 받을 때가 왔다.……
가뭄(=칼)이 땅의 물을 치니,
물이 말라 버린다.
바빌로니아는
온갖 우상을 섬기는 나라이니,
그 땅에 사는 사람들이
그 끔찍스러운 우상들 때문에
미쳐 버릴 것이다.
그러므로 바빌론 도성에서는
사막의 짐승들과 이리들이 함께 살고,
타조들도 그 안에서 살 것이다.
그 곳에는 다시는 사람이 살지 않을 것이며,
그 곳에는 영영

정착할 사람이 없을 것이다.
소돔과 고모라가 그 이웃 성읍들과 함께 멸망하였을 때와 같이, 바빌론 도
성에도 다시는 정착하여 사는 사람이 없을 것이며, 그 곳에 머무르는 사람
이 없을 것이다."
(예레미야 50 : 1, 12, 14, 23, 29, 31, 38-40)

"바벨"에 관해서는 이 장에는 더 많은 내용이 있습니다.

바빌로니아는 주님의 손에 들린 금잔이었다.
거기에 담긴 포도주가
온 세상을 취하게 하였다.
세계 만민이
그 포도주를 마시고 미쳐 버렸다.……
바빌로니아의 재앙이 하늘에까지 닿았고,
창공에까지 미쳤다.……
온 세상을 파괴한 멸망의 산아,
보아라, 이제 내가 너를 치겠다.……
너를 바위 꼭대기에서 굴려 내리고,
너를 불탄 산으로 만들어 버리겠다.……
내가 직접
바빌로니아의 신 벨에게 벌을 내리고,
그가 삼켰던 것을
그의 입에서 토하여 내게 하겠다.
뭇 민족이
다시는 그에게 몰려들지 않을 것이다.……
그러므로 보아라,
내가 바빌론의 신상들에게
벌을 내릴 날이 다가왔다.
그 날에, 온 나라가 수치를 당하고,
칼에 찔려 죽은 모든 사람이
그 한가운데 널려 있을 것이다.……
바빌론이 비록 하늘까지 올라가서,
그 높은 곳에
자기의 요새를 쌓아 놓는다 하여도,
내가 파괴자를 보내어 그것을 부수겠다.……

내가 바빌로니아의 고관들과,
지혜 있는 자들과,
총독과 지방장관들과,
용사들까지 술에 취하게 하여,
그들을
영영 깨어날 수 없는 잠에 빠지게 하겠다.
(예레미야 51 : 7, 9, 25, 44, 47, 53, 57)

이 장에도 "바벨"에 관한 그 밖의 많은 것들이 언급되었습니다.

"처녀 딸 바빌론아,
내려와서 티끌에 앉아라.
딸 바빌로니아야,
보좌를 잃었으니, 땅에 주저앉아라.……
맷돌을 잡고 가루를 빻아라.
얼굴을 가린 너울을 벗고,
치마를 걷어 올려
다리를 드러내고 강을 건너라.
알몸을 드러내고,
네 부끄러운 곳까지도 드러내 보여라.
내가 복수할 터이니,
어느 누구도 나를 막지 못할 것이다.……
너는 언제까지나,
네가 여왕으로 군림할 것이라고 믿고,
이런 일들을 네 마음에 두지도 않았으며,
이후에 일어날 일은 생각조차 하지 않았다.……
네가 악한 일에 자신만만하여
'아무도 나를 감시하지 않는다' 하였다.
너의 지혜와 너의 지식이
너를 잘못된 길로 들어서게 하였고,
너의 마음 속으로
'나보다 더 높은 이가 없다'고
생각하게 하였다.……
자, 네가 젊어서부터 부리던
마술과 주술을 가지고 버티어 보아라.

혹시 그것들이 너에게
도움이 될지도 모르고,
아니면 너의 대적들이 그것을 보고,
너를 두려워할지도 모르지 않느냐!"
(이사야 47 : 1-3, 7, 10-12)

이 장에도 "바벨"에 관한 그 밖의 다른 많은 것들이 있는데, 그것들은 역시 비슷한 내용들을 뜻합니다.

사람들이 동쪽에서 이동하여 오다가, 시날 땅 한 들판에 이르러서, 거기에 자리를 잡았다.……그들은 또 말하였다. "자, 도시를 세우고, 그 안에 탑을 쌓고서, 탑 꼭대기가 하늘에 닿게 하여, 우리의 이름을 날리고, 온 땅 위에 흩어지지 않게 하자." 주께서는, 사람들이 짓고 있는 도시와 탑을 보려고 내려오셨다.……주께서 거기에서 온 세상의 말을 뒤섞으셨다고 하여, 사람들은 그 곳의 이름을 바벨이라고 한다. 주께서 거기에서 사람들을 온 땅에 흩으셨다.
(창세기 11 : 1-9)

다니엘서의 아래 장절들도 비슷한 내용을 뜻합니다.

임금님, 임금님은 어떤 거대한 신상을 보셨습니다.……그 신상의 무릎 아래는 쇠이고, 발은 일부는 쇠이고 일부는 진흙이었습니다. 임금님이 보고 계시는 동안에, 아무도 돌을 떼내지 않았는데, 돌 하나가 난데없이 날아들어와서, 쇠와 진흙으로 된 그 신상의 발을 쳐서 부서뜨렸습니다. 그 때에 쇠와 진흙과 놋쇠와 은과 금이 다 부서졌으며, 여름 타작마당의 겨와 같이 바람에 날려 가서 흔적도 찾아볼 수 없게 되었습니다. 그러나 그 신상을 친 돌은 큰 산이 되어, 온 땅에 가득 찼습니다.
(다니엘 2 : 31-35)
느브갓네살 왕이 금으로 신상을 만들어서 바빌론 지방의 두라 평지에 세웠는데,……느브갓네살 왕이 세운 금 신상 앞에 엎드려서 절을 하시오. 누구든지, 엎드려서 절을 하지 않는 사람은, 그 즉시 불타는 화덕 속에 던져 넣을 것이요.
(다니엘 3 : 1-6)
내가 침대에 누워 있을 때에, 나의 머리 속에 나타난 환상은 이러하다. 내가 보니, 땅의 한가운데 아주 높고 큰 나무가 하나 있는데, 그 나무가 점점

17 : 1 - 18

자라서 튼튼하게 되고, 그 높이가 하늘에 닿으니, 땅 끝에서도 그 나무를 볼 수 있었다.……임금님, 그 나무는 바로 임금님이십니다. 임금님은 강대해지셨습니다.……임금님이 보시니, 거룩한 감시자가 하늘로부터 내려와서 이렇게 말하였습니다. "이 나무를 베어 없애되, 다만 뿌리의 그루터기는 땅에 남겨 두고,……하늘에서 내리는 이슬에 젖게 하고, 들짐승과 함께 어울리게 하여라.……임금님, 그 해몽은 이러합니다.……임금님은 사람에게서 쫓겨나서, 들짐승과 함께 사시며, 소처럼 풀을 뜯고, 하늘에서 내리는 이슬에 젖으실 것입니다.
(다니엘 4 : 1-33)
벨사살 왕이 귀한 손님 천 명을 불러서 큰 잔치를 베풀고, 그 천 명과 더불어 술을 마셨다.……그래서 예루살렘에 있는 하나님의 집 성전에서 가져온 금그릇을 꺼내서, 왕과 귀한 손님과 왕비들과 후궁들이 그것으로 술을 마셨다. 그들은 술을 마시고서, 금과 은과 동과 철과 나무와 돌로 만든 신들을 찬양하였다. 그런데 바로 그 때에 갑자기 사람의 손이 나타나더니, 촛대 앞에 있는 왕궁 석고 벽 위에다가 글을 쓰기 시작하였다.……바로 그 날 밤에 벨사살 왕은 살해되었다.
(다니엘 5 : 1-31)
다니엘은, 잠자리에서 꿈을 꾸면서,……그 꿈을 적었다.……"바다에서 모양이 서로 다르게 생긴 큰 짐승 네 마리가 올라왔다.……넷째 짐승이 나왔다. 그것은 사납고 무섭게 생겼으며, 힘이 아주 세었다. 이 짐승은 쇠로 된 큰 이빨을 가지고 있어서, 그것으로 먹이를 잡아 먹고, 으스러뜨리며, 먹고 남은 것은 발로 짓밟아 버렸다.……내가 보고 있는 동안에, 작은 뿔이 크게 떠드는 소리를 들을 수 있었다. 내가 살펴보니, 넷째 짐승이 살해되고, 그 시체가 뭉그러져서, 타는 불에 던져졌다.……
내가 밤에 이러한 환상을 보고 있을 때에
인자 같은 이가 오는데,
하늘 구름을 타고 와서,
옛적부터 계신 분에게로 나아가,
그분 앞에 섰다.
옛부터 계신 분이
그에게 권세와 영광과 나라를 주셔서,
민족과 언어가 다른 뭇 백성이
그를 경배하게 하셨다.
그 권세는 영원한 권세여서,
옮겨 가지 않을 것이며,

그 나라가 멸망하지 않을 것이다."
(다니엘 7 : 1-14)

718. 대접 일곱 개를 가진 그 일곱 천사 가운데 하나가 와서, 나에게 말하였습니다.
이 말씀은, 지금은 로마 가톨릭 종교에 관한 극내적인 천계로부터 주님에게서 온 입류(入流)와 계시(啓示)를 뜻합니다. 따라서 지금까지는 개혁교회의 종말의 상태를 다루었습니다. 그러나 지금은 종말에 이른 로마 가톨릭의 종교적인 종지(宗旨·religious persuasion)의 상태에 관해서 다루겠습니다. 그 내용은 서문에 있는 순서에 따라서 이어지겠습니다. 로마 가톨릭 교회라고 부르지 않고, 로마 가톨릭 종교적 종지(the Roman Catholic religious persuasion)라고 하였는데, 그 이유는 그들은 주님에게 가까이 나아가지 않고, 또한 성경말씀을 읽지 않기 때문입니다. 그런데 하나의 교회는 주님으로 말미암아, 그리고 성언으로 말미암아 존재하기 때문입니다. 그리고 그 교회의 완숙(完熟·perfection)은 주님에 대한 교회의 시인에 일치하고, 그리고 성언에 대한 그 교회의 이해에 일치하기 때문입니다. 일곱 대접을 가지고 있는 일곱 천사 중에서 하나가 와서 요한과 대화를 가진 이유는, "일곱 대접을 가지고 있는 일곱 천사들"은, 위에서 언급한 것과 같이(본서 672·676·677·683·690·691·699·700항 참조), 그것 안에 있는 온갖 악들이나 거짓들을 까발리기 위하여, 기독교계 천계의 극내적인 것에서 교회에 유입된 주님에게서 비롯된 입류(入流)를 뜻하기 때문입니다. 그러므로 여기서 이들 "일곱 천사들"은, 극내적인 천계에서 말씀하시는 주님을 뜻하고, 그리고 그것의 종말에 이른 로마 가톨릭의 종교적인 종지(宗旨·religious persuasion)의 상태를 계시하시는 주님을 뜻합니다. 따라서 명확한 사실은, 일곱 천사 중 한 천사는 요한을 높은 산으로 데리고 갔다는 것, 그리고 새 예루살렘(the New Jerusalem)이 가리키는 어린 양의 아내(the Lamb's wife)를 그에게 보여 주었다는 것 등입니다(묵시록 21 : 9, 10).

719. 나에게 "이리로 오너라. 큰 바다 물 위에 앉은 큰 창녀가 받을 심판을 보여 주겠다" 하고 말하였습니다.
이 말씀은, 그것이 저지른 성언에 속한 진리들에 대한 모독들과 섞음질들에 대한 그 종교적인 종지(宗旨)에 관한 계시를 뜻합니다. 여기서 "말한다"(to say) 또는 "보여 준다"(to show)는 말은 계시(啓示)를 뜻합니다. "심판"(審判・judgment)은 종말에 이른 그것의 상태를 뜻합니다. "큰 창녀"(the great harlot)는 성언과 교회에 속한 거룩한 것들의 모독(冒瀆)을 뜻하고, 그리고 선과 진리의 섞음질(the adulteration)을 뜻합니다. "큰 바닷물"(=많은 물・many waters)은 섞음질된 성언에 속한 진리들을 뜻합니다. "큰 바다 물 위에 앉는다"는 말은 그것들 안에 있다는 것이나, 그것들 안에서 산다는 것을 뜻합니다. "간음을 저지른다"는 말이나, "매춘"(賣春・harlotry)・음욕(淫慾・scortation)・간음(姦淫・adultery) 따위를 저지른다는 것은, 위에서 볼 수 있듯이(본서 134・620・632항 참조), 성언을 위화(僞化)하고, 더럽히고, 섞음질을 하는 것을 뜻합니다. 그리고 "물"은 그것들의 진리들을 뜻합니다(본서 50・563・614・685항 참조). 여기서는 더럽혀지고, 모독된 그런 진리들을 뜻하는데, 그 이유는 "창녀"가 그것들 위에 앉아 있다고 언급되고 있기 때문입니다. 이런 내용에서 밝히 알 수 있는 것은, "나에게 말하기를, 내가 큰 바닷물 위에 앉은 큰 창녀가 받을 심판을 보여 주겠다"는 우리의 본문구절은 성언에 속한 진리들의 모독들과 더럽힘이나 섞음질들의 측면에서 그 종교적인 종지(宗旨)에 관한 계시를 뜻한다는 것입니다. "바벨"에 관해서 동일한 말이 예레미야서에 언급되었습니다.

> 너희는 바빌론 도성의 성벽을 마주 보며
> 공격 신호의 깃발을 올려라.……
> 주께서는
> 바빌로니아 백성에게 하기로 계획하신 것을
> 말씀하신 그대로 이루실 것이다.
> 큰 물 가에 사는, 보물을 많이 가진 자야,
> 너의 종말이 다가왔다.
> 너의 목숨이 끊어질 때가 되었다.
> (예레미야 51 : 12, 13)

그들이 성언에 속한 진리들을 섞음질하고, 더럽히고, 모독하였다고 언급한 이유는, 그들이 성언에 속한 진리들을 교회나 천계에 속한 거룩한 것들을 지배하려는 통치를 취하기 위하여, 그리고 주님에 속한 신령권위를 자신들의 것이라고 주장하기 위하여 적용하였기 때문입니다. 그리고 교회나 천계에 속한 거룩한 것들을 지배하려는 통치를 취하는데 성언에 속한 진리들을 적용한다는 것은 그것들을 모독하는 것이고, 섞음질하는 것입니다. 그리고 또한 주님에게 속한 신령권위(神靈權威 · the Divine authority)를 자신들의 것이라고 주장할 목적으로 그것들을 적용한다는 것은 그것들을 모독하고 더럽히는 것입니다. 그들이 성언으로 자신들의 신조들(=교리들 · dogmas)을 확증하였다는 것은 주지의 사실입니다. 그러나 그 신조들을 주의하는 마음을 가지고 읽으십시오. 여러분은, 그들이 성언에서 취한 그런 것들을 사람들의 영혼을 지배하려는 통치권을 취하기 위하여, 그리고 신령한 능력 · 권위 · 주권 등등을 자기 자신의 것으로 취하기 위하여 적용했다는 것을 잘 알게 될 것입니다. 이러한 사실이 바로 바빌론이 우리의 본문장에서 "땅의 음녀들과 가증한 물건들의 어머니"(17:5)라고 한 이유입니다.

720. 2절. **"세상(=땅)의 왕들이 그 여자와 더불어 음행을 하였다"하고 말하였습니다.**

이 말씀은, 그것이 성언에서 온 교회에 속한 진리들이나 선들을 섞음질하고, 더럽혔다는 것을 뜻합니다. "음행을 하였다"(=음행을 범하였다)는 말은, 위에서 언급한 것과 같이(본서 719항 참조), 진리들을 위화하고 모독하고, 더럽히는 것을 뜻합니다. "세상의 왕들"(=땅의 왕들)이라는 말은, 성언에서 비롯된 교회에 속한 진리들을 뜻하고, "왕들"(kings)은 선에서 비롯된 진리들을 뜻하고, 그리고 "땅"(=세상 · earth)은 교회를 뜻합니다. "왕들"이 주님에게서 온 선에서 비롯된 진리들 안에 있는 자들을 뜻한다는 것이나, 그리고 그것으로 인하여 추상적으로는 선에서 비롯된 진리들을 뜻한다는 것은 본서 20 · 664항을 참조하시고, 그러나 여기서는 더럽혀지고, 모독된 그런 진리들을 뜻합니다. 우리의 본문은 마치 "세상(=땅)의 왕들"이 뜻하는 성언에서 비롯된 교회에 속한 진리들이 그렇게 한 것처럼, "땅의 왕들"이 큰 창녀와 더불어 음행을 하였다고 언급하고 있지만, 그러나 이러한 표현은, 앞에서 자주자주 살펴본 바와 같이, 사람에게서, 또는 사람 자신의 온갖 악들에게서 온 것들을 하나님이나 그분에게서 온 신령한 것들의 탓으로 돌리는 성언의 진리들처럼 보이는, 성언의 문자적인 뜻인, 성언의 문체(文體)에 일치할 뿐입니다. 그러므로 영적인 뜻인, 순수한 뜻은, 그 종교적인 종지(宗旨)가 섞음질하였다는 것, 사실은 성언에서 비롯된 교회에 속한 진리들을 모독하였다는 것을 가리킵니다. 성언의 영적인 뜻(the spiritual sense of the Word)을 알지 못하는 사람은, "땅의 왕들"이 이 땅의 왕들을 뜻한다고 믿고 있기 때문에, 아주 쉽게 잘못 판단할 수 있겠습니다. 그럼에도 불구하고 그 때 "왕들"은 왕들을 뜻하지 않고, 오히려 선에서 비롯된 진리들이나, 나쁜 뜻으로는 악에서 비롯된 거짓들을 뜻합니다. "땅의 왕들"이 교회에 속한 진리들이나, 또는 거짓들 이외에는 아무것도 뜻하지 않는다는 내용을 더욱 자세하게 표현하기 위하여, 그리고 "그들의 음행"이, 성언에서 비롯된 교회에 속한 진리들을 위화하고, 섞음질하고, 모독한 진리들을 뜻한다는 것을 더욱 상세하게 표현하기 위하여, 묵시록서와 다니엘서에서 몇 장절들을 인용하고자 합니다. 어느 누구나 그것에서 깊이 생각할 수 있는 사람은 왕들이 왕들을 뜻하지 않는다는 것을 잘 알 수 있겠습니다. 그 장절들입니다.

예수 그리스도께서 우리로 나라(=왕들)를 이루셔서,……하나님을 섬기는 제사장으로 삼아 주셨습니다.
(묵시록 1 : 6)
주께서 그들에게
우리 하나님 앞에서 나라(=왕들)를 이루게 하시고,
제사장이 되게 하셔서,
땅 위에서 다스리게 하실 것입니다.
(묵시록 5 : 10)
"왕들의 살과 장군들의 살과, 힘센 자들의 살과, 말들과 그 위에 탄 자들의 살과, 모든 자유인이나 종이나 작은 자나 큰 자의 살을 먹어라" 하였습니다.
(묵시록 19 : 18)
머리 일곱은 그 여자가 타고 앉은 일곱 산이요, 또한 일곱 왕이다. 그 가운데서 다섯은 이미 망하고, 하나는 있고, 또 다른 하나는 아직 나타나지 않았다.……또 전에 있다가 지금은 없는 그 짐승은 여덟 번째인데, 그것은 그 일곱 가운데 속한 것으로서, 마침내 멸망하여 버릴 자다.
(묵시록 17 : 9-11)
네가 본 열 뿔은 열 왕이다. 그들은 아직 나라를 차지하지 못하였지만, 그 짐승과 함께 한동안 왕권을 차지할 것이다.

(묵시록 17 : 12)

여기와 동일한 내용이 언급되었습니다.

> 세상의 왕들이 그 여자와 더불어 음행하고,……
> 그 여자의 사치 바람에
> 치부하였다.
> (묵시록 18 : 3, 9)

조금이라도 심사숙고(深思熟考)한다면 어느 누구가, 여기서 "왕들"이 이 세상의 왕들을 뜻하지 않는다는 것을 모르겠습니까? 마찬가지로 다니엘서의 "사나운 염소"(the rough goat)는 헬라(Grecia)의 왕을 뜻합니다. 다니엘서의 말씀입니다.

> 그 숫염소는 헬라 왕이고, 눈 사이에 있던 큰 뿔은 첫째 왕이다.……
> 그들의 통치가 종말에 이를 때에,
> 그들의 죄악이 극도에 이를 때에,
> 뻔뻔스런 임금,
> 흉계에 능숙한 임금이 일어날 것이다.
> (다니엘 8 : 21, 23)
> 이 큰 짐승 네 마리는 앞으로 땅에서 일어날 네 왕이다.……
> 그 열 뿔(=넷째 짐승의 뿔)은 이 나라에서 일어날 열 왕이다.
> 그 뒤에 또 다른 왕이 일어날 것인데,
> 그 왕은……
> 전에 있던 세 왕을 굴복시킬 것이다.
> (다니엘 7 : 17, 24)
> (이와 같이 남쪽 왕과 북쪽 왕이 서로 싸울 것이다.) 남쪽 왕은 자기 딸을 북쪽 왕과 결혼시켜서, 서로 화친할 것이다.……북쪽 왕은 자기 좋을 대로 하며, 스스로를 높이고, 모든 신보다 자기를 크다고 하며, 괴상한 말로, 가장 높으신 하나님을 대적할 것이다.……그 대신에 그는 요새를 지키는 신을 공경할 것이요, 그의 조상이 알지 못하던 신을, 금과 은과 보석과 진귀한 것들을 바치면서 섬길 것이다.……자기를 통치자(=신)로 받아들이는 사람을 크게 예우하여서, 높은 관직을 주고, 토지도 보상으로 나누어 줄 것이다.……그가 자기의 왕실 장막을, 바다와 거룩하고 아름다운 산 사이에 세울 것이다. 그러나 그의 끝이 이를 것이니, 그를 도와줄 사람이 없을 것이

다.
(다니엘 11 : 1-45)

여기서 "남쪽 왕"은 진리들 안에 있는 자들로 이루어진 나라와 교회를 뜻하고, 그리고 "북쪽 왕"은 거짓들 안에 있는 자들로 이루어진 나라와 교회를 뜻합니다. 왜냐하면 이 구절은 최초에 있을, 그리고 뒤에 있을 그들의 성품을 보여 주는, 장차 올 교회들에 관한 예언이기 때문입니다. 주님에게서 온 선에서 비롯된 진리들 안에 있는 그들을 "왕들"(kings)이라고 불리운 것은 그들이 바로 주님의 "아들들"(the sons)이라고 불리웠기 때문입니다. 그리고 그들이 주님에 의하여 중생되었기 때문에 "그분에게서 태어난 자" 또는 "상속자들"(相續者·heirs)이라고 불리웠습니다. 그리고 또한 주님 자신이 왕이시고, 천계와 교회가 그분의 나라이기 때문입니다.

721. "땅에 사는 사람들이 그 여자의 음행의 포도주에 취하였다" 하고 말하였습니다.
이 말씀은 그 종교적인 종지(宗旨)에 빠진 자들에게 있는 성언의 모독이나 섞음질에서 생겨난 영적인 것들 안에 있는 광기(狂氣·insanity·어리석음)를 뜻합니다. "음행의 포도주에 취하였다"는 말은, 여기서는 그들의 섞음질이나 모독에서 생긴, 성언의 진리들의 위화(僞化)에서 생긴, 영적인 것들 안에 광적인 것이 있다는 것을 뜻합니다. 그리고 "포도주"는 본래의 뜻으로는 성언에 속한 신령진리를 뜻하고(본서 316항 참조), "음행"(淫行·whoredom)은 그것의 위화나 모독, 또는 섞음질을 뜻합니다(본서 134·620·632·635항 참조). 그러므로 "그 포도주에 취하였다"는 말 영적인 것들에서 미치게 된 것을 뜻합니다. "땅에 사는 사람들"은 위에서 언급한 것과 같이(묵시록 11 : 10 ; 12 : 12 ; 13 : 13, 14 ; 14 : 6), 교회 안에 있는 사람들을 뜻하지만, 그러나 여기서는 교회가 거기에 존재하지 않기 때문에, 그 종교적인 종지에 빠져 있는 자들을 뜻합니다. 그 이유는 그들이 주님에게 나아가지 않고, 또한 성언을 읽지 않기 때문이고, 그리고 또한 위에서 본 바와 같이(본서 718항 참조), 그들은 죽은 사람(死者)에게 간구하고, 기구(祈求)하기 때문입니다. "그 포도주에 취한다"는 것은 영적인 것들에서 광적(狂的·어리석음)인 것이 된 것을 뜻한다는 것은 성경말씀에 있는 다른 장절들을 가지고 특별하게 입증할 확증이 없이도 잘 알 수 있지만, 그러나 그들이 성경말씀을 읽을 때, 성언에 속한 개별적인 것들에 관해서 그들이 영적으로 생각하지 않고, 감관적으로 생각하기 때문에, 다시 말하면 물질적으로 생각하기 때문에 수많은 자들이 이것을 이해할 수 없기 때문에, 나는, 우리의 본문 "술에 취하였다"(酩酊·drunk)는 말이 영적인 것들 안에 있는 다시 말하면 신학적인 것들 안에 있는 광기(狂氣·어리석음·insanity)를 뜻한다는 것을 확증하기 위하여 성경에서 몇 장절들을 인용하고자 합니다.

> 너희는 놀라서, 기절할 것이다.
> 너희는 눈이 멀어서,
> 앞을 못 보는 사람이 될 것이다.
> 포도주 한 모금도 마시지 않았는데,
> 취할 것이다.
> 독한 술 한 방울도 마시지 않았는데,
> 비틀거릴 것이다.
> (이사야 29 : 9)
> 고통 받는 자야,
> 마치 포도주라도 마신 듯이
> 비틀거리는 자야,
> 이 말을 들어라.
> (이사야 51 : 21)
> 바빌로니아는 주님의 손에 들린 금잔이었다.
> 거기에 담긴 포도주가
> 온 세상을 취하게 하였다.
> 세계 만민이
> 그 포도주를 마시고 미쳐 버렸다.
> (예레미야 51 : 7)
> 바빌로니아가 폐허 더미로 변하고,……
> 아무도 살 수 없는 곳이 될 것이며,……
> 그래서, 그들이 목이 타고 배가 고플 때에,
> 나는 그들에게 잔치를 베풀어
> 모두 취하여 흥겹도록 만들 터이니,
> 그들이 모두 기절하고 쓰러져서,

17 : 1 - 18

영영 깨어날 수 없는 잠에 빠지게 하겠다.
(예레미야 51 : 37, 39)
무너졌다. 무너졌다. 큰 도시 바빌론이 무너졌다. 바빌론은 자기 음행으로 빚은 진노의 포도주를 모든 민족에게 마시게 한 도시다.
(묵시록 14 : 8 ; 18 : 3)
항아리마다 포도주로 가득 찰 것이다!……내가, 이 땅의 모든 주민과,……
왕들과, 제사장들과, 예언자들과……모든 주민을 술에 잔뜩 취하게 하겠다.
(예레미야 13 : 12, 13)
네 언니가 마신 잔을 너도 마실 것이다.……
웃음거리와 우롱거리가 될 것이다.
너는 잔뜩 취하고 근심에 싸일 것이다.
그것은 공포와 멸망의 잔이요,
네 언니 사마리아가 마신 잔이다.
(에스겔 23 : 32, 33)
우스 땅에 사는 딸 에돔아,
기뻐하며 즐거워 할테면 하려무나.
이제 네게도 잔이 내릴 것이니,
너도 별 수 없이 취하여 벌거벗을 것이다.
(애가 4 : 21)
너 또한 술에 취해서 갈팡질팡하고,……
허둥지둥 할 것이다.
(나훔 3 : 11)
너희는 마시고 취하고 토하고, 쓰러져서 죽어라.
(예레미야 25 : 27)
스스로 지혜롭다 하며,
스스로 슬기롭다 하는 그들에게,
재앙이 닥친다!
포도주쯤은 말로 마시고,
온갖 독한 술을 섞어 마시고도,
끄떡도 하지 않는 자들에게,
재앙이 닥친다!
(이사야 5 : 21, 22)

이 밖에도 다른 여러 장절들이 있습니다(이사야 19 : 11, 12, 14 ; 24 : 20 ; 28 : 1, 3, 7, 8 ; 56 : 12 ; 예레미야 23 : 9, 10 ; 애가 3 : 15 ; 호세

아 4 : 11, 12, 17, 18 ; 요엘 1 : 5-7 ; 하박국 2 : 15 ; 시편 75 : 8 ; 107 : 27).

722. 3절. 그 천사는 성령으로 나를 휩싸서, 빈 들로 데리고 갔습니다.
이 말씀은 교회에 속한 것들이 모두 황폐하게 된 것들을 가지고 있는 자들에게 그가 영적인 상태에서 옮겨졌다는 것을 뜻합니다. "빈 들"(廣野·wilderness)은, 거기에는 더 이상 어떤 진리도 존재하지 않는 교회를 뜻하고, 따라서 그것에 속한 모든 것들이 황폐하게 된 곳을 뜻합니다(본서 546항 참조). "성령으로 휩싼다"는 말은, 위에서 본 바와 같이 (본서 36항 참조), 신령입류(神靈入流)에서 비롯된 영적인 상태에 있다는 것을 뜻합니다. 그러므로 우리의 본문, "그는 성령으로 나를 휩싸서, 빈 들로 데리고 갔다"는 말은 폐허가 된 교회에 속한 모든 것을 가지고 있는 그들이 영적인 상태로 옮겨졌다는 것을 뜻합니다.

723. 나는 한 여자가 빨간 짐승을 타고 앉아 있는 것을 보았는데, 그 짐승은 하나님을 모독하는 이름들로 가득하였다.
이 말씀은 그 종교적인 종지(宗旨)가 그들에 의하여 모독된 성언 위에 세워졌다는 것을 뜻합니다. 여기서 "여자"는 로마 가톨릭적인 종지를 뜻하고, 또한 바빌로니아 사람들의 종교적인 종지를 뜻합니다. 왜냐하면 "그녀의 이마에는 '땅의 음녀들과 가증한 물건들의 어머니, 큰 바빌론'이라는 비밀의 이름이 적혀 있었다"(17 : 5)라고 뒤이어 기술되었기 때문입니다. 본래 "여인"(=여자·a woman)은 진리의 정동에서 생긴 교회를 뜻하지만(본서 434항 참조), 여기서는, 반대적인 정동(=나쁜 정동) 안에 있는 로마 가톨릭 종지를 뜻합니다. "빨간 짐승"(the scarlet beast)은, 곧 알게 되겠지만, 성언(聖言·the Word)을 뜻하고, "하나님을 모독하는 이름들로 가득하다"는 말은 그것이 전적으로 모독되고, 더럽혀졌다는 것을 뜻합니다. 왜냐하면 "모독"(冒瀆·blasphemy)이라는 낱말은 그분의 인성 안에 있는 주님의 신성의 부인(否認)을 뜻하고, 그리고 성언을 더럽히고, 섞음질을 하는 것을 뜻하고(본서 571·582·692·715항 참조), 따라서 모독(profanation)을 뜻하기 때문입니다. 왜냐하면 그분의 인성 안에 내재한 주님의 신성을 시인하지 않는 사람은, 그리고 비록 의도적인 것은 아니라고 해도 성언을 위화하는 사람은 가볍게라도 주님을 모독하는 것이기 때문입니다. 그리고 주님의 신령인성에 속한 모든 능력을 자신의 탓으로 돌리며, 따라서 그것을 부인하는 작자들은, 그리고 성언에 속한 모든 것들과 교회와 천계에 속한 거룩한 모든 것들을 지배하는 통치권을 자기들에게 귀속시키려고 적용하는 작자들도, 그리고 또한 성언을 섞음질하고, 더럽히는 작자들은, 아주 심하게 모독하고 더럽히는 자들입니다. 이런 일련의 내용에서 볼 때 밝히 드러난다는 것은 우리의 본문, "나는 한 여자가 빨간 짐승을 타고 앉아 있는 것을 보았는데, 그 짐승은 하나님을 모독하는 이름들로 가득하였다"는 말씀은 그 종교적인 종지가 그들에 의하여 모독된 성언 위에 기초하여 세워졌다는 것을 뜻합니다. "빨간색"(scarlet)은 천적인 근원에서 비롯된 성언에 속한 진리를 뜻합니다. 그리고 "빨간 짐승"(the scarlet beast)이 천적인 신령진리의 측면에서 성언을 뜻한다는 것은 처음에는 거리가 멀고, 낯선 생각처럼 보이겠지만, 아니, 사실은 그것이 "짐승"(beast)이라고 불리웠기 때문에 불합리하고, 어리석은 것 같이 보일 것입니다. 그러나 영적인 뜻으로 "짐승"은 자연적인 정동을 뜻하고, 그리고 그 표현을 성언이나, 교회나 사람에게 적용하였을 때 자연적인 정동을 뜻한다는 것은 위의 설명에서 잘 알 수 있겠습니다 (본서 239・405・567항 참조). 그것들 중에서 하나는 사자이고, 다른 것은 송아지고, 그리고 넷째 것은 독수리와 같은 "네 짐승들"이 성언을 뜻한다는 것이나, 그리고 이것들이 에스겔서에서는 "짐승들"이라고 불리웠습니다(본서 239・275・286・672항 참조). 역시 그 짐승들 중에서 하나인 "말"은 성언의 이해를 뜻합니다(본서 298항 참조). "어린 양"(a lamb)이 주님을 뜻하고, "양"(a sheep)이 교회에 속한 사람을 뜻하고, "양 떼"(a flock)가 교회 자체를 뜻한다는 것 등은 주지의 사실입니다. 이런 내용들을 인용한 것은 어느 누구나 "빨간 짐승"이 성언을 뜻한다는 것을 이상하게 생각하지 않게 하기 위한 것입니다. 로마 가톨릭 종교적인 종지는 성언 위에 그것의 능력이나 존엄성(尊嚴性) 따위를 두고 있기 때문에, 따라서 앞서에는 "큰 물 위에 앉은" 모습으로 나타났듯이(17 : 1), "빨간 짐승을 타고 있는 것"으로 그 여인이 나타났습니다. 이런 모습은, 앞에서 언급한 것과 같이(본서 719항 참조), 섞음질되고, 모독된 성언에 속한 진리들을 뜻합니다. "짐승"이 성언을 뜻한다는 것은, 우리의 본문장의 아래의 장절들에서 그것에 관해 언급된 것들에게서 명확하게 드러나고 있습니다. 17장의 장절들입니다.

네가 본 그 짐승은, 전에는 있었지만, 지금은 없으며,……땅 위에 사는 사람들 가운데……그 짐승을 보고 놀랄 것이다. 그것은, 그 짐승이 전에는 있다가, 지금은 없으나, 장차 다시 나타날 것이기 때문이다.
(묵시록 17 : 8)
전에 있다가 지금은 없는 그 짐승은 여덟 번째(왕)인데, 그것은 그 일곱 가운데 속한 것으로서, 마침내 멸망하여 버릴 것이다.
(묵시록 17 : 11)
네가 본 열 뿔은 열 왕이다.……그들은……그들의 능력과 권세를 그 짐승에게 내줄 것이다.
(묵시록 17 : 12, 13)
하나님께서,……당신의 뜻을 행하려는 마음을 그들에게 주셔서, 그들이 한마음이 되어, 그들의 나라를 그 짐승에게 주게 하셨기 때문이다.
(묵시록 17 : 17)

이런 것들은 오직 성언에 관해서 언급되었을 뿐입니다.
724. 그 짐승은 머리 일곱과 뿔 열 개가 달려 있었습니다.
이 말씀은, 처음에는 거룩하고, 그 뒤에는 아무것도 아니고, 종국에는 광기(=어리석음)를 가리키는, 성언에서 비롯된 총명(intelligence)을 뜻하고, 그리고 또한 계속적으로 성언에서 비롯되는 많은 능력을 뜻합니다. "머리"가 주님이나 성언에 관해서 언급될 경우, 총명이나 지혜를 뜻한다는 것, 그리고 나쁜 뜻으로 광기나 어리석음을 뜻한다는 것 등은 위의 설명에서 볼 수 있습니다(본서 538·568항 참조). "일곱"(7)이 일곱을 뜻하지 않고 전부(=모두·all)를 뜻하고, 그리고 "일곱"(7)은 거룩한 것들에 적용됩니다(본서 10·391항 참조). "뿔"(horn)이 능력을 뜻한다는 것(본서 270항 참조), "열 뿔"이 많은 능력을 뜻한다는 것(본서 539항 참조), 그리고 "일곱 머리들"이, 처음에는 거룩하고, 뒤에는 아무것도 아니고, 종국에는 광기나 어리석음을 뜻한다는 것 등등은 우리의 본문장 9, 10절에서 잘 나타나고 있는데, 그 두 절에는, 아래에서 보게 되듯이, 그 천사는 "일곱 머리들"의 뜻에 관해서 언급하고 있습니다. 이상에서 명확한 것은 우리의 본문 "머리 일곱과 뿔 열 개가 달린 그 짐승"이 처음에는 거룩하고, 뒤에는 아무것도 아니고, 종국에는 광기나 어리석음을 가리키는 성언에서 비롯된 총명을 뜻하고, 그리고 계속해서 성언에게서 비롯되는 많은 능력을 뜻한다는 것입니다.

725. 4절. **이 여자는 자주색과 빨간색 옷을 입고 있었다.**
이 말씀은 그들이 가지고 있는 성언에 속한 것들인 천적인 신령선과 신령진리를 뜻합니다. "자주색"(purple)은 천적인 신령선(celestial Divine good)을 뜻하고, "빨간색"(scarlet)은 천적인 신령진리(celestial Divine truth)를 뜻하는데, 이러한 내용은 곧 알게 될 것입니다. 그런 것들로 "옷을 입는다"는 말은 그들이 그런 것들을 가지고 있다는 것, 결과적으로는 그들에게 있다는 것을 뜻합니다. 이런 원칙들이 성언으로 말미암아 그들에게 있다는 이유는, 그 여자가 위에 앉아 있는 "빨간 짐승"(the scarlet beast)이 성언을 뜻하기 때문입니다(본서 723항 참조). 신령선과 신령진리가, 마치 하나의 옷처럼, 그들에게 있다는 것은, 따라서 그들이 가지고 있다는 것은 이미 우리가 알고 있습니다. 왜냐하면 그들은, 속으로는 아니지만, 겉으로는 성언을 숭배하기 때문입니다. 그리고 그들은, 그것이 주님에 관해서 다루고 있기 때문에, 그리고 그것들이 자신들에게 전입(轉入)될 천계와 교회를 다스리는 주님의 능력에 관해서 다루고 있기 때문에, 그것을 시인합니다. 뿐만 아니라, 성언은, 그의 후계자(後繼者)가 그들이라고 그들이 말하는 베드로에게 준 열쇠들(keys)에 관해서 다루고 있기 때문입니다. 이런 두 가지—주님과 그 열쇠—위에, 그들은 그들의 주권(主權)과 위엄(威嚴)과 권위(權威)를 두고 있기 때문에, 그들은 필수적으로 성언에 속한 거룩함을 시인할 수밖에 없습니다. 그럼에도 불구하고 그들에게 성언은, 그 속에는 가증한 것들과 자기 음행의 더러운 것들이 가득한, 금잔을 그녀 손에 들고 있는 창녀가 입고 있는 금과 보석과 진주로 꾸민 자주색 옷과 빨간색 옷에 지나지 않습니다. "자주색과 빨간색"이 언급되었고, 그리고 또한 "금·보석·진주"가 언급되었기 때문에, 그리고 또한 "자주색과 빨간색"이 성언에서 비롯된 천적인 신령선과 신령진리를 뜻하고, "금과 보석"이 모두 성언에서 비롯된 영적인 신령선과 신령진리를 뜻하고 있기 때문에, 그러므로 천적인 신령한 것(the celestial Divine)과 영적인 신령한 것(the spiritual Divine)에 관해서 몇 가지 내용을 부연하고자 합니다.

주님의 전 천계(the whole heaven)에는 서로 구분되는 두 왕국들(two kingdoms)이 있는데, 하나는 천적인 왕국(the celestial kingdom)이고,

다른 하나는 영적인 왕국(the spiritual kingdom)입니다. 천적인 왕국은 주님에게서 온 사랑 안에 있는 천사들로 이루어졌고, 영적인 왕국은 주님에게서 온 지혜 안에 있는 천사들로 이루어졌습니다. 이 두 왕국에는 공히 선과 진리가 있습니다. 천적 왕국의 천사들에게 있는 선과 진리는 "자주색과 빨간색"이 뜻하고, 영적 왕국의 천사들에게 있는 선과 진리는 "금과 보석들"이 뜻합니다. 이런 선들과 진리들 모두를 천사들은 성언을 통하여 주님으로부터 취합니다. 그러므로 성언에는 천적인 것과 영적인 것인 두 내면적인 뜻이 있습니다. 이러한 사실이 우리의 본문 "빨간 짐승을 타고 앉아 있는 여자가 자주색과 빨간색 옷을 입고, 금과 보석과 진주로 수놓은 옷을 입고 나타났다"는 말이 가리키는 이유입니다. 이 여자가 뜻하는 것을 아래 구절의 부자도 뜻합니다.

> "어떤 부자가 있었는데, 그는 자색 옷과 고운 베 옷을 입고, 날마다 즐겁고 호화롭게 살았다. 그런데 그 집 대문 앞에는 나사로라 하는 거지 하나가 헌데 투성이 몸으로 누워서, 그 부자의 상에서 떨어지는 부스러기로 배를 채우려고 하였다."
> (누가 16 : 19-21)

여기서 "자색 옷과 고운 베옷을 입은 부자"는 성언을 가지고 있는 유대 사람을 뜻하고, 그리고 "나사로"는 성언을 가지지 못한 이방 사람을 뜻합니다. 아래의 장절에서도 유사한 내용을 뜻합니다.

> 지난 날 맛있는 음식을 즐기던 이들이
> 이제 길거리에서 처량하게 되고,
> 지난 날 색동 옷을 입고 자라던 이들이
> 이제 거름 더미에서 뒹구는구나.
> (애가 4 : 5)
> 너 예루살렘아,
> 네가 망하였는데도,
> 네가 화려한 옷을 입고,
> 금패물로 몸단장을 하고,
> 눈화장을 짙게 하다니,
> 도대체 어찌된 셈이냐?
> 너의 화장이 모두 헛일이 될 것이다.

너의 연인들은 너를 경멸한다.
(예레미야 4 : 30)
이스라엘의 딸들아,
너희에게 울긋불긋 화려한 옷을 입혀 주고,
너희의 옷에 금장식을 달아 주던
사울을 애도하며 울어라!
(사무엘 하 1 : 24)
이집트에서 가져온 수 놓은 모시로
네 돛을 만들고,
그것으로 네 기를 삼았다.
엘리사 섬에서 가져 온
푸른 색과 자주색 베는,
너의 차일(=가리개)이 되었다.
(에스겔 27 : 7)

이 말씀은 두로에 관해서 언급하고 있는데, 두로는 성언에서 비롯된 진리와 선에 속한 지식들을 뜻합니다. "자주색과 빨간색"이 천적인 선과 천적인 진리를 뜻하기 때문에, 그러므로 아론의 옷은, 성막의 휘장이나 장막과 같이, 청색·자색·홍색 실과 모시 실로 정교하게 수놓아 짠 것이었습니다(출애굽 26 : 4, 31, 36 ; 27 : 16 ; 28 : 6, 15). 장막들도 그러하였고(출애굽 26 : 1), 법궤 앞에 있는 휘장도 그러하였습니다(출애굽 26 : 31). 장막 어귀를 가리는 막도 그러하였고(출애굽 26 : 36), 성막 뜰의 울타리의 정문 막도 그러하였고(출애굽 27 : 16), 에봇도 그러하였고(출애굽 28 : 6), 허리띠도 그러하였고(출애굽 28 : 8), 판결 가슴받이도 그러하였고(출애굽 28 : 15), 에봇의 겉옷자락도 그러하였고(출애굽 28 : 33), 진설병을 덮는 진홍색 보자기도 그러하였습니다(민수기 4 : 8). 이런 여러 장절들에게서 빨간 짐승을 타고 앉은 여인이 입고 나타난 "자주색과 빨간색"이 뜻하는 것이 무엇인지 잘 알 수 있겠습니다. 아래 장절에서도 마찬가지를 뜻하는데, 거기에는 이렇게 언급되어 있습니다.

"화를 입었다. 화를 입었다.
고운 모시 옷과

자주색 옷과 빨간색 옷을 입고
금과 보석과 진주로 꾸민 큰 도시야,
그렇게도 많던 재물이,
한 순간에 잿더미가 되고 말았구나."
(묵시록 18 : 16, 17)

바빌론의 상품들 가운데에는 자주색과 빨간색 천이나, 금·보석·진주 등등이 있었습니다(묵시록 18 : 12).

726. (이 여자는) **금과 보석과 진주로 꾸미었다.**
이 말씀은, 그들이 가지고 있는, 성언에 속한 것들인, 신령선과 신령진리를 뜻합니다. 여기서 "금"(gold)은 선을 뜻하고(본서 211항 참조), "보석"(precious stone)은 진리를 뜻하고(본서 231·540·570항 참조), 그리고 이들 양자는 모두 성언에서 비롯되었습니다. 여기서 영적인 선과 영적인 진리를 뜻한다는 것은 "자주색과 빨간색"이 천적인 선과 천적인 진리를 뜻하기 때문이고, 그리고 이들 양자는, 성언 안에 있는 선과 진리의 혼인(=결합) 때문에, 성언 안에서 결합되어 있기 때문입니다(본서 373항 참조). 이것들이 사랑에 속한 것이기 때문에, 천적인 선과 진리는, 그것들의 본질에는 선이 존재하고, 그리고 그것들은 지혜에 속한 것이기 때문에, 영적인 선과 진리는, 그것들의 본질에는 진리가 있습니다. 천적인 선과 진리는 사랑에 속한 것이고, 영적인 선과 진리는 지혜에 속한 것이다는 것은 앞서의 설명에서 능히 볼 수 있겠습니다(본서 725항 참조). 이와 같이 이 여인의 옷 입음과 숭배 받는 것이 뜻하는 그 밖의 내용이 무엇인지는 앞 단락의 설명에서 볼 수 있겠습니다.

727. 진주들.
이 낱말은 그들이 가지고 있는 성언에 속한 선과 진리의 지식들을 뜻합니다. 영적인 뜻으로 "진주"는 성언에서 비롯된 천적인 것과 영적인 선과 진리의 지식들을 뜻하고, 특별한 뜻으로는 성언의 문자적인 뜻에서 비롯된 지식들을 뜻합니다. "진주들"이 이런 지식들을 뜻하기 때문에, 그러므로 그것들은 "자주색과 빨간색" 다음에 언급되었고, 그리고 "금과 보석" 다음에 언급되었습니다. 아래의 장절에 있는 진주들도 동일한 지식들을 뜻합니다.

> 하늘 나라는 좋은 진주를 구하는 상인과 같다. 그가 값진 진주 하나를 발견하면, 가서, 가진 것을 다 팔아서 그것을 산다.
> (마태 13 : 45, 46)

이것은 주님에 관한 지식을 뜻합니다.

> 열두 대문은 열두 진주로 되어 있는데, 그 대문들이 각각 진주 한 개로 되어 있었습니다.
> (묵시록 21 : 21)

"새 예루살렘의 대문들"은 새로운 교회의 입문(入門·안내·introduction)을 뜻하고, 그리고 그 입문은 성언에서 비롯된 선과 진리에 속한 지식들에 의하여 성사(成事)됩니다.

> 거룩한 것을 개에게 주지 말고, 너희의 진주를 돼지 앞에 던지지 말아라. 그것들이 발로 그것을 짓밟고, 되돌아서서 너희를 물어 뜯을지도 모른다.
> (마태 7 : 6)

여기서 "돼지"(swine)는 재물들을 세속적으로만 사랑하고, 영적으로는 재물들을 사랑하지 않는 자들을 뜻하는데, 영적인 재물은 바로 성언에서 비롯된 선과 진리의 지식들을 가리킵니다. "바빌론"은 그것에 의하여 성언에서 온 선과 진리의 모든 지식들을 배척하는 종교적인 종지(宗旨)를 뜻하기 때문에 바빌론에 관해서 이렇게 언급되었습니다.

> 세상의 상인들도 그 여자를 두고 울며, 슬퍼할 것입니다. 이제는 그들의 상품을 살 사람이 하나도 없기 때문입니다. 그 상품이란, 금과 은과 보석과 진주요, 고운 모시와 자주 옷감과 붉은 옷감이요…….
> (묵시록 18 : 11, 12)

728. 손에는 금잔을 들고 있었는데, 그 속에는 가증한 것들과 자기 음행의 더러운 것들이 가득하였습니다.
이 말씀은, 모독된 성언에 속한 거룩한 것들에게서 생겨난 그 종교적인 종지를 뜻하고, 그리고 치명적인 거짓들에 의하여 더럽혀진 그것의 선들이나 진리들을 뜻합니다. 여기서 "잔"(cup)이나 또는 "술잔"(聖杯·chalice)이, 그것이 담는 그릇이기 때문에, "포도주"가 뜻하는 것과 동일한 것을 뜻한다는 것은 앞서의 설명에서 볼 수 있겠습니다(본서 672항 참조). "바빌론의 포도주"는 그것의 치명적인 거짓들의 측면에서 그 종교적인 종지(宗旨)를 뜻합니다(본서 632·635항 참조). "가증한 것들"은 거룩한 것에 대한 모독을 뜻하고, "음행의 더러운 것들"은 성언에 속한 선과 진리의 더럽힘들(defilements)을 뜻합니다. 그러므로 우리의 본문, "손에는 금잔을 들고 있었는데, 그 속에는 가증한 것들과 자기 음행의 더러운 것들이 가득하다"는 말은, 모독되고, 더러워진 교회에 속한 거룩한 것들로, 그리고 치명적인 거짓들에 의하여 모독된 성언의 선들이나 진리들로 이루어진 그 종교적인 종지(宗旨)를 뜻합니다. 이러한 내용들은 주님께서 율법학자들이나 바리새파 사람들에게 하신 것에서도 꼭 같습니다.

> 율법학자들과 바리새파 사람들아, 위선자들아, 너희에게 화가 있다! 너희가 회칠한 무덤과 같기 때문이다. 그것은 겉으로는 아름답게 보이지만, 그 안에는 죽은 사람의 뼈와 온갖 더러운 것이 가득하다.
> (마태 23 : 27)

729. 5절. 그리고 이마에는 '땅의 음녀들과 가증한 물건들의 어머니, 큰 바빌론'이라는 비밀의 이름이 적혀 있었습니다.
이 말씀은 숨겨진 그것의 내면적인 성질의 측면에서 로마 가톨릭 종교적인 종지(宗旨)들을 뜻합니다. 그런데 이 종지들은, 자기사랑(自我愛)에서 비롯된 지배하려는 애욕(=욕망)에서 생겨난 그것의 근원에서 교회에 속한 거룩한 것들과, 천계와, 따라서 주님과 관계되는 것들이나 주님의 말씀에 관계되는 모든 것들을 지배하려는 욕망으로 말미암아, 성언에 관계되는 것들을 더럽히고, 모독하였고, 그리고 그것으로 인하여 교회에 관계되는 것들을 더럽히고, 모독하였습니다. "그녀의 이마에 적혀 있다"는 말은 그 사랑(=애욕)에 활착(活着)되어 있다는 것을 뜻하는데, 그 이유는 "이마"가 사랑을 뜻하기 때문입니다(본서 347·605항 참조). "비밀"(=비의·mystery)이라는 말은 내면적으로 깊숙이 감추어진 것을 뜻합니다. "큰 바빌론"(the great Babylon)은, 위에서 언급한 것과 같이(본서 717항 참조), 로마 가톨릭의 종교적 종지와 모든 그것의 성품(=성질)을 뜻합니다. "음녀들"(=음행들・whoredoms)은 성언에 속한 선과 진리의 섞음질이나 더럽힘을 뜻하고(본서 719-721항 참조), 그리고 언급한 것과 같이(본서 728항 참조), 그들의 더럽힘이나 모독 따위를 뜻합니다. "가증한 것들"은, 바로 위에서 설명한 것과 같이(본서 728항 참조), 교회에 속한 거룩한 것들에 대한 모독들을 뜻합니다. 그리고 "땅"은 교회를 뜻합니다(본서 285항 참조). 그러므로 "땅의 음녀들과 가증한 물건들의 어머니"는 그것들의 근원(根源・origin)을 뜻합니다. 이런 낱말이 그녀의 이마에 적혀 있기 때문에, 그리고 "이마에 쓴다"는 말이 사랑 안에 활착되었다는 것을 뜻하기 때문에, 그리고 그들의 사랑은 자기사랑(自我愛)에서 비롯된 교회에 속한 모든 것들이나 천계를 지배하려는, 따라서 주님과 주님의 성언에 속한 모든 것들을 다 스리려는, 지배하려는 사랑(=욕망・the love of dominating)이기 때문에, 그러므로 이런 내용을 뜻합니다. 이상에서 밝히 알 수 있는 것은 "그녀의 이마에 땅의 음녀들과 가증한 물건들의 어머니, 큰 바빌론이라는 비밀의 이름이 적혀 있다"는 말씀은, 자기사랑으로 말미암아 교회에 속한 거룩한 것들이나, 천계에 속한 거룩한 것들을 지배하려는, 그리고 따라서 주님과 주님의 말씀에 속한 모든 것들을 지배하려는 지배적 욕망에서 나온 그것의 근원인 숨겨진 그것의 내면적인 성질의 측면에서 로마 가톨릭의 종교적인 종지를 뜻합니다. 그리고 그것은 성언에 속한 것들이나, 그것에서 비롯된 교회에 속한 것들을 더럽히고, 모독하였다는 것을 뜻합니다. 이러한 내용이 교회에 속한 모든 것들을 지배하려고 하는 지배적인 욕망(=사랑)을 뜻한다는 것은 사람들의 영혼에 대해서, 그리고 그들의 예배(=미사)에 관계되는 모든 것들에 대해서 요구하는 권위나 권세에서 잘 알 수 있습니다. 천계를 지배하려고 한다는 것은, 그들이 풀고, 매고, 따라서 열고 닫는다는 주제넘게 당연한 일로 여기는 권위와 권세에서 잘 알 수 있습니다. 그리고 주님에 속한 모든 것들을 지배한다는 것은 교황의 대리권(代理權・vicarship)에서 잘 알 수 있는데, 그들은 그것에 의하여 주님의 모든 것들을 자신의 공(功)으로 돌립니다. 그리고 성언에 속한 모든 것들을 지배하려고 한다는 것은 해석의 권한(the right of interpretation)이 자신들에게 주어졌다는 것에서 잘 알 수 있습니다. 그것을 가리켜 자기사랑(自我愛)에서 비롯된 지배적인 욕망(=지배애·the love of dominating)이라고 부르는데, 그 이유는 거기에는 선용에 속한 사랑(the love of uses)에서 온 지배적인 사랑이 있는데, 이 두 사랑은 서로 정반대이기 때문입니다. 왜냐하면 그것은 자기 자신만을 중하게 여기고, 자기 자신을 위한 목적에서 세상을 귀하게 여기기 때문입니다. 그러나 선용에 속한 사랑에서 비롯된 지배적인 사랑은 천적입니다. 왜냐하면 그것은, 그분에게서 나온 모든 것들은 선용이라고 하는 원천으로부터 주님을 중하게 여기고, 그리고 그 사람 자신에게 선용들은 영혼들의 구원을 목적으로 교회에게 선을 행하는 것에 존재한다고 여기기 때문입니다. 그러므로 이 사랑은 자기사랑(自我愛)에서 비롯된 지배적인 사랑을 몹시 싫어합니다.

730. 6절. 나는 그 여자가 성도들의 피와 예수의 증인들의 피에 취하여 있는 것을 보았습니다.
그들의 종교적인 종지가 주님에 속한, 그리고 성언에 속한 신령선들을, 그리고 그것에서 비롯된 교회에 속한 신령진리들과 신령선들을 섞음질하고, 모독하는 짓으로 말미암아 광적인 것이 되었다는 것을 뜻합니다. "그 여자"는, 위에서 언급한 것과 같이(본서 723·725항 참조), 그 종교적인 종지를 뜻하고, "취하였다"(酩酊)는 말은 영적인 것들 안에서 광적인 것이 된 것을 뜻합니다(본서 721항 참조). 여기서 "피"(血·blood)는 성언에 대한 위화(僞化)·섞음질·모독 따위를 뜻합니다(본서 327·379·681·684항 참조). 그리고 "성도들"(saints)은, 성언에 의하여 주님에게서 비롯된 신령진리들 안에 있는 자들을 뜻하고, 추상적으로는 주님에 속한 신령진리들이나, 성언에 속한 신령진리들, 그리고 그것에서 비롯된 교회에 속한 신령진리들을 뜻하고(본서 173·586·666항 참조), "예수의 증인들"은, 추상적으로는 교회 안에 있는 성언을 통해서 주님에게서 비롯된 진리들이나 선들을 뜻하지만(본서 6·16·490·506·668항 참조), 그러나 여기서는 모독된 그런 것들을 뜻합니다. 그 이유는 "순교자의 피" 또는 "예수의 증인들의 피"라고 언급되었고, 그리고 바빌론에 대해서 언급하고 있기 때문입니다. 그리고 "바빌론"은 성언에 속한, 그리고 교회에 속한 선과 진리에 속한 모독을 뜻하기 때문입니다(본서 717·718항 참조). 이상의 모든 것들에서 잘 알 수 있는 것은, 우리의 본문 "나는 그 여자가 성도들의 피와 예수의 증인들의 피에 취하여 있는 것을 보았다"는 말씀이, 주님에 속한, 성언에 속한, 그리고 그것으로 인하여 교회에 속한 신령진리들과 신령선들을 섞음질하고 모독하였다는 것에서 생긴 광적인 종교적인 종지를 뜻한다는 것입니다.

731. 내가 그 여자를 보고 크게 놀랐습니다.
이 말씀은 그 종지가 내면적으로 이런 부류이다는 것, 그럼에도 불구하고 그 때 그 종지가 외면적으로는 전혀 다르게 보인다는 것에 대한 놀라움(驚愕·astonishment)을 뜻한다는 것입니다. 크게 놀라움으로 이상하게 생각한다는 말은 매우 크게 놀랐다는 것을 뜻하고, "그 여자를 보았다"는 말은 그 여자, 즉 그 종교적인 종지가 내면적으로 이런 부류이지만, 그럼에도 불구하고 그 때 그것은 외면적으로 전혀 다르게 보인다는 것을 뜻합니다. 왜냐하면 그가 놀란 것은, 빨간 짐승을 타고 앉아 있는 여자가 자주색과 빨간색 옷을 입었고, 금과 보석과 진주로 몸을 꾸미었고, 손에는 금잔을 들고 있는 것을 보았는데, 이것은 겉으로 나타난 모습이고, 그러나 그 잔은 가증한 것들과 자기 음행의 더러운 것들로 가득하였기 때문입니다. 그리고 그는 그녀의 이마에 "땅의 음녀들과 가증한 물건들의 어머니"라고 쓴 것을 보았는데, 이런 것이 바로 그녀의 내면적인 것들이기 때문입니다. 이런 것들이 요한에 의하여 밝혀졌는데, 그 이유는 작금의 모든 사람은, 그 종교적인 종지가 외적인 것들에는 매우 거룩하고 찬란하지만, 내적인 것들에는 매우 모독스럽고, 가증하다는 것을 모르고 있기 때문에 그것을 본다는 것에 놀라울 수밖에 없기 때문입니다.

732. 7절. 그 때에 천사가 나에게 말하였습니다. "왜 놀라느냐? 나는 이 여자의 비밀과, 이 여자를 태우고 다니는 머리 일곱과 뿔 열이 달린 그 짐승의 비밀을, 너에게 말하여 주겠다."
이 말씀은 앞에 나오고, 그리고 보여진 것들의 뜻에 대한 밝힘(=까발림·顯示·disclosure)을 뜻합니다. 이 내용은 더 설명할 필요는 없겠습니다.

733. 8절. "네가 본 그 짐승은, 전에는 있었지만 지금은 없다."
이 말씀은 그들에게 있는 성언이 과거에는 거룩한 것으로 시인되었지만, 그럼에도 불구하고 실제적으로는 시인되지 않고 있다는 것을 뜻합니다. 여기서 "짐승"이 성언을 뜻한다는 것은 앞서의 설명을 참조하십시오(본서 723항 참조). "전에는 있었지만, 지금은 없다"는 말은 그것이 거룩한 것으로 시인되었지만, 그럼에도 불구하고 실제로는 시인되지 않았다는 것을 뜻합니다. 그들에게 성언이 있었다는 것, 그리고 지금도 가지고 있다는 것, 그럼에도 불구하고 가지고 있지 않다는 것을 모르고 있습니다. 사실 성언은, 그것이 주님에 관해서, 그리고 교회에 대한 그분의 권위와 천계에 대한 권위, 그리고 베드로와 그의 열쇠들에 관해서 다루고 있기 때문에, 실제적으로 거룩한 것으로 시인되어야 합니다. 그럼에도 불구하고 그와 같이 시인되고 있지 않는데, 왜냐하면, 그들이 성경을 읽는 것을 허락하지 않기 때문에 백성이 그것을 읽지 못하기 때문입니다. 그리고 성경을 그들에게서 빼앗아갔고, 심지어 승려들(the monks)의 다양한 평계나 구실들 하에서 금지하고 있기 때문입니다. 심지어 거기에서 거의 읽혀지지 않는 도서관들이나 수도원들에 보관되어 있을 뿐입니다. 더욱이 그것에 참된 것이 있는지에 대해서도 거의 주의하지 않기 때문입니다. 그러나 다만 교황의 칙령(勅令·dictates)에 대해서는 예의 주시하도록 하는데, 그 칙령이 언급한 것은 꼭 같은 동일한 거룩한 것으로 여깁니다. 사실은 그들이 자신들의 마음 속에서 말할 때 그들은 성언을 심하게 비난하고, 모독합니다. 이런 사실들에게서 밝히 알 수 있는 것은 우리의 본문, "전에는 있었지만, 지금은 없다는 그 짐승"은, 성언이 그들에게 있어서 거룩한 것으로 시인되었지만, 그럼에도 불구하고 실제로는 시인되지 않고 있다는 것을 뜻합니다.

734. "장차 아비소스에서 올라와서, 나중에는 멸망하여 버릴 자다." 이 말씀은, 평신도나 일반 백성이 성언을 영접, 수용하고 성경을 읽는 것에 관하여 가톨릭 종교회의(the Papal Consistory)가 여러 차례 행한 심의토의(審議討議)와 그러나 종국에는 허용하지 않고 부결(否決)하였다는 것을 뜻합니다. 여기서 "장차 올 짐승"은, 위에서 언급한 것과 같이(본서 723·733항 참조), 성언을 뜻하고, 그 짐승이 거기에서 나올 "아비소스"(=무저갱)는 종교적인 종지 이외의 아무것도 뜻하지 않습니다. 특히 그것의 보좌가 놓인 곳은 가톨릭 종교회의(the Papal Consistory)를 뜻합니다. 그것이 바로 "아비소스"(=무저갱)라는 것은 교회와 천계에 속한 거룩한 것들을 지배하려는 통치권이 거기에서 결정, 선포(宣布)되기 때문입니다. 특히 주님과 주님의 말씀에 속한 모든 것들을 지배하는 통치권이 거기에서 제정, 선포되기 때문입니다(본서 729

항 참조). 그들은 자신들의 목적을 위해 본질적인 것들로서 이런 것들을 가지고 있지만, 그러나 교회에 속한 선이나, 영혼들의 구원은 그 목적을 위한 수단으로서 필요한 형식적인 것일 뿐입니다. "나중에는 멸망할 자이다"는 말은 배척되고, 거부될 것이다는 것을 뜻합니다. 평신도나 일반 백성이 성언을 수용, 성경을 읽는 일이 거기에서 여러 차례 심의 토의하였지만, 종국에 부결되었다는 것은 교회 역사에서 잘 알 수 있겠습니다. ≪영계에 관한 속편≫ 59항에서 언급된 것과 같이, 지금은 개혁교회나 축복 받은 사람 가운데 있는 교황에 의하여 제안되었지만, 그러나 그것은 받아들여지지 않았습니다. 이러한 사실은 특히 "Bull Unigenitus"(=독생자에 대한 칙서)나 그 밖의 여러 공회의(公會議)에서 잘 알 수 있습니다.

735. "그리고 땅 위에 사는 사람들 가운데 창세 때부터 생명책에 이름이 적혀 있지 않는 사람들은, 그 짐승을 보고 놀랄 것이다. 그것은, 그 짐승이 전에는 있다가, 지금은 없으나, 장차 다시 나타날 것이기 때문입니다."

이 말씀은 그 종교에 속한 자들의 놀라움(驚愕·amazement)을 뜻합니다. 그런데 그들은, 그 종교가 설시된 이래 모든 자들로서, 천지(天地)를 지배하는 통치를 열망하였습니다. 비록 성언도 이와 같이 부결되었지만, 여전히 남아 있다는 것에 대한 그들의 놀라움을 뜻합니다. "이상하게 생각한다"(wondering)는 말은 놀라는 것을 뜻합니다. "땅 위에 사는 사람들"은 교회에 속한 자들을 뜻하지만, 여기서는 그 종교적 종지에 속한 자들을 뜻합니다(본서 721항 참조). "창세 때부터 생명책에 이름이 적혀 있지 않는 사람들"은 주님을 믿지 않는 자들을 뜻하고, 그리고 성언에서 비롯된 교리 안에 있지 않는 자들을 뜻합니다. 다시 말하면 교회의 설시 이후 모두를 뜻하고, 여기서는 이 종교적인 종지의 설시 이후의 모두를 뜻합니다(본서 588·589항 참조). 그리고 이들은 천지(天地)를 지배하는 통치권을 열망하는 자들 이외의 다른 자들을 뜻하지 않습니다. "전에는 있다가, 지금은 없으나, 장차 다시 나타날 그 짐승"은 성언을 뜻하는데, 그것은 그와 같이 부결, 배척되었지만, 여전히 남아 있는 성언을 뜻합니다. 이러한 내용은 우리의 본문에서, 즉 "땅 위에 사는 사람들 가운데 창세 때부터 생명책에 이름이 적혀 있지 않는 사람들은, 전에는 있다가, 지금은 없으나, 장차 다시 나타날,

그 짐승을 보고 놀랄 것이다"는 말씀이 그 종교가 세워진 이후 천지(天地)를 지배하기를 열망하여 비록 그 성언을 배척하였지만, 그럼에도 불구하고 여전히 성언이 남아 있다는 것을 보고, 그 종교적인 종지에 속한 자들의 놀라움(驚愕)을 뜻합니다. 왜냐하면 교회와 천계에 속한 거룩한 것들을 지배하기를 열망하는 자들은 모두가 성언을 증오(憎惡)하고, 미워하기 때문입니다. 그 이유는 그들이 주님을 증오하고, 싫어하기 때문입니다. 만약에 입으로는 증오하지 않지만, 그러나 여전히 마음 속에서는 증오합니다. 이것이 사실이다는 것은 이 세상에서는 거의 알지 못합니다. 그것은 그들이 그 때 육신을 입고 있기 때문입니다. 그러나 그 사실은 사후(死後)에는 명확하게 드러납니다. 그 때 모두는 그의 영 안에 있기 때문입니다. 따라서 위에 언급된 것과 같이(본서 734항 참조), 비록 성언이 그와 같이 배척, 거부되었지만, 성언이 여전히 남아 있다는 것에 대하여 그들이 이상하게 여긴다는 것을 뜻한다는 것입니다. 성언이 여전히 남아 있는 이유는 그것이 신령하기(Divine) 때문이고, 그리고 주님께서 그것 안에 계시기 때문입니다.

736. 9절. **"여기에 지혜를 가진 마음이 필요하다."**
이 말씀은, 주님에게서 비롯된 영적인 뜻 안에 있는 자들을 위한 자연적인 뜻의 해석(解釋)을 뜻합니다. "여기에 마음이 필요하다"(=있다)는 말은 눈에 보여진 것들에 대한 이해(理解)와 해석을 뜻합니다. "지혜를 갖는다"는 말은 내면적으로 현명한 자들을 위한 것이다는 것을 뜻합니다. 영적인 뜻 안에 있는 자들을 위한 자연적인 뜻의 해석이 있다는 것은, 그 해석이 영적인 뜻 안에 있지 않고, 자연적인 뜻 안에 있는 천사에 의하여 이루어졌기 때문입니다. 왜냐하면 그가, 그 짐승의 일곱 머리는 "일곱 산들"이라고 말하였고, 마찬가지로 "그들이 일곱 왕들"이라고 말하였고, "그들 중 하나는 있고, 다른 하나는 아직 나타나지 않았다"고 말하였기 때문이고, 그리고 그 짐승은 "여덟 번째인데, 그것은 그 일곱 가운데 속한 것이다"고 말하였기 때문입니다. 뿐만 아니라 우리의 본문장 말미에 이르기까지는 더 많은 것들을 말하고 있습니다. 그리고 이런 내용들은 주님에게서 비롯된 영적인 뜻 안에 있는 사람이 아니면, 누구도 이해할 수 없는 것들입니다. 그러므로 이것이 바로 "지혜를 가졌다"는 말이 뜻하는 것입니다. 해석이 영적인 뜻 안에 있지 않고, 자연적인 뜻 안에 있는 천사에 의하여 이루어져야 하는 이유는 자연적인 뜻은 영적인 뜻이나 천적인 뜻의 기초이고, 그릇이고, 버팀목(支柱)이기 때문입니다. 이러한 사실은 ≪성서론≫ 27-49항을 참조하십시오. 그러므로 성경 어디에서나 자연적인 뜻 안에서 온갖 해석들은 주어지게 됩니다. 그럼에도 불구하고 그것들은, 영적인 뜻을 제외하면 내면적으로는 결코 이해될 수 없습니다. 이것은 여러 예언서들이나 복음서의 수많은 곳에서 쉽게 볼 수 있습니다.

737. "머리 일곱은 그 여자가 타고 앉은 일곱 산이요, 또한 일곱 왕이다."
이 말씀은 로마 가톨릭의 종교적 종지가 그 위에 세워진 성언에 속한 신령선들이나 신령진리들이 시간의 경과 속에서 멸망하였고, 종국에는 모독되었다는 것을 뜻합니다. "빨간 짐승"이 성언을 뜻하기 때문에, 그러므로 "그의 머리들"은 그것 안에 있는 사랑에 속한 선들이나 지혜에 속한 진리들을 뜻하기 때문에, 따라서 "바빌론"이 뜻하는 그들이 가지고 있는 이런 두 가지 측면에서 성언의 특질이나 성질이 여기에 기술되고 있는데, 여기서 사랑에 속한 신령선은 "산들"이 뜻하고, 그리고 지혜에 속한 신령진리는 "왕들"이 뜻합니다. "산들"이 사랑에 속한 선들을 뜻한다는 것은 본서 336·339·714항을 참조하시고, "왕들"이 지혜에 속한 진리들을 뜻한다는 것은 본서 20·664·704항을 참조하십시오. 그리고 "머리"가 주님에 관해서 언급되고 있을 때에는, 그분의 신령지혜에 속한 신령사랑과 그분의 신령사랑에 속한 신령지혜를 뜻합니다(본서 47·538·568항 참조). "일곱"은 전부(all)나 완전한 것을 뜻하고, 그리고 거룩한 것들을 뜻합니다(본서 10·391·657항 참조). 그리고 여기서 "그 여자"는 로마 가톨릭의 종교적인 종지를 뜻합니다(본서 723항 참조). 그러므로 우리의 본문 "머리 일곱은 그 여자가 타고 앉은 일곱 산이다"는 말은 로마 가톨릭의 종교적인 종지가 그 위에 세워진, 성언에 속한 신령선들이나 신령진리들을 뜻합니다. 그 이유는 전 성언(全 聖言)이 그 종지에 의하여 모독되고, 더럽혀졌고, 섞음질 되었기 때문이다는 것은 본서 717·719-721·723·728-730항을 참조하십시오. 시간의 경과 속에서 그것이 모독되었다고 언급되었는데, 그것은 초기에는 그들에게서 성언은 거룩하였지만, 그러나 그들이 교회에 속한 거룩한 것들에 의하여 지배할 수 있다고 보기 때문에 그들은 성언에서부터 뒤로 물러나게 되고, 거룩한 것으로 여겼던 생각도 점점 희미해졌고, 그리고 그 거룩한 것들과 동등한 것으로 자신들의 칙령(勅令)들이나 규율들, 또는 규칙들을 시인하였고, 오히려 실제적으로는 그것들이 보다 으뜸가는 거룩한 것들로 여겼고, 종국에 그들은, 어떤 것도 남김없이, 모든 주님의 권위마저도 자신들의 것으로 양도(讓渡)하였기 때문입니다. "바벨"이 뜻하는(본서 717항 참조) 루시퍼(Lucifer)를 "아침의 아들"(son of the morning)이라고 부른 것은 그들이 성언을 거룩한 것으로 간직하였을 때인, 그들의 처음 상태에서 비롯되었지만, 그러나 그들의 이후의 상태에 이르렀을 때에는 "그가 지옥에 떨어졌다"고 언급되었습니다(이사야 14장). 그러나 이 주제에 관한 상세한 내용은 《신령섭리론》 257항을 참조하십시오. "그 여자가 타고 앉은 일곱 산들"이 마치 로마를 뜻하는 것처럼 보이겠는데, 그 이유는, 그 이름이 거기에서 명명(命名)된 일곱 산들 위에 로마가 구축(構築)되었기 때문입니다. 그 종교의 종지의 보좌나 재결기관(裁決機關 · tribunal)이 거기에 있기 때문에 비록 로마를 뜻한다고 하였지만, 그럼에도 불구하고 여기서 "일곱 산들"은 모독되고, 더럽혀진 성언에 속한 신령선들을 뜻하고, 그리고 거기에서 비롯된 교회에 속한 선들을 뜻합니다. 왜냐하면 숫자 일곱(7)은, 거룩한 것 이외의 다른 아무것도 보내지 않지만, 여기서는 모독된 것 이외에 다른 것을 보내지 않기 때문입니다. 이 숫자 일곱은 성경 어디에서도 마찬가지인데, 그 숫자가 거명된 예들의 장절입니다.

    하나님의 보좌 앞에 있는 일곱 영(묵시록 1 : 4)
    '인자와 같은 이'가 그 가운데 있는 일곱 촛대(묵시록 1 : 13 ; 2 : 1)
    일곱 별들(묵시록 2 : 1 ; 3 : 1)
    보좌 앞에 있는 일곱 개의 횃불(=촛대)(묵시록 4 : 5)
    그 책에 찍힌 일곱 인(묵시록 5 : 1)
    어린 양의 일곱 뿔과 일곱 눈(묵시록 5 : 6)
    일곱 나팔을 가진 일곱 천사들(묵시록 8 : 2)
    일곱 천둥들(묵시록 10 : 3, 4)
    대접들 안에 일곱 재난이 있는 것을 든 일곱 천사들(묵시록 15 : 1, 6, 7)

마찬가지로 여기서도 "빨간 짐승"은 "일곱 머리들"을 가졌고, 그리고 "그 일곱 머리들은 일곱 산들"이었고, 또한 "일곱 왕들"이었습니다.

738. 10절. "그 가운데서 다섯은 이미 망하고, 하나는 있고, 또 다른 하나는 나타나지 않았다. 그것이 나타날지라도, 잠깐밖에 머물지 못할 것이다."
이 말씀은, 천계와 교회 안에 있는 모든 권위가 주님에게 주어졌다는 하나를 제외하면, 그리고 아직은 문제로 나타나지 않았지만, 비록 나타난다고 해도, 그것이 남아 있지 않을 것이라는 것을 가리키는 주님의 인성(the Lord's Human)은 신령하다는 것을 제외하면 성언에 속한 모든 신령진리들은 이미 파괴되었다는 것을 뜻합니다. 여기서 "다섯"(5)은 숫자 다섯을 뜻하지 않고, 나머지 모든 것을 뜻합니다. 그리고 여기서 "왕들"은 성언에 속한 신령진리들의 남은 것을 뜻합니다. 왜냐하면 묵시록서나, 성경에서 숫자들은 일반적으로 그것들이 관계되고 있는 사물들의 성질(=됨됨이・性稟)을 뜻하기 때문입니다. 그것들은 실제 명사와 결합된 어떤 형용사들과 같거나, 또는 주어들에 결합된 어떤 술어들과 같습니다. 이런 사실은, 앞에서 설명된 숫자들, 즉 둘・셋・넷・여섯・일곱・열・열둘・일백사십사 등등에서 볼 수 있겠습니다. 그러므로 여기서 "다섯"(5)은 남은 모든 것을 뜻하고, 그리고 "일곱"(7)은 성언의 거룩한 것들을 뜻하기 때문에, 뒤이어서는 것은 "하나는 있고"(is), "또 다른 하나는 장차 올 것이다"라고 하였으며, 그리고 따라서 남아 있는 것은 그들 가운데서 둘이라고 하였기 때문입니다. 이상에서 볼 때 명확한 것은 "이미 망한 다섯"은 남은 모든 것들이 모두 멸망하였다는 것을 뜻한다는 것입니다. 그것들이 "망할 것이다"(to fall)고 언급되었는데, 그것은 칼에 의하여 망한 왕들에 관해서 언급되었기 때문입니다. "하나가 있다"는 말은, 위에서 언급, 볼 수 있듯이(본서 618항 참조), 주님께서 친히 말씀하신 말씀들과 일치하여, "하늘과 땅의 모든 권세가 주님에게 주어졌다"는 이 신령진리 이외의 아무것도 뜻하지 않습니다(마태 28 : 18 ; 요한 13 : 3 ; 17 : 2, 3, 10). 이 하나가 지금까지 멸망하지 않았다는 것은, 그렇지 않다면 그들이 교회와 성언에 속한 모든 것들을 다스리는 통치나 지배 따위를 자신에게 요구할 수 없을 것이기 때문이고, 그리고 천계를 지배하는 통치나 지배를 요구할 수 없기 때문입니다. "다른 하나는 아직까지 나타나지 않았고, 그것이 나타날지라도 잠깐밖에 머물지 못할 것이다"는 말은, 아직까지 문제시 되지는 않았으나, 그렇게 된다고 해도, 신령진리가 그들에게 남아 있지 않을 것이다는 것, 다시 말하면 "주님의 인성은 신령하다"는 신령진리가 그들에게 남아 있지 않을 것이다는 것을 뜻합니다. "잠깐밖에 그것이 머물지 못할 것이다"고 언급하고 있는데, 그 것은 위에서 언급하였듯이(본서 686항 참조), 신령섭리(神靈攝理·the Divine Providence)에 일치하기 때문입니다. 주님의 인성이 신령하다는 신령진리는 시작부터 마지막에 이르도록 ≪주님론≫에서 잘 읽을 수 있겠습니다. 그러나 그것이 아직까지 문제시 되고 있지 않는 이유는, 그들이 모든 주님의 권세(the Lord's power)를 자기 자신들에게 양도한 뒤에는 그들은 신령한 것으로 주님의 인성을 시인할 수 없었기 때문입니다. 그 이유는 그 때, 그들은 자신들에게 신령권세가 양도되었고, 따라서 교황은 하나님(神)이고, 그의 성직자들은 신들(gods)이라고, 평신도나 보통 사람은 그렇게 말할 것이기 때문입니다. 그러나 이런 주장이 앞으로 문제시 될 것이다는 것은 여기 묵시록서에 예언된 사실에서 아주 명백합니다. 비록 눈감고 본 것이지만, 그들이 주님의 인성은 신령하다는 또 다른 진리를 보았다는 것은 그들이 가지고 있는 이런 것들에게서 잘 드러나고 있습니다. 즉, 그들은 성찬에서 거기에는 주님의 살과 피 뿐만 아니라, 그분의 영혼과 신성(His soul and Divinity)이 있다고 말하고, 따라서 거기에는 그분의 신성(His Divine)에 속한 것과 꼭 같이, 그분의 인성(His Human)에도 무소부재(無所不在·omnipresence)가 있다고 말합니다. 그리고 그것이 신령하지 않다면 그 인성은 무소부재할 수 없다는 것도 말합니다. 다시 말하면 그들은, 그리스도께서는 그분의 몸과 피(His body and blood)의 측면에서, 그리고 동시에 그분의 영혼과 신성(His soul and Divinity)의 측면에서 그것들 안에 있다고 말합니다. 그리고 그들은 성찬예식을 통하여 그들이 주님 안에 있다고 말합니다. 이러한 내용은 주님의 인성(His Human)에 대해서 언급하고 있는 것으로 이렇게는 말할 수 없는 일인데, 그 이유는 만약에 주님의 인성이 신령하지 않다면 그렇게 말하는 것은 도저히 불가능하기 때문입니다. 이런 것들 이외에도 그들은, 성인들(聖人·the saints)이 그리스도와 함께 다스릴 것이다는 것, 그리고 그리스도께서는 존경받을 것이다는 것, 그리고 성인들에게도 기도하고, 그리고 그들이 공경을 받을 것이다는 것, 그리고 그리스도께서는 참된 빛(the true Light)이시고, 그리고 그들은 그분 안에서 살고, 공로를 취하고, 그리고 그분의 인성에 속한 신성이 뜻하는 그 밖의 다른 유사한 것들을 얻는다는 것 등등을 주장합니다. 이러한 것들은 트렌트 종교회의(the Council of Trent)와 그리고 그것의 교서(敎書·bull)에서 나온 것들입니다. 따라서 위에서 언급한 것과 같이, 마치 눈을 감은 것과 같았지만, 그들은 그 진리를 볼 수 있었습니다.

739. 11절. **"전에는 있다가 지금은 없는 그 짐승은 여덟 번째인데, 그것은 그 일곱 가운데 속한 것으로서, 마침내 멸망하여 버릴 자다."**
이 말씀은, 앞에서 언급한 것과 같이, 성언은 신령선 자체이다는 것, 그리고 그것은 신령진리이다는 것, 그리고 그들의 지도자들에 의하여 그것 안에서 만들어진 온갖 모독들이나 섞음질들, 더럽힘 따위가 나타나는 것을 막지 않는다면 성언이 평신도나 보통 사람에게서 제거될 것이고, 그리고 그런 것들 때문에 그들이 후퇴할 수밖에 없다는 것 등등을 뜻합니다. "전에는 있었지만, 지금은 없는 그 짐승"은, 앞에서 언급한 것과 같이(8절), 성언을 뜻합니다. "그 짐승은 여덟 번째이다"는 말은 여기서는 그것이 신령선 자체이다는 여덟 번째 산을 뜻합니다. 왜냐하면 "일곱 산들"은 성언에 속한 신령선들을 뜻하기 때문입니다(본서 737항 참조). 그러므로 "여덟 번째 산인 그 짐승"은 그것이 신령선 자체이다는 것을 뜻합니다. "여덟 번째"가 선을 뜻하고, 그리고 그들 가운데 있는 성언에 속한 모든 선들이 모독되었기 때문에, 그 짐승 자체가, 성언에 속한 신령진리들을 뜻하는 일곱 왕들에 관해서 언급한 것과 같이, 일곱 산들에 관해서 언급되지 않았는데, 그것은 신령진리들에 속한 것은 모두가 섞음질되지 않았고, 그리고 더럽혀지지 않았기 때문입니다(본서 737·738항 참조). 이런 몇 가지 내용에서 볼 때 우리의 본문절에 숨겨진 비의(秘義)를 볼 수 있겠습니다. "망할 것이다는 그의 멸망"은, 위에서 본 바와 같이(본서 734항 참조), 그것이 거부되고, 배척될 것이다는 것을 뜻합니다. 그러나 성언이 그와 같이 거부, 배척되지 않고, 거룩한 것으로 시인되고 있기 때문에, 그러나 만약에 그들의 지도자들에 의하여 그것 안에서 이루어진 선에 속한 모독들이나 진리에 속한 섞음질 따위가 나타나는 것을 막지 않는다면 성언은 평신도나 보통 사람에게서 제거되기 때문에, 그리고 그것 때문에 평신도는 반드시 뒤로 후퇴할 것이기 때문에, 그러므로 그것이 원인 자체이기 때문에 우리의 본문 "그 짐승은 마침내 멸망하여 버릴 자다"는 말씀은, 설명된 내용을 뜻합니다. 성언이 신령선 자체이고, 신령진리 자체이다는 것은, 그것에 속한 개별적인 것이나 모든 것 안에는 주님과 교회의 혼인(=결합·marriage)이 존재하기 때문이고, 그리고 그것에서 비롯된 선과 진리의 혼인이 존재하기 때문입니다. 그리고 또한 그것에 속한 모든 것 안에는 천적인 뜻과 영적인 뜻이 내재해 있기 때문입니다. 그리고 천적인 뜻(the celestial sense) 안에는 신령선이 존재하고, 영적인 뜻(the spiritual sense) 안에는 신령진리가 내재해 있습니다. 이런 것들은 성언 안에 존재합니다. 그 이유는 주님께서 성언이시기 때문입니다. 이런 내용들은 암스텔담에서 발간된 ≪성서론≫에서 모두 입증(立證)되었습니다.

740. 12절. **"네가 본 열 뿔은 열 왕이다. 그들은 아직 나라를 차지하지 못하였다."**
이 말씀은, 교황의 통치의 명에 하에 전적으로 있는 것은 아니지만, 그렇다고 아직은 로마 가톨릭의 종교적인 종지에서 분리되어 교회를 형성하지 못한 프랑스 왕국에 있는 자들이 가지고 있는 신령진리들에게서 비롯된 권능의 측면에서 성언을 뜻합니다. 이런 내용들이 프랑스 왕국에 있는 자들에 관해서 언급된 것이다는 것은 영적인 뜻으로 거기에 이어지는 일련의 것들에게서 잘 알 수 있겠습니다. 왜냐하면 그것은 기독교계 안에 있는 자들에 의한 성언의 영접, 수용을 다루고 있기 때문입니다. 그리고 로마 가톨릭 교도들이 가지고 있는 성언의 수용과 그것에서 비롯된 그 교회의 상태가 다루어지고 있고(17 : 9-11), 외적인 것들의 측면에서 오직 그 종교적인 종지에 부착되어 있는, 특히 프랑스 왕국에 있는 자들이 가지고 있는 성언의 수용과 그것에서 비롯된 그 교회의 상태가 다루어지고(17 : 12-14) 있기 때문입니다. 사실 그 종교를 가지고 있지만 그러나 여전히 다양한 것들에게서 의견을 달리하는 나머지 자들은 15절에서 다루어지고 있고, 그리고 공공연하게 그 종교에서 물러나 있는 프로테스탄트 교도들, 또는 개혁교회는 16, 17절에서 다루어지고 있습니다. 그러나 "빨간 짐승"이 성언을 뜻한다는 것, 그리고 그 교회가 성언의 수용과 일치한다는 것을 알지 못하면, 여기서 언급하고 있는 모든 것들은 결코 알 수 없습니다. "빨간 짐승"이 성언을 뜻한다는 것은 위의 설명에서 잘 알 수 있습니다(본서 723항 참조). 그리고 진정한 교회는 성언으로 말미암아 교회이고, 그리고 성언의 이해에 일치한다는 것 등은 《성서론》 76-79항을 참조하십시오. 여기서 "뿔들"은 그 짐승의 뿔을 가리키는데, 그것은 성언에 속한 능력을 뜻하고, 그리고 "열 뿔들"은 큰 능력을, 여기서는 신령능력을 뜻합니다. 그 이유는 그것은 주님의 것이고, 성언을 통해서 온 것이기 때문입니다. "뿔들"이 능력을 뜻하고, "열 뿔들"이 큰 능력을 뜻한다는 것은 본서 270·539·724항에서 볼 수 있습니다. "왕들"이 성언에서 비롯된 신령진리들 안에 있는 자들을 뜻하고, 추상적으로는 그것 안에 있는 신령진리들을 뜻합니다(본서 90·664·704항 참조). 그리고 "열"(10)은 많고 많은 것들 이외의 다른 것을 뜻하지 않습니다(본서 101항 참조). "나라"(=왕국)는, "왕들"이 성언에서 비롯된 신령진리들 안에 있는 자들을 뜻하고, 추상적으로는 그것 안에 있는 신령진리들을 뜻하기 때문에, 성언으로 말미암아 존재하는 교회를 뜻합니다. 그러므로 "아직 나라를 차지하지 못한 자들"은, 그들에게는 로마 가톨릭 종교의 종지에서 분리된 하나의 교회를 이루지 못하였다는 것을 뜻합니다. 이런 내용에서 잘 알 수 있는 것은 "그 열 뿔들은 아직 나라를 차지하지 못한 열 왕이다"는 말이 프랑스 왕국에 있는 자들이 가지고 있는 신령진리에서 비롯된 능력의 측면에서 성언을 뜻하고, 그리고 그 밖의 여러 곳에 있는 자들이 가지고 있는, 그리고 얀센파(Jansenists)라고 부르는, 교황의 통치의 멍에 하에 심하게 있지 않지만, 그러나 아직은 가톨릭의 종교적 종지에서 분리되지 않은 한 교회를 세우지 못한 자들에게 있는 신령진리에서 비롯된 능력의 측면에서 성언을 뜻한다는 것입니다. 프랑스 왕국의 사람들에게 있는 교회가 로마 가톨릭의 종교적 종지에서 벗어나지 못하였다고 언급하였는데, 그것은 그 교회가 외적인 것들에서는 그것과 밀착되어 있고, 그러나 내적인 것들에서는 그와 같이 심하게 밀착되어 있지 않기 때문입니다. 외적인 것들이란 바로 형식적인 것들을 가리키고, 그리고 내적인 것들이란 본질적인 것들을 가리킵니다. 그럼에도 불구하고 그런 것들이 그것에 밀착되어 있다는 것은 거기에는 너무나도 많은 수도원들이 있기 때문이고, 그리고 거기에 있는 사제들은 교회의 권위 한에 있기 때문입니다. 그리고 모든 형식적인 것들 안에 있는 이런 것들도 교황의 칙령이나 규약들에 일치하여 다스려지기 때문입니다. 그러므로 이런 모든 것들은 그 종교적인 종지의 본질적인 것들 안에서 대단한 위치를 점하고 있습니다.

이런 이유 때문에 거기에 있는 교회는 아직까지 그 통치를 벗어나지 못하고 있습니다. 이러한 내용이 우리의 본문 "그들은 아직 나라를 차지하지 못하였다"는 말이 뜻하는 것입니다.

741. "그 짐승과 함께 한동안 왕권을 차지할 것이다."
이 말씀은 그 성언이 그들에게는 능력이 있다는 것과 그리고 마치 그들이 성언의 신령진리들 안에 있는 것처럼, 그들이 신령진리 안에 있는 것처럼 보인다는 것을 뜻합니다. "그 짐승과 함께 왕권(=권위)을 차지할 것이다"는 말은 성언과 함께 능력을 가지고 있다는 것을 뜻하고, 따라서 성언은 그들에게서 능력을 가지고 있다는 것과, 그리고 그들은 성언에 의하여 능력을 가지고 있다는 것을 각각 뜻합니다. "왕권(=권위)을 받는다"(=차지한다)는 말은 강하게 되는 것을 뜻하고, 그리고 "짐승"은 성언을 뜻합니다(본서 723항 참조). 그리고 "왕들"은 마치 그들이 성언에서 비롯된 신령진리들 안에 있는 것처럼 보인다는 것을 뜻합니다. "왕들"은 성언에서 비롯된 신령진리들 안에 있는 자들을 뜻하고, 그리고 추상적으로는 그것 안에 있는 신령진리들을 뜻합니다(본서 20 · 664 · 704 · 740항 참조). 여기서 "한동안"(=한 시간)이라는 말은 몇 시간 동안을 뜻하고, 그리고 어느 정도 안에 있다는 것을 뜻합니다. 이런 것들로 볼 때 명확한 것은 우리의 본문 "그들이 그 짐승과 함께 한동안 왕으로서 능력을 차지할 것이다"는 말이 그들에게 있는 성언이 능력을 가지고 있다는 것을 뜻하고, 그리고 그들은 성언을 통하여 마치 그들이 성언의 신령진리들 안에 있는 것처럼 보인다는 것을 뜻합니다. 이런 내용들이 언급된 것은, 그들이 성언을 신령하게 영감(靈感)된 것이다는 것을 시인하기 때문이고, 따라서 진정한 교회는 성언으로 말미암아 교회이다는 것을 시인하기 때문입니다. 그럼에도 불구하고 그들은 아직까지는, 지극히 일반적인 것들을 제외하면, 성언으로부터 신령진리들을 찾아 내지 못하고 있습니다. 그 일반적인 것들이라는 것은 하나님 홀로 예배 받으셔야 한다는 것, 어느 누구도 하나님과 같이 예배 받으면 안 된다는 것, 베드로에게 주어진 권위는 본질적으로 신령하지 않다는 것, 그럼에도 불구하고 그것은 천계를 열고 닫는 신령한 것이다는 것, 그리고 그것은 어느 사람 자신의 능력 안에 있지 않다는 것 등등입니다. 이런 것들은 그들 스스로 성언으로부터 확증한 것들입니다. 그러나 성언에 귀를 기울이지 않는 다른 사람들 앞에서는, 그들은 합리성(合理性·rationality)으로부터 그것을 확증하는데, 그 합리성이라는 것은 진리들 안에 있기를 열망하는 모두에게 입류하는 천계에서 오는 계속적인 입류(continual influx out of heaven)에 의하여 주어집니다. 그들이 더 이상 진전이 없고, 성언에서부터 믿음이나 삶에 속한 교리적인 것들을 이끌어낸다는 것은 주님의 신령섭리에 속한 것입니다. 그 이유는 그들이 외적인 것들이나, 형식적인 것들에서 여전히 로마 가톨릭의 종교적 종지에 밀착되어 있기 때문입니다. 그리고 그와 같은 일은 진리와 거짓이 서로 뒤섞이지 않게 하기 위한 것이고, 그리고 그것으로 인하여 내면적인 싸움이나 불화(不和) 따위가 일어나지 않도록 막기 위한 것이고, 그리고 장애나 방해 따위가 생겨나는 발효작용(醱酵作用) 따위가 생기지 않게 하기 위한 것입니다.

742. 13절. **"그들은 한 마음이 되어서, 그들의 능력과 권세를 그 짐승에게 내줄 것이다."**

이 말씀은 교회를 다스리는 정치(政治·government)나 통치권(統治權·dominion)이 오직 성언을 통해서 존재한다는 것을 만장일치로 그들이 시인한다는 것을 뜻합니다. "한 마음이 되어서"(=한 마음을 가지고)라는 말은 만장일치(滿場一致)로 시인하는 것을 뜻하고, "그들의 능력과 권세를 그 짐승에게 준다"는 말은 교회를 다스리는 정치나 통치권을 성언의 공(功)으로 돌리는 것을 뜻합니다. 우리의 본문이 교회를 다스리는 정치나 통치권을 뜻한다는 이유는 여기서는 성언, 그러므로 교회가 다루어지고 있기 때문입니다. 이런 내용들로부터 명확한 것은, 우리의 본문, "그들은 한 마음이 되어서, 그들의 능력과 권세를 그 짐승에게 내줄 것이다"는 말은 그들이 교회를 다스리는 정치나 통치권이 오직 성언에서 비롯된다는 것을 만장일치로 시인한다는 것을 뜻합니다. 사실 그들은 교회의 머리(the head of the church)로서 교황(敎皇)을 시인합니다. 그러나 그들은, 교회를 다스리는 그의 정치나 통치권은 인체를 다스리는 머리와 같지 않고, 오히려 자기 자신으로부터 지배하거나 통치하지 않고 성언을 통하여 하나님으로 말미암아 다스리는 인체를 다스리는 지존자(至尊者·one supreme)와 같다고 주장합니다. 그리고 거기에는 반드시 복종이 있어야 한다고 합니다. 결론적으로 말하면, 성언의 해석은, 지금까지 일어나고 있는 바와 같이, 교황의 독단적인 결정권(his arbitrary determination alone)에 속한 것이 아니라고 주장합니다. 그 이유는 이와 같은 성언에 속한 신령권위가 왜곡되고, 소멸하기 때문이라고 말합니다.

743. 14절. "그들이 어린 양에게 싸움을 걸 터인데, 어린 양이 그들을 이길 것이다. 그것은, 어린 양이 만주의 주요, 만왕의 왕이기 때문이다."

이 말씀은, 그것 안에 계신 주님은 천지(天地)의 하나님이시기 때문에, 그리고 성언이시기 때문에, 그분의 신령인성에 대한 시인에 관해서 그들과 빚은 주님의 투쟁(the Lord's combat)을 뜻합니다. 주님과 빚은 그들의 싸움이나 그들과 빚은 주님의 투쟁은, 악에서 비롯된, 또는 악과의 그런 부류의 싸움을 뜻하지 않고, 오히려 주님에 관한 진리들 안에 있지 않는 자들에게서, 또는 그들과의 싸움을 뜻합니다. "어린 양"은 신령인성의 측면에서 주님을 뜻하고, 성언의 측면에서 주님을 뜻합니다(본서 269 · 291 · 595항 참조). "어린 양이 그들을 이길 것이다"는 말은 성언을 통하여 그들을 깨닫게 하는 것을 뜻합니다. "그것은, 어린 양이 만주의 주요, 만왕의 왕이기 때문이다"는 말은 그분께서 천지의 하나님이시기 때문이다는 것을 뜻합니다. 천계의 모든 선들과 교회의 모든 선들을 다스리는 그분의 통치력으로 말미암아 그분은 "만주의 주"(the Lord of lords)라고 불리우시고, 그리고 천계와 교회에 속한 모든 진리들을 다스리는 그분의 왕권(the king of kings)이라고 불리웁니다(본서 664항 참조). 이상에서 명확한 것은, 우리의 본문, "그들이 어린 양에게 싸움을 걸 터인데, 어린 양이 그들을 이길 것이다. 그것은, 어린 양이 만주의 주요, 만왕의 왕이기 때문이다"는 말씀이, 그분의 신령인성 안에 계신 주님께서 천지(天地)의 하나님이시기 때문에, 주님의 신령인성(the Lord's Divine Human)에 관해서 그들과 빚은 주님의 투쟁을 뜻한다는 것입니다. 주님께서 천지의 하나님이시다는 것은 주님께서 친히 이런 명확한 말씀들로 가르치셨습니다. 왜냐하면 주님께서 이렇게 말씀하시기 때문입니다.

  아버지께서 가지신 것은 다 내 것이다.
  (요한 16 : 15)
  아버지는,······모든 것을 아들의 손에 맡기셨다.
  (요한 3 : 35 ; 13 : 3)

17 : 1 - 18

아버지께서는 아들에게 주신 모든 사람(=육체)에게 영생을 주게 하시려고, 모든 사람을 다스리는 권세를 아들에게 주셨습니다.……나의 것은 모두 아버지의 것이고, 아버지의 것은 모두 나의 것입니다. 나는 그들로 말미암아 영광을 받았습니다.
(요한 17 : 2, 10)
예수께서 다가와서, 그들에게 말씀하셨다. "나는 하늘과 땅의 모든 권세를 받았다."
(마태 28 : 18)
예수께서 대답하셨다. "내가 곧 길이요 진리요 생명이다. 나로 말미암지 않고서는, 아무도 아버지께로 올 사람이 없다. 너희가 나를 알면 나의 아버지를 역시 알 것이다. 이제 너희는 내 아버지를 알고 있으며, 그분을 이미 보았다.……나를 본 사람은 아버지를 본 사람이다.……내가 아버지 안에 있고, 아버지께서 내 안에 계심을 믿어라."
(요한 14 : 6-11)
나와 아버지는 하나다.
(요한 10 : 30)
그것은 그(=주님)를 믿는 사람마다 영원한 생명을 얻게 하려는 것이다.…… 아들을 믿는 사람에게는 영원한 생명이 있다. 아들에게 순종하지 않는 사람은 생명을 얻지 못한다.
(요한 3 : 15-18, 36 ; 6 : 47 ; 11 : 26)

주님께서 아버지 하나님으로 말미암아 잉태된 것을 그 누구가 모르겠습니까?(누가 1 : 34, 35). 이 사실로부터 여호와이신 아버지께서 이 세상에서 인성(人性·the Human)을 입으셨다는 것을 누구가 모르겠습니까? 따라서 아버지 하나님과 그분은, 마치 영혼과 육신이 하나인 것과 같이, 하나(one)이시다는 것을 그 누구가 모르겠습니까? 어느 누구가 사람의 영혼에 가까이 가고, 다음에 그의 육체에 내려갈 수 있습니까? 이런 사실들이나 성경 안에 있는 수많은 다른 것들에 의하여, 어린 양은 그들을 능히 이길 것입니다. 그러므로 그들이 교황에 대한 예배를 멈추었기 때문에, 자신이 교회와 천국을 다스리는 모든 권세를 그분에게서 받았다고 주장하는 교황으로부터 떠나 그분(Him)에게 예배를 드리십시오. 교황은 하나의 인간(a man)입니다. 그리고 주님께서는 하나님이십니다. 오직 하나님에게만 가까이 나아가야 하고, 그분에게만 간구하여야 하고, 공경하여야만 합니다. 다시 말하면 오직 그분만 예배하여야 합니다. 주님 홀로 간구 받는 거룩한 분(the Holy One)입니다 (묵시록 15 : 4). 나는, 그들이 "우주의 창조주이신 아버지 여호와께서 어떻게 내려오셔서 인성(人性・the Human)을 입을 수 있을까?"라고 생각할 것이다는 것을 잘 알고 있습니다. 그러나 여러분, 이렇게 생각해 보십시오. 어떻게 아버지(the Father)와 동등하시고, 또한 우주의 창조주이시고, 영원 전부터 계신 아들(the Son)이 그 일, 즉 내려 오셔서 육신을 입을 수 있을까? 하고 생각해 보십시오. 그것은 꼭 같은 일이 아닙니까? 아버지와 아들은 영원 전부터 계신다고 말합니다. 그러나 어디에도 영원 전부터 어떤 아들도 있지 않았습니다. 거기에는 신령인 성(神靈人性 ・神靈人間・the Divine Human)이 있는데, 그 존재가 "이 세상에 보내진 아들"(the Son sent into the world)이다고 불리웁니다(누가 1 : 34, 35 ; 요한 3 : 17). 그러나 이 주제에 관해서는 뒤에 언급되겠습니다(본서 961항 참조).

744. "어린 양과 함께 있는 사람들이 부르심을 받고, 택하심을 받은 신실한 사람들이기 때문이다."

이 말씀은, 오직 주님에게만 가까이 나아가고, 예배하는 사람들은, 교회의 외적인 것들 안에 있는 사람들과 같이, 교회의 내적인 것들 안에, 또는 교회의 극내적인 것들 안에 있는 사람과 꼭 같이, 천계에 들어갈 사람들이다는 것을 뜻합니다. "그분(=어린 양)과 함께 있는 사람들"은 주님에게 가까이 나아가는 자들을 뜻하는데, 왜냐하면 이들은 그분(Him)과 함께 있기 때문입니다. "부르심을 받고, 택하심을 받고, 신실한 사람"은 교회에 속한 외적인 것들 안에, 내적인 것들 안에, 그리고 극내적인 것들 안에 있는 자들을 뜻합니다. 그들이 모두 주님 안에 있기 때문에, 그들은 주님나라에 들어갑니다. 사실 "부르심을 받은 사람"(the called)은, 모두가 부르심을 받았기 때문에, 모두를 뜻합니다. 그러나 "주님과 함께 하는 부르심을 받은 사람"은 주님과 함께 천계에 있는 자들을 뜻합니다. 왜냐하면 이런 사람들이 곧 신랑과 함께 혼례식에 있다고 불리우기 때문입니다. 그리고 "택하심을 받은 사람"(the chosen)은 이른바 예정(豫定・predestination)에서 뽑힌 어떤 자들을 뜻하지 않고, 오히려 그와 같이 부름을 받은 주님과 함께 있는 사람들을 뜻합니다. "신실한 사람"(the faithful)은 주님을 믿는 믿음을 가진 사람들을 뜻합니다. 이들은 모두가 교회에 속한 외적인 것들 안에, 내적인 것들 안에, 극내적인 것들 안에 있는 자들입니다. 그 이유는 주님의 교회는, 천계가 그러하듯이, 세 계도들(=등차들·three degrees)로 명확하게 분별되기 때문입니다. 가장 낮은 계도 안에는 그것의 외적인 것들 안에 있는 자들이 있고, 그리고 그것의 내적인 것들 안에 있는 자들은 둘째 계도 안에 있고, 그리고 셋째 계도 안에는 그것의 극내적인 것들 안에 있는 자들이 있습니다. 교회에 속한 외적인 것들 안에서 주님과 함께 있는 자들은 "부르심을 받았다"(to be called)고 언급되었고, 교회의 내적인 것들 안에서 주님과 함께 있는 자들은 "택하심을 받았다"(to be chosen)고 언급되었고, 교회의 극내적인 것들 안에서 주님과 함께 있는 자들은 "신실한 사람들이다"고 언급되었습니다. 왜냐하면 그들은 모두가 성경에서 그와 같이 호칭되었기 때문입니다. 성경에서 야곱은 "부르심을 받았다"라고 언급되었고, 이스라엘은 "택함을 받았다"라고 언급되었는데, 그것은 "야곱"은 교회의 외적인 것들 안에 있는 자들을 뜻하고, "이스라엘"은 교회의 내적인 것들 안에 있는 자들을 뜻하기 때문입니다. 우리의 본문에서 "어린 양과 함께 있는 사람들이 부르심을 받고, 택하심을 받고, 신실한 사람들입니다"라고 언급되고 있는 이유는, "그들이 어린 양과 함께 싸울 것이고, 어린 양이 그들을 이길 것이다"(17 : 14)라고 앞서서 말하였기 때문입니다. 그러므로 주님께서 그들을 이길 것이다는 것을 성언에 의하여 확신한 사람들은 천계에서 주님과 함께 있다는 것을 알았습니다. 다만 수용에 일치하여 각자 각자는, 어떤 사람들은 가장 낮은 천계에 있고, 어떤 사람들은 둘째 천계에 있고, 어떤 사람들은 셋째 천계에 있을 뿐입니다.

745. 15절. 천사가 또 나에게 말하였습니다. "네가 본 물, 곧 창녀가 앉아 있는 물은 백성들과 무리들과 민족들과 언어들이다."
이 말씀은, 교황의 통치 하에 있지만, 그러나 그 종교적인 종지에 의하여 다종다양하게 더럽혀지고, 모독된 성언의 진리들 안에 있는 자들을 뜻하는데, 그들은 교리와 규율의 다양함에 속해 있고, 종교와 고백의 다양함에 속해 있습니다. "창녀가 앉아 있는" 그가 본 "물"은 우리의 본문장 1절(17 : 1)에 기재된 물을 가리키는데, 거기에는 "큰 바다 물 위에 앉은 큰 창녀가 받을 심판을 보여 주겠다"는 말이 언급되었습니다. 거기에 언급된 "물"이 더럽혀지고, 섞음질되고, 모독된 성언에 속한 진리들을 뜻한다는 것은 본서 719항을 참조하십시오. 이 물들이

"백성들・무리들・민족들・언어들"이라고 언급되고 있는데, 그 이유는 이런 것들이 교황의 통치 하에 있는 모든 자들이지만, 그들은 교리・계율・종교・고백의 다양함들에 속해 있기 때문입니다. 왜냐하면 "백성들"(peoples)은 교리 안에 있는 자들을 뜻하고(본서 483항 참조), "무리들"(multitudes)은 계율 안에 있는 자들을 뜻하고, "민족들"(nations)은 종교 안에 있는 자들을 뜻하고(본서 483항 참조), "언어들"(tongues)은 고백 안에 있는 자들을 뜻합니다(본서 282・483항 참조). 이런 것들이 지금 언급되고 있는데, 그 이유는 앞에서 설명된 것은 로마 가톨릭 종교의 종지 자체 안에 있는 자들에 의한 성언의 수용(受容)과 이해(理解)에 관한 것이기 때문이고(8-11절), 그 뒤에는 고상한 프랑스 민족에 의한 성언의 수용과 이해에 관한 것이기 때문입니다(12-14절). 그러므로 여기서는 교황 통치 하에 있는 나머지 사람이 가지고 있는 성언의 수용과 이해에 관한 것이기 때문입니다. 그 뒤에 이어지는 것은 개신교도들(the Protestants)의 그 수용과 이해에 관한 것이고(16, 17절), 따라서 모든 것들이 올바른 순서에서 예언되었기 때문입니다. 여기서 주지하여야 할 것은, 교황의 통치 하에 있는 자들이 다종다양한 교리・계율・종교・고백 안에 있다는 것입니다. 왜냐하면 그 종교적인 종지는 동일한 방법으로 다종다양한 나라들 안에서는 알려지지 않기 때문입니다.

746. 16절. "네가 본 열 뿔과 그 짐승은 그 창녀를 미워해서······."
이 말씀은, 교황 통치의 멍에를 자기 자신들에게서 전적으로 배척한 개신교도들(the Protestants)이 가지고 있는 신령진리에서 비롯된 능력의 측면에서 성언을 뜻합니다. 앞에서 언급한 것과 같이(12절), 여기서도 "네가 본 열 뿔"이라고 언급하고 있지만, 그러나 거기에서는 그들은 "열 왕들"이지만, 여기서는 "이들"(these)이라고 하였는데, 그 이유는, 거기서는 여기서와 같이, 로마 가톨릭 종교의 종지에서 물러난 자들이 다루어지고 있는데, 그러나 거기에서는 부분적으로 물러난 자들이 다루어졌지만, 여기서는 철저하게 물러난 자들이 다루어지고 있기 때문입니다. 여기서 기독교도들이나 개혁교도들이 다루어지고 있다는 것은 아래에 이어지는 내용들에게서 명확합니다. 즉, "그들은 그 창녀를 미워해서 비참하게 만들고 벌거벗은 꼴로 만들 것이다. 그들은 그 창녀의 살을 삼키고, 그 여자를 불에 태울 것이다. 그리고 그들은 그들의 나라를 그 짐승에게 주게 하겠다"는 말에서 명확합니다. "네가 본 짐승의 열 뿔"이 신령진리에서 비롯된 능력의 측면에서 성언을 뜻한다는 것은 위의 설명에서 잘 볼 수 있습니다(본서 740항 참조). "창녀를 미워한다"는 말은 로마 가톨릭의 종교적인 종지를 참고 견딜 수가 없어서, 그러므로 자기 자신들에게서부터 교황의 통치의 멍에를 단절(斷切), 쫓아낸 것을 뜻합니다.

747. "그 짐승은 그 창녀를 비참하게 만들고 벌거벗은 꼴로 만들 것이다."

이 말씀은 그들이 자신들에게서부터 그녀의 거짓들이나 악들을 벗어버릴 것이다는 것을 뜻합니다. "그 창녀를 비참하게 만든다"(=황량하게 만든다)는 말은 자신들에게서 그녀의 거짓들을 단절, 벗어버리는 것을 뜻하고, "벌거벗은 꼴로 만든다"(=나체로 만든다)는 말은 자신들에게서 그녀의 악들을 단절, 벗어버리는 것을 뜻합니다. 왜냐하면 열 뿔들이 그녀를 자신들에게서 비참(=황량)하게 만들고, 벌거벗은 꼴로 만들기 때문입니다. 성경에서 황폐(荒廢 · desolation)라는 말은 진리들이나 또는 거짓들에 관해서 서술하고, 그리고 성경에서 벌거벗음(=치부를 드러냄 · 벌거숭이 · nakedness)은 선들이나 또는 악들에 관해서 서술합니다. 이러한 사실은 벌거벗음(=벌거숭이 · nakedness)에 관해서 인용된 장절들에게서 잘 알 수 있습니다(본서 213 · 706항 참조). 이상에서 볼 때 명확한 것은, "그녀를 비참하게 만들고, 벌거벗은 꼴로 만든다"는 말이 그들이 자신들에게서 그 종교적인 종지에 속한 모든 거짓들이나 악들을 단절, 벗어버리게 한다는 것을 뜻한다는 것입니다. 개신교도들이나 개혁교도들이 그와 같이 행하였다는 것은 주지의 일입니다.

748. "그들은 그 창녀의 살을 삼키고, 그 여자를 불에 태울 것이다."

이 말씀은 증오(憎惡)로 말미암아 그 종교적인 종지에 속한 온갖 악들이나 거짓들을 자기 자신들에게서 저주하고, 파괴할 것이다는 것을 뜻하고, 그리고 또한 그들은 그 종교적인 종지 자체를 저주받고, 가증스러운 것으로 간주(看做)할 것이고, 그리고 자신들에게서 그것을 완전히 소멸(掃滅)시킬 것이다는 것을 뜻합니다. 이러한 내용은 창녀, 다시 말하면 로마 가톨릭의 종교적인 종지에게 그와 같이 행한 개신교도들에 관한 것입니다. "그 창녀의 살을 삼킨다"(=먹는다)는 말은, 아래에서 다루고 있는 것과 같이, 증오로 말미암아 그 종교에 속한 것들, 즉 악들이나 거짓들을 그들 자신들 가운데서 저주하고, 파괴하는 것을 뜻합니다. 그리고 "그 여자를 불에 태운다"는 말은 그 종교적인 종지가 저주받고, 모독된 것으로 간주하고, 그리고 그것을 자기 자신들에게서 완전히 소멸(燒滅)시키는 것을 뜻합니다. "불에 태운다"는 말이 이런 내용을 뜻한다는 것은 거룩한 것을 모독하는 것에 대한 형벌이 불에 태우는 것이기 때문입니다. 그러므로 그것은 신령율법에 속한 것입니다.

> 다른 신들을 섬기는 일로써 여호와의 이름을 모독하는 자들은, 그 자신들이나 그들이 가지고 있는 모든 것들을 불살라 버려라.
> (신명기 13 : 12-18)
> 그(=모세)는, 그들이 만든 수송아지를 가져다가 불에 태우고, 가루가 될 때까지 빻아서, 그것을 물에 타서, 이스라엘 자손에게 마시게 하였다.
> (출애굽 32 : 20 ; 신명기 9 : 21)
> 아론의 두 아들은, 그들이 거룩한 것들을 모독하였기 때문에 천계에서 불이 나와서 그들을 삼켰다.
> (레위기 10 : 1-6)

"도벳(=불타는 곳·Tophet)에 있는 불과 장작더미"는 지옥에 속한 불 이외의 아무것도 뜻하지 않는데, 그것은 거룩한 것들을 모독한 자들을 위한 형벌을 가리킵니다(이사야 30 : 33 ; 예레미야 7 : 11, 31, 32 ; 19 : 5, 6 ; 열왕기 하 23 : 10). 왜냐하면 거기에서 그들은 가증스러운 희생제물로 "몰렉"(Moloch)을 예배하였기 때문입니다. 다니엘서 7장에 나오는 "넷째 짐승"이 성언을 모독하고, 그것으로 말미암아 교회에 속한 거룩한 것들을 모독하는 것을 뜻하기 때문에(본서 717항 참조), 그러므로 "넷째 짐승이 살해되고,……타는 불에 던져졌다"고 언급되었습니다(다니엘 7 : 11). 여기서는 예배가 주님 대신에 사람을 예배하는 모독적인 예배이기 때문에 따라서 "그들은 불에 그 창녀를 태울 것이다"라고 언급하였는데, 그 말은 그들이 그 종교적인 종지 자체를 저주받은 것으로 여기고, 그리고 그것을 자신에게서 파괴한다는 것을 뜻합니다. "그녀의 살을 먹는다"(=삼킨다)는 말이 증오로 말미암아 그 종교적인 종지에 속한 악들이나 거짓들을 자신들에게서 저주하고, 파괴한다는 것을 뜻한다는 이유는 "살을 먹는다"는 말이 그것을 뜻하기 때문입니다. 왜냐하면 "살"(flesh)은 어느 누구에게 속한 특별한 것을 뜻하기 때문인데, 그것은 선들이나 진리들과 관계를 가지고 있고, 나쁜 뜻으로는 악들이나 거짓들과 관계를 가지고 있습니다. "먹는다"(=삼킨다·eating)는 말은 없애는 것(to consume)을 뜻하고, 따라서 파괴하는 것을 뜻합니다. "살"이 어느 누구에게 속한 것을 뜻한다는 것, 그리고 그것이 본질적으로 악을 가리킨다는 것은 아래의 장절들에서 잘 알 수 있습니다.

생명을 주는 것은 영이다. 육은 아무 데도 소용이 없다. 내가 너희에게 한 그 말은 영이요, 생명이다.
(요한 6 : 63)
육으로 난 것은 육이요, 영으로 난 것은 영이다.
(요한 3 : 6)
그를 맞아들인 사람들, 곧 그 이름을 믿는 사람들에게는, 하나님의 자녀가 되는 특권을 주셨다. 그들은 혈통(blood)으로나 육정(flesh)으로나, 사람의 욕망(will)으로 나지 않고, 하나님께로부터 났다.
(요한 1 : 12, 13)
하나님께서는 기억하신다.
사람은 다만 살덩어리,
한 번 가면 되돌아올 수 없는
바람과 같은 존재임을 기억하신다.
(시편 78 : 39)
이집트 사람은 사람일 뿐이요,
하나님이 아니며,
그들의 군마 또한 고기덩이일 뿐이요,
영이 아니다.
(이사야 31 : 3)
너(=예루살렘)는, 이집트 남자들, 곧 하체가 큰 이웃 나라 남자들과 음행을 하였다.
(에스겔 16 : 26)
예수께서 베드로에게 말씀하셨다. "너에게 이것을 주신 분은 사람(=살과 피)이 아니라, 하늘에 계신 나의 아버지시다."
(마태 16 : 17)

나 주에게서 마음을 멀리하고,
오히려 사람을 의지하며,
사람이 힘이 되어 주려니 하고 믿는 자는,
저주를 받을 것이다.
(예레미야 17 : 5)

"살"이 사람의 고유속성(=자아·proprium)을 뜻하기 때문에, 그리고 다른 사람을 미워하는 사람들은 그것들을 파괴할 목적으로 그의 고유속성들을 가리키는 그런 것들을 공격하고, 비난하기 때문에, 그러므로 아래 장절들에서와 같이, "살을 먹는다"는 말은 이런 내용을 뜻합니다.

나는 더 이상, 너희를 돌보는 목자 노릇을 하지 않겠다. 죽을 놈은 죽고, 망할 놈은 망하여라. 그러고도 남는 것들은 서로 잡아먹어라.
(스가랴 11 : 9)
동쪽에서는 시리아 사람들이,
서쪽에서는 블레셋 사람들이,
그 입을 크게 벌려서 이스라엘을 삼켰다.……
오른쪽에서 뜯어 먹어도 배가 고프고,
왼쪽에서 삼켜도 배부르지 않아,
각각 제 팔뚝(=자식)의 살점을 뜯어 먹을 것이다.
므낫세는 에브라임을 먹고,
에브라임은 므낫세를 먹고,……
(이사야 9 : 12, 20, 21)
너를 억압하는 자들로 서로 쳐죽이게 하고(=너희 억압하는 자들이 자신의 살을 먹게 하고)……
저희들끼리 피를 나누어 마시고
취하게 하겠다.
(이사야 49 : 26)
그들은, 제 자식들을 잡아먹고, 이웃끼리도 서로 잡아먹을 것이다.
(예레미야 19 : 9)
너희는 너희 아들의 살과 딸의 살이라도 먹을 것이다.
(레위기 26 : 29 ; 신명기 28 : 53 ; 예레미야 19 : 9)

이 장절들은 자신들이 가지고 있는 진리들이나 선들을 파괴하는 것을 뜻합니다. 왜냐하면 "아들들"은 진리들을 뜻하고, "딸들"은 선들을 뜻하기 때문입니다(본서 139・543・546・612항 참조). 이 밖에도 성경에서는 "모든 살"(all flesh)에 관해서 언급되고 있는데, 그것은 모든 사람을 뜻합니다(창세기 6 : 12, 13, 17, 19 ; 이사야 40 : 5, 6 ; 49 : 26 ; 66 : 16, 23, 24 ; 예레미야 25 : 31 ; 32 : 27 ; 45 : 5 ; 에스겔 20 : 48, 49).

749. 17절. **"그것은, 하나님께서 당신의 뜻을 행하려는 마음을 그들에게 주셔서, 그들이 한 마음이 되어, 그들의 나라를 그 짐승에게 주게 하셨기 때문이다."**

이 말씀은, 그들이 로마 가톨릭 종교적 종지를 전적으로 부인, 거절하고, 그리고 저주받은 것으로 여기고, 자신들에게서 파괴하고, 그 뿌리를 뽑아야만 한다는 주님에게서 온 심판을 뜻합니다. 그리고 또한 그들이 성언을 시인하여야 하고, 교회가 그 위에 세워져야 한다는 만장일치의 심판(=판단)을 뜻합니다. "창녀"가 로마 가톨릭 종교의 종교적인 종지를 뜻하고, 그리고 "그 창녀를 미워하는 열 뿔들"이 개신교도들을 뜻하기 때문에(본서 746-748항 참조), 따라서 명확한 것은 "하나님께서 당신의 뜻을 행하려는 마음"(doing His mind)은, 위에서 언급한 것과 같이(본서 748항 참조), 그들이 반드시 그 종교적인 종지를 전적으로 부인, 거절하여야 하고, 그것을 저주받은 것으로 여겨야 하고, 그리고 그것을 자신들에게서 파괴하고, 그 뿌리를 뽑아 버려야 한다고 판단하고, 결론을 맺어야 한다는 것을 뜻합니다. 그리고 또한, "당신의 뜻을 행하려는 마음과 그들의 나라를 그 짐승에게 준다"는 말은 그들이 성언을 시인하고, 그 위에 교회를 세워야 한다는 만장일치적으로 판단하고, 결론을 맺는 것을 뜻한다는 것은 아주 명확합니다. 여기서 "짐승"은, 위에서 언급한 것과 같이(본서 723항 참조), 성언을 뜻하고, "나라"는 교회를 뜻하고, 그리고 그것을 다스리는 통치(=정치・the government)를 뜻한다는 것 등은 아래에서 입증되겠습니다. "하나님께서 당신의 마음을 그들의 마음에 주셨다"는 말은 그것들이 주님에게서 왔다는 것을 뜻합니다. "나라"가 교회를 뜻한다는 것은 아래의 장절들에게서 잘 알 수 있겠습니다.

　　이 나라의 아들들은 바깥 어두운 데로 쫓겨나서, 거기에서 울며 이를 갈 것이다.

(마태 8 : 12)
좋은 씨는 그 나라의 자녀들이요, 가라지는 악한 자의 자녀들이다.
(마태 13 : 38)
누구든지 하늘 나라를 두고 하는 말씀을 듣고도 깨닫지 못하면, 악한 자가 와서, 그 마음에 뿌려진 것을 빼앗아 간다.
(마태 13 : 19)
나는 너희에게 말한다. 하나님께서는 너희에게서 하나님의 나라를 빼앗아서, 그 나라의 열매를 맺는 민족에게 주실 것이다.
(마태 21 : 43)
누구든지 손에 쟁기를 잡고 뒤를 돌아다보는 사람은 하나님의 나라에 합당하지 않다.
(누가 9 : 62)
나라가 임하게 하시오며,
뜻이 하늘에서 이루어진 것같이,
땅에서도 이루어지게 하시옵소서.
(마태 6 : 10)

예수님이 요한과 제자들에게 말씀하셨습니다.

하늘 나라가 가까이 왔다.
(마태 3 : 2 ; 4 : 17 ; 10 : 7 ; 누가 10 : 11 ; 16 : 16)

역시 하늘 나라의 복음을 선포하셨습니다(마태 4 : 23 ; 9 : 35 ; 24 : 14 ; 누가 8 : 1).

내가 하나님의 능력(=하나님의 손가락)으로 귀신을 내쫓는 것이면, 하나님의 나라가 너희에게 왔다.
(누가 11 : 20)

이 밖에도 하나님의 나라가 언급된 곳은 많이 있습니다. 아래 장절에서도 마찬가지입니다.

너희가 정말로 나의 말을 듣고, 내가 세워 준 언약을 지키면, 너희는 나의 보물이 될 것이다.……너희의 나라는 나를 섬기는 제사장 나라가 되고, 너희는 거룩한 민족이 될 것이다.

(출애굽 19 : 5, 6)
너 양 떼의 망대야,
도성 시온의 산아,
너의 이전 통치가 회복되고
도성 예루살렘의 왕권이
네게로 돌아올 것이다.
(미가 4 : 8)
가장 높으신 분의 성도들이 나라를 얻을 것이며, 영원히 영원히 영원히 그
것을 누릴 것이다.……옛적부터 계신 분이 오셔서, 가장 높으신 분의 성도
들의 권리를 찾아 주셔서, 마침내 성도들이 나라를 되찾았다.
(다니엘 7 : 18, 22)
나라와 권세와 온 천하 열국의 위력이
가장 높으신 분의
거룩한 백성에게로 돌아갈 것이다.
그의 나라는 영원한 나라다.
권세를 가진 모든 통치자가
그를 섬기며 복종할 것이다.
(다니엘 7 : 27)
옛부터 계신 분이
그에게 권세와 영광과 나라를 주셔서,
민족과 언어가 다른 뭇 백성이
그를 경배하게 하셨다.
(다니엘 7 : 14)

이 밖에도 다른 많은 장절들이 있습니다. "나라"가 교회를 뜻하는데, 그것은 주님의 나라(the Lord's kingdom)가 천계에 있고, 이 땅 위에 있기 때문입니다. 이 땅 위에 있는 그분의 나라가 교회이고, 따라서 주님께서는 "만왕의 왕"이라고 불리셨습니다.

750. "하나님께서 당신의 말씀을 이루실 때까지……"(=완성될 때까지).

이 말씀은 그들에 관해서 예언된 모든 것들이 충분하게 이루어질 때까지를 뜻합니다. "이룰 때까지"(=완성될 때까지)라는 말은 충분하게 채워지는 것을 뜻합니다. 그리고 "하나님의 말씀"(=당신의 말씀)은 성경에서 예언된 모든 것들을 뜻합니다. "이루어질 때까지"라고 언급되고 있기

때문에 우리의 본문은 그것들이 모두 이루어질 때(=채워질 때)까지를 뜻합니다. 이 말은 개신교도들에 관해서 언급되었고, 그리고 "그 짐승에게 그들이 나라를 주었다"는 것에 관해서 언급되고 있습니다. 다시 말하면, 바로 위에서 언급한 것과 같이(본서 749항 참조), 그들이 성언을 시인할 것이고, 교회가 그 위에 세워질 것이다는 것에 관해서 언급하고 있습니다. 그러나 그들은 사실 성언을 시인하고, 교회가 그것 위에 세워진다고 말하지만, 그럼에도 불구하고 그들은 여전히 바울 사도가 한 단 한마디의 말, 즉 "사람은, 율법의 행위와는 상관없이, 믿음으로 의롭게 하여 주심을 받는다고 우리는 생각합니다"(로마 3 : 28)라는 말을 전적으로 잘못 이해한 뜻 위에 그들의 교회의 교리를 세우고 있습니다(본서 417항 참조). 우리의 본문인 "하나님의 말씀이 이루실 때까지"라는 말씀이 여기에 언급된 내용을 뜻하기 때문에, 주님께서 제자들에게 하신 주님의 마지막 말씀이 무엇을 뜻하는지 설명하고자 합니다. 주님의 마지막 말씀입니다.

> 그러므로 너희는 가서, 모든 민족을 제자로 삼아서, 아버지와 아들과 성령의 이름으로 세례를 주고, 내가 너희에게 명한 모든 것을 그들에게 가르쳐 지키게 하여라. 보아라, 내가 세상 끝 날까지 항상 너희와 함께 있을 것이다.
> (마태 28 : 19, 20)

"세상 끝 날까지"라는 말은 교회의 마지막 때까지를 가리킵니다(본서 658항 참조). 그 때 만약에 그들이 주님 그분에게 가까이 나아가지 않는다면, 그리고 그분의 계명들에 따라서 살지 않는다면, 그들은 주님에게서 떠나게 되고, 그들이 주님에게서 떠나게 되면, 그들은 종교를 가지고 있지 않는, 이교도들과 같이 될 것입니다. 그 때 주님께서는 새로운 교회에 속하게 될 그들과만 오로지 함께 하실 것입니다. 이런 내용들이 바로 우리의 본문, "하나님께서 당신의 말씀을 이루실 때까지"라는 말과 "세상 끝 날 때까지"라는 말이 뜻하는 것들입니다.

751. 18절. **"네가 본 그 여자는 세상의 임금들을 다스리는 통치권을 가진 큰 도시를 가리킨다."**
이 말씀은 교리의 측면에서 로마 가톨릭 종교의 종교적인 종지가 기독교계에서 다스린다는 것을 뜻하고, 그리고 비록 그들이 교황의 통치 하에 있지는 않지만, 어느 정도는 개신교도들을 다스리고 있다는 것을 뜻합니다. 우리의 본문절이 이런 내용을 뜻한다는 것은 그들이 결론을 짓기 때문입니다. 따라서 그들은 로마 가톨릭 교도들에 관해서 언급된 것들뿐만 아니라, 프랑스 국가에 관해서, 그리고 개신교도들에 관해서 언급된 것들을 뜻하기 때문입니다. 따라서 "큰 도시"를 가리키는 "그 여자"는 이들을 다스리는 한 나라를 가지고 있습니다. 어떻게 다스리는지를 설명하고자 합니다. 그 도시(=그 여자)는 그녀의 종교적인 종지에 예속되어 있는 자들을 다스리는 것과 같이 개신교도들을 다스리는 나라를 가지고 있지는 않습니다. 그러나 그녀의 교리적인 것들을 수용한 자들을 어느 정도 다스리고 있습니다. 그들이 수용한 교리적인 것들이란 이런 것들입니다. 즉, 그들은, 주님에게는 아니지만, 아버지 하나님에게 가까이 나아가야 한다는 것, 그들은 신령한 것으로 주님의 인성(the Lord's Human)을 시인하지 말아야 한다는 것, 그분의 십자가의 고통이 아버지 하나님에 대한 속죄(贖罪·expiation)·화해(和解·propitiation)요, 보상(報償·satisfaction)이다는 것, 그리고 주님의 공로의 전가(轉嫁·imputation)에 관해서, 몇몇은 세례·원죄(原罪·original sin)·자유의지(自由意志·free-will)에 관한 것들입니다. 루터파 사람들에게서는 그들은 거의 화체설(化體說·transubstantiation)에 따르고 있습니다. 이런 교리적인 것들이나, 교황의 가톨릭 교리들에서 비롯된 잔재(殘滓)나 부분적으로 그것과 일치하는 것들은, 우리의 본문에서 "큰 도시"를 가리키는 "그 여자"가 "세상의 왕들을 다스리는 통치권"을 가지고 있다고 말한 것에서 비롯된 것입니다. 여기서 "그 여자"는, 위에서 본 바와 같이, 로마 가톨릭의 종교적인 종지를 뜻하고, "도시"는 교리적인 것들을 뜻하고(본서 194·501·502·712항 참조), "나라"는 교회를 뜻하고(본서 749항 참조), 따라서 "통치권을 갖는다"는 말은 통치(=정치·government)를 뜻합니다. "세상의 왕들"(=땅의 왕들)은 교회에 속한 진리들이나, 또는 교회에 속한 거짓들을 각각 뜻합니다(본서 20·483·664·704·720·737항 참조). 그러므로 교리적인 것들을 뜻합니다. "땅"(=세상·earth)은 교회를 뜻합니다(본서 285항 참조). 이런 내용에서 볼 때 명확한 것은, 우리의 본문, 즉 "네가 본 그 여자는 세상의 임금들을 다스리는 통치권을 가진 큰 도시를 가리킨다"는 말이 기독교계에서 로마 가톨릭의 종교적인 종지가 교리적인 측면에서 다스린다는 것을 뜻하고, 그리고 비록 그들이 교황의 통치 하에 있지 않는다고 해도, 개혁교회에서도 어느 정도는 다스리는 것을 뜻합니다.

752. 나는 여기에 <영계 체험기>를 부연하고자 합니다.
나에게 교황 섹스 퀸토스(Pope Sextus Quintus)와 대화하는 일이 허락되었습니다. 그는 서쪽에서 왼쪽으로 펼쳐 있는 어떤 사회에서 왔습니다. 그가 나에게 한 말은, 그는 판단이나 부지런함에서는 나머지 사람들에 비하여 뛰어난 가톨릭교도들에게서 뽑힌 한 사회의 최고 관리자(chief governor)에 임명되었다는 것과 그리고 그가 그 자리에 임명된 이유는 그가 죽기 전 반 년 동안 교황제도(the vicarship)가 통치를 목적한 조작(造作·invention)이다는 것을 믿었기 때문이고, 주님께서는 하나님이시기 때문에 주님 구세주께서는 홀로 예배 받으셔야 하고, 존경받으셔야 하는 분이시다는 것을 믿었기 때문이고, 또한 성경(the Sacred Scripture)은 신령하다는 것, 따라서 성경은 교황의 칙령들에 비하여 매우 거룩하다는 것을 믿었기 때문이다는 등등의 것이었습니다. 그는, 그의 생애를 마감할 때까지 종교에 속한 이들 두 으뜸 되는 것에 속한 신념 가운데 확고하게 고수(固守)하였다고 말하였습니다. 그는 또한 그들의 성인들은 아무것도 아니다는 것도 말하였습니다. 그는, 내가 그것은 종교회의(宗敎會議·synod)에서 제정, 공표된 것이고, 그리고 그들에게 기도하여야 한다는 것은 교회의 교서(敎書·bull)에 의하여 확정된 것이다는 것 등을 말하자, 매우 놀라워했습니다. 그는, 그가 이 세상에서 행하였던 것과 같이, 활동적인 삶(an active life)을 살았다는 것을 말하였고, 그는 매일 저녁이 이르기 전에 완수하기를 열망하는 아홉 내지 열 가지 일을 스스로 꾀하였다는 것도 말하였습니다. 나는 그에게 안젤로 성(the castle of Angelo)에 쌓아둔 것과 같은 매우 많은 재물(財物)을 어디에서 불과 몇 년 사이에 얻었는지를 물었습니다. 그는, 그가 손수 부자 수도원 지도자들에게 편지를 보냈는데, 거룩한 소용에 쓸 것이기 때문에 그들이 원하는 것만큼 자신들이 재원(財源)에서 임의로 보내 줄 것을 간청하였다고 말하였습니다. 그리고 또한 그들이 자신을 두려워하기 때문에 그들은 넉넉하게 재물을 보내 주었다는 것도 말하였습니다. 그 때 내가 그 재물은 여전히 남아 있는지를 묻자,

그는 "무슨 소용이 있어서 지금까지 남아 있겠습니까?" 하고 대답하였습니다. 그 사람과 대화를 하는 동안에, 나는 그 때부터 로레토(Loretto)에 있는 재물은 엄청나게 불어났고, 큰 부자가 되었다는 것과, 그리고 마찬가지로 어떤 수도원들 같이, 오늘날은 지난날처럼 매우 큰 규모는 아니라고 해도 특히 스페인에 있는 어떤 수도원의 재물은 증대하였다고 말하였습니다. 나는 또 부연하기를, 그들은, 자신들의 소유로 말미암아 스스로 즐기는 것 이외의 다른 목적도 없이 그 재물들을 틀어쥐고 있다고 말하였습니다. 나는 또 그들은 옛날 사람들이 프르토스(=저승의 왕·Plutos)라고 불렀던, 지옥적인 신들(the infernal gods)과 같군요 라고 말하였습니다. 내가 프르토스(Plutos)를 언급하자, 그는 "조용하십시오. 나는 잘 알고 있습니다"라고 대답하였습니다. 그는 또, 자기가 통할하고 있는 사회에는, 판단이 뛰어나고, 주님 홀로 천지의 하나님이시다는 신앙을 영접, 수용할 수 있고, 성언은 거룩하고 신령한 것이다는 신앙을 영접, 수용할 수 있는 자들 이외에는 그 어느 누구도 들어올 수 없다는 것을 말하였습니다. 그리고 주님의 보호 아래에서 그는 매일 매일 그 사회를 완성해 가고 있다는 것도 말하였습니다. 그는 또 이른바 성인들이라고 하는 자들과 이야기를 하였지만, 그러나 그들은 그들이 성인들이다는 말을 듣고 믿게 되었을 때, 그들은 모두가 바보 멍청이가 되었다는 것도 말하였습니다. 그는 또 교황들이나 추기경(樞機卿)들은 어리석은 자들이라고 하였고, 그들은, 비록 인격적으로는 아니지만, 그리스도와 같이 존경받기를 열망하는 자들이고, 그리고 어느 누구나 그것에 일치하는 삶을 살아야 하는, 거룩하고 신령한 것 자체로서 성언을 시인하지 않는 자들이라고도 말하였습니다.

그는 나에게 지금 살아 있는 자들에게 그리스도는 천지의 하나님이시다는 것과 성언은 거룩하고 신령하다는 것과 성령은 비록 어느 누구의 입을 통해서 말하지 않고, 오히려 하나님처럼 존경받기를 갈망하는 사탄을 통해서 말한다는 것과 그리고 이런 것들을 어리석고 멍청한 것으로 여겨, 예의 주의하지 않는 자들은 다른 사람의 간섭을 받지 않고 제멋대로 살아가겠지만, 시간이 지나면, 그들은, 자신들이 신들이다는 환상에 싸여서 열심히 노력한 자들이나, 그리고 들짐승의 삶 이외의 어떤 삶도 가지지 못한 자들이 가는 지옥으로 떨어질 것이다는 것 등등을 말해 줄 것을 염원하였습니다. 그의 이런 요청에 대하여 나는

"아마도 이런 내용들을 내가 기술하기에는 나에게는 힘들 것 같다"라고 말하였습니다. 그러나 그는 "기술하십시오. 나는, 그것들이 모두가 참된 것이기 때문에, 그것을 지지할 것입니다"라고 말하였습니다. 그런 뒤에 그는 나에게서 자기 사회로 떠나갔고, 그리고 한 사본(寫本)을 확인해 주었습니다. 그리고 동일한 종교에 헌신하는 다른 사회들에게 하나의 교서(敎書)로서 그것이 전달되었습니다.

제 18장 본   문(18장 1-24절)

  1 그 뒤에 나는 다른 천사가 큰 권세를 가지고, 하늘로부터 내려오는 것을 보았습니다. 땅은 그의 영광으로 환해졌습니다.
  2 그는 힘찬 소리로 외쳤습니다.
"무너졌다. 무너졌다.
큰 도시 바빌론이 무너졌다.
바빌론은 귀신들의 거처가 되고,
온갖 더러운 영의 소굴이 되고,
더럽고 가증한
온갖 새들의 집이 되었구나!
  3 이는, 모든 민족이
그 여자의 음행에서 비롯된
분노의 포도주를 마시고,
세상의 왕들이 그 여자로 더불어 음행하고,
세상의 상인들이
그 여자의 사치 바람에
치부하였기 때문이다."
  4 나는 하늘에서 또 다른 음성이 울려오는 것을 들었습니다.
"내 백성아, 그 여자에게서 떠나거라.
너희는 그 여자의 죄에 가담하지 말고,
그 여자가 당하는 재난을
당하지 않도록 하여라.
  5 그 여자의 죄는 하늘에까지 닿았고,
하나님께서는
그 여자의 불의한 행위를 기억하신다.
  6 너희는 그 여자가 준 만큼
그 여자에게 돌려주고,
그 여자의 행실대로 갑절로 갚아 주어라.
너희는 그 여자가 섞은 잔에
갑절로 섞어 주어라.

7 그 여자가 그렇게 자기를 영화롭게 하고,
사치하였으니,
그만큼 그에게 고통과 슬픔을 안겨 주어라.
그 여자는 마음 속으로
'나는 여왕의 자리에 앉아 있고,
과부가 아니니,
절대로 슬픔을 맛보지 않을 것이다'
하고 말한다.
    8 그러므로 그 여자에게
재난 곧 사망과 슬픔과 굶주림이
하루 사이에 닥칠 것이요,
그 여자는 불에 타 버릴 것이다.
그 여자를 심판하신 주 하나님은
강한 분이시기 때문이다."
    9 그 여자로 더불어 음행을 하고 방탕한 생활을 한 세상의 왕들은,
그 여자를 태우는 불의 연기를 보고, 그 여자를 두고 울며, 가슴을 칠
것입니다.
    10 그들은 그 여자가 당하는 고문이 두려워서, 멀리 서서
"화를 입었다. 화를 입었다. 큰 도시야!
이 강한 도시 바빌론아!
너에게 심판이 한 순간에 닥쳤구나"
하고 말할 것입니다.
    11 그리고 세상의 상인들도 그 여자를 두고 울며, 슬퍼할 것입니다.
이제는 그들의 상품을 살 사람이 하나도 없기 때문입니다.
    12 그 상품이란, 금과 은과 보석과 진주요, 고운 모시와 자주 옷감
과 비단과 붉은 옷감이요, 각종 향나무와 각종 상아 기구와 값진 나무
나 구리나 쇠나 대리석으로 만든 온갖 그릇이요,
    13 계피와 향료와 향과 몰약과 유향이요, 포도주와 올리브 기름과
밀가루와 밀이요, 소와 양과 말과 병거와 노예와 사람의 목숨입니다.
    14 네가 마음 속으로 탐하던 실과가
네게서 사라지고,
온갖 화려하고 찬란한 것들이

네게서 없어졌으니,
다시는 아무도 그런 것들을
찾아볼 수 없을 것이다.

15 그 여자 때문에 부자가 된, 이런 상품을 파는 상인들은, 그 여자가 당하는 고문이 두려워서, 멀리 서서 울며 슬퍼하면서,

16 말하기를
"화를 입었다. 화를 입었다.
고운 모시 옷과
자주색 옷과 빨간색 옷을 입고
금과 보석과 진주로 꾸민 큰 도시야,

17 그렇게도 많던 재물이,
한 순간에 잿더미가 되고 말았구나"

할 것입니다. 또 모든 선장과 선객과 선원과 바다에서 일하는 사람들도 다 멀리 서서,

18 그 도시를 태우는 불의 연기를 보고 "저렇게 큰 도시가 또 어디 있겠는가!" 하고 외칠 것입니다.

19 그리고 그들은 머리에 먼지를 뿌리고, 슬피 울면서
"화를 입었다. 화를 입었다. 큰 도시야!
바다에 배를 가진 사람은 모두
그 도시의 값진 상품으로 부자가 되었건만,
그것이
한 순간에 잿더미가 되고 말았구나!"
하고 부르짖었습니다.

20 하늘과 성도들과 사도들과 예언자들이여,
즐거워하십시오.
하나님께서는 그대들을 위하여
그 도시를 심판하셨습니다.

21 또 힘센 천사가 큰 맷돌과 같은 돌을 들어 바다에 던지고 말하였습니다.
"그 큰 도시 바빌론이 이렇게
큰 힘으로 던져질 터이니,
다시는 그 흔적도 찾을 수 없을 것이다.

22 거문고를 타는 사람들과
노래를 부르는 사람들과
피리를 부는 사람들과
나팔을 부는 사람들의 노랫소리가
다시는 네 안에서 들리지 않을 것이요,
어떤 종류의 기술자도
네 안에서 하나도 보이지 않을 것이요,
맷돌 소리도
다시는 네 안에서 들리지 않을 것이다.
 23 등불 빛도
다시는 네 안에서 비치지 않을 것이요,
신랑과 신부의 음성도
다시는 네 안에서 들리지 않을 것이다.
그것은
네 상인들이 땅의 세도가로 행세하고
모든 민족이
네 마술에 속아 넘어갔기 때문이고,
 24 예언자들의 피와 성도들의 피와
땅에서 죽임을 당한 모든 사람의 피가
이 도성에서 발견되었기 때문이다."

간추린 영적인 뜻(18장 1-24절)

◆ 전장의 간추린 대의(大意)

계속해서 로마 가톨릭의 종교적인 종지에 관해서 다루고 있습니다. 성언과 그것에서 비롯된 진리들의 섞음질들과 모독들 때문에 그것이 장차 멸망할 것이라는 것이 계속 다루어지고 있습니다(1-8절). 거기에 성직자의 품계(品階)에서 가장 높은 자에 관해서 그들의 성품이 무엇인지(9-10절), 그리고 그들의 비애(悲哀)에 관해서 다루어졌습니다(11-16절). 그들에게 복종 하에 있는 자들인 평신도와 보통 사람에 관해서 (17-19절), 그리고 그것의 제거로 생긴 천사들의 즐거움에 관해서(20절), 교회를 이루는 진리와 선을 탐구한 뒤에, 또 조요(照耀)의 상태에 있은 뒤에, 그리고 진리의 수용 뒤에도, 진리와 선을 전혀 시인하지 않기 때문에, 그리고 그것으로 인하여 진리와 선의 결합이 없기 때문에, 영계에서의 그것의 멸망을 다루고 있습니다(21-24절).

◆ 각절의 간추린 대의(大意)

[1절] :
"그 뒤에 나는 보았습니다"라는 말씀은 로마 가톨릭의 종교적인 종지에 관한 계속을 뜻합니다(본서 753항 참조). "다른 천사가 큰 권세를 가지고, 하늘로부터 내려오는 것을 보았습니다. 땅은 그의 영광으로 환해졌습니다"라는 말씀은 그것으로 말미암아 주님의 교회가 천적인 빛 안에 있는 신령진리에 의한 천계에서 나온 주님의 강력한 입류(a strong influx of the Lord)를 뜻합니다(본서 754항 참조).
[2절] :
"그는 힘찬 소리로 외쳤습니다. '무너졌다. 무너졌다. 큰 도시 바빌론이 무너졌다'"라는 말씀은 주님의 신령능력에 의하여 그 종교 안에 있고, 동시에 그 종교로 말미암아 지배욕(the love of domineering)에 빠져 있는 자들 모두가 영계에서 멸망되었고, 그리고 지옥계로 쫓겨났다는 것을 그가 알게 하기 위한 것이라는 것을 뜻합니다(본서 755항 참조). "바빌론은 귀신들의 거처가 된다"는 말씀은 그들의 지옥들이 자기사랑(自我愛)의 불꽃에서 비롯된 지배의 정욕들에 속한 지옥들이라는 것과 그리고 그 사랑에 속한 가짜 열정으로 말미암아 천계의 진리들을 모독하려는 정욕들에 속한 지옥들이라는 것을 뜻합니다(본서 756항 참조). "온갖 더러운 영의 소굴이 되고, 더럽고 가증한 온갖 새들의 집이 되었구나!"라는 말씀은 그런 지옥에 빠져 있는 자들의 의지에 속한 모든 악들과 그것에서 날조(捏造)된 거짓들이 모두가 극악무도(極惡無道)한 데, 그 이유는 주님을 외면하고, 떠나서, 자기 자신에게로 돌아갔기

때문이다는 것을 뜻합니다(본서 757항 참조).
[3절] :
"이는, 모든 민족이 그 여자의 음행에서 비롯된 분노의 포도주를 마시고, 세상의 왕들이 그 여자로 더불어 음행하였기 때문이다"는 말씀은, 성언에 속한 선과 진리의 온갖 더럽힘들이나 섞음질들 또는 모독들을 가리키는 사악한 교리나 신조(信條) 따위를 그들이 제의, 발설한다는 것과 그리고 그들의 통치 하에 있는 여러 나라에서 출생하고, 성장한 자들 모두가 그런 것들로 물들었다는 것 등을 뜻합니다(본서 758항 참조). "세상의 상인들이 그 여자의 사치 바람에 치부하였기 때문이다"는 말씀은 거룩한 것들을 지배하는 통치를 통하여 신령주권(神靈主權·Divine majesty)과 매우 월등한 제왕적인 광영을 위해서 애쓰고 노력하며, 그리고 수도원들의 증대와 그것들 산하에 있는 재물들의 증식에 의하여, 그리고 그들이 이 세상에서 거두어들이고, 축적한, 따라서 자기 자신들의 공으로 여기는 천적인 통치나 영적인 통치로부터 온갖 관능적이고 자연적 쾌락들을 취하는 끝없는 재물들에 의하여, 그것을 세우려는 계속적인 목적을 위하여 애쓰고 노력하는 자들의 품계(品階) 안에 있는 대소(大小) 간의 작자들을 뜻합니다(본서 759항 참조).
[4절] :
"나는 하늘에서 또 다른 음성이 울려오는 것을 들었습니다. '내 백성아, 그 여자에게서 떠나거라. 너희는 그 여자의 죄에 가담하지 말고, 그 여자가 당하는 재난을 당하지 않도록 하여라'"라는 말씀은 주님에게서 온 모두에게 내리는 권고(勸告·exhortation)를 뜻하는데, 그것은 그 종교 안에 있는 자들이든, 있지 않는 자들이든, 그들의 영혼의 측면에서 그들이 그것의 혐오(嫌惡) 따위에 결합하지 말 것과 종국에 멸망하지 않도록 하는, 시인(是認)과 작용(作用·affection)에 의한 그것과의 결합에 대하여 경고하는 것을 가리킵니다(본서 760항 참조).
[5절] :
"그 여자의 죄는 하늘에까지 닿았고, 하나님께서는 그 여자의 불의한 행위를 기억하신다"는 말씀은 그것의 악들과 거짓들이 천계를 공격, 괴롭힌다는 것을 뜻하고, 그리고 주님께서는 그것에서 비롯된 온갖 폭행이나 모독에서부터 이들을 지켜 주실 것이다는 것을 뜻합니다(본서 761항 참조).

[6절] :
"너희는 그 여자가 준 만큼 그 여자에게 돌려주고, 그 여자의 행실대로 갑절로 갚아 주어라. 너희는 그 여자가 섞은 잔에 갑절로 섞어 주어라"라는 말씀은, 그 때 그것에 의하여 그들이 다른 사람들을 유혹하고, 멸망시킨 온갖 악들이나 거짓들이 그것들의 양과 질에 일치하여 그들에게 되돌아갈, 사후(死後) 공정(公正)한 응보(應報・just retribution)와 형벌(刑罰)을 뜻합니다(본서 762항 참조).
[7절] :
"그 여자가 그렇게 자기를 영화롭게 하고, 사치하였으니, 그만큼 그에게 고통과 슬픔을 안겨 주어라"라는 말씀은, 통치에서 비롯된 그들의 마음의 의기양양(意氣揚揚)함의 정도로, 그리고 재물에서 비롯된 그들의 마음과 육체의 환희에 일치하여 사후 그들이, 쫓겨나고 비웃음거리가 되는 것에서 빚어진, 그리고 궁핍과 비참함에서 일어나는, 내적인 고통(internal pain)을 받는다는 것을 뜻합니다(본서 763항 참조). "그 여자는 마음 속으로 '나는 여왕의 자리에 앉아 있고, 과부가 아니니, 절대로 슬픔을 맛보지 않을 것이다' 하고 말한다"는 말씀은, 그들이 이런 일들을 겪는다는 것을 뜻하는데, 그 이유는, 그들의 통치에 의한 마음에 속한 의기양양함으로 말미암아, 그리고 그들의 재물에 의한 마음에 속한 환희로 말미암아 그들은 영원히 통치권을 가질 것이고, 그리고 자신들을 반드시 지킬 것이고, 그들은 결코 그런 것들을 빼앗기지 않을 것이다는 신뢰나 확신 따위에 빠져 있기 때문입니다(본서 764항 참조).
[8절] :
"그러므로 그 여자에게 재난 곧 사망과 슬픔과 굶주림이 하루 사이에 닥칠 것이다"는 말씀은, 이런 것 때문에 최후심판 때에 그들이 저지른 악들의 형벌들인 죽음이나, 지옥적인 삶이 그들에게 닥쳐올 것이고, 그리고 통치에서 쫓겨나는 내적인 슬픔이 닥칠 것이다는 것을 뜻하고, 그리고 풍요로움 대신에 궁핍과 참혹함에서 생겨나는 내적인 슬픔을 가리키는 한탄(恨歎)이 닥칠 것이다는 것을 뜻하고, 모든 진리의 이해에 속한 박탈을 가리키는 기근(=배고픔・饑饉)이 닥칠 것이다는 것을 뜻합니다(본서 765항 참조).
"그 여자는 불에 타 버릴 것이다. 그 여자를 심판하신 주 하나님은 강한 분이시기 때문이다"는 말씀은, 그들이 그 때 주님께서 홀로 통치권을 쥐고 계시고, 천계와 땅 위에 있는 모든 것들을 다스리시지만, 어느 누구도 자기 자신으로 말미암아서는 전혀 그러하지 못하다는 것을 보기 때문에 그들이 주님에 대하여, 그분의 천계에 대하여, 그리고 그분의 교회에 대하여 몹시 미워하고 싫어한다는 것을 뜻합니다(본서 766항 참조).
[9절] :
"그 여자로 더불어 음행을 하고 방탕한 생활을 한 세상의 왕들은, 그 여자를 태우는 불의 연기를 보고, 그 여자를 두고 울며, 가슴을 칠 것입니다"라는 말씀은, 그들이 모독한 것들로 바뀐 그것들을 보았을 때, 그들이 교회에 속한 거룩한 것들로 날조한 성언에 속한 위화된 진리들이나 모독한 진리들에 의하여 보다 높은 통치권을 쥐고 있고, 그것의 쾌락들에 빠져 있던 자들의 더욱 심한 내면적인 고통들을 뜻합니다(본서 767항 참조).
[10절] :
"그들은 그 여자가 당하는 고문이 두려워서, 멀리 서서 '화를 입었다. 화를 입었다. 큰 도시야! 이 강한 도시 바빌론아! 너에게 심판이 한 순간에 닥쳤구나' 하고 말할 것입니다"라는 말씀은, 아주 매우 강하게 구축(構築)된 그 종교적인 종지가 아주 갑자기, 그리고 철저하게 전복(顚覆)되었고, 그리고 멸망될 수밖에 없다는 것에 대한 그들의 영벌(永罰)들에 대한 두려움과 그들의 비참한 슬픔(哀悼)을 뜻합니다(본서 769항 참조).
[11절] :
"그리고 세상의 상인들도 그 여자를 두고 울며, 슬퍼할 것입니다. 이제는 그들의 상품을 살 사람이 하나도 없기 때문입니다"라는 말씀은, 거룩한 것들에 의하여 성직(聖職)을 차지하고, 그리고 재물을 얻고 있는 그 품계의 낮은 지위에 있는 자들이 바빌론이 멸망한 뒤에는, 위에서 언급한 것과 같이, 그것들에 의하여 그들이 이익을 얻을 수 없다는 것에 대한 그들의 슬픔을 뜻합니다(본서 771항 참조).
[12절] :
"그 상품이란 금과 은과 보석과 진주이다"라는 말씀은, 그들이 이런 것들이 대응하는 영적인 선들이나 진리들을 전혀 가지고 있지 못하기

때문에, 그들이 이런 것들을 더 이상 소유하지 못한다는 것을 뜻합니다(본서 772항 참조). "그 상품이란 고운 모시와 자주 옷감과 비단과 붉은 옷감이다"는 말씀은, 이런 것들이 대응하는 천적인 선들이나 진리들을 그들이 가지지 못하였기 때문에 그들이 더 이상 이런 것들을 가지지 못한다는 것을 뜻합니다(본서 773항 참조). "각종 향나무와 각종 상아 기구이다"라는 말씀은, 그런 것들이 대응하는 자연적인 선들이나 진리들을 가지지 못하기 때문에, 그들이 더 이상 이런 것들을 가지지 못한다는 것을 뜻합니다(본서 774항 참조). "값진 나무와 구리나 쇠나 대리석으로 만든 온갖 그릇이다"는 말씀은, 그들이 이런 것들이 대응하는 교회에 속한 것들 안에 있는 과학적인 선들이나 진리들(the scientific goods and truths)을 가지지 못하기 때문에 그들이 이런 것들을 더 이상 가지지 못한다는 것을 뜻합니다(본서 775항 참조).
[13절]:
"계피와 향료와 향과 몰약과 유향이다"는 말씀은, 그들이 여기에 거명된 것들에 대응하는, 그들의 예배에서 아무것도 가지고 있지 않기 때문에, 더 이상 그들이 영적인 선들이나 진리들에서 비롯된 예배를 가지지 못한다는 것을 뜻합니다(본서 777항 참조). "포도주와 올리브 기름과 밀가루와 밀이다"는 말씀은, 여기에 언급된 것들에 대응하는 것들을 그들의 예배 안에서 가지고 있지 않기 때문에, 그들이 더 이상 천적인 진리들이나 선들에서 비롯된 예배를 드리지 못한다는 것을 뜻합니다(본서 778항 참조). "소와 양이다"는 말씀은, 위에서 언급된 것들에 대응하는 그들의 예배 안에 어떤 것도 가지고 있지 않기 때문에, 교회에 속한 외적이고, 또는 자연적인 선들이나 진리들에서 비롯된 예배를 그들이 더 이상 드리지 못한다는 것을 뜻합니다(본서 780항 참조). "말과 병거와 노예와 사람의 목숨입니다"라는 말씀은, 그들이 그것들을 위화하였고, 모독하였기 때문에 그리고 그들이 가지고 있지 못하는 성언에 속한 이해와 그것에서 비롯된 교리에 일치하는 모든 것들을 뜻하고, 그리고 성언의 문자적인 뜻에 속하는 선들과 진리들에 일치하는 모든 것들을 뜻합니다(본서 781항 참조).
[14절]:
"네가 마음 속으로 탐하던 실과가 네게서 사라지고, 온갖 화려하고 찬란한 것들이 네게서 없어졌으니, 다시는 아무도 그런 것들을 찾아볼

수 없을 것이다"라는 말씀은 그들이 갈망하던 천계에 속한 모든 지복(至福)과 행복이, 심지어 외적인 것들까지도 모두 사라질 것이고, 더 이상 보이지 않을 것이다는 것을 뜻합니다. 그 이유는 그들은 선과 진리에 속한 천적인, 또는 영적인 정동을 결코 가지고 있지 않기 때문입니다(본서 782항 참조).

[15절] :
"그 여자 때문에 부자가 된, 이런 상품을 파는 상인들은, 그 여자가 당하는 고문이 두려워서, 멀리 서서 울며 슬퍼하였다"는 말씀은, 다종다양한 특혜들(dispensations)이나 천계적 즐거움의 약속들에 의하여 재물을 취득한 자들의 영벌 직전의 상태를 뜻하고, 그리고 그들의 공포와 애도를 뜻합니다(본서 783항 참조).

[16절] :
"말하기를 '화를 입었다. 화를 입었다. 고운 모시 옷과 자주색 옷과 빨간색 옷을 입고 금과 보석과 진주로 꾸민 큰 도시야, 그렇게도 많던 재물이, 한 순간에 잿더미가 되고 말았구나'* 할 것입니다"는 말씀은 그들의 장대함과 그들의 재물들이 그렇게도 갑자기, 그리고 그렇게도 완전히 멸망하였다는 매우 처참한 애도(哀悼)를 뜻합니다(본서 785항 참조).

[17절] :
"모든 선장과 선객과 선원과 바다에서 일하는 사람들도 다 멀리 서서"라는 말씀은, 높은 지위에 있는, 또는 낮은 지위에 있는, 보통 사람에 이르기까지 그 종교적인 종지에 예속(隷屬)되어 있고, 그리고 그것을 애지중지하고, 입 맞추고, 또한 마음 속에서 그것을 시인하고 받들어 섬기는, 이른바 평신도하고 부르는 자들을 뜻합니다(본서 786항 참조). "다 멀리 서서……"

[18절] :
"그 도시를 태우는 불의 연기를 보고 '저렇게 큰 도시가 또 어디 있겠는가!' 하고 외칠 것입니다"라는 말씀은 이 세상에 있는 모든 종교에서 가장 뛰어난 종교라고 생각했던 그 종교적인 종지가 저주받는 것을 보고 멀리 떨어진 상태에서의 그들의 슬픔(哀悼)을 뜻합니다(본서 787

---

* 교본인 ≪표준 새번역≫ 성경전서에는 이 구절이 17절에 있다. (역자 주)

항 참조).

[19절] :

"그리고 그들은 머리에 먼지를 뿌리고, 슬피 울면서, '화를 입었다. 화를 입었다. 큰 도시야!' 하고 부르짖었습니다"라는 말씀은, 그렇게도 뛰어난 그 종교적인 종지가 전적으로 멸망하고, 저주받은 것에 대하여 애도하는 내면적이고 외면적인 슬픔이나 비통함을 뜻합니다(본서 788항 참조). "'바다에 배를 가진 사람은 모두 그 도시의 값진 상품으로 부자가 되었건만, 그것이 한 순간에 잿더미가 되고 말았구나!' 하고 부르짖었습니다"라는 말씀은 이런 이유 때문에 그 종교적인 종지에 속한 거룩한 것들에 의하여 그렇게도 많이 구입하기를 원하던 사람들이 용서받았다는 것, 그리고 이 세상적이고 일시적인 재물들을 주고 천계적이고, 영원한 재물을 받았다는 것을 뜻합니다(본서 789항 참조).

[20절] :

"하늘과 성도들과 사도들과 예언자들이여, 즐거워하십시오. 하나님께서는 그대들을 위하여 그 도시를 심판하셨습니다"라는 말씀은, 천계에 있는 천사들과 성언에서 비롯된 선들이나 진리들 안에 있는 교회에 속한 사람들이, 그 종교적인 종지에 속한 악들이나 거짓들에 빠져 있는 자들이 멀리 제거되고, 배척되었다는 것을 마음 속으로 지금 기뻐한다는 것을 뜻합니다(본서 790항 참조).

[21절] :

"또 힘센 천사가 큰 맷돌과 같은 돌을 들어 바다에 던지고 말하였습니다. '그 큰 도시 바빌론이 이렇게 큰 힘으로 던져질 터이니, 다시는 그 흔적도 찾을 수 없을 것이다'"라는 말씀은 천계를 통하여 온 주님에 속한 강력한 입류에 의하여, 성언에 속하던 진리들을 섞음질하고 더럽힌 그 종교적인 종지가 머리를 쑤셔 박고 지옥으로 떨어질 것이고, 그리고 더 이상은 천사들에게 나타나지 않을 것이다는 것을 뜻합니다(본서 791항 참조).

[22절] :

"거문고를 타는 사람들과 노래를 부르는 사람들과 피리를 부는 사람들과 나팔을 부는 사람들의 노랫소리가 다시 네 안에서 들리지 않을 것이다"는 말씀은 그들에게는 영적인 진리나 선에 속한 어떤 정동도 있지 않을 것이고, 또한 천적인 선이나 진리에 속한 어떤 정동도 있지 않을 것이다는 것을 뜻합니다(본서 792항 참조). "어떤 종류의 기술자도 네 안에서 하나도 보이지 않을 것이다"는 말씀은 교리에서, 그리고 그것에 일치하는 삶에서 비롯된 그 종교적인 종지 안에 빠져 있는 자들은, 그것이 자신들로 말미암은 것이라고 하는 한, 영적인 진리에 대한 이해를 전혀 가지지 못하고, 그리고 거기에서 비롯된 영적인 진리에 속한 사상도 전혀 가지지 못한다는 것을 뜻합니다(본서 793항 참조). "맷돌 소리도 다시는 네 안에서 들리지 않을 것이다"는 말씀은, 그것의 교리에서, 그리고 그것에 일치하는 삶에서부터 그 종교적인 종지에 빠져 있는 자들에게는 영적인 진리에 대한 연구·조사·확증 따위가 전혀 없다는 것을 뜻하는데, 그 이유는, 수용되고, 확증된, 따라서 뿌리를 박고 있는 거짓이 그 길을 막고 서 있기 때문입니다(본서 794항 참조).

[23절] :
"등불 빛도 다시는 네 안에서 비치지 않을 것이다"는 말씀은, 교리나 그리고 그것에 일치하는 삶 때문에 그 종교적인 종지에 빠져 있는 자들은 주님에게서 오는 조요(照耀·enlightenment)도 가지지 못하고, 따라서 영적인 진리에 속한 지각도 전혀 없을 것이다는 것을 뜻합니다(본서 796항 참조). "신랑과 신부의 음성도 다시는 네 안에서 들리지 않을 것이다"는 말씀은 교리나, 따라서 그것에 일치하는 삶 때문에 그 종교적인 종지에 빠져 있는 자들은, 교회를 완성하는 선과 진리의 결합(=혼인)도 결코 가지지 못한다는 것을 뜻합니다(본서 797항 참조). "그것은 네 상인들이 땅의 세도가로 행세하였기 때문이다"는 말씀은 그들의 종교적인 품계(品階)의 높은 직위에 있는 자들이 이런 부류의 성품이다는 것을 뜻하는데, 그 이유는, 그 품계의 계율에서 그들에게 주어진 다종다양하고, 임의적인 권리들에 의하여 그들은 재물과 이익을 얻었기 때문입니다(본서 799항 참조). "모든 민족이 네 마술에 속아 넘어갔기 때문이다"는 말씀은 그들이 그것에 의하여 주님의 거룩한 예배에서부터 산 사람들이나 죽은 사람들이나, 또는 우상에 속한 모독된 예배에로 모든 사람들의 마음을 끌고 간 그들의 사악한 간계(奸計)나 술책 따위들을 뜻합니다(본서 800항 참조).

[24절] :
"예언자들의 피와 성도들의 피와 땅에서 죽임을 당한 모든 사람의 피

가 이 도성에서 발견되었기 때문이다"라는 말씀은 "바빌론 성"이 뜻하는 그 종교적인 종지로 말미암아 성언에 속한 모든 진리와 그것에서 비롯된 섞음질과 모독을 뜻하고, 그리고 그 거짓이 그것에서부터 전 기독교계에 두루 널리 퍼져 나갔다는 것을 뜻합니다(본서 801항 참조).

제 18장 상세한 영적인 해설(18장 1-24절)

753. 1절. **그 뒤에 나는 보았습니다.**
이 말씀은 로마 가톨릭의 종교적인 종지에 빠져 있고, 모두를 지배하고, 다른 사람들의 재물을 자기 소유로 삼을 목적으로 교회와 천계에 속한 거룩한 것들을 통치하는 권위를 써먹은 자들의 멸망과 유죄판결(有罪判決·condemnation)에 관한 드러남(顯示)을 뜻합니다. 우리의 본문, "그 뒤에 나는 보았습니다"라는 말이 여기서 이런 내용을 뜻한다는 것은, 우리의 본문장에서 그런 것들이 다루어지고 있기 때문입니다. 그 종교적인 종지의 교의(敎義·敎理·dogmas)는 이 책의 서두에 부연하였지만, 그것의 대략적인 내용은, 주님에게서 온 조요(照耀)의 상태에 있는 자들은, 그들이 자기 자신들이 신들(gods)로서 예배 받기 위하여, 그리고 온 세상의 모든 재물을 오직 자기가 소유할 목적으로 사람들의 영혼들을 지배하려는 것 이외의 아무것도 염두에 없다는 것입니다. 그리고 이런 것들이 그들의 목적이고, 구원 같은 것은 결코 그들의 목적이 아니기 때문에, 그들은 오직 지옥에서 비롯된 다른 어떤 근원에서 자신들의 교의(=교리·dogmas)들을 취할 수 없었습니다. 왜냐하면 그들은 천계로부터, 다시 말하면 주님으로부터 그것들을 취할 수 없었고, 다만 자기 자신들에게서 취하였기 때문입니다. 그 이유는 그들은 주님에 속한 모든 것들을 자기 자신들에게 전가(轉嫁)시켰기 때문입니다. 매우 증오스러운 것이 있다면, 주님의 몸과 피(the body and blood of the Lord)를 갈라놓는 것 이외의 다른 것이 무엇이며, 또한 성만찬 예전에 명확하게 거스르는 성만찬(the Holy Supper)의 떡과 포도즙을 갈라놓는 것 이외의 다른 것이 무엇이겠습니까? 이런 날조된 꾸며낸 이야기 등을 가지고, 그리고 그들은 그것에 의하여 이 세상적인 재물을 취하는, 밤낮 가리지 않고 집전(執典)되는 미사(the mass)의 희생을 위한 목적이 아닙니까? 신령기원(神靈祈願·the Divine invocation)을 가지고 죽은 사람들(dead men)을 예배하는 것 이외의 더 증오스러운 것이 무엇이며, 그리고 그들의 신상들 앞에 무릎을 꿇고, 아니, 사실은 그들의 죽은 시신(屍身)들의 뼈다귀들이나 유품들에 무릎을 꿇게 하고 입 맞추게 하고, 따라서 신령예배에서 사람들을 끄집어내서, 그들을 모독적인 예배에 끌고 가는 것 이상으로 더 증오스럽고, 역겨운 것이 무엇이겠습니까? 그리고 주님의 날(the Lord's day)과 축제일에 드리는 신령예배를 납득되지 않는 미사들에 두는 것 이상 증오스러운 것이 무엇입니까? 신령예배를 영혼과 그것의 정동들을 가리키는 내적인 것이 전혀 없는 육체와 그것의 정동들을 가리키는 외적인 것들에 두는 것, 그리고 미사의 모든 신성함(sanctity)을 전자에게 돌리는 것 이상으로 가증스러운 것이 무엇이겠습니까? 따라서 그들이 통치권을 쥐기 위하여, 그리고 재물을 취득하기 위하여 모두를 무지(無知)와 맹목적인 믿음(blind faith)에 붙들어 매는 것 이상으로 더 가증스러운 것이 무엇이겠습니까? 주님의 신령권위(the Lord's Divine authority)에 속한 모든 것들을 자기 자신들에게 양도(讓渡)하는 것 이상 증오스러운 것이 무엇이겠습니까? 이런 짓들은 모두가 주님을 주님의 보좌에서 끌어내리고, 그리고 자기 자신들을 그 위에 올려 앉히려는 것 이외의 아무것도 아닙니다. 그리고 신령진리 자체인 성언을 평신도나 보통 사람에게서 제거하는 것 이외에 무엇이 더 가증스러운 것입니까? 그리고 성언 그 자리에 성언에 속한 본연의 진리가 거의 없는 칙령들이나 신조들 따위를 두고, 공표하는 것 이외에 더 가증스러운 것이 무엇입니까? 이런 일련의 것들이 묵시록서의 우리 본문장에서 다루어지고 있습니다.

754. 나는 다른 천사가 큰 권세를 가지고, 하늘로부터 내려오는 것을 보았습니다. 땅은 그의 영광으로 환해졌습니다.
이 말씀은 주님의 교회가 천계적인 빛 안에 있었는데, 그 빛의 근원인 신령진리에 의하여 천계를 통해서 온 주님의 강력한 입류(a strong influx)를 뜻합니다. 여기서 "천사"는 주님을 뜻합니다. 그리고 "하늘로부터 내려오는 천사"는 천계를 통해서 온 주님의 입류를 뜻하고, "큰 권세를 가졌다"는 말씀은 강력한 입류를 뜻하고, "땅이 그의 영광으로 환해졌다"는 말씀은 교회가 신령진리에 의하여 주님에게서 온 천계적인 빛 안에 있다는 것을 뜻합니다. 성경에서 "천사"나 "천사들"이 주님을 뜻한다는 것은 본서 258・344・465・649・657・718항을 참조하십시오. "내려온다"(coming down)는 말은 입류하는 것을 뜻하는데, 그것은 주님에 관해서 언급하고 있기 때문입니다. "땅"(earth)이 교회를 뜻한다는 것은 본서 285・721항을 참조하십시오. 여기서 영광은 신령진리에 관해서 언급하고 있고, 그리고 그것을 뜻합니다(본서 249・629항 참조). 신령진리가 천계적인 빛 안에 있다고 언급하였는데, 그것은 주님에게서 발출한 신령진리가, 천사들을 교화(敎化)하고, 그들의 지혜를 완성하는, 천계의 빛(the light of heaven)을 가리키기 때문입니다. 신령진리에 의한 주님의 입류에 관해서 지금 언급되었고, 그리고 그것에 의한 그 교회의 조요의 상태(照耀・enlightenment)에 관해서 언급하였는데, 그 이유는 그 입류에 의하여 온갖 거짓들 안에 빠져 있는 자들은 진리들 안에 있는 자들에게서 분리되기 때문입니다. 마찬가지로 진리의 빛에서 분리된 거짓들은 그것이 사실인 것처럼 나타나기도 합니다.

755. 2절. 그는 힘찬 소리로 외쳤습니다.
"무너졌다. 무너졌다.
큰 도시 바빌론이 무너졌다."
이 말씀은, 주님의 신령능력(the Lord's Divine power)에 의하여 그 종교적인 종지 안에서 살았고, 동시에 그것에서 비롯된 지배욕(支配欲・the love of dominion)에 빠져 있는 자들이 영계에서 멸망되고, 그리고 수많은 지옥들에게로 쫓겨났다는 것을 알게 하기 위한 것을 뜻합니다. 이런 내용이 우리의 본문절이 뜻하고 있다는 것은, 1758년 런던에서 출간된 ≪최후심판과 바빌론의 멸망≫이라는 책자에서 잘 알 수 있는데, 그것의 멸망이 그 책에 기술되었습니다(전게서 53-64항 참조). 이상에서 밝히 알 수 있는 것은, 자기사랑(自我愛)의 별(熱・heat)으로부터 천계와 교회에 속한 것들을 가리키는, 주님에게 속한 거룩하고 신령한 것들을 다스리는 통치를 실천하였고, 그리고 철저한 우상숭배자들이었던 그 종교적인 종지에 속한 자들이 멸망하였고, 그리고 지옥으로 쫓겨났다는 것입니다. 그러나 동일한 그 종교적인 종지에 속해 있지만,

십성언의 계율들에 일치하여 살고, 죄들로 여겨 악들을 단절하고, 그리고 동시에 주님만을 우러렀던 자들은 구원받았다는 것은 ≪최후심판 속편≫ 58항에서 잘 볼 수 있습니다. 그것에 대하여 더 부연할 필요는 없겠습니다. 바벨(Babel)에 대한 동일한 내용이 이사야서에 언급되었습니다.

> 파수꾼(=사자)이 외친다.……
> 파수꾼이 보고한다.
> "바빌론이 함락되었다!
> 바빌론이 함락되었다!
> 조각한 신상들이
> 모두 땅에 떨어져서 박살났다."
> (이사야 21 : 8, 9)

최후심판 이래, 그 종교적인 종지에서 모였던 유사한 자들이 수시로 그들과 같은 부류의 작자들에게 보내졌습니다.

756. "바빌론은 귀신들의 거처가 되었다."

이 말씀은 그들의 지옥은 자기사랑의 열정에서 비롯된 지배욕들에 속한 지옥이고, 자기사랑의 거짓 열정에서 비롯된 천계의 진리들을 모독하려는 정욕들에 속한 지옥이다는 것을 뜻합니다. "귀신들"(demons)은 온갖 악들에 속한 정욕들을 뜻하고(본서 458항 참조), 또한 진리들을 위화하는 정욕들을 뜻합니다. 그러나 귀신들은, 정욕들이 그러하듯이, 수많은 종류가 있습니다. 그러나 가장 고약한 귀신들은, 자기사랑의 열정에서 비롯된 교회에 속한 거룩한 것들이나 천계를 다스리려는 지배의 정욕들을 가지고 있는 자들입니다. 이 지배하려고 하는 성품이 그들의 마음에 자리를 잡고 있기 때문에 그들은 또한 그 사랑에서 비롯된 가짜 열정으로부터 천계의 진리들을 모독하려는 정욕들을 가리키기도 합니다. 사후(死後)에 일어나는 일이지만, 그들이 귀신들이 되면, 이들이 주님께서 홀로 천계와 교회를 다스리신다는 것을 알기 때문에 그들은 주님을 증오하고, 종국에 세월이 지나게 되면, 그들은 주님이라고 불리우는 소리를 듣는 것조차도 참을 수가 없게 됩니다. 이러한 사실은, 우리의 본문, "바빌론은 귀신들의 거처가 되었다"는 말이 그들의 지옥을 자기사랑의 열정에서 비롯된 지배하려는 정욕들에 속한 지옥이고, 그리고 그 사랑의 가짜 열정에서 비롯된 천계의 진리들을 모독하려는 정욕들에 속한 지옥이다는 뜻에서 명확합니다. 이 세상에서는 모든 사람이 사후에 자기 자신 안에 있는 지배애(支配愛·the ruling love)의 성품들(affections)이 된다는 것을 알지 못합니다. 주님과 천계를 우러르고, 사모하며, 그리고 동시에 죄들로 여겨 온갖 악들을 단절하는 사람들은 선한 정동(good affection)의 사람이 되지만, 그러나 자기 자신과 이 세상을 우러르고, 그리고 죄들이 아니고, 자신의 명성이나 영예 따위에 해가 되는 것으로 여겨 온갖 악들을 단절하는 자들은 정욕들인 악한 정욕의 사람이 됩니다. 이와 같은 악한 성품이나 선한 성품의 사람들은 영계에서는 생긴 그대로 나타나고, 그리고 그대로 지각되지만, 그러나 자연계에서는 그런 성품들에서 비롯된 생각들만 나타나고, 지각됩니다. 따라서 사람은, 지옥은 악에 속한 사랑(=애욕)의 정동들 안에 있고, 천계는 선에 속한 사랑의 정동들 안에 있다는 것을 알지 못합니다. 사람이 이 사실을 모르고, 그리고 그가 그것을 지각하지 못한다는 것은, 악에 속한 사랑(=애욕)의 정욕들이, 의지 안에 있는 기쁜 것들이라고 여기는, 그리고 그것들이 이해 안에 있는 즐거운 것들이라고 여기는, 유전(遺傳·heredity)에서 파생되었기 때문입니다. 그리고 사람이 기쁘고 즐거운 것들이라고 여기는 것들에 대해서 깊이 생각하지 않기 때문인데, 그 이유는, 마치 빠르게 흐르는 물이 배를 움직이듯이, 그것이 그 사람의 마음을 다스리기 때문입니다. 그러므로 이런 쾌락이나 즐거움 안에 자기 스스로 빠져 있는 자들은, 힘센 팔로 빨리 흐르는 강물을 거슬러 애를 쓰며 노를 젓는 자들 이상으로 어떤 선과 진리에 속한 사랑의 정동들의 희열이나 즐거움에 도저히 이를 수 없습니다. 그러나 그런 것에 깊이 빠져 있지 않는 자들의 경우는 이와는 전혀 다릅니다.

757. "바빌론은 온갖 더러운 영의 소굴이 되고,
더럽고 가증한
온갖 새들의 집이 되었구나."
이 말씀은 의지에 속한 악들과 그것에서 비롯된 행위의 악들을 뜻하고, 그리고 사상에 속한 거짓들이나 그것에서 비롯된 음모(陰謀·design)에 속한 거짓들을 뜻하고, 그와 같은 지옥에 있는 자들의 극악무도(極惡無道)한 것들을 뜻합니다. 그 이유는 그들이 주님에게서부터 자기 자신들에게로 생각이나 목적 따위를 바꾸었기 때문입니다. "소굴"(=감옥·hold)은 지옥을 뜻하는데, 그 이유는, 그들이 모두 거기에 감금되어 있기 때문입니다. 그리고 "영"은 정동이나 의지에 속한 모든 것을, 그리고 그것에서 비롯된 행위에 속한 모든 것을 뜻하고, 그리고 "새"(bird)는 생각(思想)이나 이해에 속한 모든 것을 뜻하고, 그것에서 비롯된 음모(陰謀·design)에 속한 모든 것을 뜻합니다. 그러므로 "더러운 영"과 "더럽고 가증한 새"는 의지에 속한, 그리고 그것에서 비롯된 행위에 속한, 모든 악들을 뜻하고, 그리고 생각(思想)에 속한, 그리고 그것에서 비롯된 음모에 속한 모든 거짓들을 뜻합니다. 이런 것들은 지옥에 있는 그들에게 있기 때문에 그러므로 우리의 본문은 그들이 극악무도한 무리이다는 것을 뜻합니다. 그리고 그들이 주님으로부터 자기 자신에게로 목적을 바꾸었기 때문에 "더럽고 가증한 새"라고 불리웠습니다. 바벨이 예언서들에서는 비슷한 것들에 의하여 기술되었습니다. 이사야서의 말씀입니다.

> 바빌론은,
> 하나님께서 멸망시킬 때에,
> 마치 소돔과 고모라처럼 될 것이다.
> 그 곳에는 영원토록 사람이 살지 못하며,
> 오고오는 세대에도
> 사는 사람이 없을 것이다.
> 떠돌아다니는 아랍 사람도
> 거기에는 장막을 치지 않으며……
> 거기에는 다만 들짐승들이나 뒹굴며,
> 사람이 살던 집에는
> 부르짖는 짐승들이 가득하며,
> 타조들이 거기에 깃들이며,
> 산양들이 그 폐허에서 뛰어 놀 것이다.
> 화려하던 궁전에서는 승냥이가 울부짖고,
> 화려하던 신전에는 늑대가 울 것이다.
> (이사야 13 : 19-22)

같은 책의 말씀입니다.

> 내가 일어나 바빌론을 치겠다.
> 내가 바빌론을 멸하겠다.
> 그 명성도 없애고,
> 살아 남아서 바빌론의 이름을 이어갈 자도,
> 하나도 남기지 않고 멸종시키겠다.……
> 또 내가 그 도성 바빌론을
> 고슴도치의 거처가 되게 하고…….
> (이사야 14 : 22, 23)

예레미야서의 말씀입니다.

> 바빌론 도성에서는
> 사막의 짐승들과 이리들이 함께 살고,
> 타조들도 그 안에서 살 것이다.……
> 소돔과 고모라가 그 이웃 성읍들과 함께 멸망하였을 때와 같이, 바빌론 도성에도 다시는 정착하여 사는 사람이 없을 것이며, 그 곳에 머무르는 사람이 없을 것이다.
> (예레미야 50 : 39, 40)

위의 인용 장절들로부터 명확한 것은, "온갖 더러운 영의 소굴과 더럽고 가증한 온갖 새들의 집"이 지옥에 속한 자들의 의지에 속한 악들과, 그리고 그것에서 비롯된 악한 행위들과, 그리고 사상에 속한 거짓들과 그것에서 비롯된 날조된 것의 거짓인 극악무도한 지옥적인 것들이다는 것을 뜻합니다. 그 이유는 그것들이 주님에게서부터 자신들에게로 돌아섰기 때문입니다. 성경에서 밝히 알 수 있는 것은 "새"(bird)가 좋은 뜻이나 나쁜 뜻에서 이해와 사상에 속한 것들이나, 그것에서 비롯된 날조된 것에 속한 그런 것들을 뜻한다는 것입니다. 나쁜 뜻으로 새들은 이런 장절들에 기술되고 있습니다.

> 한 이레의 반이 지날 때에……그 대신에 성전의 가장 높은 곳에 흉측한 우상을 세울 것인데, 그것을 거기에 세운 사람이 하나님이 정하신 끝 날을 맞이할 때까지, 그것이 거기에 서 있을 것이다.

(다니엘 9 : 27)
펠리컨과 고슴도치가 그 땅을 차지하겠고,
부엉이와 까마귀가
거기에서 자리를 잡을 것이다.
(이사야 34 : 11)

인용한 장절에서 "펠리컨" "고슴도치"와 "부엉이" "까마귀"(=용들)는 지옥적인 거짓들 이외에는 아무것도 뜻하지 않습니다. 창세기서의 말씀입니다.

솔개들(=새들)이 희생제물(=주검)의 위에 내려왔으나, 아브람이 쫓아 버렸다.
(창세기 15 : 11)
그 때에는 이 백성의 시체가 새의……먹이가 될 것이며, 아무도 그것을 쫓아 줄 사람이 없을 것이다.
(예레미야 7 : 33 ; 15 : 3 ; 16 : 4 ; 19 : 7 ; 34 : 20 ; 에스겔 29 : 5 ; 시편 79 : 1, 2)
그가 씨를 뿌리는데, 더러는 길가에 떨어지니, 새들이 와서, 그것을 쪼아 먹었다.
(마태 13 : 4)

이 장절에서는 좋은 뜻을 가리킵니다.

모든 들짐승과 가축들,
기어다니는 것과 날아다니는 새들아,
모두 주의 이름을 찬양하여라.
(시편 148 : 10)
내가 이스라엘 백성을 생각하고,
들짐승과 공중의 새와
땅의 벌레와 언약을 맺고,……
(호세아 2 : 18)
이제 짐승들에게 물어 보아라.
그것들이 가르쳐 줄 것이다.
공중의 새들에게 물어 보아라.
그것들이 일러줄 것이다.……

주께서 손수 이렇게 하신 것을,
이것들 가운데서 그 무엇이 모르겠느냐?
(욥기 12 : 7-9)
산들을 바라보니,
모든 산이 진동하고
모든 언덕이 요동합니다.
아무리 둘러보아도 사람 하나 없으며,
하늘을 나는 새도 모두 날아가고 없습니다.
(예레미야 4 : 24-26)
공중의 새에서부터
들의 짐승에 이르기까지,
다 다른 곳으로 도망하여 사라졌습니다.
"내가 예루살렘을 돌무더기로 만들어서
여우들이 우글거리는 소굴이 되게 하고,
유다의 성읍들을 황무지로 바꾸어 놓아
아무도 살 수 없도록 하겠다."
(예레미야 9 : 10, 11 ; 12 : 9)
이스라엘 자손아,
주의 말씀을 들어라.……
"이 땅에는
진실도 없고, 사랑도 없고,
하나님을 아는 지식도 없다.……
그렇기 때문에 땅은 탄식하고,
주민은 쇠약해질 것이다.
들짐승과 하늘을 나는 새들도 야위고,
바다 속의 물고기들도 씨가 마를 것이다."
(호세아 4 : 1, 3)
나는 하나님이다.
나와 같은 이는 없다.……
내가 동방에서 독수리(=새)를 부르고,
먼 나라에서 나의 뜻을 이룰 사람을 불렀다.
(이사야 46 : 9, 11)
앗시리아는 한 때
레바논의 백향목이었다.……
너의 큰 가지 속에서는

공중의 새가 보금자리를 만들고,……
그 나무의 그늘 밑에
모든 큰 민족이 자리잡았다.
(에스겔 31 : 3, 6)

그 밖의 여러 장절에서도 유사한 것들이 하나의 백향목으로서 앗수르에 관해서 언급되었습니다(에스겔 17 : 23 ; 다니엘 4 : 10-14, 20, 21 ; 마태 13 : 31, 32 ; 마가 4 : 32 ; 누가 13 : 19).

"너 사람아, 날개 돋친 온갖 종류의 새들과 들의 모든 짐승에게 전하여라. '너희는 모여 오너라. 내가, 너희들이 먹을 수 있도록 이스라엘의 산 위에서 희생제물을 잡아서, 큰 잔치를 준비할 터이니, 너희가 사방에서 몰려와서, 고기도 먹고, 피도 마셔라.……내가 이와 같이 여러 민족 가운데 내 영광을 드러낼 것이다."
(에스겔 39 : 17, 21 ; 묵시록 19 : 17)

이 밖에도 여러 장절들이 있습니다(이사야 18 : 1, 6 ; 에스겔 38 : 20 ; 호세아 9 : 11 ; 11 : 9, 11 ; 스바냐 1 : 13 ; 시편 8 : 6-8 ; 50 : 11 ; 104 : 10, 12). "새들"이 이해에 속한 것들과 그리고 그것에서 비롯된 사상이나 날조된 것에 속한 것들을 뜻한다는 것은 영계에 있는 새들로부터 아주 명확한데, 영계에는 수종의 새들과 수류의 새들이 나타납니다. 그리고 낙원의 새들은 산비둘기들이나 비둘기들이고, 지옥에서는 용들 · 부엉이들 · 뿔 달린 부엉이들과 이와 비슷한 것들이 보입니다. 그것들에 속한 모든 것들은, 생긴 그대로, 천계에 있는 선한 정동들에게서 비롯된 생각들에 속한 표징들이거나, 지옥에 있는 악한 정욕들에게서 비롯된 생각들에 속한 표징들입니다.

758. 3절. **이는, 모든 민족이
그 여자의 음행에서 비롯된
분노의 포도주를 마시고,
세상의 왕들이 그 여자로 더불어 음행하고…….**
이 말씀은 그들이 그 사악한 교리들(=교의들 · wicked dogmas)을 날조(捏造)하였다는 것을 뜻하는데, 그 교리들이란 성언에 속한 선이나 진리에 대한 섞음질들이나 모독들을 가리키고, 그리고 그들이 자신들의 통치하에 있는 여러 나라들 안에서 태어나고, 교육을 받은 자 모두를 그 교리들로 고취(鼓吹)시키는 것을 뜻합니다. 우리의 본문이 이런 내용을 뜻한다는 것은 앞서의 설명들에게서 잘 알 수 있습니다(본서 631 · 632 · 720 · 721항 참조). 거기에는 이와 비슷한 것들이 있기 때문에, 더 많은 것을 부연할 필요는 없겠습니다. 다만 예레미야서에 바벨에 관해서 언급한 유사한 것들입니다.

> 바빌로니아는 주님의 손에 들린 금잔이었다.
> 거기에 담긴 포도주가
> 온 세상을 취하게 하였다.
> 세계 만민이
> 그 포도주를 마시고 미쳐 버렸다.
> (예레미야 51 : 7)

역시 같은 책의 말씀입니다.

> 그러면 바빌로니아가 폐허 더미로 변하고,
> 여우 떼의 굴혈이 되고,……
> 나는 그들에게 잔치를 베풀어
> 모두 취하여 흥겹도록 만들 터이니,
> 그들이 모두 기절하고 쓰러져서,
> 영영 깨어날 수 없는 잠에 빠지게 하겠다.
> (예레미야 51 : 37, 39)

그들이 마셨고, 그리고 그것으로 그들이 만취가 된 "포도주"(wine)는 그들의 교리들(=신조들 · dogmas)을 뜻합니다. 이것이 얼마나 사악한지는 본서 754항에서 알 수 있겠습니다. 그것들 중에서 사악한 것은 바로 그들이 그들의 교리적인 것들에 따라서 행한 일들(=업적들 · works)이 주님의 공로와 의(the Lord's merit and justice)를 그 업적들에게, 그리고 따라서 자신들에게 전가(轉嫁)하는 공로가 된다는 것도 있습니다. 그럼에도 불구하고 그 때 인애에 속한 모든 것이나 믿음에 속한 모든 것, 또는 모든 선과 진리는 모두가 주님에게서 오는 것입니다. 그리고 주님에게서 온 것은 그것을 영접, 수용하는 자에게 주님의 것으로 남아 있습니다. 왜냐하면 주님으로 말미암은 것은 신령한 것인데, 그것은 결코 사람의 것(man's own)이 될 수 없기 때문입니다. 신령한 것은 사람과 함께 있을 수 있지만, 그러나 그것은 사람의 고유속성(man's proprium) 안에 있을 수는 없습니다. 왜냐하면 사람의 고유속성(=자아・自我・man's proprium)은 악 이외의 아무것도 아니기 때문입니다. 그러므로 신령한 것을 자신의 고유속성으로 자신에게 돌리는 사람은 그것을 더럽힐 뿐만 아니라 그것을 모독하는 짓을 범하는 것입니다. 주님에게서 비롯된 신령한 것은 사람의 고유속성과 분명하게 분리되어 있으며, 그리고 그것 위에 올라가 있고, 그리고 그것 안에 빠져 있지 않다는 것입니다. 그러나 그들은 주님의 신령한 것 모두를 자기 자신에게 전유(專有)시키기 때문에, 비가 오면, 마치 역청액(瀝靑液)과 같이, 그것에서 흘러나옵니다. 그 교리나 신조 따위도 이와 비슷하여서, 그 칭의(稱義・justification)는 진정한 성화(聖化・real sanctification)이고, 그리고 그들의 성인들(聖人・saints)도 본질적으로 거룩하다는 것입니다. 그럼에도 불구하고 그 때 주님 홀로 거룩합니다(묵시록 15 : 4). 공로(功勞・merit)에 관한 더 많은 것은 1758년 런던에서 출간된 ≪새 예루살렘과 그것의 천적 교리≫* 150-158항에서 잘 읽을 수 있습니다.

759. "세상의 상인들이
그 여자의 사치 바람에
치부하였기 때문이다."

이 말씀은 그들의 품계(品階)의 높고 낮음에 관계없이, 거룩한 것들을 지배하려는 통치를 통하여 신령통치권(the Divine majesty)과 제왕의 광영을 얻으려고 노력하고, 그리고 수도원들의 증가나 그것들 소유의 재산의 증대에 의하여 굳건하게 그것들을 쌓아 올리는 끝없는 목적을 위해서 애쓰고, 그리고 끝없는 재물들에 의하여 그들이 이 세상으로부터 수집하고, 축적(蓄積)하고, 따라서 자기 자신들을 위한 관능적이고 자연적인 쾌락들과 그리고 자기 자신의 공로로 여기는 천적인 통치나 영적인 통치에서 비롯된 즐거움들을 자신의 손에 넣으려는 자들을 뜻합니다. 여기서 "바빌론의 상인들"은, 종교적인 품계의 높고 낮음에

---

* 이 책은 ≪새로운 교회・새로운 말씀≫(이영근・최준호 역)이라는 책명으로 <도서출판・예수인>에서 발간하였다. (역자 주)

관계없이, 이 밖의 다른 자들을 뜻하지 않습니다. 그 이유는 우리의 본문장 23절에서 "그들이 땅의 세도가(=큰 자)로 행세하였다"고 언급 되었기 때문이고, 그리고 우리의 본문에는 "세상의 상인들이 그 여자의 사치 바람에 치부하였다"라고 언급되었기 때문인데, 이런 말들은, 수단들로서 그것에 의하여 그들이 자기 자신을 위해서 사람들의 영혼을 지배하는 통치권을 손에 넣으려고 하는 그 교의(敎義·교리·dogmas) 이외의 다른 것을 뜻하지 않습니다. 그들이 끝없이 이런 것들을 모으고, 축적하였다는 것, 그리고 그들에게 있는 그들의 재물들을 증대시키려고 했다는 것 등은 주지의 사실입니다. 그 때 역시 교회에 속한 거룩한 것들을 거래(去來)하였다는 것도 주지의 일인데, 그 예로는 바로 수도원들이나 그들의 성인들이나 성상들(聖像·images)에게 바치는 헌물들(獻物·offerings)이나 예물들에 의한 것이고, 그리고 그들이 구원을 판매하는, 다시 말하면 주님나라를 매매하는, 다종다기한 미사들과 면죄부들(免罪符·indulgences)과 특면들(特免·dispensation) 따위들이 되겠습니다. 만약에 교황의 통치권이 종교개혁 시대에 깨지지 않았다면, 그들이 온 유럽의 여러 나라들의 소유물이나 재물들을 모두 긁어모았을 것이다는 사실을 누구가 모르겠습니까? 그리고 그 때 그들은 홀로 주들(=주인들·lords)이 되고, 나머지는 모두가 종들이 되었을 것이다는 것을 누구가 모르겠습니까? 그리고 그들은, 만약에 그들이 자신들에게 복종하지 않는다면, 그들이 파문(破門)하고, 퇴위(退位)시킬 수 있는, 황제들이나 왕들을 다스리는 권한을 가지고 있었던 옛날부터 이어져 내려오는 초월적인 막강한 권력을 가지고 있다는 것을 누구가 모르겠습니까? 그들은 아직까지도 막대한 연간 수입을 올리고 있고, 금·은·보석으로 가득한 매우 큰 보물창고들을 가지고 있다는 것을 누구가 모르겠습니까? 그들의 대부분의 마음들 안에는 야만적인 통치권이 강력하게 자리잡고 있습니다. 만약에 그것이 한계를 넘어서 확장되려고 한다면 그것의 일실(逸失)의 두려움을 통해서 그것은 오로지 제지되고 억제될 뿐입니다. 그러나 그들이 만끽(滿喫)하고, 그것들로 자만하고, 그리고 영원히 자신들의 통치권을 굳히려는 것을 제외하면, 그와 같은 거대한 수입과 재물과 소유물을 어떤 것에 쓰고 있는 것입니까! 이렇게 볼 때 명확한 사실은, 우리의 본문, 바빌론의 사치 바람에 치부한 "세상의 상인들"이 뜻하는 것이 무엇인지 밝히 알 수

있다는 것입니다. 그들은 역시 이사야서에서도 "상인들"(merchants)이
라고 불리웠습니다.

> 보아라,
> 그들은 검불같이 되어서,
> 불에 타고 말 것이다.……
> 그 불은 너무나도 뜨거워서,
> 그들 스스로를 그 불에서
> 구하여 내지 못할 것이다.……
> 네가 젊었을 때부터 너와 거래하던 자들도
> 각자 뿔뿔이 도망 칠 것이니,
> 너를 구원할 자가 없을 것이다.
> (이사야 47 : 14, 15)

성경에서 거래한다, 무역한다는 말은 자기 자신들을 위한 영적인 재물
들인 진리와 선의 지식들이나, 그리고 나쁜 뜻으로는, 거짓이나 악에
속한 지식들을 터득하는 것을 뜻합니다. 그리고 후자에 의해서는 세상
을 얻는 것을 뜻하고 전자에 의해서는 천계를 얻는 것을 뜻합니다.
그러므로 주님께서는 이렇게 비유하셨습니다.

> 하늘 나라는 좋은 진주를 구하는 상인과 같다. 그가 값진 진주 하나를 발
> 견하면, 가서, 가진 것을 다 팔아서 그것을 산다.
> (마태 13 : 45, 46)
> 교회에 속한 사람들에게 돈(=달란트)을 주어서 그것으로 장사하여 이익을
> 얻은 종들에게 비유하였습니다.
> (마태 25 : 14-20)
> 열 무나(=파운드)를 주어서 그것으로 장사하고, 돈을 번 사람에 비유하였습
> 니다.
> (누가 19 : 12-26)

"두로"가 진리와 선에 속한 지식들의 측면에서 교회를 뜻하기 때문에,
그러므로 에스겔서 27장 전장에는 두로의 장사와 그것의 이익을 남기
는 것을 다루고 있습니다. 그리고 두로에 관해서 이렇게 언급되었습니
다.

> 너는 지혜와 총명으로 재산을 모았으며,
> 네 모든 창고에 금과 은을 쌓아 놓았다.
> 너는, 무역을 해도
> 큰 지혜를 가지고 하였으므로,
> 네 재산을 늘렸다.
> (에스겔 28 : 4, 5)

또 다른 곳의 말씀입니다.

> 이것은 두로를 두고 하신 엄한 경고의 말씀이다.……
> 두로가 파멸되었으니,……
> 두로가 파멸되었다는 소식이
> 이집트에 전해지면,……
> 이것이
> 너희가 그렇게 좋아하던 도성 두로냐?……
> 빛나는 왕관을 쓰고 있던 두로,
> 그 상인들은 귀족들이요,
> 그 무역상들은
> 세상이 우러러보던 사람들이었는데,
> 두로를 두고,
> 누가 이런 일을 계획하였겠느냐?
> 그 일을 계획하신 분은 만군의 주이시다.
> 온갖 영화를 누리며 으스대던
> 교만한 자들을
> 비천하게 만드시고,
> 이 세상에서 유명하다는 자들을
> 보잘 것 없이 만드시려고,
> 이런 계획을 세우셨다.
> (이사야 23 : 1-9)

가나안 땅에서 유대 사람들이 가지고 있던 타락한 교회를 장사하는 땅이라고 불렀습니다(에스겔 16 : 3, 29 ; 21 : 30 ; 29 : 14 ; 17 : 4 ; 28 : 18).

760. 4절. **나는 하늘에서 또 다른 음성이 울려오는 것을 들었습니**

다.
"내 백성아, 그 여자에게서 떠나거라.
너희는 그 여자의 죄에 가담하지 말고,
그 여자가 당하는 재난을
당하지 않도록 하여라."

이 말씀은, 그 종교적인 종지 안에 있지 않은 자들과 꼭 같이 그 종교적인 종지 안에 있는 모두에게 주는 주님에게서 온 권고(勸告)를 뜻하는데, 그것은 그들의 영혼들의 측면에서 그들이 그것의 가증한 것들과 결합하여, 종국에 멸망하지 않기 위하여 시인과 상호작용에 의한 그것과의 결합에서부터 자신들을 지키고, 경계하여야 할 것을 이르는 것입니다. "하늘에서 울려오는(=말하는) 또 다른 음성"은, 그 종교적인 종지에 있지 않는 사람이나, 그 종교적인 종지에 있는 사람과 꼭 같이 모두에게 주는 주님에게서 오는 권고를 뜻하는데, 그 이유는 "내 백성아, 그 여자에게서 떠나거라"(=그 여자에게서 나오너라)는 말이 뒤이어지기 때문입니다. 다시 말하면 주님에게 가까이 나아가는 사람 모두에게 그녀에게서 나오라는 말이 뒤이어지고 있기 때문입니다. 그 음성이 "하늘(=천계)에서 울려왔기" 때문에, 이 권고는 바로 주님에게서 온 것입니다. "그 여자의 죄에 가담하지 말아라"는 말은, 그들의 영혼들의 측면에서 그들이 그것의 가증한 것들과 결합하지 않도록 반드시 조심하여야 한다는 것을 뜻합니다. 그리고 그 결합은 시인과 상호작용(affection)에 의하여 이루어지기 때문이다는 것도 역시 우리의 본문말씀을 뜻하고 있습니다. 그들의 죄들은 가증한 것들이고 혐오스러운 것들인데, 그 이유는 그들이, 앞장 4절(17 : 4)에서, 그와 같이 불리웠기 때문입니다. "그 여자가 당하는 재난을 당하지 않도록 하여라"는 말은 그들이 멸망하지 않도록 하여야 한다는 것을 뜻합니다. 왜냐하면 "재난"(=재앙 · plagues)은 온갖 악들과 거짓들을 뜻하고, 동시에 그것들에 의한 파괴나 멸망 따위를 뜻하기 때문입니다. "재난"이 이러한 내용을 뜻한다는 것은 본서 657 · 673 · 676항과 기타 여러 곳에서 볼 수 있습니다. 성경의 아래 장절에는 바벨에 관한 유사한 것들이 언급되고 있습니다.

　　나의 백성아,

너희는 바빌로니아에서 탈출하여,
목숨을 건져라.
주의 무서운 분노 앞에서 벗어나라.
너희는
이 땅에서 들리는 소문에
낙담하거나 두려워하지 말아라.
(예레미야 51 : 45, 46)
너희는 바빌로니아에서 탈출하여,
각자 자기의 목숨을 건져라.
바빌로니아의 죄악 때문에,
너희까지 함께 죽지 말아라.
(예레미야 51 : 6)
우리가 바빌로니아를
치료하려고 하였으나,
낫지 않으니,
이제는 바빌로니아를 내버려 두고,
각자 고향 땅으로 돌아가자.
바빌로니아의 재앙이 하늘에까지 닿았고,
창공에까지 미쳤다.
(예레미야 51 : 9)
너희는 바빌론에서 나오너라.
바빌로니아 사람(=갈대아 사람)에게서 도망하여라.
그리고 "주께서 그의 종 야곱을 속량하셨다"
하고, 즐겁게 소리를 높여서 알려라.
이 소식이 땅 끝까지 미치도록 들려주어라.
주께서 그들을 사막으로 인도하셨으나,
그들이 전혀 목마르지 않았다.
(이사야 48 : 20, 21 ; 예레미야 50 : 8)

761. 5절. **"그 여자의 죄는 하늘에까지 닿았고,
하나님께서는
그 여자의 불의한 행위를 기억하신다."**
이 말씀은 그들의 악들과 거짓들이 천계를 내습(來襲), 괴롭힌다는 것과, 주님께서 그것에서 비롯된 폭행으로부터 이들을 지키실 것이다는

것 등을 뜻합니다. "그 여자의 죄가 하늘에까지 닿았다"는 말은 그들의 악들과 거짓들이 천계의 천사들을 공격, 괴롭힌다는 것을 뜻합니다. "하나님께서는 그 여자의 불의한 행위를 기억하신다"는 말은 주님께서는 그것에서 기인한 온갖 폭행으로부터 천계를 지키실 것이다는 것을 뜻합니다. 우리의 본문들이 이런 내용을 뜻하는 것은, 천계에 존재하는 모든 것들은 선들과 진리들이고, 그리고 지옥에 있는 모든 것들은 악들과 거짓들이기 때문입니다. 그리고 그것으로 인하여 천계와 지옥은 전적으로 분리되는 것이고, 그리고 그것의 뒤바뀐 위치(an inverted position)는 정반대인 것과 꼭 같기 때문입니다. 그러므로 악들이나 거짓들은 천계에 이를 수 없습니다. 그럼에도 불구하고, 악들이나 거짓들이 정반대의 정도에까지 증대하게 되면, 따라서 헤아릴 수 없는 정도에까지 증대하면, 천계는 공격을 받고, 괴롭힘을 겪게 됩니다. 만약에 그 때 주님께서, 이와 같은 일은 주님 자신에게서 오는 보다 강력한 입류에 의하여 일어나는데, 천계를 지키시지 않는다면, 그 폭행은 천계를 강타(强打), 맹공(猛攻)할 것입니다. 이런 맹공과 강타가 절정에 이르게 되면, 그 때 주님께서는 최후심판(最後審判·the Last Judgment)을 단행하시고, 따라서 그들은 모두가 자유하게 됩니다. 그러므로 우리의 본문장에는 이런 말씀이 뒤이어진 것입니다.

> 하늘과 성도들과 사도들과 예언자들이여,
> 즐거워하십시오.
> 하나님께서는 그대들을 위하여
> 그 도시를 심판하셨습니다.
> (묵시록 18 : 20)

그리고 뒤에 이어지는 장(묵시록 19 : 1-9)에서와 예레미야서에는 이렇게 기술되었습니다.

> 바빌론을 멸망시키는 자들이
> 북녘에서 밀려올 것이니,
> 하늘과 땅과 그 안에 있는 모든 것이
> 바빌론의 파멸을 보며
> 기뻐서 노래할 것이다.

(예레미야 51 : 48)

762. 6절. "너희는 그 여자가 준 만큼
그 여자에게 돌려주고,
그 여자의 행실대로 갑절로 갚아 주어라.
너희는 그 여자가 섞은 잔에
갑절로 섞어 주어라."

이 말씀은 사후 그들에 속한 공정한 응보(應報 · retribution)와 형벌(刑罰 · punishment)을 뜻합니다. 그 때 그들이 수단으로 삼아서 다른 사람을 유혹하고, 멸망시킨 악들이나 거짓들은 그것들의 양(量)과 질(質)에 일치하여 그들에게 되돌아오는데, 그것이 이른바 앙갚음의 법칙(=인과응보 · 因果應報 · the law of retaliation)이라고 하는 것입니다. "그 여자가 준 만큼 그 여자에게 돌려주어라"라는 말은 사후 그들에 대한 공정한 응보와 형벌을 뜻합니다. "그 여자의 행실대로 갑절로 갚아 주어라"라는 말은 그들이 수단으로 삼아서 다른 자들을 유혹하고 파멸한 그 악들이 그것들의 양과 질에 따라서 그들에게 되돌아올 것이다는 것을 뜻합니다. 그리고 "너희는 그 여자가 섞은 잔에 갑절로 섞어 주어라"라는 말은 마찬가지로 그 거짓들이 되돌아온다는 것을 뜻합니다. 왜냐하면 "잔"(cup)이나 포도주가, 나쁜 뜻으로, 거짓들을 뜻하기 때문입니다(본서 316 · 635 · 649 · 672항 참조). 예언서들에는 바벨에 관해서 거의 꼭 같은 것들이 언급되고 있습니다.

> 그들이 이스라엘의 거룩한 하나님,
> 주 앞에서 오만하게 행동하였으니,······
> 너희는 그들의 소행대로 보복하여 주어라.
> 그들이 하였던 것과 똑같이
> 너희도 그들에게 갚아 주어라.
> (예레미야 50 : 29)
> 내(=여호와)가 원수를 갚는 것이니,
> 너희는 그 도성에 복수하여라.
> 그 도성이 남에게 한 것과 똑같이
> 너희도 그 도성에 갚아 주어라.
> (예레미야 50 : 15)

> 망해야 할 바빌론 도성(=딸)아,
> 네가 우리에게 입힌 해를
> 그대로 너에게 되갚는 사람에게,
> 복이 있을 것이다.
> (시편 137 : 8)

문자적인 뜻에 따른 뜻은, 그들이 유혹하고, 멸망시킨 자들이 그들에게 앙갚음을 가져올 것이다는 것입니다. 그러나 영적인 뜻에 따라서는, 그들이 그들에게 이런 짓을 하는 것이 아니고, 오히려 자신들이 자신들에게 그 짓을 할 것이다는 것을 뜻합니다. 그 이유는 모든 악은 자신에게 자신의 형벌을 가져오기 때문입니다. 이러한 내용은 성경에서 자주 언급된 것과 비슷한 것인데, 그것은 하나님께서 당신 자신에게 온갖 불의(不義)들이나 피해를 저지른 것에 대한 보응이요, 앙갚음을 불러온다고 한 것이고, 그리고 그들을 파멸시키려는 분노와 성냄에서 생긴 보복이나 앙갚음을 불러온다는 뜻이지만, 그럼에도 불구하고 그 때 그들이 하나님에게 저지른 악들 자체가 이 짓을 하는 것뿐입니다. 따라서 그들은 그런 보복이나 앙갚음을 자신들에게 자행하는 것입니다. 왜냐하면 이것이 바로 그것의 근원을 신령율법에서 이끌어낸 인과응보의 법칙(the law of retaliation)이기 때문입니다.

> 너희는 무엇이든지, 남에게 대접을 받고자 하는 대로, 너희도 남을 대접하여라. 이것이 율법과 예언자의 본뜻이다.
> (마태 7 : 12 ; 누가 6 : 31)

천계에서 이 율법은 상호애의 율법(the law of mutual love), 곧 인애의 율법입니다. 이것에서부터 지옥에서는 그 반대적인 것이 됩니다. 다시 말하면, 자기가 다른 사람에게 행한 것과 꼭 같은 것이 모두에게 행해진다는 것을 가리킵니다. 천계에 있는 자들은 이 일을 행하지 않지만, 그러나 그들은 그것을 자신들에게 행합니다. 왜냐하면 복수에 속한 보응은, 마치 그것이 자신들의 악들에 각인된 것과 같이, 천계에서는 삶에 속한 율법에 반대되는 것에서 나오기 때문입니다. 여기서 "갑절(=두 배·double)이라는 말은, 아래 장절들에서와 같이, 양과 질에 일치하는 많은 것을 뜻합니다.

저를 박해하는 사람들이
수치를 당하게 하시고,
제가 수치를 당하지 않게 하여 주십시오.……
이제는 그들에게 재앙의 날이 오게 하시며,
갑절의 형벌로 그들을 멸망시켜 주십시오.
(예레미야 17 : 18)

아래의 장절에서는 악들에게서 떠난 것에 속한 양과 질에 일치하는 많은 것을 뜻합니다.

너희는……
나의 백성을 위로하여라!……
그들에게 일러주어라.
이제 복역 기간이 끝나고,
죄에 대한 형벌도 다 받고,
지은 죄에 비하여
갑절의 벌을 받았다고 외쳐라.
(이사야 40 : 1, 2)
사로잡혔어도 희망을 잃지 않은 사람들아,
이제 요새로 돌아오너라.……
내가 네게 두 배로 갚아 주겠다.
(스가랴 9 : 12)
너희가 받은 수치를 갑절이나 보상받으며,
부끄러움을 당한 대가로 받은 몫을
기뻐할 것이다.
그러므로 너희가
땅에서 가절의 상속을 받으며,
영원한 기쁨을 차지할 것이다.
(이사야 61 : 7)

763. 7절. "그 여자가 그렇게 자기를 영화롭게 하고, 사치하였으니,
그만큼 그에게 고통과 슬픔을 안겨 주어라."

이 말씀은 지배욕으로 말미암아 마음에 속한 그들의 우쭐댐의 정도에 따라서, 그리고 재물들에게서 비롯된 마음과 육신에 속한 그들의 기뻐 날뜀(氣高萬丈)에 따라서, 그들이, 사후 내던져지고, 조롱거리가 된 것에서 야기(惹起)되는 내적인 슬픔이나, 그리고 궁핍함이나 비참함에서 생겨나는 내적인 슬픔(悲哀·internal grief)을 받는다는 것을 뜻합니다. "그 여자가 그렇게 자기를 영화롭게 한 그만큼"이라는 말은 지배에서 비롯된 그들의 마음의 우쭐대는 것에 일치하는 것을 뜻합니다. 왜냐하면 그들은 이 통치나 지배로 말미암아 자신들을 영화롭게 하였기 때문입니다. "그 여자가 사치하게 산 것만큼"이라는 말은, 위에서 언급한 것과 같이(본서 759항 참조), 재물로 인해서 생긴 마음과 육신의 그들의 기뻐 날뜀의 정도 안에서, 그리고 그것에서 비롯된 쾌락들이나 즐거움의 정도 안에서 라는 것을 뜻합니다. "그녀에게 고통을 준다"는 말은 통치나 지배에서 쫓겨난 것에 대한, 그리고 "그녀에게 슬픔을 안겨 준다"는 말은 궁핍이나 비참함에서 생겨난 내적인 슬픔을 뜻합니다. 사후 그들의 이와 같은 슬픔이나 비애는 모두가 이런 것에서 생겨납니다. 천계에 속한 것들이나 교회에 속한 모든 것들을 가리키는 주님에 속한 모든 것을 지배하려는 자기사랑에서 야기된 통치력의 소유욕에 속한 쾌락들은 사후 이런 부류의 고통이나 괴로움으로 바뀝니다. 그리고 넉넉함에서 야기된 쾌락으로 마음과 육신을 채우려는 욕망의 즐거움은, 앞에서 지배욕에 관해서 언급된 사람들에게서와 같이, 이런 부류의 슬픔이나 비애 따위로 바뀝니다. 왜냐하면 이런 애욕들이나 욕망들에게서 생긴 쾌락들이나 즐거움 따위들은 각자의 생명(=삶·life)을 이루기 때문입니다. 그러므로 이런 것들이 그것과 정반대의 것으로 바뀌게 되면, 거기에는 고통과 슬픔이 생깁니다. 이러한 내용들이 지옥에 있는 고통들이다는 말이 성경에서 뜻하는 보응들과 형벌들을 가리킵니다. 따라서 거기에서부터 주님에 대한 온갖 미움(憎惡)이나 천계와 교회에 속한 것들에 거스르는 온갖 증오는 바로 지옥에 있는 "불"(the fire)이 뜻합니다. 비슷한 것들이 예언서에 이와 같이 바벨에 관해서 언급하고 있습니다.

"이제는 내가
바빌로니아 땅과 바빌로니아 백성에게

원수를 갚겠다.
그들이 시온에 와서 저지른 모든 죄악을,
너희들이 보는 앞에서,
내가 그들에게 갚아 주겠다."
(예레미야 51 : 24)
주께서 바빌론을 파괴하시고,……
주님은 보응하시는 하나님이시니,
반드시 보복하실 것이다.
(예레미야 51 : 55, 56)
너의 영화가
너의 거문고 소리와 함께
스올로 떨어졌으니,
구더기를 요로 깔고,
지렁이를 이불로 덮고, 누워라!……
네가 평소에 늘 장담하더니,
"내가 가장 높은 하늘로 올라가겠다.
하나님의 별들보다 더 높은 곳에
나의 보좌를 두고,
저 멀리 북쪽 끝에 있는 산 위에,
신들이 모여 있는 그 산 위에
자리잡고 앉겠다.
내가 저 구름 위에 올라가서,
가장 높으신 분과 같아지겠다" 하더니,
그렇게 말하던 네가 스올로,
땅 밑 구덩이에서도
맨 밑바닥으로 떨어졌구나.
너를 보는 사람마다,
한때 왕노릇하던 너를 두고
생각에 잠길 것이다.
"이 자가 바로 세상을 뒤흔들고,
여러 나라들을 떨게 하며,
땅을 황폐하게 만들며,
성읍을 파괴하며,
사로잡힌 사람들을
제 나라로 돌려보내지 않던

그 자인가?" 할 것이다.
(이사야 14 : 11, 13-17)

이 장절은 거기에서 바벨을 가리키는 "루시퍼"(Lucifer)에 관한 언급인데, 이러한 내용은 우리의 본문장 4절과 22절에서 잘 드러나고 있습니다.

764. "그 여자는 마음 속으로
'나는 여왕의 자리에 앉아 있고,
과부가 아니니,
절대로 슬픔을 맛보지 않을 것이다'
하고 말한다."

이 말씀은 그들이 이런 것들을 가지고 있다는 것을 뜻하는데, 그 이유는 통치나 지배 때문에 생긴 마음의 기고만장에서, 그리고 재물 때문에 생긴 마음의 뽐냄 때문에, 그들은 자신들이 변함없이 통치권을 쥐고 있을 것이다는 것과 그리고 자기 자신을 보호할 것이다는 것과 그리고 자신들은 결코 이런 것들을 빼앗기지 않을 것이다는 등등에 대한 신뢰와 확신 가운데 빠져 있기 때문입니다. "마음 속으로 말한다"는 말은 통치권에 대한 마음의 기고만장(氣高萬丈)에서 비롯된 확신 가운데 있다는 것을 뜻하고, 또한 재물에 대한 마음의 뽐냄(exultation)에서 비롯된 확신 가운데 있다는 것을 뜻합니다. "나는 여왕의 자리에 앉아 있다"는 말은, "나는 절대로 슬픔을 맛보지 않을 것이다"는 말이 뒤이어지고 있기 때문에, 여기서는 변함없이 통치권을 쥘 것이다는 것을 뜻합니다. "나는 과부가 아니다"라는 말은 그들이 자기 자신들을 보호할 것이다는 것을 뜻합니다. 일반적으로 "과부"(a widow)는 보호 밖에 있는 자를 뜻하는데, 그 이유는 사내(=남편・a man)가 없기 때문입니다. "여왕" "과부"라는 말이 언급되었지만, "왕"이나 "남편"(=사내)은 언급되지 않았는데, 그 이유는 바빌론이 하나의 교회를 뜻하기 때문입니다. "나는 절대로 슬픔을 맛보지 않을 것이다"는 말은 그들은 이런 두 가지 것들을 결코 빼앗길 수 없다는 것을 뜻합니다. 그들은 사후 그것들로 말미암아 슬픔을 겪는다는 것은 바로 위의 설명에서(본서 763항 참조), 잘 알 수 있습니다. 이사야서에는 바벨에 관해서 동일한 것들이 언급되고 있습니다.

사람들이 이제부터는 너를
민족들의 여왕이라고 부르지 않을 것이다.……
너는 언제까지나
네가 여왕으로 군림할 것이라고 믿고,
이런 일들을 네 마음에 두지도 않았으며,
이후에 일어날 일은 생각조차 하지 않았다.……
네가 평안히 앉아서 마음 속으로 이르기를
'나보다 더 높은 이가 없다.
나는 과부가 되지 않을 것이며,
자식을 잃는 일도 없을 것이다' 하였지만,
자식을 잃고 과부가 되는 이 두 가지 일이
한 날에 갑자기 닥쳐올 것이다.
너의 주술이 아무리 능하고
너의 마술의 힘이 아무리 세다 하여도,
이 일이 너에게 반드시 닥친다.
네가 악한 일에 자신만만하여
'아무도 나를 감시하지 않는다' 하였다.
너의 지혜와 너의 지식이
너를 잘못된 길로 들어서게 하였고,
너의 마음 속으로
'나보다 더 높은 이가 없다'고
생각하게 하였다.……
네가 생각하지도 못한 파멸이,
순식간에 너에게 이를 것이다.
(이사야 47 : 5, 7, 8-11)

성경에서 "과부"(a widow)는 보호 밖에 있는 자를 뜻합니다. 왜냐하면 영적인 뜻으로 "과부"는 선 안에는 있지만, 진리 안에 있지 않은 자를 뜻하기 때문입니다. 왜냐하면 "남편"(=남자·man)이 진리를 뜻하고, "그의 부인"은 선을 뜻하기 때문입니다. 따라서 "과부"는 진리가 없는 선을 뜻하고, 그리고 진리 밖에 있는 선은 보호 밖에 있는 것을 뜻하기 때문입니다. 왜냐하면 진리가 선을 보호하기 때문입니다. 성경에 "과부"가 언급되었을 때 "과부"는 이런 내용을 뜻합니다(이사야 9 : 14,

15, 17 ; 10 : 1, 2 ; 예레미야 22 : 3 ; 49 : 10, 11 ; 애가 5 : 2, 3 ; 에스겔 22 : 6, 7 ; 말라기 3 : 5 ; 시편 68 : 5 ; 146 : 7-9 ; 출애굽 22 : 21-24 ; 신명기 10 : 18 ; 27 : 19 ; 마태 23 : 14 ; 누가 4 : 24 ; 20 : 47).

765. 8절. **"그러므로 그 여자에게 재난 곧 사망과 슬픔과 굶주림이 하루 사이에 닥칠 것이다."**

이 말씀은 이런 것 때문에 최후심판의 때에 그들이 저지른 온갖 악들에 속한 형벌들이 그들에게 돌아올 것이다는 것을 뜻하는데, "사망"은 통치에서부터 쫓겨난 지옥적인 삶과 내적인 슬픔(悲哀)을 가리키고, 그리고 "슬픔"은 부유함 대신에 궁핍(want)과 비참함(misery)에서 생겨난 내적인 슬픔(internal grief)을 가리키고, "굶주림"(famine)은 모든 진리에 속한 이해의 빼앗김(剝奪)을 가리킵니다. "이 때문이다"는 말은 그녀가 마음 속에서 "나는 여왕의 자리에 앉아 있고, 과부가 아니고, 절대로 슬픔을 맛보지 않을 것이다"고 말하였기 때문이다는 것을 뜻합니다. 그녀가 한 말에 관한 내용은 바로 위 단락을 참조하십시오(본서 764항 참조). 본문에서 "하루 사이에"(=하루 동안에)라는 말은 최후심판의 때를 뜻하는데, 그것은 또한 "심판의 날"(the Day of Judgment)이라고도 합니다. "재난"(plagues)들은, 그 때 그들에게 되돌아온 그들이 이 세상에서 행한 온갖 악들에 속한 형벌들을 뜻합니다. 그리고 "사망"(=죽음·dead)은, 위에서 고통이라고 한(본서 763항 참조), 통치에서 쫓겨난 것에서 생긴 지옥적인 삶(=생명·infernal life)이나 내적인 슬픔(inward grief)을 뜻합니다. 이 죽음(=사망)에 관해서는 곧 설명하겠습니다. "슬픔"은 바로 위에서 언급한 것과 같이(본서 764항 참조), 부유함 대신에 궁핍과 비참함에서 비롯된 내적인 슬픔을 뜻합니다. "굶주림"(饑饉·famine)은 모든 진리에 관한 이해의 빼앗김을 뜻합니다. 이런 세 재난, 즉 세 형벌들에는, 자기사랑에서 비롯된, 그리고 자아를 위한 것을 제외하면 그 어떤 선용들에 속한 사랑이 전혀 없는, 지배욕을 가지고 있는 작자들이 들어갑니다. 이런 작자들은 모든 것들을 자신의 영특함이나, 자연의 탓으로 돌리기 때문에 이들은 마음 속으로는 역시 무신론자(無神論者·atheists)들입니다. 이런 부류의 그 민족에서 비롯되었고, 그러나 본질적으로는 전혀 내면적으로 생각하지 않는 나머지 부류는 우상숭배자들(idolaters)입니다. "재난" 또는 "굶주림"이라고 하는 형벌이 모든 진리에 대한 이해의 박탈을 뜻한다는 것은 본서 323항을 참조하십시오. 사실 모든 사람은, 이 세상에서 사는 동안, 합리성(合理性·rationality)을 가지고 있습니다. 다시 말하면 진리를 이해하는 기능을 가지고 있습니다. 이 기능은 사후에도 모든 사람에게 그대로 남아 있습니다. 그럼에도 불구하고, 이 세상에 있을 때 자기사랑이나, 자기 자신의 총명의 자만으로 말미암아 종교에 속한 거짓들로 물든 자들은 사후에도 진리를 이해하려고 하지 않으며, 그리고 이해하려고 하지 않는 것은 이른바 이해할 수 없는 것과 마찬가지입니다. 원하지 않는 것에서 온 이와 같은 무능(無能·inability)은 이런 부류의 작자들에게 있으며, 그리고 이런 무능은, 지배를 목적해서 그들이 변함없이 새로 확증한 거짓들에 물들고, 따라서 철저한 거짓들의 이해의 측면에서 그런 인물이 된, 그리고 그런 상태로 영원히 남아 있는 거짓에 속한 정욕의 쾌락으로 말미암아, 계속해서 증대합니다. 예레미야서의 아래 장절에 바벨에 관한 말들은 바로 이와 비슷한 내용들을 뜻합니다.

> 그러므로 너희의 어머니 바빌론 도성이
> 크게 수치를 당할 것이며,
> 너희를 낳은 여인이 치욕을 당할 것이다.
> 보아라, 이제 바빌로니아는
> 온 세상에서 가장 뒤떨어진 나라,
> 메마르고 황량한 사막이 될 것이다.
> 나 주의 분노 때문에,
> 바빌론 도성은
> 아무도 살 수 없는 땅이 되고,
> 온 나라가 황무지로 뒤바뀔 것이다.
> 그러면 그 곳을 지나는 사람마다
> 그 곳에 내린 모든 재앙을 보고,
> 놀라며 조롱할 것이다.
> (예레미야 50 : 12, 13)

766. "그 여자는 불에 타 버릴 것이다. 그 여자를 심판하신 주 하나님은

강한 분이시기 때문이다."
이 말씀은 그들이 주님과 그리고 그분의 천계와 교회를 몹시 증오할 것이다는 것을 뜻하는데, 그 이유는 그들이 그 때 오직 주님만이 홀로 천계와 지상에 있는 모든 것들을 다스리는 통치권을 가지고 있다는 것과 그리고 그것들을 다스리신다는 것을 알게 되고, 그리고 사람은 어느 누구도 자기 자신으로 말미암아 전혀 아무것도 아니다는 것을 알았기 때문입니다. 그녀가 태워지게 될 "불"은 주님과 그분의 천계나 교회에 대한 증오를 뜻하는데, 이런 내용에 관해서는 아래에서 보게 될 것입니다. "그 여자를 심판하시는 주 하나님은 강한 분이시다"는 말은, 그 때, 다시 말하면, 사후 그들이 들어온 영계에서 주님 홀로 천지(天地)의 삼라만상(森羅萬象)을 다스리는 통치권을 가지고 계시고, 그리고 그것들을 다스리신다는 것, 그러나 어느 누구도 자기 자신으로 말미암아서는 전혀 그렇게 하지 못한다는 것을 깨닫게 되고, 목도(目睹)하게 된다는 것을 뜻합니다. 이러한 내용이 우리의 본문 "그 여자를 심판하신 주 하나님은 강한 분이시다"는 말이 뜻하는데, 그 이유는 주님께서는 지옥으로 어느 누구도 심판하시지 않고, 그러나 그들은 자신들을 그렇게 심판하기 때문입니다. 왜냐하면 그들이 천계로부터 오는 주님의 입류에 관한 천사적인 영기(靈氣・the angelic sphere)를 느끼게 되면, 그들은 멀리 도망하고, 그리고 자신들을 지옥으로 쑤셔 박기 때문인데, 이러한 사실은 위에서 입증한 모든 것들에서 명확합니다(본서 233・325・339・340・387・502항 참조). "불"이 두 뜻, 즉 주님사랑을 가리키는 천적인 사랑(celestial love)과 자기사랑을 가리키는 지옥적인 사랑(=애욕・the infernal love)을 뜻한다는 것은 본서 468・494항을 참조하십시오. 지옥적인 불(infernal fire)이 증오와 미움 따위를 뜻한다는 것은 자기사랑(自我愛)이 곧 미움이요, 증오이기 때문입니다. 왜냐하면 그런 사랑(=애욕)에 빠져 있는 자들은 그것의 계도에 일치하여 분노나 성냄으로 불태우기 때문입니다. 그리고 반대하는 자들에 대한 증오와 복수심으로 불사르기 때문입니다. 그리고 바빌론에 속한 작자들은, 자신들이 예배 받고, 그리고 거룩한 존재로 추앙(推仰) 받는 것을 반대하는 자들에 대하여 증오와 복수심으로 불태우기 때문입니다. 그러므로 그들이 주님 홀로 천계에서 예배 받으시고, 존경 받는다는 것을 듣게 되면, 그리고 인간 어느 누구도 주님 대신에 예배한다는 것은 아주 불경스럽고, 모독적이다는 것 등을 알게 되면, 주님의 존경은 그들 안에서 주님을 미워하는 증오로 바뀌고, 그리고 그들이 예배 받기 위한 성언의 섞음질이나 위화는 아주 불경스럽고 모독적인 것이 되는 것입니다. 이러한 뜻이 바로 본문 "바벨론(=그 여자)은 불에 타 버릴 것이다"라는 말이 뜻하는 내용입니다. "불로 태운다"는 말이 거룩한 것에 대한 모독의 형벌(the punishment the profanation)을 뜻한다는 것은 위의 설명에서(본서 748항 참조) 잘 알 수 있겠습니다. 예레미야서의 아래 장절도 같은 내용을 뜻합니다.

> 온 세상을 파괴한 멸망의 산아,
> 보아라, 내가 너를 치겠다.……
> 너를 바위 꼭대기에서 굴려 내리고,
> 너를 불탄 산으로 만들어 버리겠다.……
> 바빌론 도성의 두꺼운 성벽도
> 완전히 허물어지고,
> 그 높은 성문들도 불에 타 없어질 것이다.
> (예레미야 51 : 25, 58)

767. 9절. **그 여자로 더불어 음행을 하고 방탕한 생활을 한 세상의 왕들은, 그 여자를 태우는 불의 연기를 보고, 그 여자를 두고 울며, 가슴을 칠 것이다.**
이 말씀은, 성언에 속한 진리들을 위화한 것이나, 섞음질한 것을 방편으로, 교회에 속한 거룩한 것으로 만들고, 그리고 보다 높은 통치나, 그것의 쾌락들에 빠져 있던 자들이 그런 것들이 불경스럽고, 모독적인 것들로 바뀌는 것을 직시(直視)하였을 때 그들의 보다 심한 내면적인 온갖 슬픔이나 비애 따위를 뜻합니다. 우리의 본문절이나 그 아래의 절에서는 "땅의 왕들"의 슬픔이 다루어졌는데, 그들은 곧 지위가 높은 자로서, 거물(巨物・magnate)들이나, 대주교(大主敎・primate)들이라고 불리우는 자들을 가리킵니다. 그리고 11-16절에서는 "세상의 상인들"의 슬픔이 다루어졌는데, 그들은 지위가 낮은 자들로서, 수도사(修道士)라고 불리우는 자들을 가리킵니다. 그리고 17-19절에서는 "선장과 선원"의 슬픔이 다루어졌는데, 그들은 평신도라고 불리는, 기부(寄附)하는 자들을 뜻합니다. 여기서는 "세상의 왕들"이 다루어지고 있는데,

그들은 지위가 가장 높은 자를 뜻합니다. "왕들"이 왕들을 뜻하지 않고, 선에서 비롯된 진리들 안에 있는 자들을 뜻하고, 나쁜 뜻으로는 악에서 비롯된 거짓들 안에 있는 자들을 뜻합니다(본서 483 · 704 · 720 · 737 · 740항 참조). 그러므로 여기서 그 창녀와 더불어 음행을 하고, 방탕한 생활을 한 "세상의 왕들"은 위화되고, 섞음질된 성언의 진리들을 통해서, 특히 주님께서 베드로에게 하신 말씀을 그들에 의하여 위화하고, 섞음질한 성언에 속한 진리들을 통하여 취한 통치나 그것의 쾌락들 안에 빠져 있는 자들을 뜻합니다. 주님께서 베드로에게 하신 말씀에 관해서는 아래에서 부연설명을 하겠습니다. "음행을 하였다"(=음행을 범했다)는 말은 서언에 속한 진리들을 위화하고, 섞음질하는 것을 뜻합니다(본서 134 · 632 · 635항 참조). 그리고 "방탕한 생활을 한다"(=사치스럽게 산다)는 말은 통치에 속한 쾌락을 즐기고, 동시에 부유에 속한 희열들을 만끽하는 것을 뜻합니다(본서 759항 참조). "그들이 울고, 가슴을 친다"는 말은 그들의 내면적인 슬픔이나 비애를 뜻합니다. 그 여자를 두고 "울고, 슬퍼할 것이다"는 말이 언급되었는데, 그 이유는 그 여자를 두고 우는 것은 통치에서 쫓겨난 것에 대한 슬픔들을 뜻하기 때문이고, 그 여자를 두고 가슴을 친다는 것은 부유의 박탈에 대한 슬픔을 뜻하기 때문입니다. 그리고 이런 부류의 슬픔이나 비애들은 "세상의 상인들"의 그것들에 비하여 보다 더 내면적이기 때문에 그러므로 지위에서 보다 높은 자들을 뜻하는 "세상의 왕들"에 관해서는 "그 여자를 두고 울며, 가슴을 친다"고 언급하였습니다. 지위가 보다 낮은 자들을 뜻하는 "세상의 상인들에 관해서"는 "그 여자를 두고 울며, 슬퍼할 것이다"라고 언급하였습니다. "그 여자를 태우는 불의 연기를 본다"는 말은, 성언에 속한 위화되고 섞음질한 진리들을 가리키는, 그들의 종교적인 종지에 속한 온갖 거짓들을 그들이 보았을 때, 불경스럽고, 모독된 것들로 바뀌었다는 것을 인지(認知)하였다는 것을 뜻합니다. 여기서 "연기"는 그런 거짓들을 뜻하고(본서 422 · 452항 참조), "불탄다"(=연소한다 · burning)는 말은 불경스럽고, 모독된 것들을 뜻합니다(본서 766항 참조). 지금 설명한 것들에서, 그리고 위에서 설명한 것들에서 볼 때, 우리의 본문 "그 여자로 더불어 음행을 하고, 방탕한 생활을 한 세상의 왕은, 그 여자를 태우는 불의 연기를 보고, 그 여자를 두고 울며 가슴을 칠 것이다"는 말은, 그들이 그것들이 모독적인 것으로 바꾼 것을 보았을 때, 위화되고, 섞음질된 성언의 진리들을 통하여 보다 높은 통치와 그것의 쾌락들 안에 빠져 있던 자들의 보다 내면적인 슬픔들이나 비애들 따위를 뜻한다는 것은 아주 명확합니다.

768. 주님께서 베드로에게 말씀하신, 천계에 속한 나라의 열쇠들에 관해서, 그리고 매고, 푼다(to bind and loose)는 권위에 관해서(마태 16 : 15-20), 여기서 몇 가지 내용을 부언하고자 합니다. 그들은 그 권위 (權威·authority)가 베드로에게 주어졌다고 주장하고, 그리고 그 권위가, 베드로의 후계자들인 자신들에게 양도(讓渡)되었다고 주장하고, 그리고 이와 같이 주님께서는 주님의 모든 권위를 베드로에게 주셨고, 베드로에 뒤이어서 자신들에게 넘겨주었다고 주장합니다. 그리고 양도 받은 사람은 이 땅 위에서 주님의 대리자(the Lord's vicar)로 행동한다고 그들은 주장합니다. 그럼에도 불구하고 주님의 말씀 자체에서 보면 명확한 사실은, 주님께서 지극히 작은 권위도 베드로에게 주시지 않았다는 것입니다. 왜냐하면 주님께서는 "나는 이 반석 위에다가 내 교회를 세우겠다"고 말씀하셨기 때문입니다. 성경에서 "반석"(a rock)은 주님의 신령진리의 측면에서 주님을 뜻하고, 반석이 가리키는 신령진리는 주님 앞에서 아래와 같은 말로 베드로가 고백한 말씀 안에 있습니다. 그가 고백한 말입니다.

> 예수께서 제자들에게 말씀하셨다. "그러면 너희는 나를 누구라고 하느냐?" 시몬 베드로가 대답하였다. "선생님은 살아 계신 하나님의 아들 그리스도 십니다."
> (마태 16 : 15, 16)

이 말씀은 주님께서 당신의 교회를 그 위에 세울 진리를 가리키고, 그리고 베드로는 그 때 그 진리를 표징(表徵·represent)합니다. 이렇게 볼 때 명확한 것은 천계와 교회를 다스리시는 능력을 가지신 분이(마태 28 : 18) 살아계신 하나님 아들이시다는 주님에 대한 고백이 바로 주님께서 주님의 교회를 그 고백 위에 세우신다는 것입니다. 따라서 베드로가 아니고, 주님 자신 위에 교회를 세우신다는 것입니다. 바위 (=반석)가 주님을 뜻한다는 것은 교회에는 잘 알려져 있습니다. 나는 영계에서 베드로에게 준 열쇠들에 관해서, 그들이 주님에 의하여 천계와 지옥을 다스리는 권세가 그에게 양도되었는지 여부를 믿는지에 대해서 바빌로니아 사람과 대화를 가진 적이 있습니다. 나와 대화한 무리는 그들의 종교의 우두머리 격이었기 때문에, 그들은 열렬하게 주장하였습니다. 그들은, 그것에 대해서 전혀 의심이 없다고 하였는데, 그 이유는 분명하게 언급되고 있기 때문입니다 그러나 성언의 모든 것 안에는 천계에서 성언의 뜻인 영적인 뜻이 있다는 것을 그들이 아는지 여부에 대해서는, 그들은 처음에는 그것을 알지 못한다고 하였다가, 뒤에 가서는 그들은 알아보겠다고 말하였습니다. 그들이 알아보려고 하였을 때, 그들이 가르침을 받은 것은, 영적인 것이 자연적인 것과 다른 것과 같이, 성언의 문자적인 뜻과 전혀 다른, 성언에 속한 모든 각각의 것 안에는 영적인 뜻이 있다는 것이었습니다. 그들이 더 깨우치게 된 것은, 성경에서 거명된 인물은 아무도 천계에서 거명되지 않고, 그러나 그 대신에 어떤 영적인 것으로 거기에서는 이해된다는 것이었습니다. 그들이 종국에 알게 된 것은 성경에서 "베드로"는 선에서 비롯된 교회의 진리를 뜻한다는 것이고, 그리고 베드로와 함께 거명된 반석도 꼭 같은 것을 뜻한다는 것입니다. 이상에서 밝히 알 수 있는 것은 베드로에게 어떤 권세(=권위)가 주어진 것이 아니고, 오히려 선에서 비롯된 진리에게 그것이 주어졌다는 것입니다. 왜냐하면 천계에 있는 모든 권세는 선에서 비롯된 진리에 속한 것이기 때문이고, 그리고 또한 진리에 의하여 선에게 속한 것이기 때문입니다. 그리고 모든 선과 모든 진리가 주님으로 말미암아 존재하기 때문에, 그리고 사람으로 말미암아 존재하는 것은 전무(全無)하기 때문에, 모든 권세는 주님에게 속해 있을 뿐입니다. 이런 일련의 내용을 듣자, 그들은 성을 내면서, 그들은 이런 말씀에 영적인 뜻이 있는지 여부를 알기를 원한다고 말하였습니다. 그래서 그 성언에는 자연적인 뜻은 없고, 오직 영적인 뜻만 있는, 천계에 있는 성언이 그들에게 주어졌습니다. 그 이유는 그 영적인 뜻은 영적인 존재인 천사들을 위한 것이기 때문입니다. 그리고 천사들이 그것을 읽을 때 그들은 즉시 거기에 베드로라는 인물로 거명되지 않고, 베드로 대신에 "주님에게서 비롯된 선에서 온 진리"만을 본다는 것입니다. 그들이 이런 사실을 알게 되자, 그들은 분노 때문에 그것을 거절하고, 그리고 만약 그들에게서 한 순간에 그것이 제거되지 않았다면, 그들은 자신들의 이빨로 그것을 갈기갈기 물어뜯었을 것입니다. 이런 것들에서 그들이 확신한 것은, 비록 그들이 확신을 얻으려고 한 것은 아니지만, 그 권세는 오직 주님에게 속해 있을 뿐이고, 지극히 작은 것이라고 해도 사람에게 속한 것은 없다는 것입니다. 그 이유는 그것이 신령권세이기 때문입니다.

769. 10절. 그들은 그 여자가 당하는 고문이 두려워서, 멀리 서서
"화를 입었다. 화를 입었다. 큰 도시야!
이 강한 도시 바빌론아!
너에게 심판이 한 순간에 닥쳤구나"
하고 말할 것입니다.

이 말씀은, 도저히 멸망하지 않을 것 같았던 이 종교적인 종지가 너무나도 갑자기, 그리고 완전히 뒤집혀질 수 있다는 사실과, 그리고 그것들이 멸망할 수 있다는 것에 대한 그들의 형벌의 두려움을 뜻하고, 그리고 그 때 그들의 아주 심한 슬픔과 애도를 뜻합니다. "그 고문(=고통)이 두려워서 멀리 서 있다"는 말은, 곧 아래에서 설명하게 될 것과 같이, 그들이 고통의 두려움 안에 있기 때문에, 저주의 상태에 있는 그들의 고통의 상태에서 아직은 멀리 떨어져 있는 상태를 뜻합니다. "화를 입었다"(=화 있다 · woe)는 말이 재앙(災殃 · calamity) · 불행(不幸 · unhappiness)이나 저주(詛呪 · condemnation)를 뜻한다는 것은 앞에서의 설명에서 볼 수 있습니다(본서 416항 참조). 그러므로 여기서 "화를 입었다, 화를 입었다"는 말은 매우 심한 슬픔을 뜻합니다. "큰 도시 바빌론"은, 여기서는 위에서와 같이(본서 751항 참조), 그 종교적 종지를 뜻합니다. "그 여자가 당하는 고통"이라고 언급되었기 때문에 바빌론은 여자, 또는 창녀를 가리킵니다. "이 강한 도시"는 매우 튼튼한 그 종교적인 종지를 뜻합니다. "너에게 심판이 한 순간에 닥쳤다"는 말은, 그것이 매우 갑자기 뒤집혀질 수 있다는 것을 뜻하고, 그리고 그들이 멸망할 수 있다는 것 등을 뜻합니다. "한 순간"이라는 말은 매우 갑작스럽다는 것을 뜻합니다. 그리고 "심판"은 여기서 다루고 있는 창녀와 음행을 하고, 방탕한 생활을 한 자들의 뒤집힘(顚覆 · overthrow)과 파멸(destruction)을 뜻합니다. 그들이 마지막 심판을 통해서 멸망할 것이다는 것은 1758년 런던에서 출간된 《최후심판과 바빌론의 멸망》이라는 소책자에서 볼 수 있습니다. 이런 내용들이 그 멸망에 관해서

언급된 것들입니다. "그 여자가 당하는 고문이 두려워서 멀리 서 있다"는 말이, 그 고통의 두려움 안에 있기 때문에, 저주의 상태에 있는 자들의 상태에서 아직까지는 멀리 떨어져 있는 상태를 뜻한다는 이유는, "멀리"(afar off)라는 말이 공간에 속한 멀리 떨어짐을 뜻하지 않고, 오히려 상태의 멀리 떨어짐을 뜻하기 때문이고, 그 때 사람이 온갖 형벌에 속한 두려움에 빠져 있기 때문입니다. 왜냐하면 사람이 이와 같은 두려움의 상태에 빠져 있는 한, 그 사람은 직시하고, 한숨짓고, 슬퍼하기 때문입니다. 이것은 영적인 뜻으로 멀리 떨어짐을 가리키는데, 아래 장절에서도 마찬가지이지만, 그 상태의 떨어짐은, 성경 어디에서나 "멀리 떨어져 있다"(afar off)는 말이 뜻하는 상태입니다.

> 너희 먼 곳에 있는 자들아,
> 내가 무슨 일을 하였는지 들어 보아라!
> 너희 가까운 곳에 있는 자들아,
> 나의 권능을 깨달아라!
> (이사야 33 : 13)
> 이스라엘이
> 자기의 안식처를 찾아 나섰을 때에,
> 나 주가 먼 곳으로부터 와서
> 이스라엘에게 나타나 주었다.
> 나는 영원한 사랑으로 너를 사랑하였고,
> 한결같은 사랑을 너에게 베푼다.
> (예레미야 31 : 2, 3)
> 나의 아들들을 먼 곳에서부터 오게 하고,
> 나의 딸들을 땅 끝에서부터 오게 하여라.
> (이사야 43 : 6)
> 너희 먼 곳에 사는 민족들아,
> 귀를 기울여라.……
> 나를 주의 손 그늘에 숨기셨다.
> (이사야 49 : 1, 2)
> 주께서 깃발을 올리셔서
> 먼 곳의 민족들을 부르시고,
> 휘파람으로 그들을
> 땅 끝에서부터 부르신다.

(이사야 5 : 26)

 이 밖에도 여러 장절들이 있습니다(예레미야 4 : 16 ; 6 : 15 ; 스가랴 6 : 15). "먼 데서 온 백성과 민족"은 교회에 속한 진리들이나 선들로부터 아주 멀리 떨어져 있는 자들을 뜻합니다. 흔히 쓰는 말로 하면, 가까우면 친척이요, 관계에서 소원(疏遠)하면 멀다고 말하는 것과 같습니다.

 770. 그 종교적인 종지를 가리켜 "강한 도시"(a mighty city)라고 하였는데, 그 이유는, 그것이 자체적으로 강하고, 철저하게 구축되었기 때문입니다. 왜냐하면 그 종지는 자체적으로 그것을 시인하는 수많은 나라들과 백성들에 의하여 강화되었을 뿐만 아니라, 그 밖의 수많은 것들에 의해서도 역시 강화되었기 때문입니다. 그리고 수많은 수도원들과 거기에 있는 승려들의 무리들―그들이 사역(使役 · ministry)을 그들의 군복무라고 부르기 때문인데―에 의하여 그것이 강화되었기 때문이고, 그리고 헤아릴 수 없는, 그리고 신물 나게 넘치는 재물의 축적에 의하여, 그리고 종교재판에 의하여 견고(堅固)하게 구축하였기 때문입니다. 그 밖에도 수많은 협박들이나 공갈들에 의하여, 특히 연옥(煉獄 · purgatory)에 속한 협박이나 공갈에 의하여 모든 사람을 그리로 오게 하는 것에 의하여, 그리고 복음의 빛을 잃게 하는 것에 의하여, 그리고 그것에서 오는 성경을 읽는 것을 금지하는 것에 의하여, 그리고 여러 가지 억제하는 것들에 의하여 영적인 것들에서 장님 되게 만드는 것에 의하여 그것은 견고하게 구축되었기 때문입니다. 영적인 장님을 만드는 것은 성경 읽는 것을 금지하고, 억제하는 것들에 의하여 빚어집니다. 그리고 또한 보통 사람들은 알지도 못하는 언어로 말하는 미사들에 의하여, 그리고 그 밖의 다양한 외적인 성사(聖事)에 의하여, 하나님에 관해서 무지 안에 있는 보통 사람에게 죽은 사람의 예배나 우상숭배를 각인(刻印)시키는 것에, 그리고 겉보기에는 화려한 다종다양한 것들에 의하여 그 종지는 난공불락(難攻不落)으로 구축하였기 때문입니다. 이런 것들에 의하여 그들은, 그 종교적인 종지 안에 있는 모든 거룩한 것들에 관한 현세적이고 관능적인 믿음(a corporeal faith) 안에 빠지게 되었습니다. 그러므로 여기서 얻는 결론은 그 종교적인 종지 안에 숨겨진 것은 그것이 무엇인지 전혀 알지 못한다는 것입니

다. 그러나 그 때 그것은 아래의 장절에서는 위에 언급된 것과 거의 같다고 하겠습니다.

> 이 여자는 자주색과 빨간색 옷을 입고, 금과 보석과 진주로 꾸미고, 손에는 금잔을 들고 있었는데, 그 속에는 가증한 것들과 자기 음행의 더러운 것들이 가득하였습니다.
> (묵시록 17 : 4)

그러나 바빌론이 자체적으로 아주 견고하게 구축하였고, 그리고 마찬가지로 영계에서도 그러하다는 것은 아래의 본서 772항을 참조하십시오. 그럼에도 불구하고, 그녀(=그 도시)가 최후심판의 날에 완전히 파멸되었습니다. 그 성의 파멸이나 황폐에 관해서 예레미야서에는 이와 같이 예언되었습니다.

> 바빌론이 비록 하늘까지 올라가서,
> 그 높은 곳에
> 자기의 요새를 쌓아 놓는다 하여도,
> 내가 파괴자를 보내어 그것을 부수겠다.
> (예레미야 51 : 53)
> 바빌로니아의 용사들은
> 싸우는 것을 포기하고,
> 그저 산성에서 둘러앉아 있다.······
> 그들은 힘이 빠져서,
> 여인처럼 되어 버렸다.
> 바빌로니아의 집들은 불에 타고,
> 성문의 빗장들도 부러졌다.······
> 바빌로니아 왕에게
> 왕의 도성 사방이 함락되었다고 보고한다.······
> 뭇 민족이
> 다시는 그에게 몰려들지 않을 것이다.
> 바빌론 도성의 성벽이 무너졌다.
> (예레미야 51 : 30, 31, 44)
> 바빌로니아가 갑자기 쓰러져서 망하였다.
> 그를 애도하고 통곡하여라.

18 : 1 - 24

유향을 가져다가 그 상처를 발라 보아라.
혹시 그가 낫지 않을지?
(예레미야 51 : 8)

771. **11절. 세상의 상인들도 그 여자를 두고 울며, 슬퍼할 것입니다. 이제는 그들의 상품을 살 사람이 하나도 없기 때문입니다.**
이 말씀은, 거룩한 것들에 의하여 성직자의 직무를 수행하고, 재물을 취득한 품계에서 낮은 계급에 있는 자들을 뜻합니다. 여기서는 바빌론이 멸망한 뒤에, 그들의 종교적인 종지들이 거룩한 것으로 시인되지 않고, 오히려 성언에 속한 선들이나 진리들이, 그리고 그것에서 비롯된 교회에 속한 그런 것들이 섞음질되고 모독된 것으로 취급된다는 것에 대한 그들의 슬픔이나 비통함을 뜻합니다. 따라서 그들이, 종전과 같이, 그것들에 의하여 더 이상 이익을 얻지 못한다는 것에 대한 슬픔을 뜻합니다. "상인들"은 그들의 교회적인 품계(品階)의 품위에서 보다 낮은 계급의 사람들을 뜻합니다. 그 이유는, 바로 앞에서 언급된, "세상의 왕들"은 그 품계에서 보다 높은 자들을 뜻하기 때문입니다(본서 767항 참조). 따라서 우리의 본문 "세상의 상인들"은 거룩한 것들에 의하여 성직의 직무를 맡고, 그리고 재물을 얻는 자들을 뜻합니다. "울고 슬퍼한다"는 말은, 위에 언급한 것과 같이(본서 767항 참조), 그들의 슬픔과 비애를 뜻합니다. 그리고 "그들의 상품"은, 그들이 그것에 의하여 재물을 얻고, 이익을 얻는, 거룩한 것들, 즉 종교적인 것들을 뜻합니다. "이제는 그들의 상품을 살 사람이 하나도 없다"는 말은, 그것들을 취하기를 원하지 않는다는 것을 뜻하는데, 그 이유는 그것들이 거룩하지도 않고, 오히려 그것들은 성언에 속한 선들이나 진리들이, 그리고 그것에서 비롯된 교회에 속한 것들이 섞음질되고, 모독되었기 때문입니다. "산다"(to buy)는 말은 자기 자신의 것으로 취하는 것을 뜻합니다(본서 606항 참조). 이것에 관해서 예레미야서에는 이렇게 기술되었습니다.

큰 물가에 사는, 보물을 많이 가진 자야(=바빌로니아야),
너의 종말이 다가왔다.
너의 목숨이 끊어질 때가 되었다.

(예레미야 51 : 13)

772. 12절. **그 상품이란, 금과 은과 보석과 진주이다.**
이 말씀은, 그런 것들에 대응하는 영적인 선들이나 진리들을 그들이 전혀 가지고 있지 않기 때문에, 그들이 더 이상 이런 것들을 가지고 있지 않다는 것을 뜻합니다. 여기서 "그들의 상품"은 거기에 명명된 것들 이외의 다른 것을 뜻하지 않습니다. 왜냐하면 그들이 아주 넉넉하게 금·은·보석·진주들을 가지고 있다는 것과 그리고 그들이 거룩하게도, 신령하게도 만드는 그들의 종교적인 것들에 의하여 그런 것들을 손에 넣는 것을 알고 있었기 때문입니다. 바빌론에 속한 자들은, 최후심판 전에는 이런 것들을 가지고 있었습니다. 왜냐하면 그 때 그들에게는 마치 천계를 설립하는 것과 같은 일이 용인되었고, 그리고 다종다양한 기술들에 의하여 천계로부터 그런 것들을 자기 자신들의 손에 넣는 일이 용인되었고, 사실은 이 세상에 있을 때와 같이 그런 것들을 가지고 여러 지하실들을 채우는 일도 용인되었기 때문입니다. 그러나 최후심판이 단행된 뒤, 그들의 가짜 천계(fictitious heavens)가 깨어졌을 때, 그 때 그 모든 것들은 흙먼지나 재(灰)로 바뀌어 버렸고, 그리고 그 흙먼지와 재는 동풍에 날려갔으며, 그것들은 모독적인 먼지로 그들의 천계에 두루 뿌려졌습니다. 그러나 이런 내용에 관해서는, 1758년 런던에서 발간된 ≪최후심판과 바빌로니아의 멸망≫이라는 작은 책자에서 직접 목격된 것으로부터 기술된 내용들을 읽을 수 있겠습니다. 그런 뒤집힘과 그리고 그들의 지옥으로의 추방이 있은 뒤, 그들은, 금·은·보석·진주 따위가 어떤 것인지 조차 알 수 없을 정도의 아주 비참한 상태에 놓이게 되었습니다. 그 이유는 그 "금·은·보석"이 영적인 선들과 진리들에 대응하기 때문이고, "진주"가 그것들에 관한 지식들에 대응하기 때문입니다. 그리고 그들이 어떤 진리나 선을 가지고 있지 않기 때문에, 그리고 또한 그것들에 관한 지식들도 가지고 있지 않기 때문에, 그렇지만 그것들 대신에 악들, 거짓들, 이런 것들에 대한 지식들을 가지고 있기 때문에, 그들은 이런 귀하고 값진 것들을 가질 수 없었고, 다만 그들의 상태에 대응하는 그런 것들만 쥐고 있었습니다. 그것들은 몹시 불쾌한 물질적인 것들이고, 추한 색깔의 그런 것들이었습니다. 대부분의 것들은, 그들이 전에 위에 거명된 귀중한 것들에 그들이 마음을 두었던 것처럼, 바다 조갑지들에 지나지 않았습니다. 잘 알 수 있는 것은, 자연계에 있는 것들 모두가 영계에 있다는 것인데, 그것들의 차이가 있다면 영계에 있는 것들은 모두가 대응들을 가리킨다는 것입니다. 왜냐하면 그것들은 그것들의 내면적인 것들에 대응하기 때문입니다. 주님으로부터 성언을 통해서 온 신령진리들이나 신령선들에게서 비롯된 지혜 안에 있는 자들은 아주 찬란하고 장대한 것들을 가지고 있고, 그리고 온갖 거짓들이나 악들에서 비롯된 광기나 어리석음에 빠져 있는 자들은 전자와 정반대되는 것들을 가지고 있습니다. 창조 이래, 마음에 있는 영적인 것들이 육체의 감관적인 것에 내려올 때부터 이런 대응(對應·correspondence)이 있었습니다. 그것 때문에 거기에 있는 모두는 그 사람이 자신의 방에 들어오자 곧 다른 사람의 성품을 속속들이 잘 압니다. 이런 내용에서 볼 때, 명확한 것은 "금·은·보석·진주의 상품"이 그들이 더 이상 이런 것들을 가지고 있지 않다는 것을 뜻한다는 것입니다. 그 이유는 그들이 영적인 선들이나 진리들을 가지고 있지 않기 때문이고, 또한 이런 것들에 대응하는 선과 진리에 관한 지식들을 가지고 있지 않기 때문입니다. "금"은 대응으로는 선을 뜻하고, "은"은 진리를 뜻한다는 것은 위의 설명에서 잘 알 수 있습니다(본서 211·726항 참조). 그리고 "보석"이 영적인 진리를 뜻하고(본서 231·540·726항 참조), "진주들"은 진리와 선에 속한 지식들을 뜻합니다(본서 727항 참조).

773. 그 상품이란 고운 모시와 자주 옷감과 비단과 붉은 옷감이다. 이 말씀은, 이런 것들이 대응하는 천적인 선들이나 진리들을 그들이 가지고 있지 않기 때문에, 그들이 더 이상 이런 것들을 가지고 있지 않다는 것을 뜻합니다. 위에서 거명된 것들, 즉 "금" "은" "보석" "진주들"은, 위에서 언급한 것과 같이(본서 772항 참조), 일반적으로 영적인 선들이나 진리들을 뜻하지만, 그러나 여기서 거명된 이런 것들, 즉 "고운 모시와 자주 옷감과 비단과 붉은 옷감"은 일반적으로는 천적인 선들과 진리들을 뜻합니다. 왜냐하면 천계나 교회에 있는 자들에게는 영적인 선들이나 진리들이 있고, 그리고 천적인 선들과 진리들이 있기 때문입니다. 영적인 선들이나 진리들은 지혜에 속한 것이고, 천적인 선들이나 진리들은 사랑에 속한 것입니다. 그들은 이런 선들이나 진리들을 가지고 있지 않고, 오히려 그것들에게 정반대가 되는 악들이나

거짓들을 가지고 있기 때문에, 그러므로 이런 것들이 거명된 것입니다. 왜냐하면 그것들은 차례에 따라서 이어지기 때문입니다. 따라서 이들의 경우가 전자의 경우와 동일하기 때문에 앞 단락 안에 언급된 것 이상으로 더 설명할 필요는 없겠습니다. 개별적으로 "고운 모시"가 무엇을 뜻하는지는, 다음 장에서 "이 고운 모시는 성도들의 의로운 행위이다"(19 : 8)는 말의 설명에서, 설명되겠습니다(본서 814·815항 참조). "자주 옷감"이 천적인 선을 뜻하고, "붉은 옷감"이 천적인 진리를 뜻한다는 것은 본서 725항을 참조하십시오. "비단"은 중간적인 천적인 선과 진리를 뜻하고, 그리고 그것의 부드러움에서 비롯된 선과, 그것의 밝음에서 비롯된 진리를 뜻합니다. 다만 에스겔 14장 10, 13절에는 이런 내용이 언급되었습니다.

774. 그 상품이란 각종 향나무와 각종 상아 기구이다.
이 말씀은, 이런 것들에 대응하는 자연적인 선들이나 진리들을 가지고 있지 않기 때문에 그들이 더 이상 이런 것들을 가지고 있지 않다는 것을 뜻합니다. 이러한 내용은 위에서 설명한 것들과 비슷하지만(본서 772·773항 참조), 차이가 있다면 앞에서 다루고 있는 처음의 것들은 (본서 772항 참조), 영적인 선들이나 진리들을 뜻하고, 두 번째 설명에서 언급된 것들은, 바로 위에서 언급한 것과 같이(본서 773항 참조), 천적인 선들과 진리들을 뜻하고, 그리고 지금 언급된 우리 본문의 "향나무와 상아 기구"(=그릇)는 자연적인 선들이나 진리들을 뜻합니다. 왜냐하면 지혜와 사랑에는 세 계도가 있고, 그리고 그것으로 인하여 진리와 선도 세 계도가 있기 때문입니다. 첫째 계도를 천적이라고 하고, 둘째 계도를 영적이라고 하고, 셋째 계도를 자연적이라고 합니다. 이런 세 계도들은 출생에서부터 모든 사람 안에 존재합니다. 그리고 일반적으로 그것들은 천계와 교회 안에 존재합니다. 그것이 바로, 그것들의 계도에 일치하여 서로 전적으로 분별되는 가장 높은 것, 중간적인 것, 가장 낮은 것인 세 천계가 존재하는 것의 원인입니다. 지상의 주님의 교회도 이와 마찬가지입니다. 그러나 천적인 계도에 있는 사람의 성품이 어떤 것이고, 영적인 계도에 있는 사람의 성품이나, 자연적인 계도 안에 있는 사람의 성품이 어떤 것이냐를 설명한다는 것은 여기서는 적합하지 않고, 다만 그것들에 관해서는 《신령사랑과 신령지혜》 제 3편에서 계도에 관해서 다룬 것을 참조하십시오. 여기서는 바빌론에 속한 자들에게는 영적인 선들과 진리들을 가지고 있지 않고, 또한 천적인 선들이나 진리들도 없으며, 심지어 자연적인 선들이나 진리들까지도 가지고 있지 않다는 것을 언급합니다. 영적인 것들이 첫째 자리에서 언급되었는데, 그것은 그들이 그들의 입으로 말하고 있는 것처럼, 그들이 만약에 마음 속에서 성언을 거룩한 것으로 간직한다면, 그들 가운데 대부분은 영적인 존재가 될 수 있기 때문입니다. 그러나 그들은 천적인 존재가 될 수 없었는데, 그 이유는 그들은 주님에게 가까이 나아가지 않고, 오히려 살아 있는 사람들이나 죽은 사람들에게 가까이 나아가고, 그리고 그들을 예배하였기 때문입니다. 이것이 두 번째 자리에서 언급된 이유입니다. "각종 향나무"는 자연적인 선을 뜻하는데, 그것은 성경에서 "나무"는 선을 뜻하고, "돌"은 진리를 뜻하기 때문입니다. "향나무"는 그것의 이름을 "둘"(2)에서 취하였는데, "둘"(2)은 역시 선을 뜻합니다. 그것이 자연적인 선이다는 것은, 나무는 돌과 비슷할 뿐, 금・은・보석・진주・고운 모시・자주 옷감・비단・붉은 옷감과 같이 값이 비싼 물건들이 아니기 때문입니다. 자연적인 진리를 뜻하는 상아의 경우도 마찬가지입니다. "상아"가 자연적인 진리를 뜻하는 이유는 그것이 희기 때문이고, 그리고 윤(潤)이 나기 때문입니다. 그리고 코끼리 입에서 툭 튀어나온 것인데, 마찬가지로 그의 힘을 만들기 때문입니다. "각종 상아 기구"라고 언급한 "상아"는 "각종 향나무"가 뜻하는 자연적인 선에 속한 자연적인 진리일 수 있습니다. 왜냐하면 "기구"(=그릇・vessel)는 그것 안에 담긴 것을 뜻하기 때문입니다. 여기서 진리는 선의 그릇(容器)이기 때문입니다. "나무"가 선을 뜻한다는 것은 아래 장절들에서 어느 정도는 알 수 있겠습니다.

모세가 그 나뭇가지를 꺾어서 물에 던지니, 그 물이 단물로 변하였다.
(출애굽 15 : 25)
율법이 새겨진 돌판들은 아카시아 나무로 만든 법궤 안에 안치되었다.
(출애굽 25 : 10-16)
예루살렘 성전 전체에다가 돌아가면서 높이가 저 마다 다섯 자씩 되는 다락을 지었는데, 백향목 들보로 성전에 연결하였다.
(열왕기 상 6 : 10, 15)
광야에서의 제단은 나무(=아카시아 나무)로 만들었다.
(출애굽 27 : 1, 6)

그 밖의 이런 장절들에게서도 잘 알 수 있겠습니다.

> 담에서 돌들이 부르짖으면,
> 집에서 들보가 대답할 것이다.
> (하박국 2 : 11)
> 그의 군인들이 너에게 와서
> 재산을 강탈하고, 상품들을 약탈하고,
> 성벽들을 허물고,
> 마음에 드는 집들을 무너뜨리고,
> 모든 석재와 목재와 흙덩어리까지도
> 바다 속으로 집어 던질 것이다.
> (에스겔 26 : 12)
> "너 사람아, 너는 막대기 하나를 가져다가, 그 위에 '유다 및 그와 연합한 이스라엘 자손'이라고 써라. 막대기를 또 하나 가져다가 그 위에 '에브라임의 막대기, 곧 요셉 및 그와 연합한 이스라엘 온 족속'이라고 써라.……너는 그들에게 말하여 주어라.……'내가 에브라임의 손에 있는 요셉과 그와 연합한 이스라엘 지파의 막대기를 가져다 놓고, 그 위에 유다의 막대기를 연결시켜서, 그 둘을 한 막대기로 만들겠다. 그들이 내 손에서 하나가 될 것이다' 하셨다고 하여라."
> (에스겔 37 : 16, 19)
> 우리 물인데도 돈을 내야 마시고,
> 우리 나무인데도 값을 치러야 가져 옵니다.
> (애가 5 : 4)
> 어떤 사람이 이웃과 함께 나무하러 숲 속으로 들어가서, 나무를 찍다가, 도끼가 자루에서 빠져 나가 친구를 쳐서, 그가 죽었을 경우, 죽인 그 사람이 그 구별된 세 성읍 가운데 한 곳으로 피신하면, 살 수가 있다.
> (신명기 19 : 5)

이것은 "나무"가 선을 뜻하기 때문입니다. 따라서 그는 악에서부터, 또는 악의(惡意)로 이웃을 죽음으로 내몬 것이 아니고, 다만 실수로 저지른 것이기 때문입니다. 그 이유는 그가 선 안에 있었기 때문입니다. 이 밖에도 여러 장절들이 있습니다. 그러나 "나무"는 반대의 뜻으로 악한 것이나 저주 받은 것을 뜻합니다. 그것은 그들이 나무로 우상을 만들고, 그것들을 경배하는 경우라고 하겠습니다(신명기 4 : 23-28 ; 이사야 37 : 19 ; 40 : 20 ; 예레미야 10 : 3, 8 ; 에스겔 20 : 32). 그리고 또한 나무에 매단다는 것(絞首)은 하나의 저주였기 때문입니다(신명기 21 : 22, 23). "상아"가 자연적인 진리를 뜻한다는 것은 상아가 언급된 여러 장절들에게서 잘 알 수 있겠습니다(에스겔 27 : 6, 15 ; 아모스 3 : 15 ; 6 : 4 ; 시편 45 : 8).

775. 그 상품이란 값진 나무와 구리나 쇠나 대리석으로 만든 온갖 그릇이다.

이 말씀은, 그런 것들에 대응하는 교회에 속한 중요한 것들 안에 있는 과학적인 선들이나 진리들(the scientific goods and truths)을 그들이 가지고 있지 않기 때문에, 그들이 더 이상 이런 것들을 가지고 있지 않다는 것을 뜻합니다. 이런 것들은 앞에서 설명된 것들과 비슷한 내용입니다(본서 772-774항 참조). 다만 차이가 있다면, 이것들은 사람의 자연적인 마음에 속한 궁극적인 것들을 가리키는 과학적인 것들(the scientifics)을 뜻합니다. 그리고 그것들이 그것들 안에 있는 본질(本質·essence)에서 비롯된 성질에서 차이가 있기 때문에, 그것들은 값진 나무와 구리나 쇠나 대리석으로 만든 온갖 그릇이라고 불리웠습니다. 왜냐하면 "그릇들"(容器·vessels)은 여기서는 교회에 속한 중요한 것들 안에 있는 과학적인 것을 뜻하기 때문입니다. 그 이유는 그릇들이 기름이나 포도주의 용기이듯이, 과학적인 것들은 선과 진리의 수용 그릇들이기 때문입니다. 과학적인 것들은 매우 다종다기하고, 그리고 그것들의 그릇은 곧 기억적인 것입니다. 그것들이 매우 다종다기하다는 것은 사람의 내면적인 것들이 그것 안에 존재하기 때문입니다. 그것들은, 총명적인 생각으로 말미암아, 또는 그 때 합리성에서 비롯된 다종다기한 지각에 따라서 듣고, 읽는 것으로 말미암아, 기억에 들어갑니다. 이런 모든 것들은 과학적인 것들 안에 존재합니다. 그것들은 그것들이 재생될 때, 즉 사람이 말하고 생각할 때 일어나는 것이 재생될 때 자신의 모습이 나타납니다. 그러나 우리의 본문 "값진 나무나 구리나 쇠나 대리석으로 만든 온갖 그릇"이 뜻하는 내용이 무엇인지 간략하게 설명하고자 합니다. 여기서 "값진 나무로 만든 그릇"은 합리적인 선과 진리에서 비롯된 과학적인 것들을 뜻하고, 그리고 "구리로 만든 그릇"은 자연적인 선에서 비롯된 과학적인 것을 뜻하고, "쇠로 만든 그릇"은 자연적인 진리에서 비롯된 과학적인 것을 뜻하고, "대리석으로 만든 그릇"은 선과 진리의 외현(外現・the appearance of good and truth)에서 비롯된 자연적인 것을 뜻합니다. "나무"가 선을 뜻한다는 것은 본서 774항을 참조하십시오. 여기서 "값진 나무"(precious wood)가 선을 뜻하고, 동시에 합리적인 진리를 뜻한다는 것은, "나무"가 선을 뜻하고 "값지다"(=귀하다)는 말은 진리에 관해서 서술하기 때문입니다. 왜냐하면 감람나무는 일종의 선을 뜻하고, 다른 나무들, 백향목, 무화과나무, 전나무, 포푸라나무, 상수리나무 따위들도 일종의 다른 선을 뜻하기 때문입니다. "구리나 쇠로 만든 그릇"이 자연적인 선과 진리에서 비롯된 과학적인 것을 뜻한다는 것은, 성경에서 금・은・구리・쇠・아연・납 따위의 모든 금속들은 선들이나 진리들을 뜻하기 때문입니다. 그것들이 그런 것들을 뜻한다는 것은 그것들이 그것들에 대응하기 때문입니다. 그리고 그것들이 대응하기 때문에, 그것들은 역시 천계에 존재합니다. 왜냐하면 거기에 있는 모든 것들은 모두가 대응들이기 때문입니다. 그러나 금속에 속한 개별적인 이 대응으로 말미암아 무엇인가를 뜻합니다. 그러나 다만 여기는 성언으로 그것을 확증할 자리는 아닙니다. 다만 "구리"(=놋쇠)가 자연적인 선을 뜻하고, 따라서 "쇠"가 자연적인 진리를 뜻한다는 몇 개의 장절들을 보여 주고자 하는데, 그것은 이런 것들이 되겠습니다.

>(인자의) 발은 화덕에 달구어 낸 놋쇠와 같고…….
>(묵시록 1 : 15)
>(그 때에 다니엘에게 나타난) 사람의 몸은 녹주석과 같이 빛나고, 그의 얼굴은 번갯불과 같이 환하고, 눈은 횃불과 같이 이글거리고…….
>(다니엘 10 : 5, 6)
>그들의 다리는 모두 곧고, 그 발바닥은 송아지의 발바닥과 같고, 광낸 놋과 같이 반짝거렸다.
>(에스겔 1 : 17)

여기서 "발"(feet)이 자연적인 것을 뜻한다는 것은 본서 49・468・470・510항을 참조하십시오.

>그 곳에는 어떤 사람이 있었다. 그는 놋쇠와 같이 빛나는 모습이었고,…….

(에스겔 40 : 3)
느붓갓네살 임금이 본 그 신상의 머리는 순금이고, 가슴과 팔은 은이고, 배와 넓적다리는 놋쇠이고, 그 무릎 아래는 쇠이고, 발은 일부는 쇠이고 일부는 진흙이었습니다.
(다니엘 2 : 32, 33)

그 신상은, 고대 사람들이 금시대·은시대·동시대·철시대라고 부르는 교회의 연속적인 상태들을 표징합니다. "구리"(=놋쇠·brass)가 자연적인 것을 뜻하기 때문에, 그리고 이스라엘 백성이 전적으로 자연적인 존재이었기 때문에, 그러므로 아래의 구절들은 주님의 자연적인 것을 표징합니다.

주께서 모세에게 말씀하셨습니다. "너는 불뱀을 만들어 기둥 위에 달아 놓아라. 물린 사람은 누구든지 그것을 보면 살 것이다."
(민수기 21 : 6, 8, 9 ; 요한 3 : 14, 15)

여기서 "구리"(=놋쇠)가 자연적인 선을 뜻한다는 것은 역시 여러 책들에서 볼 수 있겠습니다(이사야 60 : 17 ; 예레미야 15 : 20, 21 ; 에스겔 27 : 13 ; 신명기 8 : 7, 9 ; 33 : 24, 25).

776. "금·은·보석·진주·고운 모시·자주 옷감·비단·붉은 옷감·향나무·상아 그릇·값진 나무·구리·쇠·대리석"이나 "그릇"이 뜻하는 것을 알지 못하는 사람은, 이런 것들이 나열되었다는 것을 이상하게 여길 것이고, 그리고 그런 낱말들은 그 주제에 관해서 어떤 의미를 높이기 위한 낱말들에 불과하다고 생각할 것입니다. 그러나 그 낱말들의 설명들에게서 밝히 알 수 있는 것은, 뜻이 없는 낱말은 단 하나도 있지 않다는 것이고, 그리고 그 낱말들에 의하여 충분하게 기술되었다는 것이고, 그 종교적인 종지에 속한 교의나 교리로 스스로 다짐한 자들은 단 하나의 진리도 가지고 있지 않다는 것 등등이 되겠습니다. 만약에 그들이 단 하나의 진리도 가지고 있지 않다면, 그들은 교회에 속한 선을 가리키는 단 하나의 선도 가지고 있지 않다는 것입니다. 나는 그와 같은 종교적인 종지로 스스로 다짐한 자들과 이야기한 적이 있고, 그리고 니케아·레터란·트렌트 종교회의 대표였고, 처음에는 그들이 선포한 것들이 순수하고, 거룩한 진리들이라고 믿었

지만, 그러나 그 때 천계에서 주어진 가르침(敎育)과 조요(照耀)가 있은 뒤에는 그들이 어떤 진리도 보지 못한다고 고백한 몇몇 사람들과도 대화를 한 적이 있습니다. 그러나 그들은, 그들이 스스로 그 깨우침(=조요)을 소멸시키기는 하였지만, 그 깨우침을 받은 뒤에도, 다른 누구에 비하여 그것에 대하여 스스로 확증을 하였기 때문에, 그들의 종전의 신앙(=믿음)의 상태로 되돌아갔습니다. 특히 그들은 세례와 칭의(稱義)에 관해서 그들이 옳다고 한 것들은 모두가 진리들이다는 것을 믿었습니다. 그럼에도 불구하고, 그들이 조요의 상태에 있을 때에도 그들이 보았고, 그리고 조요된 시각으로부터 고백한 것은 어느 누구도 아담으로 말미암아 원죄(原罪 · original sin)를 물려받지 않았고, 오히려 계속해서 자신의 부모들로부터 물려받았다는 것과, 그리고 세례를 받을 때 주님의 공로(the Lord's merit)의 전가(轉嫁)와 적용에 의하여 이것도 역시 제거되는 것이 아니다는 것 등입니다. 그 때 주님의 공로의 전가나 적용 따위는 불가능하기 때문에 그것도 한 인간적인 소설(=꾸며낸 이야기)이라는 것도 고백하였습니다. 그리고 또한 믿음은, 생각하는 사람에게 속한 것이기 때문에, 누구가 빨아들인다고 해도 결코 빨려 들어갈 수 없다는 것도 고백하였습니다. 그럼에도 여전히 그들은, 세례가 거룩하고, 성스러운 것으로 보았습니다. 그 이유는 그것이 주님에 의하여 성언에서 비롯된 진리들을 통하여 사람이 중생될 수 있다는 천계를 위한 증표요, 사람을 위한 기억의 증표라는, 하나의 증표이고, 기억의 증표이기 때문입니다. 역시 세례를 통하여 사람은 교회에 입문하는데, 그것은 마치 이스라엘 자손들이 요단 강을 건너는 것에 의하여 가나안 땅에 들어가는 것과 같고, 그리고 그것은 예루살렘의 주민들이 세례 요한의 세례를 통하여 주님의 영접을 준비하는 것과 같습니다. 왜냐하면 천사들 앞에 천계에 있는 그 증표가 없다면 유대 사람은, 여호와의 강림 때, 다시 말하면 육신을 입고 주님께서 오실 때에 보존될 수도, 살 수도 없었기 때문입니다. 이런 것들에 비슷한 것들이 그들이 칭의(稱義)에 관해서 옳다고 여기는 것들이다고 하겠습니다. 주님의 공로의 전가(轉嫁 · imputation)가 있을 수도 없고, 주어질 수도 없다는 것은 ≪주님론≫ 18항에서 밝히 볼 수 있습니다. 그리고 원죄(原罪 · the original sin)라고 부르는 유전 악(遺傳惡 · hereditary evil)도 아담으로 말미암아 존재하는 것이 아니고, 오히려 계속적으로 이어지는 부모들로 인하여 존재한다는 것으로 ≪신령섭리≫ 277항을 참조하십시오. 성경에서 "아담"이 뜻하는 것이 무엇인지는 전게서 241항을 참조하십시오.

777. 13절. (그 상품이란) **계피와 향료와 몰약과 유향이다.**
이 말씀은 그들이 더 이상 영적인 선들이나 진리들에게서 비롯된 예배를 드리지 않는다는 것을 뜻합니다. 그 이유는 여기에 거명되고 있는 것들에 대응하는 것들이 그들의 예배 안에 전혀 없기 때문입니다. 앞절에서는 그 교회의 교리에 속한 모든 것들을 다루고 있지만, 그러나 우리의 지금 본문절에서는 그 교회의 예배에 속한 모든 것들에 관해서 다루고 있습니다. 교리에 속한 것들을 먼저 다루고, 예배에 속한 것들은 그 뒤에 다루고 있는데, 그것은 예배의 본질(本質 · the quality of the worship)은 그 교리에 속한 선들이나 진리들로 말미암아 존재하기 때문입니다. 왜냐하면 예배는 외적인 행위(an external act) 이외의 아무것도 아니기 때문입니다. 그런데 그 행위 안에는 반드시 내적인 것들이 있어야 하는데 그것이 바로 교리에 속한 것들입니다. 이런 내적인 것들이 없다면, 그 예배는 그것의 본질이 되는 생명과 영혼(life and soul)이 없는 허깨비일 뿐입니다. 교리에 속한 모든 것들은, 사랑과 인애에 속한 모든 선들과 관계를 가지고 있기 때문에, 그리고 지혜와 믿음에 속한 모든 진리들과 관계를 가지고 있기 때문에, 그리고 이런 선들이나 진리들은, 그것들의 질서의 계도들에 따라서 천적 · 영적 · 자연적인 것들이기 때문에, 그러므로 그런 모든 것들은 예배에 속한 모든 것들이기도 합니다. 그리고 앞절에서는 교리에 속한 영적인 것들이 언급되었기 때문에 따라서 여기서는 마찬가지로 예배에 속한 영적인 것들이 거명되었는데, 그것이 바로 "계피 · 향료 · 향 · 몰약"입니다. 그리고 예배에 속한 천적인 것들은 그 뒤에 거명되었는데, 그것들은 "포도주 · 올리브 기름 · 밀가루 · 밀"이 되겠습니다. 그리고 예배에 속한 자연적인 것들은 세 번째에 언급되었는데, 그것들은 "소와 양"이 되겠습니다. 예배에 속한 이런 모든 선들이나 진리들이 반드시 성언에서 비롯된 것이어야 한다는 것은 "말들 · 병거들 · 노예와 사람의 목숨"이 뜻하는 것입니다. 이러한 내용이 우리의 본문절에서 영적인 뜻으로 다루어지고 있는 일련의 시리즈입니다. 그러나 우리의 본문절(13절)에 나열된 모든 것들은 12절에 나열된 것들이 뜻하는 것과 같은 내용을 뜻합니다. 다시 말하면 이런 선들이나 진리들은 그들에게 있지 않는데, 그 이유는 그것들에 대응하는 그런 것들을 그들 자신들이 가지고 있지 않기 때문입니다. 이러한 사실은 앞서 나온 내용에서 명확한데, 거기에서는 "큰 도시 바빌론이 불에 타버렸고", 그리고 "그들의 상품을 살 사람이 하나도 없다"고 언급되었기 때문입니다(8-11절). 그리고 그것에서 뒤이어 나오는 "네가 마음 속으로 탐하던 실과(=살진 것)와 온갖 화려하고 찬란한 것들이 네게서 없어졌고, 다시는 아무도 그런 것들을 찾아볼 수 없을 것이다"(14절)는 말에서, 그리고 "그렇게도 많던 재물이 한 순간에 잿더미가 되고 말았구나!"(17, 19절)라는 말들에서 명확하기 때문입니다. 그러나 여기에 거명된 것들, 즉 계피·향·향료·몰약에 관해서 몇 마디를 부연하고자 합니다. 그것들이 향료로 만들어진 것들이기 때문에 이것들이 거명된 것입니다. "향료"(香料·incense)가 영적인 선들이나 진리들에게서 비롯된 주님의 예배를 뜻한다는 것은 앞서의 설명에서 잘 알 수 있겠습니다(본서 277·392항 참조). 그리고 향이 즐거운 것을 가리키는데, 그것은 그것에 대응하는 향내가 그것에서 나오기 때문입니다(본서 394항 참조). 모든 향내 나는 것들은 계피·향료·연고나 그것들의 본질적인 것인 유향은 그런 것들로 이루어지는 모든 향기로운 것들을 뜻합니다. 이러한 내용은 모세의 글에 그것들을 조제하는데 쓰여지는 향신료들의 열거에서 잘 드러나고 있습니다.

> 주께서 모세에게 말씀하셨다. "너는 향품들, 곧 소합향과 나감향과 풍자향을 구하여, 그 향품들을 순수한 유향과 섞되,……소금을 쳐서 깨끗하고 거룩하게 하여라.……네가 만든 유향은 주의 것이며, 너에게는 거룩한 것이다."
> (출애굽 30 : 34-37)

향료는 이런 것들로 만들어지는데, 그것은, 앞에서 언급한 것과 같이, 영적인 선들이나 진리들에서 비롯된 예배를 뜻합니다. 거기에서는 모든 향료를 대신해서 계피(cinnamon)가 언급되었습니다. 그러나 영적인 뜻으로 그런 향료들이 각각 뜻하는 것이 무엇인지는 그것들에 관해서 자주 언급한 출애굽기서의 《천계비의》에서 잘 알 수 있겠습니다.

778. (상품이란) **포도주와 올리브 기름과 밀가루와 밀이다.**

이 말씀은 그들이 더 이상 천적인 진리들이나 선들에서 비롯된 예배를 드리지 않는다는 것을 뜻합니다. 그 이유는, 위에서 언급된 것들에 대응하는 것들을 예배에서 드리지 않기 때문입니다. 이런 것들은 바로 위에서, 그리고 앞에서 언급된 것들에 비슷하지만 차이가 있다면 여기서는 천적인 선들이나 진리들을 뜻할 뿐입니다. 천적인 것들이라고 하는 천적인 선들이나 진리들, 그리고 영적인 것들이라고 하는 영적인 선들이나 진리들이 무엇인지는 본서 773항을 참조하십시오. 그런데, 그들은 이런 것들을 가지고 있지 못하기 때문에, 그리고 그들의 예배에도 그런 것들은 존재하지 않았습니다. 왜냐하면 위에서 언급한 것과 같이, 교리에 속한 선들이나 진리들은, 마치 영혼이 육체 안에 있듯이, 예배 안에 있어야만 합니다. 그러므로 그런 것들이 결여(缺如)된 예배는 생명이 없는 죽은 예배(inanimate worship)입니다. 이런 예배는 바로 외적인 것들에는 거룩한 것이 있지만, 내적인 것에는 어떤 거룩한 것도 있지 않습니다. "포도주"가 사랑에 속한 선에서 비롯된 진리를 뜻한다는 것은 본서 316항을 참조하시고, "기름"(oil)이 사랑에 속한 선을 뜻한다는 것은 아래 단락에서 알 수 있습니다. "밀가루"(=좋은 밀가루・fine flour)는 천적인 진리를 뜻하고, "밀"(wheat)은 천적인 선을 뜻합니다. 예배에 속한 진리들이나 선들은, "포도주"와 "기름"이 뜻하고, 그리고 "밀가루"와 "밀"이 뜻하는데, 그 이유는 "음료제물"(the drink-offering)과 "곡식제물"(the meal-offering)은 그것들로 이루어지기 때문인데, 그것들은 희생제물(the sacrifices)과 함께 제단에 바쳐지기 때문입니다. 그리고 제단 위에 바쳐진 희생제물이나 제물들은 예배를 뜻합니다. 왜냐하면 예배의 주요부분은 그것들 안에 존재하기 때문입니다. 포도주가 가리키는 음료제물(=헌주・獻酒)이 희생제물과 함께 제단에 바쳐진다는 것은 성경 여러 장절에서 볼 수 있습니다(출애굽 29：40；레위기 23：12, 13, 18, 19；민수기 15：2-15；28：11-15, 18-마지막 절；29：1-7；이사야 57：6；65：11；예레미야 7：18；44：17-19；에스겔 20：28；요엘 1：9；시편 16：4；신명기 32：38). "기름"(oil)도 희생제물과 함께 제단에 바쳐졌습니다(출애굽 29：40；민수기 15：2-15；28：1-31). 밀가루로 이루어진 곡식제물도 희생제물과 함께 제단 위에 바쳐졌습니다(출애굽 29：40；레위기 2：1-13；5：11-13；6：14-21；7：9-13；23：12, 13, 17；민수기 6：14-21；15：2-15；18

: 8-20 ; 28 : 1-15 ; 29 : 1-7). 이 밖에도 여러 장절들이 있습니다(예레미야 33 : 18 ; 에스겔 16 : 13-19 ; 요엘 1 : 9 ; 말라기 1 : 10, 11 ; 시편 141 : 2). 장막성전에 있는 식탁 위에 바쳐지는 진설병(陳設餅・the bread of faces・the shewbread)도 역시 고운 밀가루로 만들어집니다. (레위기 28 : 17 ; 24 : 5-9). 이상에서 밝히 알 수 있는 것은, 네 가지 것들, 즉 포도주・기름・고운 밀가루・밀은 예배에 속한 거룩하고 천적인 것들을 가리킵니다.

779. "기름"(oil)이 여기서는 예배의 거룩한 것들 전체에 걸쳐 거론되었기 때문에, 그리고 천적인 선을 뜻하기 때문에, 고대 사람들에게서 사용되었고, 그 뒤에는 이스라엘 자손들에게 명령되었던 부유성사(傅油聖事)의 기름(the oil of anointing)에 관해서 몇 가지 내용을 부연하고자 합니다. 고대에서는 그들은 법규들로서 세운 돌들(stones)에 기름을 발랐다는 것은 창세기서 28장 18-22절에서 잘 알 수 있습니다. 그리고 그들은 또한 전쟁무기들, 방패들이나 둥근 방패들에 기름을 뿌렸습니다(사무엘 하 1 : 21 ; 이사야 21 : 5). 그들이 교회의 모든 거룩한 것들을 바르고 그리고 성막(聖幕)이나 그것에 딸린 제단과 그것의 모든 그릇들에 바를 기름인 거룩한 기름(the oil of holiness)은 반드시 그들이 준비하도록 엄명되고 있습니다(출애굽 30 : 22-33 ; 40 : 9-11 ; 레위기 8 : 10-12 ; 민수기 7 : 1). 그들은 또한 사제의 직무를 수행하는 사람들이나, 그들의 의복에도 성유(聖油)를 바르도록 엄명되고 있습니다(출애굽 29 : 7, 29 ; 30 : 30 ; 40 : 13-15 ; 레위기 8 : 12 ; 시편 133 : 1-3). 그들은 그 성유를 예언자들에게도 뿌렸습니다(열왕기 상 19 : 15, 16). 그들은 왕들에게도 성유를 뿌렸습니다, 따라서 왕들은 "여호와의 기름부은 자"(the anointed of Jehovah)라고 불리웠습니다(사무엘 상 10 : 1 ; 15 : 1 ; 16 : 3, 6, 12, 13 ; 24 : 6, 10 ; 26 : 9, 11, 16, 23 ; 사무엘 하 1 : 16 ; 2 : 4, 7 ; 5 : 17 ; 19 : 21 ; 열왕기 상 1 : 34, 35 ; 19 : 15, 16 ; 열왕기 하 9 : 3 ; 11 : 12 ; 23 : 30 ; 애가 4 : 20 ; 하박국 3 : 13 ; 시편 2 : 2, 6 ; 20 : 6 ; 28 : 8 ; 45 : 7 ; 84 : 9 ; 89 : 20, 38, 51 ; 132 : 17). 성유로 기름 바르도록 명령된 것은, "기름"(oil)이 사랑에 속한 선을 뜻하기 때문이고, 또한 성유를 발라서가 아니고, 신령사랑에 속한 신령선 자체를 가지고 바른 여호와의 기름 부은 자 자체이시고, 유일 존재이신 그분의 인성의 측면에서 주님을 표징하기 때문입

니다. 그러므로 역시 그분께서는 구약에서는 "메시아"라고 불리셨고, 신약에서는 "그리스도"라고 불리셨는데(요한 1 : 41 ; 4 : 25), "메시아"나 "그리스도"는 기름 부은 자(anointed)를 뜻합니다. 이것으로부터 제사장들, 왕들, 그리고 교회에 따른 모든 것들에 기름을 바르도록 명령되었고, 그리고 기름이 뿌려졌을 때에는 거룩한 것으로 불리웠습니다. 그들이나 그것들 자체로는 거룩하지 않았지만, 그러나 그 일을 통해서 그들이나 그것들은 신령인성의 측면에서 주님을 표징하기 때문입니다. 따라서 왕을 해하는 것은 신성모독(神性冒瀆・sacrilege)이었는데, 그 이유는, 그가 "여호와의 기름 부은 자"(the anointed of Jehovah)이었기 때문입니다(사무엘 상 24 : 6, 10 ; 26 : 9 ; 사무엘 하 1 : 16 ; 19 : 21). 더욱이 마음의 희열(喜悅)이나 마음의 선의(善意)를 입증하기 위하여 그들 자신들이나 다른 자들에게 기름을 뿌리는 일(傳油聖事)이 하나의 관례로 전래(傳來)되었습니다. 그러나 그와 같은 일은 일반적인 기름, 즉 깨끗한 기름이었지 성유(聖油)를 가지고 한 것은 아닙니다(마태 6 : 17 ; 마가 6 : 13 ; 누가 7 : 46 ; 이사야 61 : 3 ; 아모스 6 : 6 ; 미가 6 : 15 ; 시편 92 : 10 ; 104 : 15 ; 다니엘 10 : 3 ; 신명기 28 : 40). 성유(the oil of holiness)를 가지고 자기 자신들이나 다른 사람에게 바르는 일은 절대로 금하였습니다(출애굽 30 : 32, 33).

780. (상품이란) 소와 양이었습니다.
이 말씀은 그들이 더 이상 교회에 속한 외적인 것들이나, 자연적인 선들이나 진리들에서 비롯된 예배를 드리지 않았다는 것을 뜻하는데, 그 이유는 그들이, 위에 언급된 것들에 대응하는 것들을, 그들의 예배 안에 아무것도 가지고 있지 않았기 때문입니다. 이러한 내용은 위에서 설명한 내용(본서 777・778항 참조)과 비슷합니다. 차이가 있다면 거기에는 영적인 선들과 진리들을, 그리고 천적인 선들과 진리들을 뜻하고, 여기서는 자연적인 선들과 진리들을 뜻합니다. 왜냐하면 그것들 사이에는 명확한 분별(分別)이 있기 때문입니다(본서 773항 참조). "소들과 양들"은 희생제물을 뜻하는데, 그것들로는 숫소・거세한 소・수염소・양・새끼 염소・숫양・암염소・어린 양 등입니다. 여기서 숫소나 거세한 소는 "소"(=짐을 나르는 짐승・beast of burden)가 뜻하고, "양"은 새끼 염소・숫양・암염소・어린 양을 가리킵니다. 그리고 이 제물은, 이른바 예배에 속한 자연적인 것들이라고 하는, 예배의 외적인 것들(the

external of worship)을 가리킵니다.

781. (상품이란) 말과 병거(=우마차)와 노예와 사람의 목숨입니다(=사람의 육체와 영혼입니다).
이 말씀은 성언의 이해에 일치하는, 그리고 그것에서 비롯된 교리에 일치하는 모든 것들을 뜻하고, 그리고 또한 성언의 문자적인 뜻에 속한 선들과 진리들에 일치하는 모든 것들을 뜻합니다. 그러나 그들은 이런 것들을 전혀 가지고 있지 않았는데, 그 이유는, 성언의 본연의 뜻에는 정반대가 되는, 천계나 이 세상을 지배하기 위하여 성언에 있는 것들을 적용하는 짓으로 말미암아 그들은 성언을 위화하고, 모독하였기 때문입니다. 이런 것들이 소유의 개념(in the possessive case)으로 언급되고 있는데, 그것은 그것들이 앞에서 나온 것들을 제한하고, 뜻하기 때문입니다. "말들"은 성언의 이해를 뜻하고(본서 298항 참조), "병거들"(=兵車)은 성언에서 비롯된 교리를 뜻합니다(본서 437항 참조). 따라서 "우마차"(carriages)도 같은 뜻을 뜻합니다. "사람의 육체들과 영혼들"(=노예와 사람의 목숨)이 성언의 문자적인 뜻에 속한 선들이나 진리들을 뜻한다는 것은, 성만찬에서 몸과 피(body and blood)가 뜻하는 것과 같은 것을 그것들이 뜻하기 때문입니다. 성만찬에서 "몸"(body)은 주님의 신령선(the Lord's Divine good)을 뜻하고, "피"(the blood)는 주님의 신령진리(the Lord's Divine truth)를 뜻합니다. 그것들이 이런 것들을 뜻하기 때문에, 그것들은 역시 성언에 속한 신령선과 신령진리를 뜻합니다. 그 이유는 주님께서 성언이시기 때문입니다. 그러나 여기서는 "피" 대신에 "영혼"(the soul)이라고 언급되었습니다. 그 이유는 영혼이 마찬가지로 진리를 뜻하기 때문입니다(본서 681항 참조). 그리고 피가 성경에서 영혼이라고 불리웠기 때문입니다(창세기 9:4, 5; 레위기 17:12-14; 신명기 12:23-25). "사람의 영혼"(the soul of man)도 동일한 것을 뜻하고(에스겔 27:13), "사람의 씨"(the seed of man)도 같은 것을 뜻합니다(다니엘 2:43). 이사야서에의 "말들"이나 "우마차들"(=병거들·carriages)도 동일한 것들을 뜻합니다.

이스라엘 자손이
주의 성전에 바칠 예물을

깨끗한 그릇에 담아서 가져 오는 것과 같이,
그들이 또한 모든 민족들로부터
너희의 모든 형제를
주께 바치는 선물로
말과 수레와 가마와 노새와 낙타에 태워서,
나의 거룩한 산 예루살렘으로
데려올 것이다.
(이사야 66 : 20)

이 구절은, 예루살렘이 가리키는, 주님의 새로운 교회에 관해서 언급하고 있습니다. 다시 말하면 "말들" "수레들"(=병거들) "가마들"이 가리키는 성언의 이해 안에, 그리고 그것에서 비롯된 교리 안에 있는 자들에 관해서 언급하고 있습니다. 지금은 로마 가톨릭의 종지(宗旨)에 속한 자들이 천계나 이 세상을 지배하기 위하여 그것들을 적용하는 것으로 성언을 위화하고, 모독하기 때문에, 우리의 본문절은 그들이 성언에서 비롯된 선들이나 진리들을 전혀 가지고 있지 않다는 것을 뜻하고, 그러므로 그들의 교리 안에도 이런 것들이 역시 전혀 존재하지 않는다는 것을 뜻합니다. 이것에 관한 예레미야서의 말씀입니다.

바빌로니아 왕 느부갓네살이
나를 먹었습니다.
그가 나를 멸망시켰습니다.
그가 나를 빈 그릇처럼 만들어 놓았습니다.
그는 바다의 괴물처럼
나를 삼켜 버렸습니다.
맛있는 음식처럼 나를 먹어
제 배를 채우고는
나를 버렸습니다.
(예레미야 51 : 34)
칼이 그들(=바빌로니아)의 말과 병거와
그들 가운데 있는 모든 외국 군대를 치니,
그들이 모두 무기력해진다.
칼이 그 땅의 보물 창고를 치니,
보물이 모두 약탈을 당한다.

가뭄이 땅의 물을 치니,
물이 말라 버린다.
바빌로니아는
온갖 우상을 섬기는 나라이니,
그 땅에 사는 사람들이
그 끔직스러운 우상들 때문에
미쳐 버릴 것이다
(예레미야 50 : 37, 38)

782. 14절. **네가 마음 속으로 탐하던 실과가
네게서 사라지고,
온갖 화려하고 찬란한 것들이
네게서 없어졌으니,
다시는 아무도 그런 것들을
찾아 볼 수 없을 것이다.**
이 말씀은 천계에 속한 모든 지복(至福・beatitudes)과 행복은 물론, 심지어 그들이 열망하던 그런 것들의 외적인 것들까지도 전부 사라지고, 더 이상 나타나지 않을 것이다는 것을 뜻하는데, 그 이유는 그들이 선이나 진리에 속한 천적인 정동이나 영적인 정동을 가지고 있지 않기 때문입니다. "마음 속으로 열망하던 실과"(=영혼에 속한 열망의 열매)는 천계의 지복이나 행복 이외의 다른 것을 뜻하지 않습니다. 그 이유는 이런 것들이 여기서 다루고 있는 교리와 예배에 속한 모든 것들의 열매들(=실과・fruits)이기 때문입니다. 그리고 그것들이 바로 사람들이 죽을 때 사람들의 열망들이고, 또한 그들이 영계에 처음 들어갔을 때 그들의 열망들이기 때문입니다. "맛있고, 찬란한 것들"(=기름지고 찬란한 것・fat and splendid)은 선과 진리에 속한 천적인 정동이나 영적인 정동을 뜻합니다. 그리고 "기름진 것들"(fat things)은 선에 속한 정동들을 뜻하는데, 이러한 내용은 곧 알게 될 것입니다, 그리고 "찬란한 것들"(splendid things)은 진리에 속한 정동들을 뜻하는데, 그것들이 천계의 빛으로 말미암아, 그리고 사람의 마음들 안에 있는 그것의 광채로 말미암아 존재하기 때문에, 그것들이 "찬란하다"고 불리웠습니다. 그리고 거기에서부터 선과 진리에 속한 총명이나 지혜가 옵니다. "사라지고 더 이상 찾아볼 수 없다"는 말은, 그들이 천적인 선과 진리, 또는 영적인 선과 진리 안에 있지 않기 때문에 그것들이 모두 도망가고, 더 이상 나타나지 않을 것이다는 것을 뜻합니다. 이 말은, 심지어 그들이 열망했던 그런 외적인 것들에 대해서도 언급합니다. 그 이유는 그들이 열망했던 또 다른 지복이나 행복 그리고 정동들은 아니지만, 그러나 그런 모든 것들이 관능적이고, 세속적인 것들이기 때문입니다. 그것으로 인하여 그들은, 천적인 것들이나, 영적인 것들이라고 하는 것들이 어떤 것이고, 그리고 이런 것들의 성질이 어떤 것인지 알 수가 없었습니다. 그러나 이런 사실들은 사후 그들의 처지에 속한 밝힘에 의하여 명확하게 밝혀질 것입니다. 자기사랑에서 비롯된 지배욕과 그리고 그것에서 나온 세상사랑에서 비롯된 지배욕을 가리키는 그런 종지(宗旨)에 속한 모든 것들에 빠져서 살아온 사람은 사후 즉시 일어나는 일이지만, 그들이 영계에 들어올 때 지배욕이나 그것에서 비롯된 마음의 쾌락들, 그리고 풍요에서 비롯된 육체에 속한 쾌락들 이외에는 아무것도 바라지 않습니다. 왜냐하면 지배애(支配愛・the ruling love)는 그것의 정동들, 정욕들, 열망들과 더불어 사후 모든 사람에게 그대로 남아 있기 때문입니다. 그러나 자기사랑에서 비롯된 지배욕은, 주님의 모든 신령한 것들을 가리키는, 교회와 천계에 속한 거룩한 것들을 지배하려고 하기 때문에 지옥적인 것입니다. 그러므로 얼마 동안 기간이 경과한 뒤에 그들은, 그들의 동료들에게서 분리되고, 지옥계로 쫓겨납니다. 그럼에도 불구하고 그들은 자신들의 종지(宗旨)로 말미암아 외적인 신령예배 안에서 지냈기 때문에, 그들은 처음에는 천계가 어떤 것인지, 그리고 천계의 성질이 무엇인지에 대해서 교육을 받습니다. 그리고 영생이 무엇인지, 영생에 속한 지복(至福)의 본성(本性)이 어떤 것인지에 대해서도 교육을 받습니다. 그래서 그들은 그런 것들이, 그들에게 있는 선과 진리에 속한 천계적인 정동의 성질에 따라서 모두에게 있는 주님에게서 비롯된 지복들이라는 것도 명확하게 알게 됩니다. 그러나 그들은 주님에게 가까이 나아가지 않고, 그것으로 말미암아 그들이 주님과 결합되지 않기 때문에, 그리고 마찬가지로 그들은 선과 진리에 속한 어떤 정동 안에서도 산 적이 없기 때문에, 그들은 그런 지복들을 싫어하고, 반대하며, 그리고 스스로 그것들에게서 외면하며, 그리고 그 때 그들은, 지극히 자연적이고, 관능적인 것들인, 자기사랑이나 세상사랑에 속한 온갖 쾌락들을 열망할 뿐입니다. 그러나 악을 행하려고 하는 것, 특히 주님을 예배하는 자들에 대해서, 따라서 천계의 천사들에게 대해서 나쁜 일을 하려고 하는 것이 그런 쾌락들 안에 선천적으로 똬리를 틀고 있기 때문에, 그러므로 그들은 역시 이런 쾌락들을 박탈당하고, 그 때 지옥적인 작업장에서 멸시와 비참한 상태에 있는 그들의 동료들 가운데서도 추방됩니다. 그러나 이런 일들은 주님에게 속한 신령한 것들을 지배하려고 하는 그들의 지배욕의 정도에 일치하여, 그리고 주님에 대한 그들의 배척의 정도에 따라서, 그들에게 행하여집니다. 이런 사실들로부터 명확하게 알 수 있는 사실은, 우리의 본문, "마음 속으로 탐하던 실과가 사라졌고, 온갖 기름지고 찬란한 것들도 네게서 없어졌고, 다시는 아무도 그런 것들을 찾아볼 수 없을 것이다"는 말씀이, 그들이 열망했던(=탐했던), 심지어 그런 외적인 것들인, 모든 지복(至福)과 행복이 전적으로 도망할 것이다는 것과 그리고 그런 것들이 더 이상 나타나지 않을 것이다는 것을 뜻한다는 것입니다. 그 이유는 그들에게 선과 진리에 속한 정동이 하나도 없기 때문입니다. "기름진 것들"(fat things)이 천적인 선들과 그것들의 정동들을 뜻하고, 그리고 그들의 정동들에 속한 즐거움을 뜻한다는 것은 아래의 장절에게서 잘 드러나고 있습니다.

어찌하여 너희는 양식을 얻지 못하면서
돈을 지불하면서,
배부르게 하여 주지도 못하는데,
그것 때문에 수고하느냐?
"들어라. 내가 하는 말을 들어라.
그러면 너희가 좋은 것을 먹으며,
기름진 것으로 너희 마음이 즐거울 것이다."
(이사야 55 : 2)
그 때에는 내가 기름진 것으로
제사장들의 마음을 흡족하게 할 것이며,
내 좋은 선물로 내 백성을 만족하게 하겠다.
(예레미야 31 : 14)
기름지고 맛깔진 음식을
배불리 먹은 듯이

내 영혼이 만족하니,
내가 기쁨에 가득 찬 입술로
주님을 찬양하렵니다.
(시편 63 : 5)
주의 집에 있는 기름진 것으로
그들을 배불리 먹이시고,
주의 시내에서 단물을 마시게 하시니.
(시편 36 : 8)
만군의 주께서
이 세상의 모든 민족을
여기 시온 산으로 부르셔서,
풍성한 잔치를 베푸실 것이다.
기름진 것들과 오래된 포도주,
제일 좋은 살코기와 잘 익은 포도주로
잔치를 베풀 것이다.
(이사야 25 : 6)
늙어서도 여전히 열매를 맺으며,
진액이 넘치고, 항상 푸르를 것이다.
그래서 나는 선포할 것이다.
"주님은 올곧으시다.
그는 나의 반석이시요,
그에게 불의가 없으시다."
(시편 92 : 14, 15)
너희는 내가 너희에게 주려고 준비한 잔치의 제물 가운데서 기름진 것을 배부르도록 먹고, 피도 취하도록 마셔라.
(에스겔 39 : 19)
임금님께 바치는 모든 곡식제물을
주께서 기억하여 주시고
임금님께서 올리는 번제를
주께서 받아 주시기 바랍니다.
(시편 20 : 3)

기름진 것이 천적인 선을 뜻하기 때문에, 그러므로 이런 규례도 있습니다.

희생제물의 모든 기름기는 제단 위에서 살라 바쳐라.
(출애굽 29 : 13, 22 ; 레위기 1 : 8 ; 3 : 3-16 ; 4 : 8-35 ; 7 : 3, 4, 30, 31 ; 17 : 6 ; 민수기 18 : 17, 18)

반대의 뜻으로 "기름기"는 선에 대해서 구역질을 일으키는 자들을 뜻합니다. 그리고 그것이 매우 넉넉하기 때문에, 멸시하고, 그것을 거절하는 것을 뜻합니다(신명기 32 : 15 ; 예레미야 5 : 28 ; 50 : 11 ; 시편 17 : 10 ; 20 : 3 ; 78 : 31 ; 119 : 70).

783. 15절. **그 여자 때문에 부자가 된, 이런 상품을 파는 상인들은, 그 여자가 당하는 고문이 두려워서, 멀리 서서 울며 슬퍼하면서……**.
이 말씀은, 다양한 면제(免除)에 의하여 재물을 얻고, 그리고 천계적인 기쁨들이나 즐거움들이 약속된 자들이 저주 직전에 있는 상태를 뜻하고, 그리고 그 때 그들의 두려움(恐怖)과 슬픔(悲哀)의 상태를 뜻합니다. 앞절(14절)에서 다루어진 "이런 종류의 상품을 파는 상인들" 다시 말하면 마음 속으로 탐하던 실과와 온갖 화려하고(=기름지고) 찬란한 것들을 파는 상인들은 다양한 면제들에 의하여, 그리고 천계적인 기쁨이나 즐거움이 약속된 것에 의하여 부자가 된 사람들을 뜻합니다. 다시 말하면 재물을 많이 얻은 사람을 뜻합니다. 이런 "상인들"은, 성직의 품계의 높고, 낮음에 관계없이, 그런 것들에 의하여 많은 재물을 취득한 자들 모두를 뜻합니다. 품계가 높은 자가 포함된 것은 우리의 본문장 23절에서 명확한데, 거기에는 "네 상인들이 땅의 세도가로 행세한다"고 언급되었기 때문이고, 그리고 품계가 낮은 자들이 포함된 것은 우리의 본문장 11절에서 알 수 있겠습니다(본서 771항 참조). "그 여자가 당하는 고문이 두려워서, 울며, 슬퍼하면서 멀리 서 있다"는 말은 그들이 여전히 저주에서 멀리 떨어진 상태에 있고, 그리고 여전히 형벌들의 두려움의 상태에 있고, 위에 언급한 것과 같이 슬픔(悲哀)의 상태에 놓여 있는 그 때를 뜻합니다(본서 769항 참조). 거기에는 동일한 내용들이 언급되었습니다.

784. 그들이 재물을 취득하는 수단이 된 면제(免除)들이나 특혜(特惠)를 보면 그것들은 매우 다종다양합니다. 율법이 규제하는 계도들 안에서 행해지는 혼인의 계약에 관한 특혜도 있고, 그리고 이혼(離婚)에 관계되는, 온갖 악한 것들에 관계되는, 심지어는 거대한 사건들에 관

계되는 특혜들도 있고, 그리고 일시적인 형벌들에게서 자유스럽게 되는 것도 있는데, 이런 경우에는 면죄부(免罪符·indulgences)에 의한 것입니다. 그리고 어떤 특권 밖에, 또는 세속적인 통치자들의 권위 밖에 있는 행정에 관계되는 특혜들도 있습니다. 그런 것들 가운데는 공작령(公爵領)이나 공국(公國)의 통치력의 확증 따위들도 있습니다. 마찬가지로 천계적 기쁨이나 즐거움의 약속에 대하여 수도원을 부유하게 하는 자들에게 주는 것도 있습니다. 그리고 그들의 재물을 늘리고, 그것들 자체에서 공로적인 것들로 거룩한 그들의 선물이라고 하는 선한 일들에 관한 것들도 있고, 그리고 그들의 성인들의 능력이나 도움에 관해서 각인된 신앙에 의하여, 그리고 그것들에 의하여 성취된 기적들 안에 각인된 신념에 의하여 그것에 인도되게 하는 특혜도 있습니다. 특히 부자들이 와병(臥病) 중에 있을 때 그들이 부자를 꾀는 특혜도 있고, 마찬가지로 그 때 지옥에 대한 공포를 주입시키는, 그리고 그래서 그들에게서 재물을 얻어내는 특혜도 있습니다. 그리고 그들의 유산(遺産)의 가치에 따라서 그들의 영혼들을 위한 미사를 드리는 약속도 있고, 그리고 미사에 의하여, 연옥(煉獄)이라고 부르는, 고통의 장소(the place of torment)에서 점진적으로 구출하는 특혜도 있고, 그리고 따라서 천계에 들어가게 하는 특혜도 있습니다. 연옥(煉獄)에 관해서 내가 말할 수 있는 것은 재물을 얻기 위한 순수한 바빌로니아적인 조작물이 다는 것이고, 또한 그것은 그럴 수도 없고, 결코 존재할 수 없는 그런 것이다고 하겠습니다. 사후 모든 사람은 제일 먼저, 천계와 지옥 사이에 있는 영들의 세계(the world of spirits)에 들어갑니다. 그리고 거기에서 이 세상에서의 자신의 삶에 일치하는, 천계나 지옥에 대한 준비를 합니다. 그 세계에서는 어느 누구도 고통을 받지 않습니다. 그러나 악한 자는, 그들이 지옥에 가기 위한 준비 기간이 끝나면, 고통의 상태에 들어갑니다. 영들의 세계에는 수많은 사회들이 있고, 그리고 땅 위에 있는 그것들과 비슷한 즐거움이나 기쁨 따위도 있습니다. 이런 이유들 때문에 거기에 있는 자들은 천계와 지옥 중간에 있는 자들을 가리키는 이 지상에 있는 사람들과 결합합니다. 그들의 외적인 것들은 거기에서 계속해서 벗겨지고, 그리고 따라서 그들의 내적인 것들은 점차적으로 공개됩니다. 이와 같은 일은, 실제적으로 생명의 사랑(the life's love)을 가리키는, 그리고 그들의 외적인 것들을 지배하는 극내적인 것이 드러날 때까지 계속됩니다. 이것이 드러나게 되면, 그 사람의 진정한 성품(性稟) 역시 드러나게 되고, 그리고 그 지배애의 성질에 일치하여 그 사람은 영들의 세계로부터 그의 자리로 보내집니다. 만약에 그것이 선하면 천계로 보내지고, 악하면 지옥에 보내집니다. 이런 것이 사실이다는 것은 내가 그것에 관해서 확실하게 알게 하기 위하여 주어졌는데, 그 이유는 주님께서 나에게 그 세계에 있는 자들과 함께 있게 하고, 그리고 거기에 있는 모든 것들을 직접 목격하기 위하여, 따라서 경험 자체로부터 그것을 언급하게 하기 위하여 허락하셨기 때문입니다. 이런 일은 지금까지 20년 동안 계속되고 있습니다. 그러므로 내가 주장할 수 있는 것은 연옥(煉獄)은 소설적인 것이고, 그리고 그것은 악마적인 것이라고 할 수 있다는 것입니다. 그 이유는 그것은 재물을 얻기 위한 것이고, 그리고 영혼을 지배하기 위한 것이며, 심지어 사후 죽은 자에게까지 세력을 펴려는 목적 때문입니다.

785. 16절. 말하기를,
"화를 입었다. 회를 입었다.
고운 모시 옷과
자주색 옷과 빨간색 옷을 입고
금과 보석과 진주로 꾸민 큰 도시야,
그렇게도 많던 재물이,
한 순간에 잿더미가 되고 말았구나"
할 것입니다.

이 말씀은 그들의 장대함이나 재물들이 아주 갑자기 전적으로 파괴되었다는 것에 대한 그들의 매우 비참한 슬픔을 뜻합니다. "화를 입었다, 화를 입었다"는 말은, 위에서 언급한 것과 같이(본서 769항 참조), 매우 비참한 슬픔을 뜻합니다. "그 큰 도시"는 로마 가톨릭 종교의 종지(宗旨)를 뜻합니다. 그것은 "고운 모시 옷과 자주색 옷과 빨간색 옷을 입고 있고, 금으로 꾸미었다"고 언급하고 있기 때문에, 그것은 한 도시에 관해서 언급될 수 없고, 오히려 종교적인 종지(a religious persuasion)에 관해서 언급하고 있기 때문입니다. 우리의 본문 "고운 모시 옷과, 자주색 옷과 빨간색 옷을 입고, 금과 보석과 진주로 꾸몄다"는 말은 위에서 언급한 유사한 것들을 뜻합니다(본서 725-727항 참조). 거기에서는 일반적으로는 외적인 형체로 장대한 것들에 관해서 언급되었습니다. "한 순간에 아주 큰 재물이 잿더미가 되었다고 언급되고 있기 때문에" 그들의 재물이나 재산은 갑자기 전적으로 파괴되었다는 것을 뜻하고 있습니다. 그리고 "한 순간"(=한 시간·one hour)이라는 말은 위에서 언급한 것과 같이(본서 769항 참조), 매우 갑자기(suddenly), 그리고 전적으로(totally)를 뜻합니다. 그 이유는 "시간"이나 시간에 속한 모든 것들은 상태를 뜻하기 때문입니다(본서 476항 참조). 지금까지 설명된 것에서 밝히 알 수 있는 것은 위에서 인용된 것들이 우리의 본문의 낱말들이 뜻한다고 하겠습니다. 예레미야서에는 바빌론의 멸망에 관해서 이와 비슷한 것들이 언급되고 있습니다.

> 비록 이스라엘과 유다가
> 이스라엘의 거룩하신 분을 거역해서,
> 그들의 땅에 죄가 가득 찼으나,
> 자기들의 하나님 만군의 주께
> 버림을 받은 것이 아니다.……
> "네가 영원히 황무지가 되어
> 사람들이 너에게 모퉁잇돌 하나,
> 주춧돌 하나도 얻을 수 없을 것이다."……
> 바빌로니아 땅을
> 아무도 살지 못할 황무지로 만드시려는
> 주님의 계획이,
> 그대로 이루어지니,
> 땅이 진동하고 뒤틀린다."……
> "바빌로니아가 폐허 더미로 변하고,
> 여우 떼의 굴혈이 되어,
> 아무도 살 수 없는 곳이 될 것이며,
> 놀라움과 조롱거리가 될 것이다.……
> 어쩌다가 바빌론이
> 세상 만민 앞에
> 놀라움의 대상이 되었는가!
> 바빌론으로 바닷물이 밀려오고,
> 요란하게 밀려오는 파도 속에
> 바빌론이 잠기고 말았구나.
> 성읍들이 황무지로 변하여

메마르고 삭막한 땅이 되었구나.
아무도 살 수 없고,
지나다니는 사람도 없는 땅이 되었구나.
(예레미야 51 : 5, 26, 29, 37, 41-43)

786. 17절. **모든 선장과 선객과 선원과 바다에서 일하는 사람들도 다 멀리 서서……**.
이 말씀은, 평신도라고 불리우는 자들을 뜻하는데, 그들은 높은 지위에 있는 사람이나 낮은 지위에 있는 보통 사람에게 이르기까지 꼭 같이 종교적인 종지(宗旨)에 매여 있고, 그리고 그것을 사랑하고, 그것과 입 맞추고, 그리고 마음 속에서 그것을 시인하고, 공경합니다. 우리의 본문장 9절에서부터 16절까지에서는 성직자가 다루어졌는데, 그는 종교적인 종지에서 비롯된 통치 가운데 있었고, 그리고 주님의 신령 권위를 구사(驅使)하였고, 그리고 그것에 의하여 이 세상에 속한 재물을 취득한 자였습니다. 지금은 성직의 품계에 있지 않고, 그럼에도 불구하고 그 종교적 종지를 애지중지하고, 입 맞추고, 마음 속에서 그것을 시인하고 공경하는, 이른바 평신도라고 부르는 자들이 다루어지고 있습니다. 여기서 "모든 선장"(船長·pilot)은 그들 가운데서 가장 높은 자들인 황제들·왕들·공작들·제후들을 뜻합니다. "배에 고용된 사람"(=선객)은, 높고, 낮은 계도에 있는 다양한 기능에 종사하는 자들을 뜻하고, "선원"은 보통 사람이라고 불리우는 가장 낮은 지위에 있는 자들을 뜻합니다. 그리고 "바다에서 일하는 사람들"은 일반적으로 그 종교적 종지에 예속된 모든 자들을 뜻하는데, 그들은 그것을 애지중지하고, 그것에 입 맞추고, 또한 마음 속에서 그것을 시인하고, 공경하는 자들입니다. 여기서 그들이 이런 자들을 뜻한다는 것은 영적인 뜻으로 여기에 이어지는 것들에게서 명확합니다. 그리고 "배들 위에 있다"는 말의 뜻에서, "배에 고용되었다"는 말의 뜻에서, 그리고 "선원들"의 뜻에서 잘 알 수 있겠고, 그리고 "바다에서 일하는 사람들"의 뜻에서도 잘 알 수 있겠습니다. "선장" "선객" "선원들"은 위에서 상품이라고 부르는 것들, 다시 말하면 소유물로서의 그들의 재산들로 수집한 것을 바치고, 그 공로로서 축복기도와 축복을 받고, 그리고 그들이 자신들의 영혼들을 멸망하는 그 밖의 유사한 것들을 받는 사람 이외의 다른 사람을 뜻하지 않습니다. 그들이 이런 부류의 사람들을 뜻하는 경우, "선장"은 그들 중에서 가장 높은 자를 뜻하고, "선객"은 그들에게 종속되어 있는 직무에 종사하는 사람을 뜻하고, "선원"은 가장 낮은 직급에 속한 자들을 뜻한다는 것은 명확합니다. "배"는 영적인 상품들을 뜻하는데, 그것들은 진리와 선에 속한 지식들이 되겠습니다(본서 406항 참조). 여기서는 자연적인 상품(natural merchandise)을 가리킵니다. 그리고 그들이 생각한 것과 같이 그들은 영적인 것을 인수합니다. "바다에서 일하는 수많은 사람들"이, 그들이 누구이든지, 마음 속에서 그 종교적인 종지를, 애지중지하고, 입 맞추는 자들 모두를, 또는 마음 속에서 그것을 시인하고 공경하는 자 모두를 뜻한다는 이유는 그 종교적인 종지를 "바다"가 뜻하기 때문입니다. 왜냐하면 "바다"가 위에서 언급한 것과 같이, 교회에 속한 외적인 것들을 뜻하기 때문입니다(본서 238·290·403-405·470·565[A]·659·661항 참조). 그리고 이 종교적인 종지는 전적으로 외적인 것입니다. 이사야서의 이 구절도 이런 내용을 뜻합니다.

> 너희들의 속량자요,
> 이스라엘의 '거룩하신 분이신' 주께서
> 이렇게 말씀하신다.
> "내가 바빌론에 군대를 보내어
> 그 도성을 치고 너희를 구하여 내겠다.
> 성문 빗장을 다 부수어 버릴 터이니,
> 바빌로니아 사람의 아우성이
> 통곡으로 바뀔 것이다,……
> 내가 바다 가운데 길을 내고,
> 거센 물결 위에 통로를 냈다.
> (이사야 43 : 14, 16)

여기서도 "배 안의 아우성"이 언급되고 있는데, 즉 "그들은 배에서 멀리 떨어져 서서, 통곡한다"고 하였습니다. 에스겔서에서도 마찬가지입니다.

> 네 선장들의 울부짖는 소리에

해변 땅이 진동한다.
노 젓는 사람이 모두 배에서 내린다.
사공들과, 사람들이 모두 뭍으로 올라와서,
파선된 너를 애석해 하면서,
큰소리로 목놓아 울고,
비통하게 울부짖는다.
(에스겔 27 : 28-30)

그러나 이 구절은 두로의 멸망에 관한 것인데, 두로는, 진리와 선에 속한 지식들의 측면에서 교회를 뜻합니다. 그러나 주지하여야 할 것은, 여기서도 그 종교적인 종지를 애지중지하고, 입 맞추고, 그리고 마음 속에서 그것을 시인하고, 공경하는 자들 이외의 다른 사람을 뜻하지 않는다는 것입니다. 그러나 그들이 그 종교적인 종지 안에 태어났고, 거기에서 성장하였고, 그리고 신령예배를 부당하게 자신의 것으로 사용할 목적으로, 그리고 이 세상에 있는 모두의 재물을 소유할 목적으로 꾸민 그들의 술책이나 올가미 따위에 관해서 전혀 모르기 때문에, 그리고 진실된 마음으로 선들을 행하고, 마찬가지로 그들의 눈을 주님에게 돌리는, 그와 같은 종교적인 종지에 속한 사람들은 사후 행복한 상태에 들어갑니다. 왜냐하면, 거기에서 교육을 받고, 진리들을 영접, 수용하였고, 그리고 교황 숭배나 성인들에게 하는 기도를 배척하고, 그리고 천지의 하나님으로 주님을 시인하는 자들은 모두 천계에 올리워지고, 그리고 천사들이 되기 때문입니다. 이런 이유 때문에 영계에는 그들에게 속한 수많은 천계적인 사회들이 있고, 이 세상에서 그런 방법으로 삶을 산 고귀한 사람들은 거기에 안착(安着)합니다. 그 사회들에 안착한 몇몇 사람들을 볼 수 있는 기회가 허락되었는데, 그들 중에는 황제들·왕들·공작들·제후들이 있었습니다. 사실 이런 사람들은, 주님의 대리자로서가 아니고, 교회의 높은 직무를 수행하는 사람으로서 교황이나 주교를 시인하였습니다. 그리고 이들은 교황의 칙령에서 비롯된 어떤 것들을 마찬가지로 시인하였지만, 그럼에도 불구하고 성언을 거룩한 것으로 간직하고, 그들의 직무에서 정당하게 행동하기도 하였습니다. 이런 내용들에 관해서는 경험을 통해서 언급한 ≪최후 심판과 영계에 관한 속편≫ 58·60항을 참조하십시오.

787. 18절. 그 도시를 태우는 불의 연기를 보고, "저렇게 큰 도시가 또 어디에 있겠는가!" 하고 외칠 것입니다.
이 말씀은, 그들이 이 세상에서 모든 종교에 비하여 가장 으뜸 되는 것으로 믿었던, 그 종교적인 종지의 저주를 보고, 멀리 떨어진 상태에서의 그들의 슬픔을 뜻합니다. "그들이 멀리 떨어져서 서 있다"는 말은 그들이 아직도 저주에서부터 멀리 떨어진 상태에 있다는 것과 그리고 여전히 형벌에 속한 두려움 안에 있다는 것을 뜻합니다(본서 769·783항 참조). 그들의 "외침"(=울부짖음·crying)은 그들의 슬픔을 뜻합니다. "태우는 불의 연기"는 성언의 섞음질이나 모독 때문에 있는 저주나 영벌을 뜻합니다(본서 766·767항 참조). "저렇게 큰 도시가 또 어디에 있을까! 하는 그들의 말"은 그들이, 그 종교적인 종지를 이 세상에 있는 모든 종교에 비하여 가장 뛰어난 것으로 믿었다는 것을 뜻합니다. "저렇게 큰 도시"는, 위에서 자주 언급한 것과 같이, 그 종교적인 종지를 뜻합니다. 그들이, 모든 종교에 비하여 뛰어난 것으로 그 종교적인 종지를 믿었다는 것, 그리고 그것이 어머니요, 여왕이요, 여주인으로 믿었다는 것 등은 주지의 사실입니다. 그리고 그것이 교회법이나 수도승들에 의하여 계속해서 주입(注入)되었다는 것, 그리고 그들이 그와 같이 믿었다는 것도 잘 알려진 사실입니다. 그리고 그들이 통치권이나 재물을 취하려는 열망에서 이런 일을 수행하였다는 것도 예의 주의하는 사람들에게는 역시 주지의 사실입니다. 그럼에도 불구하고 그들의 통치의 권위 때문에 그들은 모든 그것의 외적인 것들에서 물러날 수가 없었습니다. 그러나 그들은 그것의 내적인 것들에서는 멀리 물러날 수 있었는데, 그 이유는 모든 자유가 사람의 의지나 이해에, 그리고 그것에서 비롯된 그의 정동과 사상에 남아 있었고, 지금도 그대로 남아 있기 때문입니다.

788. 19절. 그들은 머리에 머지를 뿌리고, 슬피 울면서 "화를 입었다. 화를 입었다. 큰 도시야!" 하고 부르짖었습니다.
이 말씀은, 비애를 가리키는 그들의 내면적인 것들이나 외면적인 것의 큰 비애와 슬픔을 뜻합니다. 그것은 그렇게도 뛰어난 종교적인 종지가 전적으로 멸망되었고, 그리고 저주받았기 때문입니다. "머리에 먼지를 뿌린다"(=뒤집어쓴다)는 말은 아래에 이어서 언급된 멸망과 저주 때문에 생긴 내면적인 비애와 슬픔을 뜻합니다. "울부짖고, 울고, 슬퍼한다"는 말은 외면적인 비애와 슬픔을 뜻합니다. 여기서 "운다"(weeping)는 말은 영혼에 속한 슬픔을 뜻하고, "슬퍼한다"는 말은 마음의 슬픔을 뜻합니다. "화를 입었다. 화를 입었다. 큰 도시야!"라는 말은 그 도시의 멸망과 저주에 대한 매우 심한 비애나 애도(哀悼)를 뜻합니다. 여기서 "화를 입었다"(=화 있다)는 말은 재앙(災殃)이나 불행(不幸), 저주 따위에 대한 비애를 뜻하고, 따라서 "화를 입었다. 화를 입었다"는 말은 아주 아주 극심한 비애를 뜻한다는 것은 본서 416・769・785항을 참조하십시오. 그리고 "도시"는 그 종교적인 종지를 뜻합니다(본서 785항과 그 밖의 여러 곳 참조). "머리에 먼지를 뿌린다"(=뒤집어쓴다)는 말이 멸망과 저주에 대한 내면적인 고통과 슬픔을 뜻한다는 것은 아래의 장절에게서 잘 알 수 있겠습니다.

> 파선된 너를 애석해 하면서,
> 큰소리로 목놓아 울고,
> 비통하게 울부짖는다.
> 머리에 티끌을 끼얹으며,
> 재 속에서 뒹군다.
> (에스겔 27 : 30)
> 도성 시온의 장로들은
> 땅에 주저앉아 할 말을 잃고,
> 머리 위에 흙먼지를 뒤집어쓰고,
> 허리에 굵은 베를 둘렀다.
> 예루살렘의 처녀들은
> 땅에 머리를 떨군다.
> (애가 2 : 10)
> (욥의 세 친구들은) 슬픔을 못 이겨 소리 내어 울면서 겉옷을 찢고, 또 공중에 티끌을 날려서 머리에 뒤집어썼다.
> (욥기 2 : 12)
> 처녀 딸 바빌론아,
> 내려와서 티끌에 앉아라.
> 딸 바빌로니아야,
> 보좌를 잃었으니, 땅에 주저앉아라.
> (이사야 47 : 1)

그들이 내적으로 심히 슬플 때, 그들의 머리에 흙먼지를 뿌리는 이유는, "먼지"(dust)가 저주 받은 것을 뜻하기 때문입니다. 이러한 것은 여러 장절들에게서 잘 알 수 있습니다(창세기 3 : 14 ; 마태 10 : 14 ; 마가 6 : 11 ; 누가 10 : 10-12). 그리고 "머리에 뿌려진 흙먼지"는 그들이 저주를 받았다는 자신에 대한 시인을 뜻하고, 따라서 회개를 뜻합니다(마가 11 : 21 ; 누가 10 : 13). "먼지"가 저주 받은 것을 뜻한다는 것은 영계에서 지옥을 덮고 있는 땅이 풀도 잡초도 전혀 없는 철저한 먼지로 이루어졌기 때문입니다.

789. "바다에 배를 가진 사람은 모두
그 도시의 값진 상품으로 부자가 되었건만,
그것이
한 순간에 잿더미가 되고 말았구나!"
하고 부르짖었습니다.

이 말씀은, 그 종교적인 종지에 속한 거룩한 것들에 의하여 구입하기를 원했던 수많은 모든 것들이 없어졌기 때문에, 그리고 세속적이고, 일시적인 재물이 영적인 재물이나 영원한 재물을 취하였지만, 지금은 전혀 그렇지가 않다는 것 때문이다는 것을 뜻합니다. "그 도시의 값진 상품으로 부자가 되었다"는 말은 그 종교적인 종지에 속한 거룩한 것들에 의하여 하나님을 위로시키는 것을 뜻하고, 또한 일시적이고 임시적인 상품이나 재물들을 주고 그들이 영적이고, 영원한 상품들이나 재물들을 받는 것을 뜻합니다. 다시 말하면 금·은·보석·진주·자주색 옷감과 12, 13절에 열거된 그 밖의 다른 것들을 주고, 그들이 사후 축복과 지복을 받을 것이다는 것을 뜻합니다. 이러한 내용은, 그들이 그 도시에 의하여 부자가 되었다고 말하는 "값진 상품"이 뜻하는 것입니다. 그들이 이와 같이 말하고 있는 것은 잘 알 수 있습니다. "그것들이 한 순간에 잿더미가 되었다"는 말은 그 종교적인 종지가 파괴되었기 때문에, 어느 누구도 그 이후로는 그들의 거룩한 것들을 구입할 수 없다는 것을 뜻합니다. 이상의 설명에서 명확한 것은 이런 구절이나 낱말들이 위에 인용한 것들을 뜻한다는 것입니다. 값진 것들이 교회에 속한 거룩한 것들을 뜻한다는 것은 아래의 장절들에게서 잘 알 수 있겠습니다.

요셉 지파를 두고서
그는 이렇게 말하였다.
"주께서 그들의 땅에 복을 내리실 것이다.
위에서는 하늘의 보물 이슬이 내리고,
아래에서는 지하의 샘물이 솟아오른다.
햇빛을 받아 익은 온갖 곡식과
달빛을 받아 자라나는 온갖 과실이
그들의 땅에 풍성할 것이다.……
선하신 주께서 그들의 땅에 복을 베푸시니,
그 땅이 온갖 좋은 산물로 가득할 것이다."
(신명기 33 : 13-16)
에브라임은 나의 귀한 아들이다.
내가 가장 사랑하는 자식이다.
(예레미야 31 : 20)

여기서 "에브라임"은 성언의 이해를 뜻합니다.

순금만큼이나 고귀한 시온의 아들들이,
어찌하여 토기장이들이 빚은
질그릇 정도로나 여김을 받는가?
(애가 4 : 2)

"시온의 아들들"은 교회에 속한 진리들을 뜻합니다. 그 밖에도 여러 장절들이 있습니다(이사야 13 : 12 ; 43 : 4 ; 시편 36 : 7 ; 45 : 9 ; 49 : 8 ; 72 : 14). 그러므로 바다에서 배를 부리던 자들이 그 도시에서 비롯된 값진 것들에 의하여 부자가 되었다고 언급된 말이 무엇을 뜻하는지 명확하게 되었습니다.

790. 20절. **하늘과 성도들과 사도들과 예언자들이여, 즐거워하십시오. 하나님께서는 그대들을 위하여 그 도시를 심판하셨습니다.**
이 말씀은, 성언에서 온 온갖 선들이나 진리들 안에 있는 천계의 천사들과 교회의 사람들은 그 종교적인 종지에 속한 온갖 악들이나 거짓들 안에 있는 자들이 제거되고, 배척되었다는 것을 마음 속에서 기뻐할 것이다는 것을 뜻합니다. "하늘이여, 그 도시를 위하여 즐거워하라"는 말은, 천계의 천사들이 지금 마음에서 기뻐 날뛴다는 것을 뜻하는데, 왜냐하면 그 환희는 마음에 속한 즐거움이기 때문입니다. "사도들과 예언자들도 즐거워하십시오"라는 말은 성언에서 비롯된 온갖 선들과 진리들 안에 있는 교회의 사람들 모두가 다 함께 기뻐한다는 것을 뜻합니다. "사도들"은 선들 안에 있는, 그리고 그것에서 비롯된 성언에서 온 교회의 진리들 안에 있는 자들을 뜻하고, 추상적으로는 선들과, 그것에서 온 성언에서 비롯된 교회에 속한 진리들을 뜻합니다(본서 79항 참조). 그리고 "예언자들"은 성언에서 비롯된 선들에게서 온 진리들을 뜻합니다(본서 8·133항 참조). 그리고 그들을 거룩하다고 한 것은, 앞에서 언급한 것과 같이, "사도들과 예언자들"이, 본질적으로 거룩하고, 추상적으로는 성언에 속한 온갖 선들과 진리들을 뜻하기 때문입니다. 그 이유는 그것들이 모두 주님의 것이기 때문입니다(본서 586·666항 참조). "하나님께서는 그대들을 위하여 그 도시를 심판하셨습니다"라는 말은, 그 종교적인 종지에 속한 온갖 악들이나 거짓들 안에 빠져 있는 자들이 제거되고, 배척되었기 때문이다는 것을 뜻합니다. 그 밖의 다른 자들이 배척되지 않았다는 것은 위의 설명에서 잘 알 수 있겠습니다(본서 786항 참조). 그 종교적인 종지에 속한 온갖 악들이나 거짓들에 빠져 있는 자들의 제거와 배척에 대한 천계의 천사들의 환희(=기뻐 날뜀)는 다음 장(19장) 1-9절에서 다루어지겠습니다. 다만 여기서는 그들이 즐거워할 것이다는 것만을 다루었습니다. 그러나 천사적인 즐거움이 그들의 저주 때문이 아니고, 오히려 새로운 천계(the New Heaven)와 새로운 교회(the New Church), 그리고 믿음이 돈독(敦篤)한 자의 구원으로 말미암은 것입니다. 그와 같은 일은 그들이 제거되기 전에는 주어질 수 없는 것입니다. 그리고 그 일은 최후심판에 의하여 일어나고, 그리고 행해졌습니다. 이 주제에 관한 몇몇 내용들은 다음 장 7-9절의 설명에서 볼 수 있겠습니다. 이상에서 볼 때 명확한 사실은, 우리의 본문, "하늘과 성도들과 (너희 거룩한) 사도들과 예언자들이여, 즐거워하십시오. 하나님께서 그대들을 위하여 그 도시를 심판하셨습니다"라는 말이 성언에서 비롯된 선들이나 진리들 안에 있는 천계의 천사들과 교회의 사람들은 마음 속에서 즐거워할 것이다는 것과, 그리

고 그 종교적인 종지에 속한 온갖 악들이나 거짓들에 빠져 있는 자들
은 제거되고 배척될 것이다는 것 등을 뜻한다는 것입니다. 성언에 언
급되고 있는 사도들이나 예언자들이 여기서 그 사람들 자신을 뜻하지
않는다는 것을 누구가 모르겠습니까? 사도들이나 예언자들은 극소수이
고, 그리고 다른 자들에 비하여 월등히 뛰어난 것도 아닙니다. 그러나
그들은, 성언에서 온 온갖 선들이나 진리들 안에 있는 주님의 교회 안
에 있는 모두를 뜻합니다. 이들은 위에서 언급한 것과 같이(본서 349항
참조), 이스라엘의 열두 지파가 뜻하는 자들이기도 합니다. "사도 베드
로"는 진리나, 또는 교회에 속한 믿음을 뜻하고, "사도 야고보"는 교
회에 속한 인애를 뜻하고, "사도 요한"은 교회에 속한 사람들의 인애
에 속한 일들(=선행들 · works of charity)을 뜻합니다.

791. 21절. 또 힘센 천사가 큰 맷돌과 같은 돌을 들어 바다에 던지
고 말하였습니다.
"그 큰 도시 바빌론이 이렇게
큰 힘으로 던져질 터이니,
다시는 그 흔적도 찾을 수 없을 것이다."
이 말씀은 하늘에서 나온 주님의 강한 입류(a strong influx)에 의하여
모두에게 있었던 성언에 속한 그것의 모독된 진리들과 함께 그 종교적
인 종지가, 머리를 거꾸로 하고, 지옥으로, 던져질 것이다는 것과 그리
고 그것들이 더 이상 천사들에게는 나타나지 않을 것이다는 것을 뜻합
니다. "힘센 천사가 들어올렸다"는 말은 천계를 통해서 온 주님의 강
력한 입류(a powerful influx)를 뜻합니다. 왜냐하면 여기서 "천사"는
주님을 뜻하고, 그리고 천계를 통해서 이루어진 주님의 역사(役事 · His
operation)를 뜻하기 때문입니다(본서 258 · 415 · 465 · 649항 참조). 여기
서 그가 "힘센 천사"라고 불리웠고, 그리고 "그가 큰 맷돌과 같은 돌
을 들어올렸다"고 언급하고 있기 때문에, 그것은 강력한 입류를 가리
키는 능력이 넘치는 역사(powerful operation)를 뜻합니다. "큰 맷돌과
같은 돌"은 성언의 모독되고, 위화된 진리들을 뜻합니다. 왜냐하면
"돌"(石 · stone)은 진리를 뜻하기 때문이고, 그리고 "매 질"(=맷돌을 돌
린다)은, 조사하고 탐색하고, 연구하고, 성언에 속한 진리의 확증을 뜻
하기 때문입니다(본서 794항 참조). 그러나 여기서는 바빌론에 관해서
언급하고 있기 때문에 성언에 속한 진리의 섞음질과 모독을 뜻합니다.

따라서 "큰 도시 바빌론이 이와 같은 큰 힘(=맹공)으로 던져질 것이다"는 말은 그 종교적인 종지가 이와 같이 지옥으로 던져질 것이다는 것을 뜻합니다. "다시는 그 흔적도 찾을 수 없을 것이다"는 말은 더 이상 천사들에게는 그것이 나타나지 않을 것이다는 것을 뜻합니다. 이와 같은 내용을 뜻한다는 것은, 그 종교적인 종지에서 비롯된 그것의 악들이나 거짓들 안에 있는 자들은 모두 사후에 사실 영들의 세계에 들어가기 때문입니다. 왜냐하면 그 세계는 제일 먼저 모두가 함께 모이는 공공광장(公共廣場·forum)과 같기 때문입니다. 그리고 그것은 마치 모든 음식물들이 제일 먼저 집합되는 위(胃)와도 같습니다. 위(胃)는 역시 그 세계에 대응합니다. 그러나 오늘날은, 1757년 단행된 최후심판 이후이기 때문에, 종전과 꼭 같이, 영들의 세계에 머무르고, 그리고 자신들에게는 이른바 천계와 같은 것을 그들이 형성하는 것이 허락되지 않고, 오히려, 그들이 거기에 도착하자 즉시 그들은, 지옥과 결합되어 있는 사회들에게로 보내지고, 그리고 그들은 수시로 그 사회들로 보내지고 있습니다. 따라서 그들이 천사들에게 나타나지 않게 하는 돌봄(配慮)은 주님에 의하여 행해집니다. 그러므로 그 도시가 뜻하는 것, 즉 종교적인 종지가 "더 이상 보이지 않는다"(=그 흔적도 찾을 수 없다)는 말은 이런 내용을 가리킵니다. 섞음질된 성언의 진리들이 "맷돌"(the millstone)을 뜻하기 때문에, 그리고 "바다"가 지옥을 뜻하기 때문에, 그러므로 주님께서 이렇게 말씀하셨습니다.

"나를 믿는 이 작은 사람들 가운데서 하나라도 죄짓게 하는 사람은, 차라리 자기 목에 연자맷돌을 달고 바다 깊숙이 잠기는 편이 낫다."
(마태 18 : 6)

마가복음 9장 42절과 누가복음 17장 2절에서는 그냥 "맷돌"(a millstone)이라고 하였습니다. 예레미야서에서도 바벨에 관해서 거의 같은 내용으로 언급되었습니다.

그대가 이 책을 다 읽은 다음에는, 책에 돌을 하나 매달아서, 유프라테스 강 물에 던지십시오. 그런 다음에 "주께서 이 곳에 내리는 재앙 때문에 바빌로니아도 이렇게 가라앉아, 다시는 떠오르지 못하고 쇠퇴할 것이다" 하고 말하십시오.

(예레미야 51 : 63, 64)

"유프라테스 강 가운데"라는 말은 "바다"가 뜻하는 것과 동일한 것을 뜻하는데, 그 이유는 유프라테스 강은 전에 바벨이 있었던 앗시리아와 붙어 있고, 가나안 땅에서 떨어져 있기 때문입니다.

792. 22절. "거문고를 타는 사람들과
노래를 부르는 사람들과
피리를 부는 사람들과
나팔을 부는 사람들의 노랫소리가
다시는 네 안에서 들리지 않을 것이다."

이 말씀은 그들에게는 영적인 진리나 선에 속한 어떤 정동도 없을 뿐만 아니라, 천적인 진리나 선에 속한 정동도 없다는 것을 뜻합니다. 여기서 "소리"는 음성(sound)을 뜻하고, 그리고 모든 음성은, 정동이 사랑에서 오기 때문에, 사랑에 속한 정동에 대응합니다. 이렇게 볼 때 대응으로 말미암아 거문고 소리·노래 부르는 소리·피리 부는 소리·나팔 부는 소리는 모두가 정동들을 뜻한다고 하겠습니다. 그러나 정동은 두 종류가 있는데, 하나는 영적인 정동이고, 다른 하나는 천적인 정동입니다. 그리고 전자적인 정동들은 지혜에 속한 정동들을 가리키고, 후자적인 정동들은 사랑에 속한 정동들을 가리킵니다. 그것들은 마치 천계가 그러하듯이, 서로서로 다릅니다. 천계에는, 앞에서 수차 언급하였듯이, 두 왕국들, 즉 천적인 왕국과 영적인 왕국이 있습니다. 그러므로 음향이 영적인 정동과 관계를 가지고 있는 악기들도 있고, 천적인 정동과 관계를 가지고 있는 악기들도 있습니다. "거문고나 성악가"의 소리나 음성(=음향·voice and sound)은 영적인 정동들과 관계를 가지고 있고, "피리나 나팔"의 소리나 음향은 천적인 정동들과 관계를 가지고 있습니다. 왜냐하면 현악기(絃樂器)들과 같이, 음향이 서로 따로 따로 분리되는, 그런 소리의 악기들은 영적인 정동들의 부류에 속하고, 관악기(管樂器)처럼 음향이 계속적으로 이어지는 그런 소리의 악기들은 천적인 정동의 부류에 속하기 때문입니다. 따라서 명확한 것은, "거문고나 성악가"의 소리나 음향은 영적인 선과 진리에 속한 정동들을 뜻하고, "피리나 나팔"의 소리나 음향은 천적인 선과 진리에 속한 정동들을 뜻한다고 하겠습니다. 대응으로 말미암아 거문고 소리가 영적인 진리에 속한 정동에서 비롯된 고백을 뜻한다는 것은 앞서의 설명에서 잘 알 수 있겠습니다(본서 276·661항 참조). 그리고 여기서 그것은 로마 가톨릭적인 종지에 속한 악들이나 거짓들에 빠져 있는 자들은 영적인 진리나 선에 속한 정동을 전혀 가지고 있지 않다는 것, 그리고 또한 천적인 진리나 선에 속한 정동들도 전혀 가지고 있지 않다는 것도 뜻합니다. 그 이유는, "거문고 소리·노래 부르는 소리·피리 소리·나팔 소리가 다시는 들리지 않을 것이다"고 언급되고 있기 때문입니다. 그들이 그런 것들을 가지고 있지 못한 이유는 그것들이 그들에게 주어질 수가 없기 때문입니다. 왜냐하면 그들은 성언에서 비롯된 진리를 가지고 있지 않기 때문입니다. 그리고 그들이 진리를 가지고 있지 않기 때문에, 그들은 또한 어떤 선도 가지고 있지 않기 때문입니다. 진리를 열망하는 자에게 후자, 즉 선은 주어집니다. 그러나 주님에게 나아가는 사람을 제외하면 영적인 정동으로 말미암아 진리를 열망하는 사람은 아무도 없습니다. 그들의 열망에 일치하여 이런 부류의 사람들은 사후 천사들에 의하여 교육을 받고, 그리고 진리들을 영접, 수용합니다. 그들이 미사 드리는 소리를 듣고 있는 동안, 그리고 주님으로부터 성언을 통하여 오는 진리들이 결여되어 있는 또 다른 헌신적인 미사를 드리고 있는 동안, 그들이 있는 외적인 정동들은 지극히 자연적이고, 그리고 감관적이고, 관능적입니다. 그것들이 이런 부류이기 때문에, 그리고 주님에게서 온 내적인 것이 결여되어 있기 때문에, 그들이 짙은 흑암의 상태나, 맹목의 상태에서 산 사람이나 죽은 사람에게 열심히 예배를 드린다는 것을 이상하게 생각할 필요도 없고, 그리고 그들의 영혼에 대한 죄사함을 이루기 위하여 저승의 왕(plutos)이라고 부르는 악마들에게 희생제물을 바치는 것도 이상하게 생각할 필요도 없겠습니다.

793. "어떤 종류의 기술자도
네 안에서 하나도 보이지 않을 것이요,……."
이 말씀은, 교리나 그것에 일치하는 삶으로 말미암아 그 종교적인 종지에 빠져 있는 사람들은 영적인 진리의 이해를 전혀 가지고 있지 못하고, 그리고 그것으로 인하여, 그것이 자기 자신에게서 비롯된다고 하는 한, 영적인 진리에 속한 생각도 전혀 가지고 있지 않습니다. 성경의 영적인 뜻으로 "기술자"(an artificer · 名工 · 技術者)는 총명한 자를 뜻하고, 그리고 이해로부터 생각하는 사람을 뜻하는데, 좋은 뜻으로는 이해로부터 천계적인 것을 가리키는 진리들을 생각하는 사람을 뜻하고, 나쁜 뜻으로는 이해로부터 지옥적인 것들을 가리키는 온갖 거짓들을 생각하는 사람을 뜻합니다. 후자나 전자가 여러 유(類)이기 때문에, 그리고 그 유에 속한 종(種)도 수도 없이 많고, 그리고 그런 유나 종에 속한 종류도 수도 없이 많이 있기 때문에, 그리고 또한 개별적이라고, 특수적인 것이라고 하는 것도 부지기수로 있기 때문에, 그러므로 우리의 본문은 "어떤 종류의 기술자도 네 안에서 보이지 않을 것이다"고 언급되었습니다. 그들의 손재주나 그 밖의 여러 재주로 말미암아 "기술자들"은 지혜・총명・지식에 속한 것과 같은 대응에서 비롯된 그런 것들을 뜻합니다. 대응에서 비롯되었다고 언급하였는데, 그것은 모든 인간적인 작품(work)이나, 마찬가지로 그것을 준비하는 모든 활동은 선용(善用)에 속한 것으로, 천사적인 총명에 속한 그런 것들에 모두 대응하기 때문입니다. 그러나 금・은・보석으로 만든 기술자의 작품들은 천사적인 총명에 속한 온갖 주제나 내용 따위에 대응합니다. 그리고 동・철・나무・돌로 만든 기술자의 작품들은 다른 종류의 주제나 내용에 대응합니다. 그리고 그 밖의 바람직스러운 선용에서의 기술자의 작품들, 예를 들면, 여러 종류의 옷감・세마포・의복이나 그 밖의 의류의 작품들은 또 다른 주제나 내용에 대응합니다. 위에서 언급한 것과 같이, 그것들은 작품들이기 때문에, 그런 것들은 모두가 어떤 것과 대응합니다. 이런 사실들에게서 볼 때 명확한 것은 "어떤 종류의 기술자"도 바벨론에서 보이지 않을 것이다는 우리의 본문은 거기에 기술자들이 없다는 것을 뜻하지 않고, 그리고 그것으로 인하여 영적인 진리에 속한 생각도 전혀 존재하지 않을 것이다는 것을 뜻합니다. 그러나 이런 일은, 그것의 교리나, 그것에 일치하는 삶으로 말미암아, 그리고 그것이 자기 자신에게서 비롯된 것이라고 하는, 그 종교적인 종지에 빠져 있는 자들에게만 있는 것입니다. "기술자"가 진리의 이해나, 그것에서 비롯된 진리에 속한 사상 안에 있는 자를 뜻한다는 것은 아래의 장절들에게서 잘 드러나고 있습니다.

그(=브살렐과 오홀리압)에게 하나님의 영을 채워 주어, 지혜와 총명과 지식과 온갖 기술을 갖추게 하였다.

(출애굽 31 : 3 ; 36 : 1, 2)
일을 하는 사람들 가운데, 기술이 있는 사람은 모두 열 폭 천으로 성막을 만들었다.
(출애굽 36 : 8)
열 폭으로 성막을 만들어라. 그 천은, 가늘게 꼰 모시 실과 청색 실과 자주색 실과 홍색 실로, 그룹을 정교하게 수놓아 짠 것이라야 한다.
(출애굽 26 : 1)
(너는) 청색 실과 자주색 실과 홍색 실과 가늘게 꼰 모시 실로 휘장을 짜고, 그 위에 그룹을 정교하게 수를 놓아라.
(출애굽 26 : 31 ; 35 : 35)
그들은, 금 실과 청색 실과 자주색과 홍색 실과 가늘게 꼰 모시 실로 정교하게 감을 짜서 에봇을 만들어야 한다.
(출애굽 28 : 6 ; 39 : 8)

한마디 말로 거기에 표현된 기술자는 설계자나 날조자(捏造者)를 뜻합니다.

보석을 세공하는 사람이 인장 반지를 새기듯이, 두 보석 위에 이스라엘 아들들의 이름을 새겨라. 그리고 그 보석들을 금테에 물려라.
(출애굽 28 : 11)

반대의 뜻(=나쁜 뜻)으로 "기술자의 작품"은, 거짓 이외에는 그것에서 아무것도 생산될 수 없는, 자기 자신의 총명으로 말미암아서 행해진 그런 작품을 뜻합니다. 이런 내용이 아래 장절에서의 "기술자의 작품"이 뜻하는 것입니다.

그런데도 그들은 거듭 죄를 짓고 있다.
은을 녹여 거푸집에 부어서
우상들을 만든다.
재주껏 만든 은 신상들,
그것들은 모두
세공업자들이 만든 것인데도,
그들은, 이 신상 앞에서 재물을 바치라고 하면서,
송아지 신상들에게 입을 맞춘다.

(호세아 13 : 2)
우상이란 대장장이가 부어 만들고,
도금장이가 금으로 입히고,
은사슬을 만들어 걸친 것이다.
금이나 은을 구할 형편이 못되는 사람은,
썩지 않는 나무를 골라서 구하여 놓고,
넘어지지 않을 우상을 만들려고
숙련된 기술자를 찾는다.
(이사야 40 : 19, 20)
이방 사람이 우상을 숭배하는 풍속은
허황된 것이다.
그들의 우상은 숲 속에서 베어 온 나무요,
조각가가 연장으로 다듬어서 만든
공예품이다.……
그 우상에게 얇게 펴서 입힌 그 은은
다시스에서 들여온 것이며,
그 금도 우바스에서 들여온 것입니다.
우상들은 조각가가 새긴 것,
은장이가 만든 공예품입니다.
그것에다가
청색 옷과 자주색 옷을 걸쳐 놓은 것이니,
모두가
솜씨 좋은 사람들이 만들어 놓은 것이다.
(예레미야 10 : 3, 9 ; 신명기 27 : 15)

"우상들"(idols)이 자기 자신의 총명에서 비롯된 예배와 종교에 속한 거짓들을 뜻한다는 것은 위의 설명에서 볼 수 있겠습니다(본서 459·460항 참조).

794. "맷돌 소리도
다시는 네 안에서 들리지 않을 것이다."
이 말씀은, 교리에서, 그리고 그것에 일치하는 삶에서 비롯된 그 종교적인 종지 안에 빠져 있는 자들이, 이미 수용하고, 확증된, 따라서 각인(刻印)된 거짓이 길을 가로막고 서 있기 때문에 영적인 진리에 관한 탐구도, 연구도, 확증 따위를 전혀 하지 않는다는 것을 뜻합니다. "맷돌 소리"는 영적인 진리에 관해서, 특히 성언으로부터 계속해서 탐구하고, 연구하고, 확증하는 것 이외의 아무것도 뜻하지 않습니다. 맷돌 소리가 또는 맷돌질하는 소리가 이런 내용을 뜻한다는 것은, 갈리는 밀과 보리(wheat and barley)가 천적인 선과 영적인 선을 뜻하기 때문에, 그러므로 굵은 가루(meal)나 고운 밀가루는 그 선에서 비롯된 진리를 뜻하기 때문입니다. 왜냐하면 모든 진리는 선으로 말미암아 존재하고, 그리고 영적인 선에서 온 것이 아닌 모든 진리는 영적인 것이 아니기 때문입니다. "맷돌 소리에 관해서" 언급하고 있는데, 그것은 성언에 두루 있는 영적인 것들은 자연에 속한 궁극적인 것들이 가리키는 보조적인 것들에 의하여 속내를 드러내고 있기 때문입니다. 예를 들어 보겠습니다. 영적인 진리들이나 선들은 컵·대접·병·쟁반이나 그 밖의 용기들에 의하여 자기 자신을 드러냅니다. 이러한 사실은 위의 설명에서 잘 볼 수 있습니다(본서 672항 참조). "밀"(wheat)은 성언에서 비롯된 교회의 선을 뜻하고(본서 315항 참조), "고운 밀가루"는 그 선에서 비롯된 진리를 뜻합니다(본서 778항 참조). "맷돌"(mill)이 영적인 진리에 관한 계속적인 탐구·연구·확증 따위를 뜻한다는 것은 아래 장절들에게서 잘 알 수 있겠습니다.

> (예수께서 시대의 종말에 관해서 말씀하셨습니다.) 그 때에 두 사람이 밭에 있을 터이나, 하나는 데려가고, 하나는 버려 둘 것이다. 두 여자가 맷돌을 갈고 있을 터이나, 하나는 데려가고, 하나는 버려 둘 것이다.
> (마태 24 : 40, 41)

"시대의 종말"(the consummation of the age)은, 최후심판이 단행되는 때인 교회의 종말을 뜻합니다. 그리고 "밭"(field)은 교회를 뜻합니다. 그 이유는 거기에 추수가 있기 때문입니다. "맷돌로 가는 자들"은 진리들을 찾는 교회 안에 있는 자들을 뜻하고, "데려가는 자들"은 진리들을 찾고, 그것들을 영접, 수용한 사람을 뜻하고, "버려 두는 자들"은, 그들이 거짓들 안에 빠져 있기 때문에, 진리들을 찾지도 않고, 그리고 그것들을 영접, 수용하지도 않는 자들을 뜻합니다. 예레미야서의 말씀입니다.

내가 그들에게 흥겨워하는 소리와 기뻐하는 소리, 즐거워하는 신랑 신부의 목소리, 맷돌질하는 소리, 등불 빛을 모두 사라지게 하겠다.
(예레미야 25 : 10)

이 구절에서 "맷돌질하는 소리"는 묵시록서의 우리 본문에 있는 것과 같은 내용을 뜻합니다.

맷돌은, 전부나 그 위짝 하나라도, 저당을 잡을 수 없다. 이것은 사람의 생명을 저당잡는 것과 마찬가지이기 때문이다.
(신명기 24 : 6)

여기서 "맷돌"은 영혼을 가리킵니다. 그 이유는 영혼이 지혜에 속한 진리와 믿음을 뜻하기 때문입니다(본서 681항 참조). 반대의 뜻으로 "맷돌"은 거짓에 관한 탐구와 확증을 뜻하는데, 이런 사실은 아래 구절에서 명확합니다.

젊은이들은 맷돌을 돌리며,
아이들은 나뭇짐을 지고 비틀거립니다.
(애가 5 : 13)
처녀 딸 바빌론아,
내려와서 티끌에 앉아라.
딸 바빌로니아야,
보좌를 잃었으니, 땅에 주저 앉아라.……
맷돌을 잡고 가루를 빻아라.
얼굴을 가린 너울을 벗고,
치마를 걷어 올려
다리를 드러내고 강을 건너라.
알몸을 드러내고
네 부끄러운 곳까지도 드러내 보여라.
(이사야 47 : 1-3)

이 구절에서 "맷돌을 잡고 가루를 빻는다"라는 말은, 그것들을 확증하기 위하여, 거짓들을 연구하고 탐구하는 것을 뜻합니다.

795. 그러나 이러한 내용에 대해서 예를 들어서 설명하고자 합니다.

바빌론 안에 있는 사람들이 성만찬의 떡과 포도주를 나누어서, 떡은 평신도에게 주고, 포도주는 성직자에게 주는 이 극악한 거짓을 어떻게 확증할 것인가를 연구하고, 검토하였다는 것을 누가 모르겠습니까? 이러한 사실은 트렌트 종교회의에서 정하고, 칙령에 의하여 제정된 견진례(堅振禮·the confirmation)를 단순하게 읽는 것에서도 잘 알 수 있는 데, 그것은 이러합니다.

> 성례(聖禮·consecration)가 있은 뒤 즉시, 예수 그리스도의 참된 몸(the true body)와 참된 피(the true blood)는 그분의 영혼과 신성(神性·Divinity)과 함께 그 빵과 포도주 안에 참되고, 실제로, 그리고 실체적으로 내포되어 있는데, 그분의 몸(His body)은 빵의 형체(the appearance of bread) 하에, 그리고 그분의 피(His blood)는 포도주의 형체(the appearance of wine) 하에, 성경말씀의 능력(the force of the words)으로 말미암아, 내포되어 있는 것입니다. 그러나 몸 자체는 포도주의 형체 하에, 피 자체는 빵의 형체 하에, 그리고 영혼은 양자 하에 있는데, 이것에 의하여 그리스도의 부분들이 서로 합일(合一)되는 자연적인 연결(natural connection)과 병존(竝存·concomitancy)의 능력에 의하여, 그리고 몸과 영혼의 놀라운 본질적 합일(=그리스도의 신성과 인성의 합일)에 속한 이치(理致·reason)에 의하여, 그리고 양자의 모양에서와 꼭 같이 내포되어 있다는 것, 그리고 그리스도의 전체(the whole)와 완전함(entire)은 빵의 형체 안에, 그리고 그 형체의 모든 부분 안에 존재한다는 것, 그리고 전체(the whole)는 포도주의 형체 안에, 그리고 그 형체의 모든 부분 안에 존재한다는 것 등입니다. 그리고 또한 물(water)은 포도주와 뒤섞여야(to be mixed) 한다는 것입니다.

이러한 내용이 그들의 가르침입니다. 그리고 이런 가르침들은 그들 자신이 고백하고 있듯이, 주님의 말씀의 뜻에 어긋나는 것입니다. 건전한 판단력을 가지고 있는 사람이면 누구가 여기서 진리들 자체가 왜곡되고 있다는 것을 알지 못하겠습니까? 그리고 마음 속에 올바른 것이 있는 사람이면 어느 누구가 추론에 의하여 진리가 역겨운 것인 거짓으로 뒤바뀌었다는 것을 모르겠습니까? 그러나 이런 짓의 목적은 무엇일까요? 그것은, 그들이 화해(和解)적인 희생제, 가장 거룩한 것, 순수한 것, 그리고 그것들 안에는 거룩한 것을 제외하면 전혀 아무것도 없다

고 하는 온갖 미사들을 위한 것이고, 그리고 그것들을 통하여 그들은
거룩함을 사람들의 육체적인 감관에 불어넣기 위한 것이고, 그리고 동
시에 믿음에 속한 모든 것들이나 영적인 삶에 어둠(night)을 불어넣기
위한 것이고, 그리고 그와 같은 짙은 흑암 속에서 그들이 지배력과 재
물을 쥐려는 목적이었을까? 그리고 성직자들은 주님의 것으로 가득 찼
고, 주님은 그들 안에 계시다는 성직자들에 관한 이념을 품게 하기 위
해서일까? 포도주는, 그들이 지치지 않게 하기 위해서, 그들을 위한
것이고, 술취함(醋酊)을 막기 위해서 포도주에 반드시 물을 넣어야만
한다는 것일까?

796. 23절. "등불 빛도
다시는 네 안에서 비치지 않을 것이요."
이 말씀은, 교리에서, 그리고 그것에 일치하는 삶으로 말미암아 그 종
교적인 종지 안에 있는 자들은 주님에게서 오는 어떤 조요(照耀·
enlightenment)도 취하지 못하고, 그것으로 인하여 그 어떤 영적인 진
리의 지각도 얻지 못한다는 것을 뜻합니다. "등불 빛"(the light of a
lamp)은 주님에게서 오는 조요와 그것에서 비롯된 영적인 진리의 지각
을 뜻합니다. 왜냐하면 "빛"(light)은, 그것들 안에 천사들이 존재하고,
이해의 측면에서 사람들이 존재하는, 천계의 빛(the light of heaven)을
뜻하기 때문입니다. 그리고 그것의 본질에서 그 빛은 신령지혜(the
Divine wisdom)입니다. 왜냐하면 그것에서부터 신령지혜에 속한 것 이
상의 다른 어떤 빛도 발출할 수 없기 때문입니다. 왜냐하면 그것은 영
계의 태양이신 주님에게서 발출하기 때문입니다. 그리고 그것의 본질
에서 그것은 신령지혜에 속한 신령사랑이기 때문이고, 그리고 그것으
로부터는 신령지혜에 속한 이외의 다른 것은 발출할 수가 없기 때문이
고, 또한 신령사랑에 속한 어떤 볕(熱·heat)도 발출할 수 없기 때문입
니다. 이것이 사실이라는 것은 ≪신령사랑과 신령지혜≫ 83-172항에
서 명확하게 입증되었습니다. 그 빛이 주님에게서 오기 때문에, 그리
고 주님께서는 그것에 의하여, 그리고 그것 안에서 무소부재(無所不在)
하시기 때문에, 그러므로 모든 조요의 상태나 깨우침은 그것에 의하여
이루어지고, 그리고 그것으로 인하여 영적으로 신령진리들을 애지중지
하는 사람들은, 다시 말하면 그것들이 진리들이기 때문에, 따라서 그
것들이 신령하기 때문에, 진리들을 사랑하는 사람들은 영적인 진리의

지각을 받습니다. 이것이 주님을 사랑한다는 말의 뜻인 것은 명확합니다. 왜냐하면 주님께서는 그 빛 안에 무소부재하시기 때문입니다. 그 이유는 신령사랑과 신령지혜(the Divine love and the Divine wisdom)는 공간(空間・place) 안에 있지 않고, 오히려 그것들이 영접, 수용된 곳에 있고, 그리고 그 수용에 일치하는 곳에 있기 때문입니다. 로마 가톨릭적인 종지 안에 있는 자들이 그 어떤 조요도, 그리고 그것에서 비롯된 영적인 진리에 속한 지각도, 받지 못한다는 것은 이런 사실에서, 다시 말하면 그들은 영적인 빛을 사랑하지 않는다는 사실에서, 아주 명확합니다. 왜냐하면, 위에서 언급한 것과 같이, 영적인 빛의 근원(根源)은 주님으로 말미암아 존재하기 때문입니다. 그리고 주님과의 결합을 이룬 사람을 제외하면 그 어떤 누구도 그 빛을 받을 수 없기 때문이고, 그리고 그 빛을 영접, 수용할 수 없기 때문입니다. 그리고 주님과의 결합은, 주님의 시인과 주님예배에 의하여, 그리고 동시에 성언에서 비롯된 그분의 계명들에 일치하는 삶에 의하여, 이루어지기 때문입니다. 주님시인과 주님예배, 그리고 성경말씀을 읽는 것은 주님의 현존(現存・임재)을 가능하게 합니다. 그러나 이들 두 가지와 더불어, 그분의 계명들에 일치하는 삶은 주님과의 결합을 이룹니다. 바빌론에서는 이와는 정반대입니다. 거기에는, 통치를 제외하면 주님의 시인 따위는 없습니다. 성경은 시인되지만, 그것을 읽는 일은 없습니다. 거기에서는 주님 대신에 교황이 섬겨지고 있고, 성언 대신에 교황의 칙령들이 시인되고 있습니다. 그리고 그들은 성언의 계명들에 일치하여 살지 않고, 교황의 칙령들에 따라서 살고 있습니다. 그리고 이런 칙령들은 자신들을 목적으로서 교황의 통치권과 그리고 천계와 교회에 대한 그의 성직자들의 통치에 두고 있습니다. 그리고 성언에 속한 계명들은 천계와 교회에 대한 주님의 통치를 그들의 목적으로 삼고 있습니다. 이러한 사실들은, 지옥과 천계와 같이, 서로가 직접적으로 정반대가 됩니다. 이런 것들이 언급되었는데, 그것은, 그들이 전적으로 등불 빛을 가지고 있지 않다는 것, 다시 말하면, 교리로부터 그리고 그것에 일치하는 삶으로부터 바빌론적인 종교적인 종지 안에 있는 사람들은 조요와 그리고 그것에서 비롯된 영적인 진리의 지각을 가지고 있지 않다는 것을 알게 하기 위한 것입니다. 주님께서 빛 자체이시다는 것, 그리고 그 빛으로부터 영적인 진리에 속한 모든 조요와 지각이 온다는 것은 아래의 장절들에게서 잘 드러나고 있습니다.

주님은 참 빛이었습니다.······그 빛이 세상에 오셨으니, 모든 사람을 비추는 참 빛이었습니다.
(요한 1 : 4-12)

이것은 주님에 관한 것입니다.

심판을 받았다고 하는 것은, 빛이 세상에 들어왔지만, 사람들이, 자기들의 행위가 악하므로, 빛보다 어둠을 더 좋아하였다는 것을 뜻한다.······진리를 따르는 사람은 빛으로 나아간다.
(요한 3 : 19, 21)
예수께서 그들에게 대답하셨다. "아직 얼마 동안은 빛이 너희 가운데 있을 것이다. 빛이 있는 동안에 다녀라. 어둠이 너희를 이기지 못하게 하여라. 어둠 속으로 다니는 사람은, 자기가 어디로 가는지를 모른다. 너희는 빛이 있는 동안에 그 빛을 믿어서, 빛의 자녀가 되어라."
(요한 12 : 35, 36)
(예수께서 큰소리로 말씀하셨다.) 나는 빛으로 세상에 왔다. 그것은 나를 믿는 사람이면, 누구든지 어둠 속에 머무르지 않게 하려는 것이다.
(요한 12 : 46)
(예수께서 대답하셨다.) "내가 세상에 있는 동안, 나는 세상의 빛이다."
(요한 9 : 5)
(시므온이 말하였다.) "내 눈이 주의 구원을 보았습니다.
주께서 이것을
모든 백성 앞에 마련하셨으니,
이것은
이방 사람들에게는 계시하시는 빛이요,
주의 백성 이스라엘에게는 영광입니다."
(누가 2 : 30-32)
어둠에 앉아 있는 백성이 큰 빛을 보았고,
그늘진 죽음의 땅에 앉은 사람들에게
빛이 비치었다.
(마태 4 : 16 ; 이사야 9 : 2)
주께서 이렇게 말씀하신다.
"네가 내 종이 되어서,
야곱의 지파들을 일으키고

이스라엘 가운데 살아 남은 자들을
돌아오게 하는 것은,
네게 오히려 가벼운 일이다.
땅 끝까지 나의 구원이 미치게 하려고,
내가 너를 '뭇 민족의 빛'으로 삼았다.
(이사야 49 : 6)
그 도시에는, 해나 달이 빛을 비출 필요가 없습니다. 그것은, 하나님의 영
광이 그 도성을 밝혀 주며, 어린 양이 그 도성의 등불이시기 때문입니다.
(묵시록 21 : 23 ; 22 : 5)

이런 장절들에게서 밝히 알 수 있는 것은, 주님께서 빛 자체이시다는 것이고, 그 빛으로부터 모든 조요(照耀)와 그리고 그것으로 인하여 진리의 지각(知覺)이 온다는 것입니다. 그 이유는 주님께서는 빛 자체이시고, 악마는 어둠이기 때문입니다. 그리고 악마는 주님에게 속한 모든 거룩하고 신령한 것들을 다스리려고 하는 지배욕입니다. 따라서 그 지배욕은 주님까지도 다스리려고 합니다. 통치권이 그에게 주는 것에 비례하여, 악마는 주님의 신령한 것들을 어두움게 하고, 소멸시키고, 그리고 불을 질러서 모두 태워버립니다.

797. "신랑과 신부의 음성도
다시는 네 안에서 들리지 않을 것이다."
이 말씀은, 교리로부터, 그리고 그것에 일치하는 삶으로부터 그 종교적인 종지 가운데 있는 자들은, 교회를 완성하는, 선과 진리의 결합을 전혀 가지고 있지 않다는 것을 뜻합니다. 여기서 "음성"(=소리·voice)은 기쁨을 뜻하는데, 그 이유는 그것이 신랑과 신부의 음성이기 때문입니다. 최고의 뜻으로 "신랑"은 신령선의 측면에서 주님을 뜻하고, "신부"는 주님에게서 온 신령진리의 측면에서 교회를 뜻합니다. 왜냐하면 교회는, 주님에게서 온 신령진리들 안에 있는 주님의 신령선의 수용으로 말미암아 하나의 교회이기 때문입니다. 주님께서는 신랑이라고 불리셨고, 마찬가지로 남편이라고 불리셨다는 것과 그리고 교회가 신부로, 그리고 또한 아내로 불리셨다는 것 등은 성경말씀으로부터 아주 명확합니다. 이것에서 명확한 것은 천계적인 혼인, 즉 선과 진리의 결합이 그것에서 비롯된 것이다는 것은 혼인(婚姻·marriage)에 관한 저서(著書)에서 볼 수 있을 것입니다. 지금은 이 천계적인 혼인(this

heavenly marriage)이, 성언에서 비롯된 신령진리들 안에 있는 주님에게서 온 신령선의 영접을 통하여 교회에 속한 사람들에 의하여 이루어지기 때문에, 아주 명확한 사실은 교리에서, 그리고 그것에서 비롯된 그 종교적인 종지 안에 있는 자들에게는 결코 선과 진리의 결합이 존재하지 않는다는 것입니다. 그 이유는 그들이 주님과의 결합을 가지고 있지 않기 때문입니다. 그러나 그들은 산 사람이나 죽은 사람과의 결합을 가지고 있습니다. 이와 같은 결합, 다시 말하면 자기사랑에서 비롯된 주님의 거룩하고 신령한 것들을 지배하려는 욕망이나, 또는 심지어 주님까지도 지배하려고 하는 지배욕에 빠져 있는 자들에게는, 앞 단락에서 언급한 것과 같이, 악마와의 결합이 있는데, 그것이 바로 그의 지배애(支配愛)입니다. 그를 통해서 하나님에게 나아갈 수 있다고 하는 악마에게 가까이 나아가는 것은 몹시 고약한 것입니다. 주님께서 신랑이라고 불리셨고, 교회가 신부라고 불리운다는 것은 아래 장절들에게서 명확합니다.

> 신부를 차지하는 사람은 신랑이다. 신랑의 친구는 신랑이 오는 소리를 들으려고 서 있다가, 신랑의 음성을 들으면 크게 기뻐한다.
> (요한 3 : 29)

세례자 요한은 주님에 관해서 이렇게 말씀합니다.

> 예수께서 그들에게 말씀하셨다. "혼인 잔치의 손님들이 신랑과 함께 있는 동안에 슬퍼할 수 있느냐? 그러나 신랑을 빼앗길 날이 올 터이니, 그 때에는 그들이 금식할 것이다."
> (마태 9 : 15 ; 마가 2 :19, 20 ; 누가 5 : 34, 35)
> 나는 또, 거룩한 도시 예루살렘이 남편을 위하여 단장한 신부같이 차리고, 하나님께로부터 하늘에서 내려오는 것을 보았습니다.
> (묵시록 21 : 2)
> 기뻐하고 즐거워하며,
> 하나님께 영광을 돌리자.
> 어린 양의 혼인날이 이르렀다.
> 그의 신부는 단장을 끝냈다.……
> 또 그 천사가 나에게 말하였다. "어린 양의 혼인 잔치에 초대를 받은 사람

에게는 복이 있다고 기록하여라."……"이 말씀은 하나님의 참된 말씀이다."
(묵시록 19 : 7, 9)
"하늘 나라는 이런 일에 비길 수 있을 것이다. 처녀 열 사람이……신랑을 맞으러 나갔다."
(마태 25 : 1)

여기서도 신랑은 역시 주님을 뜻합니다. 신랑 신부의 음성이 무엇을 뜻하는지, 그리고 신랑 신부의 기쁨이 무엇을 뜻하는지 아래 장절에서도 명확합니다.

> 총각이 처녀와 결혼하듯이,
> 너의 아들들이 너와 결혼하며,
> 신랑이 신부를 반기듯이,
> 네 하나님께서 너를 반기실 것이다.
> (이사야 62 : 5)
> 주께서 나에게 구원의 옷을 입혀 주시고,
> 의의 겉옷으로 둘러 주셨으니,
> 내가 주 안에서 크게 기뻐하며,
> 내 영혼이 하나님 안에서 즐거워할 것이다.
> (이사야 61 : 10)
> 지금 황무지로 변하여, 사람도 없고 주민도 없고 짐승도 없는 유다의 성읍들과 예루살렘의 거리에, 또다시, 환호하며 기뻐하는 소리와 신랑 신부가 즐거워하는 소리와 감사의 찬양의 소리가 들릴 것이다.
> (예레미야 33 : 10, 11)
> 백성을 한데 모으고,
> 회중을 거룩하게 구별하여라.……
> 신랑도 신방에서 나오게 하고,
> 신부도 침실에서 나오게 하여라.
> (요엘 2 : 16)
> 그 때에는 내가 유다의 성읍들과 예루살렘의 모든 거리에서, 흥겨워하는 소리와 기뻐하는 소리, 즐거워하는 신랑 신부의 목소리를 사라지게 하겠다.
> (예레미야 7 : 34 ; 16 : 9)
> 내가 그들에게서 흥겨워하는 소리와 기뻐하는 소리, 즐거워하는 신랑 신부의 목소리, 맷돌질하는 소리, 등불 빛을 모두 사라지게 하겠다. 이 땅은 깡그리 끔찍한 폐허가 되고, 이 땅에 살던 민족은 칠십 년 동안 바빌로니아

왕을 섬길 것이다.
(예레미야 25 : 10, 11)

지금까지 두 절에 있는 일련의 것들에 관해서 설명된 것들로부터 그 종교적인 종지에 빠져 있는 자들이 영적인 선이나 진리에 속한 정동도 가지고 있지 않다는 것을 잘 알 수 있겠고(본서 792항 참조), 그리고 그들이 영적인 진리의 이해도, 그리고 그것에서 비롯된 그것에 속한 생각(思想)도, 전혀 가지고 있지 않다는 것을 잘 알 수 있겠습니다(본서 793항 참조). 왜냐하면 생각(思想)은 정동에서 오고, 그리고 그것에 일치하기 때문입니다. 그리고 또한 그들이 영적인 진리에 대한 탐구도, 조사도, 확증도 가지고 있지 않다는 것도 알 수 있겠습니다(본서 794항 참조). 그리고 역시 그들이 주님에게서 비롯된 조요나 깨우침도 가지고 있지 않다는 것, 그것으로 인하여 영적인 진리의 지각도 전혀 가지고 있지 않다는 것도 잘 알 수 있겠습니다(본서 796항 참조). 마지막으로 그들이, 교회를 완성하는, 선과 진리의 결합도 가지고 있지 않다는 것도 잘 알 수 있겠습니다. 이런 내용들이 순서에 맞게 서로 뒤이어지고 있습니다.

798. 그들에게는 주님과 교회의 혼인(=결합)이 없기 때문에, 선과 진리의 결합이 없다고 언급하였습니다. 따라서 천계를 열고(opening), 닫는(shutting) 권위에 관해서 몇 마디 설명을 하고자 합니다. 사실 그 일은 곧 온갖 죄의 사면(赦免)이나 또는 남겨두는(維持) 권위의 하나로 행동하는 것인데, 그들은 그것을 베드로나 사도들의 계승자(繼承者)로서 스스로 주장하는 것입니다. 주님께서 베드로에게 하신 말씀입니다.

너는 베드로다. 나는 이 반석 위에다가 내 교회를 세우겠다. 죽음의 세력이 그것을 이기지 못할 것이다. 내가 너에게 하늘 나라의 열쇠를 주겠다. 네가 무엇이든지 땅에서 매면 하늘에서도 매일 것이요, 땅에서 풀면 하늘에서도 풀릴 것이다.
(마태 16 : 18, 19)

주님께서 주님의 교회를 그 위에다가 세우실 것이라고 하신 "그 반석"(the rock)이 뜻하는 것이 바로 신령진리이다는 것은 그 때 베드로가 고백한 것입니다. 그 내용은—.

"선생님은 살아 계신 하나님의 아들 그리스도십니다."
(마태 16 : 16)

반석이신 주님께서 "무엇이든지 땅에서 매면 하늘에서도 매일 것이요, 땅에서 풀면 하늘에서도 풀릴 것이다"는 "하늘 나라의 열쇠들"은, 주님께서 친히 말씀하신 것과 같이(마태 28 : 18), 주님께서는 천지(天地)를 다스리는 권세를 가지고 계신다는 것을 뜻합니다. 따라서 마음 속에서부터 우러나오는 베드로의 고백 안에 있는 사람들을 구하는 능력을 가지시고 있다는 것을 뜻합니다. 사람들을 구원하시는 주님의 신령역사(the Lord's Divine operation)는 궁극적인 것들에 의하여 처음의 것들로 말미암아 존재합니다. 이러한 내용이 "그가 무엇이든지 땅에서 매면 하늘에서도 매일 것이요, 땅에서 풀면 하늘에서도 풀릴 것이다"는 말이 뜻하는 것입니다. 주님께서 그것에 의하여 역사하신다는 궁극적인 것들(the ultimates)은 땅에 존재하고, 그리고 사실은 사람들과 함께 있습니다. 이런 이유 때문에, 주님께서 처음 것들 안에 계시는 것과 같이, 궁극적인 것들 안에 계시기 위하여, 주님께서는 이 땅에 강림하셨고, 그리고 인성(人性·the Human)을 입으셨습니다. 모든 주님의 신령역사(役事)는 궁극적인 것들에 의하여(=통하여) 처음 것들로 말미암아 존재한다는 것, 따라서 처음 것들 안에 계시는 주님 자신으로부터, 그리고 궁극적인 것들 안에 계시는 주님 자신으로 말미암아서 존재한다는 것은 ≪신령사랑과 신령지혜≫ 217-219·221항에서 잘 알 수 있겠습니다. 그리고 그것으로 인하여 주님께서는 "처음과 마지막, 알파와 오메가, 시작과 끝이요, 전능자"라고 불리셨다는 것은 본서 29-31·38·57항에서 잘 알 수 있겠습니다. 만약에 사람이 원한다면 사람의 구원은 그의 생애의 처음부터, 심지어 그의 생애의 마지막에 이르기까지 사람과 함께 하는 주님의 계속적인 역사(役事·operation)이다는 것과, 그리고 이 일은 순수한 신령역사이다는 것과, 그리고 사람 누구에게도 줄 수 없는 것이다는 등등을 그 누구가 모르겠습니까? 그것이 신령하기 때문에, 그것은 동시에 무소부재(無所不在)·무소부지(無所不知)·무소불능(無所不能)의 일(=역사·work)이다는 것, 그리고 사람의 개혁(=바로잡음·men's reformation)·중생(=거듭남·regeneration), 따라서 사람의 구원 등이 주님의 신령섭리(the Lord's Divine Providence)이다는 것 등등은 역시 처음부터 마지막까지 ≪섭리론≫에서 익히 알 수 있겠습니다. 주님의 이 세상 강림(降臨) 그 자체가 오직 사람의 구원 때문이었습니다. 왜냐하면 이 일을 목적해서 주님께서는 인성(=인간적인 것·the Human)을 입으셨고, 지옥들을 퇴치(退治)하셨고, 그리고 자기 자신을 영광화(榮光化)하셨고, 심지어 궁극적인 것들 안에서 전능(全能·omnipotence)을 드러내셨는데, 이것이 바로 "하나님의 우편에 앉아 계신다"는 말이 뜻하는 내용입니다. 그러므로 신령권위와 능력은 사람에게 속한 것이고, 더 이상 주님에게 속한 것이 아니다는 것과, 만약에 오직 성직자가 "내가 사면한다" 또는 "내가 파문한다"고 말만 하면, 그리고 그가 "내가 용서한다"고 말만 하면, 그것이 엄청난 것이라고 해도 용서받는다고 하는 그런 것을 제정하는 것을 통하여 하나의 종교적인 종지를 구축(構築)한다는 것이 그 얼마나 가증스럽고 고약한 것입니까? 이 세상에는, 임시적인 형벌들을 피하기 위하여, 술책들이나 뇌물에 의하여 극악무도한 범죄를 면제 받으려고 하는, 그리고 면죄 받았다고 하는 사악한 악마들이 수도 없이 많이 있습니다. 악마를 천국에 들어가게 하는 권세를 받았다고 믿게 할 만큼 더 이상 그 누구가 미치광일 수가 있겠습니까! 위에서 이미 언급하였습니다(본서 790항 참조). "베드로"는 교회에 속한 믿음의 진리(the truth of faith of the church)를 표징하고, "야고보"는 교회에 속한 인애의 선행(the good of charity)을 표징하고, "요한"은 교회에 속한 사람들의 선행들(the good works)을 표징합니다. 그리고 열두 사도들은 모두가 교회에 속한 것들의 측면에서 교회를 표징합니다. 그들이 그런 것들을 표징하고, 표의한다는 것은, 마태복음서에서 그들에게 하신 주님의 말씀에서 아주 명확합니다.

> 예수께서 그들에게 말씀하셨다. "내가 진정으로 너희에게 말한다. 새 세상에서 인자가 자기의 영광스러운 보좌에 앉고 만물이 새롭게 될 때에, 나를 따라온 너희도 열두 보좌에 앉아서, 이스라엘 열두 지파를 심판할 것이다." (마태 19 : 28 ; 누가 22 : 30)

이 말씀은, 주님께서 교회에 속한 선들과 진리들에 따라서 모두를 심판하실 것이다는 것 이외에 다른 것을 뜻하지 않습니다. 만약에 위의 말씀이 이 말씀을 뜻하지 않고, 오히려 사도들 자신들을 뜻한다면, 그들이 사도들의 계승자들이라고 주장하는 큰 도시 바빌론에 있는 모든 자들은, 그들 자신들의 숫자만큼, 교황에서 수도승에 이르기까지, 보좌들 위에 앉을 것이다고 할 것이고, 그리고 그들이 전 세계에 있는 모두를 심판할 것이다고 주장할 것입니다.

799. "그것은
네 상인들이 땅의 세도가로 행세하고,……."
이 말씀은 성직 품계에서 보다 높은 자리에 있는 자들은 그런 부류의 인물이다는 것을 뜻하는데, 그 이유는 그 위계질서의 규례들 안에서 규정하고 있는 다종다양한 독재적인 권한들에 의하여 그들은 장사를 하였고, 이득을 취하였기 때문입니다. "세도가"(=위대한 사람)라는 말은, 이른바 "장사꾼들"이라고 불리우는 추기경들·주교들·대주교들인 그들의 성직품계에서 보다 고위직에 있는 자들을 뜻합니다. 그 이유는 그들이, 장사꾼들이 하는 것과 같이(본서 771·783항 참조), 교회에 속한 거룩한 것들에 의하여 재산을 얻기 때문입니다. 그러나 여기서는 위계질서에 있는 다종다양하고, 독재적인 권한들에 의하여 장사하고, 많은 이익을 취하는 자들을 뜻합니다. 이와 같이 말할 수 있는 이유는 앞서의 설명에서 명확합니다. 왜냐하면 이것은 바로 그런 내용이나 설명의 결과이기 때문입니다. 앞에서 언급한 것은, "그 큰 도시 바빌론에서는, 거문고·노래 부르는 사람·피리·나팔의 소리가 들리지 않을 것이다"는 것이고, 그리고 "어떤 종류의 기술자도 보이지 않을 것이다"는 것이고, 그리고 "맷돌 소리도 들리지 않고" "등불 빛도 다시는 거기에서 비치지 않을 것이고" "신랑 신부의 음성도 들리지 않을 것이다"는 것 등등입니다. 그런데 이런 말들은, 바빌론 안에는 영적인 진리에 속한 정동이 전혀 없을 것이다는 것, 그리고 그것의 이해나, 그것에서 비롯된 그것의 생각(思想)도 없다는 것을 뜻하고, 또한 그것을 탐구하고 연구하는 일도 없다는 것과 또한 그것에 속한 조요(=깨우침)나 지각도 없다는 것과 그것으로 인하여 거기에는 교회를 완성하는 선과 진리의 결합도 전혀 없다는 것 등등을 뜻합니다(본서 792-794·796·797항 참조). 그들이 이런 것들을 가지고 있지 못하는 이유는, 교회의 품계에서 높은 지위에 있는 자들은 장사하고, 재물을 얻기 때문이고, 그리고 그것이 낮은 계급의 사람들에게 본보기가 되었기 때문입니다. 그러므로 우리의 본문 "그것은 네 상인들이 땅의 세도가로 행세하고 있기 때문이다"라고 언급된 이유입니다. 그러나 몇몇 사람들은 아마도 장사한다고 할 수 있는, 독재적인 권세들은 무엇입니까? 라고 말할 것입니다. 그들은 자신들의 연간 수입이나, 수당 따위를 받지 않고 있습니다. 그러나 그것들은 그 열쇠들의 권위로 말미암은 특권(特權·dispensation)들일 뿐입니다. 그 특권들이란, 그들이, 비록 엄청난 것이라고 해도, 온갖 죄들을 용서하는 것이고, 그리고 그것에 의하여 일시적인 형벌들을 면하게 하는 것이기도 합니다. 그리고 교황과의 중재(仲裁)에 의하여 그들이, 금지하고 있는 범위 내에서 계약혼인(contracting matrimonies)에 대한 권한을 취하기도 하고, 금지하지 않는 범위 안에서는 그들을 떼어 놓기도 하는 권한을 얻습니다. 그리고 그것을 관용(寬容)에 의하여 중재 없이 행하기도 하고, 그들의 권한 안에 있는 특권을 부여하는 것에 의하여, 성직자의 안수나 견진성사(堅振聖事)를 집전하는 것에 의하여, 수도원들에게서 오는 일반적인, 또는 특수적인 온갖 선물들에 의하여, 그 밖에 다른 자들에게 속한 권한에 의하여 다른 근원에서부터 온 수입을 차지하는 것에 의하여, 그리고 그 밖의 여러 방법이나 수단들에 의하여, 중재 없이 그것을 행하기도 합니다. 그들의 연간 수입이 아닌, 이런 것들이 만약에 그들에게 족한 것이라면, 이런 것들은 그들로 하여금 영적인 진리에 대한 사상의 정동은 물론, 연구나 지각을 전혀 가지지 못하게 합니다. 그 이유는 그런 것들은 모두가 부정한 재물에서 취득한 재물들이기 때문입니다. 그리고 불의한 사람은 자연적인 재물을 변함없이 탐하고, 그리고 성언에서 비롯된 신령진리들을 가리키는 영적인 재물에 대해서는 혐오(嫌惡)합니다. 이상에서 볼 때 지금 명확한 것은, 우리의 본문 "네 상인들이 땅의 세도가로 행세하기 때문이다"는 말이, 그들의 성직 품계에서 보다 높은 지위에 있는 자들은 그런 부류의 인물들이다는 것을 뜻한다는 것입니다. 그 이유는, 그 품계의 규칙들 범위 안에서 그들에게 주어진 다종다양하고, 심지어 독재적인 온갖 권한들이나 권리들에 의하여 그들은 많은 거래(去來)를 하고, 이윤을 얻기 때문입니다. 그 열쇠의 권한에 의한 범죄들에 대해서, 심지어 극악한 죄에 대해서까지, 사면되는 면죄부(免罪符·dispensation)에 관해서 몇 가지 내용을 부연하고자 합니다. 그들은 그 면죄부에 의하여 영원한 형벌로부터 무죄로 인정될 뿐만 아니라, 일시적인 형벌들로부터도 자유하게 될 것입니다. 그리고 만약에 그들이 그들을 자유하게 하지 못한다면, 그들은 여전히 그들을 도피처(逃避處)에서 보호합니다. 이런 일들이 교회의 재판권에 속하지 않고, 시민법적인 재판법적인 재판권에 속한 것이다는 것을 그 누구가 모르겠습니까? 그들이 그들의 통치를 비종교적인 사안들에게, 그리고 공적인 안전(公安·public security)을 파괴하는 것에 확대한다는 것을 그 누구가 모르겠습니까? 변함없이 그들에게 남아 있는 이 권한에 의하여 그들은 왕들이 제정한 재판기관들을 뛰어 넘는 그들의 종전의 절대군주(絶對君主)의 통치로 되돌려 놓은 권한 안에 있다는 것, 따라서 판사들을 뛰어 넘고, 심지어 최고의 통치자까지 뛰어넘는 절대군주의 통치에 있다는 것을 그 누구가 모르겠습니까? 그들은 역시 이런 일을 자행하였는데, 만약에 그들이 이런 일을 하지 못한다면 그런 것들의 빼앗김에 대하여 두려워한다는 것을 그 누구가 모르겠습니까? 이런 내용이 다니엘서의 아래 말씀이 뜻하는 것입니다.

(바다에서 올라온 넷째 짐승은)
가장 높으신 분께 대항하여 말하며,
가장 높으신 분의 성도들을 괴롭히며,
정해진 때마다 법을 바꾸려고 할 것이다.
성도들은 한 때와 두 때와 반 때까지
그의 권세 아래에 놓일 것이다.
(다니엘 7 : 25)

800. "모든 민족이
네 마술에 속아 넘어갔기 때문이다."
이 말씀은 그들의 사악한 술책(術策)들이나 책략(策略)들을 뜻하는데, 그들은 그것에 의하여 모든 사람의 마음을 주님의 거룩한 예배로부터 산 사람과 죽은 사람들, 그리고 우상들에게 바치는 모독적인 예배로 인도하였습니다. "모든 민족이 속아 넘어간 마술들은, 그들 자신이 주님 대신에, 따라서 주님처럼, 예배 받고, 존경받기 위하여, 속이고, 설득하는데 사용한 사악한 술책들이나 책략들을 뜻합니다. 그 이유는,

주님께서 친히 가르치신 것과 같이(마태 28 : 18), 주님께서 천지(天地)의 하나님이시기 때문에, 따라서 여러 잡신들(gods)과 같이 존경받기 위해서입니다. 앞서의 설명에서 알고 있듯이(본서 798항 참조), 그들은 주님의 신령권위(the Lord's Divine authority)를 자신들에게 전가(轉嫁)시켰습니다. 이런 내용이 우리의 본문이 뜻하는 것이기 때문에, 그들은 그와 같은 사악한 술책들이나 책략들에 의하여 주님에게 속한 거룩한 예배로부터 죽은 사람들이나 산 사람들, 그리고 우상들에게 바치는 모독된 예배로 그들의 모든 마음을 이끌어냈다는 것을 뜻합니다. 그럼에도 불구하고, 그런 것들은 종말에 이를 것이고, 그리고 영계에서는 이미 종말에 이르렀다는 것은 이미 앞에서 언급되었고, 입증되었습니다. 따라서 이사야서에는 이것이 이렇게 기술되었습니다.

(처녀 딸 바빌론아!)
"자 네가 젊어서부터 부리던
마술과 주술을 가지고 버티어 보아라.
혹시 그것들이 너에게
도움이 될지도 모르고,
아니면 너의 대적들이 그것을 보고,
너를 두려워할지도 모르지 않느냐!
너는 오히려
너의 많은 조언자들 때문에 지쳤다.
자, 하늘을 살핀다는 자들,
별을 보고서 점친다는 자들,
매달 초하루마다
너에게 닥쳐올 일을 알려 준다는 자들,
그들을 일으켜서 너를 구원하라고 하여라.
보아라,
그들은 검불같이 되어서,
불에 타고 말 것이다.
그 불은 빵이나 굽는 숯불도 아니고,
손이나 따듯하게 하는 화롯불도 아니다.
그 불은 너무나도 뜨거워서,
그들 스스로 그 불에서
구하여 내지 못할 것이다.

바로 네가 애써서 공들였던 자들이
너에게 이렇게 되며,
네가 젊었을 때부터 너와 거래하던 자들도
각자 뿔뿔이 도망 칠 것이니,
너를 구원할 자가 없을 것이다."
(이사야 47 : 12-15)

801. 24절. "예언자들의 피와 성도들의 피와
땅에서 죽임을 당한 모든 사람의 피가
이 도성에서 발견되었기 때문이다."
이 말씀은, "도성 바빌론"이 뜻하는, 성언에 속한 모든 진리의 섞음질과 모독이, 성언으로 말미암은 교회에 속한 모든 진리의 섞음질이나 모독들을 가리키는 그 종교적인 종지로 말미암은 것이다는 것을 뜻하고, 그리고 그 거짓이 그것으로 인하여 온 기독교에 두루 퍼졌다는 것을 뜻합니다. 여기서 "피"(blood)는 성언에 대한 위화·섞음질·모독을 뜻합니다(본서 327·379·684항 참조). 그리고 여기서 "예언자들"은, 성언에서 비롯된 신령진리들 안에 있는 모두를 뜻하고, 그리고 추상적인 뜻으로는 성언에서 비롯된 교리에 속한 진리들을 뜻합니다(본서 8·133항 참조). 그리고 "성도들"(saints)은 주님의 교회에 속한 자들을 뜻하고, 추상적인 뜻으로는 교회에 속한 거룩한 진리들을 뜻합니다(본서 173·586·666항 참조). "죽임을 당한 자"는 영적으로 죽임을 당한 자들을 뜻하고, 그리고 그들은 거짓들에 의하여 멸망된 영적으로 살해된 자들이라고 합니다(본서 325항과 그 밖의 여러 곳 참조). 그리고 "땅"(earth)이 교회를 뜻하기 때문에, "땅에서 죽임을 당한 모든 사람"은, 거짓들에 의하여 멸망된 기독교회에 있는 모든 자를 뜻합니다. 그 이유는 그들에게 있었던 거짓이 그 종교적인 종지로부터 두루 퍼져나갔기 때문입니다. 예레미야서에는 바빌론에 관해서 이렇게 언급되었습니다.

"세상 사람들이
바빌로니아 때문에 칼에 죽은 것과 같이,
이제는 바빌로니아가
이스라엘 사람을 칼로 죽인 죄로

쓰러져 죽을 차례이다.······
그 온 나라에서
칼에 찔린 자들이 신음할 것이다."
(예레미야 51 : 49, 52)

이사야서의 말씀입니다.

네(=바빌론)가 너의 나라를 황폐하게 하고,
너의 백성을 죽였으니,
너는 왕들과 함께 묻히지 못할 것이다.
(이사야 14 : 20)

수많은 온갖 거짓들이 바빌론적인 종교적 종지로부터 개혁교회 속으로 퍼져 나아갔다는 것은 앞서의 설명에서 잘 알 수 있습니다(본서 751항 참조). 거기에는 이런 장절이 설명되었습니다. 묵시록서의 말씀입니다.

네가 본 그 여자는 세상의 임금들을 다스리는 통치권을 가진 큰 도시를 가리킨다.
(묵시록 17 : 18)

802. "도시 바빌론"이 뜻하는 성언에 속한 모든 진리와, 그것에서 비롯된 교회에 속한 모든 거룩한 것들의 섞음질들과 모독들을 가리키는 그 종교적인 종지로 말미암은 것이다고 언급하였습니다. 그리고 앞에서 수도 없이 언급하였듯이, 그 종교적인 종지는 성언에 속한 선들이나 진리들을 섞음질하였을 뿐만 아니라 역시 그것들을 모독하였습니다. 그러므로 성경에서 "바빌론"은 거룩한 것에 대한 모독을 뜻합니다. 지금은 그 모독이 어떻게 존재하였고, 그리고 이루어지고 있는지에 관해서 몇 가지를 부연하고자 합니다. 위에서 언급한 것과 같이, 자기사랑에서 비롯된 지배적인 욕망은, 교회에 속한 거룩한 것들이나, 심지어 천계까지도 지배하려고 하고, 따라서 주님에게 속한 모든 신령한 것들까지도 지배하려는 악마가 바로 그것입니다. 그런데 그 종교적인 종지를 구축한 자들의 마음 속에는 그 지배력이 목적으로서 똬리를 틀고 있기 때문에 그들은 성언에 속한 거룩한 것들이나 교회에 속한 거

룩한 것들을 모독하는 것 이외에는 다른 아무것도 할 수 없습니다. 이와 같은 모든 지배적인 사랑(=지배애)이 하고 있는 것과 같이, 악마라고 하는 그 사랑(=욕망)이 내면적으로 어떤 사람의 마음 속에 똬리를 틀고 있다고 상상해 봅시다. 그 때 외면적으로 그것의 눈 앞에 신령진리들을 두었다고 상상해 보십시오. 그것은 그것을 갈기갈기 찢을 것이고, 그것을 땅바닥에 내동댕이치고, 그것을 짓밟고, 발로 으깰 것이 아니겠습니까? 그리고 그 지배욕과 일치하는 온갖 거짓들을 그것에 대신하여 불러 모으지 않겠습니까? 세상에 있는 모든 것들을 차지하려는 소유욕도 사탄적이고, 그리고 악마나 사탄은 한 몸처럼 활동하는데, 그것은 마치 자기가 애지중지하는 것과 다른 자의 것과 계약을 맺은 것처럼 작용할 것입니다. 이런 사실에서 얻는 결론은 성경에서 "바빌론"은 그와 같은 모독이나 섞음질을 뜻한다고 하겠습니다. 예를 들어 보겠습니다. 악마라고 할 수 있는 그 욕망—지배욕과 소유욕—을 이런 신령진리 앞에 놓아 보십시오. 즉 하나님께서는 홀로 예배 받으시고, 존경받아야 한다는 것, 그리고 어느 누구도 그렇게 해서는 안 된다는 것, 따라서 교황의 대리권(代理權·vicarship)은, 배척될 날조요, 허구이다고 하는 신령진리를 놓아 보십시오. 그리고 마찬가지로, 죽은 사람들에게 간구하고, 우상들 앞에서 꿇어 엎드려서, 그들의 몸이나, 뼈에 입을 맞추게 하는, 배척되어야만 할 천박하고 어리석은 우상숭배적인 이 진리를 놓아 보십시오. 그러면 악마인 그 사랑은 이들 두 진리들을 매우 심한 분노 가운데 배척할 것이고, 그것들에 대하여 호통을 치고, 그리고 그것들을 갈기갈기 찢지 않을까요? 그러나 만약에 어떤 사람이 악마인 그 사랑에게, 천계를 열고, 닫는 것이나, 풀고, 매는 것이나, 따라서 바로잡고(改革), 거듭나는 것(重生)과 동일한 것을 가리키는 죄를 용서하는 것이나, 그리고 사람을 속량하고, 구원하는 것 등등은 모두가 순수한 신령한 것이다는 것을 말한다면, 그리고 또한 사람은 모독하는 일 없이 그 어떤 신령한 것을 자기 자신의 공으로 돌릴 수 없다는 것이나, 그리고 베드로 역시 그것을 자신의 공으로 돌릴 수 없다는 것을, 따라서 베드로는 어떤 권한도 행사할 수 없다는 것을 말한다면, 그리고 더욱이 그 승계권(承繼權)은 그 악마적인 사랑(=애욕)이 날조한 것이다는 것, 그리고 그것은 성령을 사람에게서 사람에게로 옮기는 것이다는 것 등을 말한다면, 악마적인 이 사랑(=애욕)은, 이런 말을 들을 때, 온갖 저주나 파문 따위를 가지고 그렇게 말하는 사람을 호되게 몰아 부치고, 불타는 격정으로 그 자를 종교 재판관에게 넘겨 주고, 저주 받은 무리 가운데로 쫓아내지 않을까요? 만약에 어떤 사람이, 이런 것에 비하여 더 상세하게, 주님의 신령권위가 어떻게 해서 귀하에게 전가되었습니까? 하고 말한다면, 그리고 주님의 신성(the Lord's Divinity)을 어떻게 해서 그분의 영혼과 몸에서 떼어낼 수 있을까? 그것은 그것이 할 수 없는 귀하의 신앙에 일치하는 것이지요? 그리고 하나님 아버지께서, 수용그릇인 그분의 신성 안에 넣어 주는 것을 제외하고, 어떻게 그분의 신령능력을 그 아들(聖子)에게 넣어 줄 수가 있을까요? 어떻게 이 신령능력이 사람의 것이 되게 하기 위하여 사람에게 전가될 수 있을까요? 그리고 그 밖의 여러 가지를 말한다면, 이런 말을 듣자 악마인 그 사람은 묵묵부답이겠지만, 속에서는 진노의 불을 태울 것이고, 그리고 이를 부드득 갈 것이고, 크게 소리를 지를 것입니다. "이 자를 끌어내시오. 그리고 그를 십자가에 매다시오. 즉시 십자가에 목을 매시오. 고약한 무리! 빨리 가시오. 썩 물러나시오. 이런 고약한 이단자를 보시오. 당신네들은 이놈하고 놀아나시오."

제 19장 본   문(19장 1-21절)

1 이 일이 있은 뒤에 내가 들으니, 하늘에 있는 큰 무리가 내는 우렁찬 음성과 같은 소리가 이렇게 울려왔습니다.
"할렐루야,
구원과 영광과 권력은
우리 하나님의 것이다.
 2 그분의 심판은 참되고 의로우시다.
음행으로 세상을 망친
그 큰 창녀를 심판하셨다.
자기 종들의 피를 흘리게 한
그 여자를 멸하셨습니다."
 3 그들이 다시금
"할렐루야, 그 여자에게서 나는 연기가
영원히 올라가는구나"
하고 외치니,
 4 스물네 장로와 네 생물이
보좌에 앉으신 하나님께 엎드려 경배하고
"아멘, 할렐루야"
하고 말하였습니다.
 5 그 때에 그 보좌로부터 음성이 울려왔습니다.
"하나님의 모든 종들아,
하나님을 두려워하는 사람들아,
작은 자와 큰 자들아,
우리 하나님을 찬양하여라."
 6 또, 나는 큰 무리의 음성과 같기도 하고, 큰 물소리와 같기도 하고, 우렁찬 천둥소리와 같기도 한 소리를 들었습니다.
"할렐루야,
주 우리 하나님,
전능하신 분께서 왕권을 잡으셨다.
 7 기뻐하고 즐거워하며,

하나님께 영광을 돌리자.
어린 양의 혼인날이 이르렀다.
그의 신부는 단장을 끝냈다.
 8 신부에게 빛나고 깨끗한
고운 모시 옷을 입게 하셨다.
이 고운 모시 옷은
성도들의 의로운 행위다."
 9 또 그 천사가 나에게 말하였습니다. "어린 양의 혼인 잔치에 초대를 받은 사람에게는 복이 있다고 기록하여라." 그리고 또 말하였습니다. "이 말씀은 하나님의 참된 말씀이다."
 10 그 때에 내가 그에게 경배드리려고, 그의 발 앞에 엎드렸더니, 그가 나에게 말하였습니다. "이러지 말아라, 나도 예수의 증언을 간직하고 있는 네 형제자매들 가운데 하나요, 너와 같은 종이다. 경배는 하나님께 드려라. 예수의 증언은 곧 예언의 영이다."
 11 나는 또 하늘이 열려 있는 것을 보았습니다. 거기에 흰 말이 있었는데 '신실하신 분', '참되신 분'이라는 이름을 가지신 분이 그 위에 타고 계셨습니다. 그분은 의로 심판하시고 싸우시는 분입니다.
 12 그분의 눈은 불꽃과 같고, 머리에는 많은 관을 썼는데, 그분 밖에는 아무도 알지 못하는 이름이 그의 몸에 적혀 있었습니다.
 13 그분은 피로 물든 옷을 입으셨고, 그분의 이름은 '하나님의 말씀'이라고 하였습니다.
 14 그리고 하늘의 군대가 희고 깨끗한 고운 모시 옷을 입고, 흰 말을 타고 그분을 따르고 있었습니다.
 15 그분의 입에서 날카로운 칼이 나오는데 그분은 그것으로 모든 민족을 치실 것입니다. 그는 친히 쇠지팡이를 가지고 모든 민족을 다스리실 것이요, 전능하신 하나님의 맹렬하신 진노의 포도주 틀을 밟으실 것입니다.
 16 그분의 옷과 넓적다리에는 '왕들의 왕', '군주들의 군주'라는 이름이 적혀 있었습니다.
 17 나는 또 태양 안에 한 천사가 서 있는 것을 보았습니다. 그는 공중에 나는 모든 새들에게 큰소리로 외치기를 "하나님의 큰 잔치에 모여라.

18 왕들의 살과, 장군들의 살과, 힘센 자들의 살과, 말들과 그 위에 탄 자들의 살과, 모든 자유인이나 종이나 작은 자나 큰 자의 살을 먹어라" 하였습니다.

19 또 나는 짐승과 세상의 왕들과 그 군대들이, 흰 말을 타신 분과 그분의 군대에 대항해서 싸우려고 모여 있는 것을 보았습니다.

20 그러나 그 짐승은 붙잡혔고, 또 그 앞에서 이적들을 행하던 그 거짓 예언자도 그와 함께 붙잡혔습니다. 그는 짐승의 표를 받은 자들과 그 짐승 우상에게 절하는 자들을 이런 이적으로 미혹시킨 자입니다. 그 둘은 산 채로, 유황이 타오르는 불바다로 던져졌습니다.

21 그리고 남은 자들은 말 타신 분의 입에서 나오는 칼에 맞아 죽었고, 모든 새가 그들의 살점을 배부르게 먹었습니다.

간추린 영적인 뜻(19장 1-21절)

◆ 전장의 간추린 대의(大意)

로마 가톨릭의 종교적 종지가 영계에서 제거되었기 때문에, 그것에 의하여 그들이 빛과 그들의 행복에 들어갔기 때문에, 천계의 천사들이 주님에게 드리고 주님의 영화가 다루어지고 있습니다(1-5절). 그리고 주님의 강림에 관한 선언과 그분으로 말미암아 설시될 새로운 교회에 관한 선언이 다루어지고 있습니다(6-10절). 그 교회를 위한 성언의 영적인 뜻의 측면에서 성언을 여시는 것에 관해서 다루고 있고(17, 18절), 따라서 인애에서 분리된 믿음만의 교리에 빠져 있는 자들의 저항도 다루어졌습니다(19절). 그리고 그들의 제거와 영벌 역시 다루어졌습니다(20, 21절).

◆ 각절의 간추린 대의(大意)

[1절] :

"이 일이 있은 뒤에 내가 들으니, 하늘에 있는 큰 무리가 내는 우렁찬 음성과 같은 소리가 이렇게 들려왔습니다. '할렐루야'"라는 말씀은 바빌로니아 사람들의 제거 때문에 일어난 낮은 천계의 천사들이 행한 주님에게 감사하고, 고백하고, 축하드리는 것을 뜻합니다(본서 803항 참조). "구원과 영광과 권력은 우리 하나님의 것이다"라는 말씀은, 지금 거기에는 주님의 신령능력에서 비롯된 신령진리와 신령선의 영접(迎接)이 있기 때문에 주님으로 말미암아 구원이 있다는 것을 뜻합니다(본서 804항 참조).

[2절] :
"그분의 심판은 참되고 의로우시다. 음행으로 세상을 망친 그 큰 창녀를 심판하셨다"라는 말씀은, 성언에 속한 불결한 섞음질에 의하여 주님의 교회를 멸망시킨 모독적이고, 바빌론적인 종교적 종지가 공정하게 정죄(定罪·condemned)되었다는 것을 뜻합니다(본서 805항 참조). "자기 종들의 피를 흘리게 한 그 여자를 멸하셨습니다"라는 말씀은 주님을 예배하는 자들의 영혼들(=생명들)에게 행한 상해(傷害)와 중상모략(中傷謀略)이나 온갖 폭행들 따위를 뜻합니다(본서 806항 참조).

[3절] :
"그들이 다시금, '할렐루야, 그 여자에게서 나는 연기가 영원히 올라가는구나' 하고 외친다"는 말씀은 그 모독적인 종지가 영원히 정죄되었다는 즐거움에서 비롯된 주님에게 드리는 감사와 축하를 뜻합니다(본서 807항 참조).

[4절] :
"스물네 장로와 네 생물이 보좌에 앉으신 하나님께 엎드려 경배하고, '아멘, 할렐루야' 하고 말하였습니다"라는 말씀은, 높은 천계의 천사들이 드리는 천지(天地)의 하나님이신, 그리고 우주의 심판주이신, 주님의 경배(敬拜)를 뜻하고, 그리고 낮은 천계의 천사들이 주님께 드리는 감사와 고백, 그리고 축하에 속한 확증을 뜻합니다(본서 808항 참조).

[5절] :
"그 때에 그 보좌로부터 음성이 울려왔습니다. '하나님의 모든 종들아, 하나님을 두려워하는 사람들아, 우리 하나님을 찬양하여라'"는 말씀은 주님에게서 비롯된 천계에 온 입류를 뜻하고, 따라서 천사의 동의를 뜻합니다. 그리고 그것은, 믿음에 속한 진리들 안에, 그리고 사랑에 속

한 선들 안에 있는 자들이 반드시 유일하신 하나님으로 주님을 예배하여야 한다는 것입니다(본서 809항 참조). "작은 자와 큰 자들아, 우리 하나님을 찬양하여라"라는 말씀은, 정도가 큰 것이든 작은 것이든, 믿음에 속한 진리들로부터, 그리고 사랑에 속한 선들로 인하여 주님을 예배하는 자들을 뜻합니다(본서 810항 참조).

[6절] :
"또 나는 큰 무리의 음성과 같기도 하고, 큰 물소리와 같기도 하고, 우렁찬 천둥소리와 같기도 한 소리를 들었습니다. '할렐루야, 주 우리의 하나님, 전능하신 분께서 왕권을 잡으셨다'"라는 말씀은, 지금 설시하게 될 교회에서 주님 홀로 통치하신다는 낮은 천계의 천사들과, 중간 천계의 천사들과, 가장 높은 천계의 천사들의 즐거움(joy)을 뜻합니다(본서 811항 참조).

[7절] :
"기뻐하고 즐거워하며, 하나님께 영광을 돌리자. 어린 양의 혼인날이 이르렀다"라는 말씀은, 지금 이후에는 그분과 그 교회의 혼인이 있을 것이라는 것에 대한 영혼과 마음에 속한 즐거움과 그리고 그것으로 인한 주님의 광영을 뜻합니다(본서 812항 참조). "그의 신부는 단장을 끝냈다"라는 말씀은 새 예루살렘이 가리키는, 이 교회에 속할 자들이 함께 모이고, 임명되고, 교육받는다는 것을 뜻합니다(본서 813항 참조).

[8절] :
"신부에게 빛나고 깨끗한 고운 모시 옷을 입게 하셨다"는 말씀은 성언을 통해서 주님께서 참되고 순수한 진리들을 그들에게 가르치신다는 것을 뜻합니다(본서 814항 참조). "이 고운 모시 옷은 성도들의 의로운 행위다"라는 말씀은, 주님의 교회에 속한 자들이 성언에서 비롯된 진리들을 통하여 삶에 속한 선들을 취할 것이다는 것을 뜻합니다(본서 815항 참조).

[9절] :
"또 천사가 나에게 말하였습니다. '어린 양의 혼인 잔치에 초대를 받은 사람에게는 복이 있다고 기록하여라'"라는 말씀은 천계로부터 요한에게 천사가 보내졌다는 것을 뜻하고, 그리고 주님의 새로운 교회에 관해서 그와 더불어 대화를 하였다는 것과, 그리고 그 교회에 속한 것들을 영접, 수용한 자들은 영원한 생명(永生)을 차지할 것이다는 것을

땅 위에서 알게 하기 위하여 말씀하셨다는 것을 뜻합니다(본서 816항 참조). "그리고 또 말하였습니다. '이 말씀은 하나님의 참된 말씀이다'"는 말씀은 그것이 주님에게서 비롯되었기 때문에 믿어야 한다는 것을 뜻합니다(본서 817항 참조).

[10절] :

"그 때에 내가 그에게 경배드리려고, 그의 발 앞에 엎드렸더니, 그는 나에게 말씀하셨습니다. '이러지 말아라. 나도 예수의 증언을 간직하고 있는 네 형제자매들 가운데 하나요, 너와 같은 종이다. 경배는 하나님께 드려라'"라는 말씀은, 천계의 천사들은 경배 받을 수도 없고, 기도의 대상이 되면 안 된다는 것을 뜻하는데, 그 이유는 그들 안에는 신령한 것이 전무(全無)하기 때문입니다. 그러나 형제와 형제들끼리 하듯이, 그들은 사람들과 함께 제휴(提携)한다는 것을 뜻하고, 그리고 주님을 예배하는 자들과 제휴하고, 따라서 주님만을 경배하는 자들과의 제휴 안에 있다는 것 등을 뜻합니다(본서 818항 참조). "예수의 증언은 곧 예언의 영이다"는 말씀은, 주님께서 천지(天地)의 하나님이시다는 시인을 뜻하고, 그리고 동시에 보편적인 뜻으로 성언에 속한 모든 것과 그것에서 비롯된 교리에 속한 모든 것인 그분의 계율들에 일치하는 삶을 뜻합니다(본서 819항 참조).

[11절] :

"나는 또 하늘이 열려 있는 것을 보았습니다. 거기에 흰 말이 있었는데"라는 말씀은 성언의 영적인 뜻이 주님에 의하여 계시되었다는 것과, 그리고 성언에 속한 내면적인 이해가 주님의 강림에 의하여 모두 공개되었다는 것을 뜻합니다(본서 820항 참조). "'신실하신 분' '참되신 분'이라는 이름을 가지신 분이 그 위에 타고 계셨습니다"라는 말씀은 성언의 측면에서 주님을 뜻합니다. 그것은 신령선 자체이고, 신령진리 자체이다는 것인데, 이 양자로 말미암아 주님께서는 심판을 단행하십니다(본서 821항 참조).

[12절] :

"그분의 눈은 불꽃과 같다"는 말씀은 주님의 신령사랑에 속한 신령지혜를 뜻합니다(본서 822항 참조). "그의 머리에는 많은 관을 썼는데"라는 말씀은 주님에게서 온 성언에 속한 신령진리들을 뜻합니다(본서 823항 참조). "그분 밖에는 아무도 알지 못하는 이름이 그의 몸에 적혀 있었습니다"라는 말씀은, 주님 이외에는, 그리고 그분께서 그것을 계시하신 그 사람 이외에는 어느 누구도 알지 못하는 영적인 뜻과 천적인 뜻 가운데 있는 성언의 본성(=성질·quality)이 어떤 것인지를 뜻합니다(본서 824항 참조).
[13절] :
"그분은 피로 물든 옷을 입으셨고, 그분의 이름은 '하나님의 말씀'이라고 하였습니다"라는 말씀은 궁극적인 뜻 안에 있는 신령진리를 뜻하고, 또한 문자 안에 있는 성언을 뜻하는데, 그것은 온갖 폭행을 당하였습니다(본서 825항 참조).
[14절] :
"그리고 하늘의 군대가 희고 깨끗한 고운 모시 옷을 입고, 흰 말을 타고, 그분을 따르고 있었습니다"라는 말씀은 새로운 크리스찬 천계의 천사들은 성언에 속한 내면적인 이해 안에서 주님과 결합해 있다는 것을 뜻하고, 따라서 그들은 깨끗하고 순수한 진리들 안에 있다는 것을 뜻합니다(본서 826항 참조).
[15절] :
"그분의 입에서 날카로운 칼이 나오는데"라는 말씀은 주님께서 거기에서 나온 교리에 의하여 거짓들을 흩으시는 것(消散·dispersion)을 뜻합니다(본서 827항 참조). "그분은 그것으로 모든 민족을 치실 것입니다. 그는 친히 쇠지팡이를 가지고 모든 민족을 다스리실 것이요"라는 말씀은, 주님께서 성언에 속한 문자적인 뜻의 진리들에 의하여, 그리고 합리적인 것들에 의하여 죽은 믿음(dead faith) 안에 있는 자들을 깨닫게 하고 확신시킨다는 것을 뜻합니다(본서 828항 참조). "전능하신 하나님의 맹렬하신 진노의 포도주 틀을 밟으실 것입니다"라는 말씀은, 주님께서 홀로 교회에 속한 모든 악들이 성언과 따라서 주님 자신에게 공격하는 것과 그리고 주님과 성언에 행해진 모든 폭행을 참고 견디실 것을 뜻합니다(본서 829항 참조).
[16절] :
"그분의 옷과 넓적다리에는 '왕들의 왕' '군주들의 군주'라는 이름이 적혀 있었습니다"라는 말씀은 주님께서는 성언 가운데서 그분이 누구이신지를 가르치신다는 것, 그리고 주님께서는 신령지혜에 속한 신령진리이시고, 신령사랑에 속한 신령선이시다는 것, 그리고 따라서 그분

은 우주의 하나님이시다는 것을 가르치신다는 것을 뜻합니다(본서 830
항 참조).
[17절] :
"나는 또 태양 안에 한 천사가 서 있는 것을 보았습니다. 그는 공중에
나는 모든 새들에게 큰소리로 외치기를 '하나님의 큰 잔치에 모여라'"
라는 말씀은 주님께서, 신령사랑과 그것에서 비롯된 신령열정(Divine
zeal)으로 말미암아 진리에 속한 영적인 정동 안에 있고, 천계에 관해
서 생각하는 모든 자들을 새로운 교회에, 그리고 주님과의 결합에, 따
라서 영원한 생명에로 부르시고(招待), 집합시키신다는 것을 뜻합니다
(본서 831항 참조).
[18절] :
"'왕들의 살과, 장군들의 살과, 힘센 자들의 살과, 말들과 그 위에 탄
자들의 살과, 모든 자유인이나 종이나 작은 자나 큰 자의 살을 먹어라'
하였습니다"라는 말씀은 모든 뜻, 모든 등차(等次·階度)로, 모든 종류
안에 있는 성언에 속한 진리들이나, 그것에서 비롯된 교리에 속한 진
리들을 통하여 주님에게서 비롯된 온갖 선들의 전유(專有·appropriation)
를 뜻합니다(본서 832항 참조).
[19절] :
"또 나는 짐승과 세상의 왕들과 그 군대들이, 흰 말을 타신 분과 그분
의 군대에 대항해서 싸우려고 모여 있는 것을 보았습니다"라는 말씀은
믿음만의 교리(依唯信得義)를 가지고 있는 내면적으로 악한 자들 모두
가, 지도자들과 그들을 추종하는 자들과 함께, 주님의 성언 안에 있는
주님의 신령진리들에 대항하여 거슬러 싸울 것이다는 것을 뜻하고, 그
리고 주님의 새로운 교회에 속한 자들을 내습(來襲), 괴롭힐 것이다는
것을 뜻합니다(본서 833항 참조).
[20절] :
"그 짐승은 붙잡혔고, 또 그 앞에서 이적을 행하던 그 거짓 예언자도
그와 함께 붙잡혔습니다. 그는 짐승의 표를 받은 자들과 그 짐승 우상
에게 절하는 자들을 이런 식으로 미혹시킨 자입니다"라는 말씀은, 오
직 믿음만이라는 교리를 주장하고, 그리고 내면적으로 악한, 평신도나
보통 사람이나, 그리고 역시 성직자나 유식한 자를 뜻합니다. 그런데
그들은 오직 믿음만의 교리가 유일한 구원의 방법이다는 것과 그리고

다른 자들로 하여금 그 믿음을 가지도록 인도하고, 그리고 그것에 따라서 살아가게 하는 자들입니다(본서 834항 참조). "그 둘은 산 채로, 유황이 타오르는 불바다로 던져졌습니다"라는 말씀은 그들이 그런 부류의 인물들이기 때문에 그들은 모두 거짓에 속한 애욕들과, 동시에 악들에 속한 정욕들이 자리잡고 있는, 지옥으로 쫓겨났다는 것을 뜻합니다(본서 835항 참조).

[21절] :
"그리고 남은 자들은 말 타신 분의 입에서 나오는 칼에 맞아 죽었고"라는 말씀은, 그들이 알고 있는 성언 안에 있는 주님의 계명에 따라서 살지 않는 개혁교회 가운데 있는 다종다양한 이단사설(異端邪說)로 말미암아 모든 자들은, 그들이 성언으로 말미암아 심판받기 때문에, 소멸되었다는 것을 뜻합니다(본서 836항 참조). "모든 새가 그들의 살점을 배부르게 먹었습니다"라는 말씀은, 그들의 고유속성(固有屬性·自我·proprium)을 가리키는, 악에 속한 그들의 정욕들로 말미암아 지옥적인 악귀들이, 말하자면, 배부르게 되었다는 것을 뜻합니다(본서 837항 참조).

제 19장 상세한 영적인 해설(19장 1-21절)

803. 1절. 이 일이 있은 뒤에 내가 들으니, 하늘에 있는 큰 무리가 내는 우렁찬 음성과 같은 소리가 이렇게 울려 왔습니다.
"할렐루야."
이 말씀은, 바빌로니아 사람들의 제거 때문에 보다 낮은 천계의 천사들이 주님에게 드리는 감사·고백·축하를 뜻합니다. "하늘에 있는 큰 무리"는 보다 낮은 천계의 천사들을 뜻합니다. "'할렐루야'라고 외친 우렁찬 음성"은 그들에 의하여 주님께 드려진 감사·고백·축하 등을 뜻합니다. 여기서 "할렐루야"(Alleluia)라는 말은 히브리 말로 "하나님을 찬양하라"는 뜻인데, 따라서 그것은 마음 속의 즐거움에서 비롯된 주님께 드리는 감사·고백·축하의 표현입니다. 이러한 내용은 아래의 장절들에게서 잘 드러나고 있습니다. 시편서의 말씀입니다.

> 내 영혼아, 주님을 찬양하여라.
> 할렐루야!(=주를 찬송하여라.)
> (시편 104 : 35)
> 주, 이스라엘의 하나님,
> 영원토록 찬송을 받아 주십시오.
> 온 백성은 "아멘" 하고 응답하여라.
> 할렐루야(=주를 찬송하여라).
> (시편 106 : 48)
> 우리는 이제부터 영원까지
> 주님을 찬양할 것이다.
> 할렐루야(=주를 찬송하여라).
> (시편 115 : 18)
> 숨 쉬는 사람마다 주님을 찬양하여라.
> 할렐루야(=주를 찬송하여라).
> (시편 150 : 6)

이 밖에도 여러 장절들이 있습니다(시편 105 : 45 ; 106 : 1 ; 111 : 1 ; 113 : 1, 9 ; 116 : 19 ; 117 : 2 ; 135 : 3 ; 148 : 1, 14 ; 149 : 9 ; 150 : 1). 이것이 바빌론 사람들의 배척 때문이다는 것은, 바빌로니아 사람들을 다룬 전장의 내용에서 잘 알 수 있습니다. 그런 이유 때문에 우리의 본문장에는 "이 일이 있은 뒤에"라고 언급되었고, 그리고 역시 "그들이 다시 외치니"라고 언급되었습니다(묵시록 19 : 2, 3). "하늘에 있는 큰 무리"가 보다 낮은 천계(the lower heaven)의 천사들을 뜻한다는 것은 우리의 본문장 4절에서(19 : 4) 명확합니다. 거기에는 "스물네 장로와 네 생물이 보좌에 앉으신 하나님께 엎드려 경배하고 '아멘, 할렐루야' 하고 말하였다"고 언급하고 있는데, 거기에서의 그들은 보다 높은 천계(the higher heaven)의 천사들을 뜻합니다.

804. "구원과 영광과 권력은 우리 하나님의 것이다."

이 말씀은 주님에게서 비롯된 구원이 있다는 것을 뜻하는데, 그 이유는 주님의 신령능력으로 말미암은 신령진리와 신령선의 영접이 있기 때문입니다. 우리의 본문, "구원이 우리 하나님의 것이다"는 말씀은, 거기에 주님으로 말미암은 구원이 있다는 것에 대한 시인과 고백을 뜻합니다. 그리고 "영광과 권력이 우리 하나님의 것이다"는 말씀은, 역시 거기에 주님으로 말미암은 신령진리와 신령선이 있다는 것과 따라서 그것의 영접에 대한 시인과 고백을 뜻합니다(본서 249·629·693항 참조). "권력(=능력)이 우리 주 하나님의 것이다"라는 말씀은 주님께서 능력(power)을 가지고 있으시다는 시인과 고백을 뜻합니다. 구원·영광·영예·권력(=능력)이 주님에게 속한 것이다고 말한다는 것은, 역시 주님에게 축복이 있다고 말하는 다른 장절에서 볼 수 있듯이, 성언의 문자적인 뜻에 일치합니다. 그러나 영적인 뜻으로 구원·영광·영예·권력(=능력)이 주님에게 속한 것이다는 말씀을 깊이 생각한다면, 우리의 본문은, 주님 안에 있는 이런 것들은 주님으로 말미암아 존재한다는 것을 뜻하고, 그리고 여기서는, 주님에게서 비롯된 이런 것들에 속한 입류(入流)를 중간에서 가로채고, 약화시키고 방해했던 바빌로니아 사람들의 제거나 쫓겨남의 결과로 이제는 이런 것들이 주님에 의하여 천사들에게, 그리고 사람들에게 교류, 내통되었다는 것을 뜻합니다. 이런 것은 마치 이 세상에서 검은 구름이 태양과 사람들 사이에 있을 때와 마찬가지입니다. 왜냐하면 이 세상의 태양의 빛은 그 검은 구름의 삽입(挿入)에 의하여 가로막히고, 약화되고, 가로막는 것과 같이, 따라서 바빌로니아 사람들이 삽입시킨 검은 거짓들에 의하여 주님을 가리키는 천계의 태양의 빛도 그렇게 되기 때문입니다. 이러한 일은 전적으로 동일한데, 다만 전자는 자연적인 것이고, 후자는 영적인 것뿐입니다. 역시 영계에서 거짓들은 그들의 성질에 따라서 어두운 구름이나 검은 구름으로 나타납니다. 이러한 것은, 최후심판, 즉 성언의 영적인 뜻이 계시되고, 그리고 주님께서 천지(天地)의 하나님이시다는 최후심판이 있은 뒤에는 이런 일이 일어나지 않는 이유를 말해 주고 있습니다. 왜냐하면 최후심판에 의하여 바빌론 사람과, 오직 믿음만이라는 교리를 고백하는 개혁교회 교도들이 제거되었기 때문입니다. 그리고 그들이 가지고 있는 거짓들은 마치 주님과 지상의 사람들 사이에 끼어 있는 짙은 구름과 같고, 그리고 그것들은, 역시 선과 진리에 속한 사랑인 영적인 볕(heat)을 제거하는 차가움(cold)과 같습니다.

805. 2절. **그분의 심판은 참되고 의로우시다.**

음행으로 세상을 망친
그 큰 창녀를 심판하셨다.
이 말씀은 성언을 아주 고약하게 섞음질하는 것으로 주님의 교회를 파괴한 모독적이고, 바빌론적인 그 종교적 종지가 이치에 맞고, 공평하게 정죄되었기 때문이다는 것을 뜻합니다. "그분의 심판은 참되고 의로우시다"는 말씀은 주님께서 단행하신 그 심판에 일치하는 성언에 속한 신령진리들과 신령선들을 뜻합니다(본서 668·689항 참조). 그것은 모두 합쳐서 "공평"(=공정·이치에 맞음·justice)이라고 불리웠습니다. 왜냐하면 주님에 관해서 언급되는 경우, "공평"은 그 밖의 다른 것을 뜻하지 않기 때문입니다. 그것은 아래의 장절에서도 마찬가지입니다(묵시록 19 : 11). 그리고 그 밖의 장절에서도 그러합니다(이사야 63 : 1 ; 예레미야 23 : 5, 6 ; 33 : 15, 16). "그분(=주님)께서 그 큰 창녀를 심판하셨기 때문이다"라는 말씀은, 모독적인 바빌론 사람들의 종교적인 종지가 정죄되었기 때문이다는 것을 뜻하는데, 그 종지는 앞장 전체에서 다루어졌습니다. "그 큰 창녀"라고 한 것은 그들이 저지른 성언에 대한 섞음질과 모독 때문입니다. 그리고 "그녀가 음행으로 세상을 망쳤다"(=더럽혔다)는 말은 성언에 대한 아주 고약한 섞음질에 의하여 주님의 교회를 파괴, 멸망시켰다는 것을 뜻합니다. "그녀의 음행"이라는 말은 성언에 대한 섞음질이나 모독 따위를 뜻하고(본서 134항 참조), "땅"(earth)은 교회를 뜻합니다(본서 285·721항 참조).

806. (주님께서는) "자기 종들의 피를 흘리게 한
그 여자를 멸하셨습니다"(=그 죄를 갚았다).
이 말씀은 주님을 예배하는 사람들의 영혼에게 저지른 해코지들(=위해·危害·injuries)과 폭행(暴行·violence) 때문에 빚어진 천벌(天罰·응보·應報·retribution)을 뜻합니다. "자기 종들의 피를 흘리게 한 그 여자를 멸하셨다"(=그 죄를 갚았다·avenge)는 말이 주님을 예배하는 자들의 영혼에 저지른 온갖 해코지들과 폭행으로 생긴 천벌(=보복·보응)을 뜻한다고 하였는데, 그것은 "그분께서 갚았다"는 말이 천벌(=보복·보응)을 뜻하기 때문입니다. 여기서 "피를 쏟는다"(=피를 흘린다·죽인다·shedding)라는 말은 주님의 신성(神性·Divinity)과 성언에 대하여 위해나 폭행 따위를 가하는 것을 뜻합니다(본서 327·684항 참조). 그리고 여기서는 "그분의 종"(His servants)이라는 말이 뜻하는 주님을 예배하는 예배자들에게 행한 위해나 폭행을 뜻합니다. 그들은, 주님의 신령 예배를 자기 자신들에게 가로채서, 전가(轉嫁)하는 짓에 의하여, 그리고 성경을 읽는 것을 금지하는 짓으로 이들의 영혼에게 위해와 폭행을 저지른 것입니다. 우리의 본문은, 마치 주님께서 복수(vengeance)나 원수 갚는 일로 인하여 이런 일을 하신 것처럼, 주님은 자기 종들의 피흘림에 대한 복수나 앙갚음을 행하신 것으로 주님에 대해서 언급하고 있습니다. 그럼에도 불구하고, 그와 같은 일은 결코 복수나 앙갚음 따위에 일어난 일도 아니고, 또한 성냄이나 분노 또는 격노 따위에서 생긴 일도 아닙니다. 그러나 이런 일들은, 성경의 수많은 곳에서, 주님의 탓으로 돌리고 있는 것을 볼 수 있습니다(본서 525·635·658·673항 참조). 최후심판의 날에 일어나는 일이지만, 악한 사람이 선한 사람에게서 분리, 지옥으로 내쫓겨날 때, 분노나 보복이 주님에게 속한 것처럼 언급되고 있습니다. 그리고 그런 일이 일어나는 그 일 때문에, 그 날을 "분노의 날" 또는 마찬가지로 "분노하신다"라고 하였고, 그리고 "복수의 날"이라고 하고 있지만, 그러나 주님께서 분노하시고, 보복하시는 것이 아니고, 오히려 그들이 주님에 대하여 분노하고, 그리고 주님에게 복수의 불길을 토해냅니다. 그것은 마치 범법자(犯法者)가 형(刑)이 언도되면, 법에 대하여 분노하고, 그리고 판사에 대하여 복수심을 불태우는 것과 꼭 같습니다. 왜냐하면 법(法)은 분노하지 않고, 판사 역시 복수심 따위를 가지고 있지 않기 때문입니다. 보복(=앙갚음)은 아래 장절에서 이런 내용을 뜻합니다.

> 복수할 날이 다가왔고,
> 구원의 해가 이르렀다는 생각이 들었다.
> (이사야 63 : 4)

여기서 그것은 주님과 최후심판에 관해서 다루고 있습니다.

> 이 때가 바로, 주께서 복수하시는 날이니,
> 시온을 구하여 주시고,
> 대적을 파멸시키는 해
> 보상하여 주시는 해이다.
> (이사야 34 : 8)

"너희의 하나님께서 복수하러 오신다.
하나님께서 보복하러 오신다.
너희를 구원하여 주신다" 하고 말하여라.
(이사야 35 : 4)
그 때가 기록된 모든 말씀이 이루어질 징벌의 날들이기 때문이다.
(누가 21 : 22)

여기서도 시대의 종말을 언급하고 있는데, 그 때 최후심판은 다가옵니다.

주 하나님의 영이 나에게 임하셨다.
주께서 나를 보내셔서……
주의 은혜의 해와
우리 하나님의 보복의 날을 선언하고,
모든 슬퍼하는 사람들을 위로하게 하셨다.
(이사야 61 : 1, 2)
이런 일에 내가
벌하지 않을 수가 있겠느냐?……
이런 백성에게 내가
보복하지 않을 수가 있겠느냐?
(예레미야 5 : 9, 29)
알몸을 드러내고,
네 부끄러운 곳까지도 드러내 보여라.
내가 복수 할 터이니,
어느 누구도 나를 막지 못할 것이다.
(이사야 47 : 3)
주께서……
바빌로니아를 멸하시기로 뜻을 세우셨다.
이것은 주께서
주의 성전을 무너뜨린 자들에게 하시는
복수다.
(예레미야 51 : 11, 36)
모든 나라들아,
주의 백성과 함께 즐거워하여라.
주께서 그 종들의 피를 흘린 자에게

원수를 갚으시고,
당신의 대적들에게 복수하신다.
당신의 땅과 백성이 지은 죄를
속하여 주신다.
(신명기 32 : 43)

807. 3절. **그들이 다시금**(=두 번째로)
"**할렐루야, 그 여자에게서 나는 연기가
영원히 올라가는구나**"
하고 외쳤다.
이 말씀은 모독적인 종교적인 종지가 영원히 정죄되었다는 그 기쁨에서 비롯된 주님에게 드리는 감사와 축하를 뜻합니다. "그들이 다시금 외쳤다"(=재차 말하였다)는 말은 그 종교적인 종지 안에 빠져 있는 자들에게서 비롯된 내습과 괴롭힘에서부터, 그리고 그들이 다시 일어나, 공격하고 괴롭힐 것이다는 두려움에서부터 그들이 자유스럽게 된, 즐거움의 변화된 정동에서 나온 것이다는 것을 가리킵니다. "할렐루야"라는 말이 주님에 대한 감사와 축하를 뜻한다는 것은 본서 803항을 참조하십시오. "그 여자의 연기"(=그 여자에게서 나는 연기)는 그것의 무서운 거짓들의 측면에서 그 종교적인 종지를 뜻하는데, 악에서 비롯된 거짓들은 마치 불에서 솟아나는 연기와 같이 보이기 때문입니다(본서 422항 참조). 그리고 여기서 "불"은 곧 자기사랑(自我愛)을 가리킵니다(본서 468 · 494 · 766항 참조). 바빌론에 관해서 다룰 때의 "불타는 연기"는 모독을 뜻합니다(본서 766 · 767항 참조). "연기가 영원히 올라간다"는 말은 영원한 그녀의 저주를 뜻합니다.

808. 4절. **스물네 장로와 네 생물이
보좌에 앉으신 하나님께 엎드려 경배하고
"아멘, 할렐루야"
하고 말하였습니다.**
이 말씀은, 천지(天地)의 하나님으로서, 그리고 우주의 심판주로서 보다 높은 천계의 천사들이 드리는 주님에 대한 경배를 뜻하고, 그리고 보다 낮은 천계의 천사들이 드리는 주님에 대한 감사 · 고백 · 축하에 속한 확증을 뜻합니다. "엎드려 경배한다"는 말은 겸비(謙卑 ·

humiliation)를 뜻하고, 그리고 그 겸비에서 비롯된 경배를 뜻합니다(본서 370항 참조). "스물네 장로와 네 생물"은 보다 높은 천계(the higher heaven)를 뜻합니다(본서 369항 참조). "보좌에 앉으신 분"은 천계의 하나님으로서의 주님을 뜻하고, 그리고 우주의 심판주로서의 주님을 뜻합니다. "보좌"가 천계와 거기에 있는 왕국을 뜻하고(본서 14·221·222항 참조), 마찬가지로 심판을 뜻하지만, 여기서는 심판을 뜻하기 때문에, 앞에서 다루어진 바빌론에 단행된 심판에 관해서 뜻하고 있기 때문입니다. "보좌에 앉으신 분"이 주님이시다는 것은 아래의 설명에서 알 수 있겠습니다. "아멘, 할렐루야"라는 말씀은 보다 낮은 천계의 천사들에 의한 감사·고백·축하에 대한 확증을 뜻합니다. 여기서 "아멘"(Amen)은 진리에서 비롯된 확증과 동의(=찬성·consent)를 뜻합니다(본서 23·28·61·371·375항 참조). 그리고 "할렐루야"라는 말은 주님에 대한 감사·고백·축하 등을 뜻합니다(본서 803항 참조). 그것이 바로 보다 낮은 천계의 천사들에 의한 것들을 가리킨다는 것은, 그들이 먼저 말하였고, 그리고 천계의 하나님으로서, 심판주로서, 보복하는 분으로서, 주님을 축하하였기 때문입니다. 이러한 사실은 본문장 1절과 2절의 설명 내용에서, 그리고 앞서의 설명 내용에서(본서 803·804항 참조), 잘 알 수 있습니다. 보다 높은 천계의 천사들에 의한 이러한 내용들은 바로 "아멘, 할렐루야"라는 말씀이 뜻합니다. "보좌에 앉아 계신 분"이 주님을 뜻한다는 것은 묵시록서에서 아주 명확합니다(1 : 4 ; 2 : 8 ; 3 : 21 ; 4 : 2-6, 9 ; 5 : 13 ; 6 : 16 ; 7 : 9-11 ; 22 : 1, 3). 이런 장절에서는 "보좌에 앉으신" "하나님" "어린 양"이라고 언급되고 있는데, 여기서 "하나님"은, 아버지(聖父·the Father)라고 불리우는, 주님에 속한 신령존재 자체를 뜻하고, 그리고 "어린 양"은 아들(聖子·the Son)이라고 불리우는 신령인간을 뜻합니다(본서 269·291항 참조). 따라서 주님만을 뜻합니다. 이러한 내용은, 아래와 같이, 묵시록 7장의 말씀에서 명확합니다.

> 보좌 한가운데 계신 어린 양이
> 그들의 목자가 되셔서,……
> (묵시록 7 : 17)

그리고 마태복음서의 말씀입니다.

> 예수께서 그들에게 말씀하셨다. "새 세상에서 인자가 자기의 영광스러운 보좌에 앉고 만물이 새롭게 될 때에,……이스라엘 열두 지파를 심판할 것이다."
> (마태 19 : 28)
> "인자가 모든 천사와 더불어 영광에 둘러싸여서 올 때에, 그는 자기의 영광스러운 보좌에 앉을 것이다."
> (마태 25 : 31)

809. 5절. **그 때에 그 보좌로부터 음성이 울려왔습니다.**
"하나님의 모든 종들아,
하나님을 두려워하는 사람들아,
우리 하나님을 찬양하여라."
이 말씀은 주님에게서 온 천계에의 입류를 뜻하고, 따라서 천계의 하나님으로서 주님을 예배하는 믿음에 속한 진리들 안에, 그리고 사랑에 속한 선들 안에 있는 모든 천사들인, 그들의 만장일치(滿場一致)를 뜻합니다. "보좌로부터 울려온 음성"은 주님으로부터 천계에 유입한 입류(入流)를 뜻합니다. 그것이 주님에게서 비롯되었다는 것은, 앞에서 입증한 것과 같이(본서 808항 참조), "보좌에 앉으신 분"이 주님이시기 때문입니다. 그러므로 보좌에서 나온 "음성"은 입류를 뜻합니다. 왜냐하면, 주님께서는 천계 위에(above heaven) 계시기 때문에, 그리고 태양으로서 천사들 앞에 나타나시기 때문에, 주님은 그 천계로부터 천사들에게 말씀하시지 않고, 오히려 그들에게 입류하시기 때문입니다. 입류하는 그것은 천계에서 영접, 수용되고, 그리고 말하는 것처럼 공표되기 때문입니다. 그러므로 비록 그 음성은 보좌로부터 왔지만, 그럼에도 불구하고 요한은 천계(=하늘)에서 나오는 음성으로 들었습니다. 따라서 거기에 있는 천사들에게서 오는 것으로 들었습니다. 천사들이 천계에서 말하는 것은 무엇이나 주님에게서 온 것입니다. "우리 하나님을 찬양하여라"라는 말씀은 그들이 천계의 유일하신 하나님으로 주님을 예배하여야만 한다는 것을 뜻합니다. "하나님을 찬양한다"는 말이 그분을 예배한다는 것을 가리킨다는 것은 아래의 설명내용에서 잘 알게 될 것입니다. "하나님의 모든 종들"은 믿음에 속한 진리들 안에 있는 자들 모두를 뜻하고(본서 3·380항 참조), "하나님을 두려워하는 사람들"은 사랑에 속한 선들 안에 있는 자들을 뜻합니다(본서 527·628항 참조). "하나님을 찬양한다"는 것이 주님을 예배한다는 것을, 따라서 그분에 대한 찬양이 그들이 예배하는 것을 뜻한다는 것은 성경의 수많은 장절들에게서 명확한데, 여기서는 그것의 몇몇 장절들을 인용하겠습니다.

갑자기 그 천사와 더불어 많은 하늘 군대가 나타나서, 하나님을 찬양하였다.……목자들은……하나님께 영광을 돌리며, 찬미하면서 돌아갔다.
(누가 2 : 13, 20)
제자의 온 무리가 기뻐하며, 자기들이 본 모든 기적에 대하여 큰소리로 하나님을 찬양하면서 말하였다.
(누가 19 : 37)
늘 성전에서 하나님을 찬양하며 지냈다.
(누가 24 : 53)
"주님, 우리의 백성을 구원해 주십시오.
이스라엘의 남은 자를 구원해 주십시오."
이렇게 선포하고, 찬양하여라.
(예레미야 31 : 7)
하늘에서 주님을 찬양하여라.
높은 곳에서 주님을 찬양하여라.
주의 모든 천사들아,
주님을 찬양하여라.
주의 모든 군대야,
주님을 찬양하여라.
해와 달아, 주님을 찬양하여라.
빛나는 별들아, 모두 다 주님을 찬양하여라.
하늘 위의 하늘아,
주님을 찬양하여라.
하늘 위에 있는 물아,
주님을 찬양하여라.
너희가 주의 명을 따라서 창조되었으니,
너희는 그 이름을 찬양하여라.……

땅에서도 주님을 찬양하여라.……
모두 주의 이름을 찬양하여라.
그 이름만이 홀로 높고 높다.……
주님이 그 백성을 강하게 하셨으니,
찬양은
주의 모든 성도들과,
주님을 가까이 모시는 백성들과,
이스라엘 백성이,
마땅히 드려야 할 일이다.
(시편 148 : 1-5, 7, 13, 14)
"그렇다. '주께서는 어린 아이들과 젖먹이들의 입에서 찬양이 나오게 하셨다' 하신 말씀을, 너희는 읽어 보지 못하였느냐?"
(마태 21 : 16)
사람들은 모두 이것을 보고서, 하나님께 찬양을 드렸다.
(누가 18 : 43)

이 밖에도 여러 장절들이 있습니다(이사야 42 : 8 ; 60 : 18 ; 요엘 2 : 26 ; 시편 113 : 1, 3 ; 117 : 1). 우리의 본문절에 언급된 것들은 바빌론에 관해서 먼저 언급된 것들과 관계를 가지고 있고, 그리고 아래에서 다루어지게 될, 주님에 의하여 세워질 새로운 교회에 관해서 이어지는 것들과 관계를 가지고 있습니다.

**810. "작은 자와 큰 자들아,
우리 하나님을 찬양하여라."**

이 말씀은, 계도에서 낮은 데 있든 높은 데 있든, 믿음에 속한 진리들과 사랑에 속한 선들로 말미암아 주님을 예배하는 자들을 뜻합니다. "작은 자와 큰 자"라는 말은, 자연적인 뜻으로는, 품위(品位 · dignity)가 낮은 데나, 높은 데에 있는 자들을 뜻하지만, 그러나 영적인 뜻으로는, 주님예배에서 낮고 높은 데 있는 자들을 뜻하고, 따라서 믿음에 속한 진리들과 사랑에 속한 선들에게서 비롯된, 작든 크든, 거룩하게, 그리고 완전하게 주님을 예배하는 자들을 뜻합니다. 우리의 본문이 이런 내용을 뜻하는 것은, "하나님의 종들아, 하나님을 두려워하는 사람들아, 하나님을 찬양하여라"는 말씀 뒤에 이어지기 때문인데, 이 말씀은 이런 것들을 모두 뜻하기 때문입니다(본서 809 · 527 · 604항 참조).

811. 6절. 또, 나는 큰 무리의 음성과 같기도 하고, 큰 물소리와 같기도 하고, 우렁찬 천둥소리와 같기도 한 소리를 들었습니다.
"할렐루야,
주 우리 하나님,
전능하신 분께서 왕권을 잡으셨다."
이 말씀은 주님께서 홀로 장차 설시 될 교회에서 통치하신다는 것에 대한, 가장 낮은 천계의 천사들, 중간 천계의 천사들, 가장 높은 천계의 천사들의 즐거움과 기쁨을 뜻합니다. 여기서 "음성"은 주님께 드리는 예배의 즐거움과 주님께 드리는 고백과 축하를 뜻합니다. 그 이유는, "할렐루야" 그리고 "기뻐하고 즐거워하며, 하나님께 영광을 돌리자"(7절)라고 그들이 한 말이 뒤이어지고 있기 때문입니다. "큰 무리의 음성"은, 위에서 언급한 것과 같이(본서 803항 참조), 가장 낮은 천계(the lowest heavens)의 천사들의 즐거움을 뜻하고, "큰 물소리의 음성"은, 위에서 언급한 것과 같이(본서 614항 참조), 중간 천계(the middle heaven)의 천사들의 즐거움을 뜻합니다. 이들의 음성이 이와 같이 들렸는데, 그 이유는 "큰 물"(many waters)은 풍부한 상태에 있는 진리들을 뜻하기 때문입니다(본서 50·614·685항 참조). 그리고 중간 천계의 천사들은 진리들 안에 있는데, 그 이유는 그들이 총명의 상태 안에 있기 때문입니다. "우렁찬 천둥소리"는 가장 높은 천계의 천사들의 즐거움을 뜻합니다. 그들의 음성, 즉 그들의 이야기(discourse)가 천둥소리처럼 들렸다는 것은 위에서 보면 알 수 있겠습니다(본서 615항 참조). "할렐루야 하고 외쳤다"는 말은 위에서 언급한 것과 같이(본서 803항 참조), 주님에게 드리는 예배·고백·축하에 속한 즐거움을 뜻합니다. "주 우리 하나님, 전능하신 분께서 왕권을 잡으셨기 때문이다"라는 말씀은 주님께서 홀로 통치하시기 때문이다는 것을 뜻합니다. 왜냐하면 주님께서 "전능하신 분"이라고 불리시기 때문입니다(묵시록 1 : 8 ; 4 : 8 ; 11 : 17 ; 15 : 3 ; 16 : 7, 14 ; 19 : 15 ; 21 : 22). 그리고 그 장절들의 설명을 보시면 잘 알 수 있겠습니다. 이러한 일련의 것들이 주님에 의하여 설시될 새로운 교회에 관해서 언급된 것들을 가리킨다는 것은 아래에 이어지는 세 절(19 : 7-9)에서 아주 명백합니다. 그 세 절에는 "어린 양의 혼인날이 이르렀다. 그의 신부는 단장을 끝냈다"고 언급되었고, 그리고 또한 "어린 양의 혼인잔치에 초대를 받은 사람에게는 복이 있다"라고 언급되었습니다. 이런 이유 때문에, 우리의 본문절이나, 아래의 구절에 기술된 것이 다 천계의 모든 자들의 즐거움을 가리킵니다.

812. 7절. "**기뻐하고 즐거워하며,
하나님께 영광을 돌리자.
어린 양의 혼인날이 이르렀다**"(=이르렀기 때문이다).
이 말씀은, 장차 있게 될 주님과 교회의 완전한 혼인(a full marriage)이 있을 것이다는 것에 대한 영혼과 마음의 즐거움을 뜻하고, 그리고 그것에서 비롯된 주님께 드리는 광영을 뜻합니다. "기뻐하고 즐거워한다"는 말은 영혼과 마음(=심장·soul and heart)의 즐거움과 기쁨을 뜻합니다. 영혼에 속한 즐거움(=기쁨·joy)은 이해에 속한 즐거움을 뜻하고, 또한 믿음에 속한 진리에서 비롯된 즐거움을 뜻합니다. 그리고 마음에 속한 즐거움(=기쁨)은 의지에 속한 즐거움을 뜻하고, 또한 사랑에 속한 선에서 비롯된 즐거움을 뜻합니다. 이들 둘은, 진리와 선의 혼인(=결합) 때문에, 성경의 모든 것들 안에 언급되고 있습니다(본서 373·689항 참조). "하나님께 영광을 돌린다"라는 말은, 모든 진리가 주님으로 말미암아 존재한다는 것을 시인하고 고백하는 것을 뜻합니다(본서 629항 참조). 그리고 또한 주님께서 천지(天地)의 하나님이시다는 것을 시인하는 것을 뜻합니다(본서 693항 참조). 그러므로 여기서 영광을 돌린다는 말은 이것이 이 둘의 뜻을 내포하고 있기 때문입니다. "어린 양의 혼인날이 이르렀기 때문이다"는 말은 지금부터는 주님과 교회의 완벽한 혼인(=결합·the full marriage of the Lord and the church)이 있기 때문이다는 것을 뜻합니다. 이런 내용을 뜻한다고 할 수 있는 것은 "어린 양"이 언급되었기 때문인데, 그 "어린 양"은 신령인성(=신령인간·the Divine Human)의 측면에서 주님을 뜻하기 때문입니다(본서 269·291항 참조). 이러한 내용은 또 다른 설명이 없이도 잘 알 수 있습니다. 다시 말하면 주님의 인성이 신령한 것이라고 시인될 때, 거기에는 주님과 교회의 완벽한 혼인이 이루어진다는 것은 별다른 설명 없이도 명백합니다. 왜냐하면 개신교계에는, 교회가 주님과 교회의 혼인으로 말미암아 교회이다는 것은 잘 알려진 사실이기 때문입니다. 왜냐하면 주님께서는 포도원의 주인이라고 하였고, 교회는 곧 포도원이라고 하였기 때문입니다. 그리고 또한 주님께서는 신랑이라고, 그리고 남편이라고 불리웠고, 교회는 신부나 아내라고 불리웠기 때문입니다. 주님께서 신랑이라고, 그리고 교회가 신부라고 불리웠다는 것은 본서 797항을 참조하십시오. 주님의 인성이 신령한 것이라고 시인될 때, 주님과 교회의 완벽한 혼인(=결합 · the full marriage)이 존재한다는 것은 역시 명확합니다. 왜냐하면 그 때, 마치 영혼과 육신이 한 몸인 것과 같이, 하나님 아버지와 주님은 한 존재로 시인되기 때문입니다. 이것이 시인될 때, 아들의 목적을 위해서 아버지에게 가까이 나아가지 않습니다. 그러나 그 때 주님에게 가까이 나아가는 것입니다. 그리고 그분을 통해서 하나님 아버지에게 가까이 나아가는 것입니다. 그 이유는, 이미 언급한 것과 같이, 영혼이 육체 안에 있듯이, 아버지(聖父 · the Father)께서는 그분(=주님 · 聖子) 안에 계시기 때문입니다. 주님의 인성(the Lord's Human)이 신령한 것으로 시인되기 전에도, 사실은 주님과 교회의 혼인은 있지만, 그러나 거기에는 주님에게 가까이 나아가고, 그리고 그분의 신성(His Divine)을 생각하는 사람들만 있고, 주님의 인성(His Human)이 신성인지 아닌지 생각하는 사람은 전혀 없습니다. 믿음에서, 그리고 마음에서 소박한 사람(the simple)은 이것을 믿지만, 그러나 유식하고 학식이 있는 사람은 거의 이것을 믿지 않습니다. 더욱이 한 아내(one wife)에 세 남편(three husbands)은 있을 수 없고, 한 육체에 세 영혼들이 또한 있을 수 없습니다. 그러므로 그분 안에 삼일성(三一性 · 삼위일체 · the Trinity)이 있고, 그 하나님이 주님이신, 한 분 하나님(one God)이 시인되지 않는다면, 거기에 앞서의 혼인은 결코 존재하지 않습니다. 이때로부터 혼인이 생긴다는 것은, 최후심판에 의하여 영계에서 바빌론 사람들의 분리가 있기 전까지는 그 일이 충분하게 일어날 수 없기 때문입니다. 그리고 또한 오직 믿음만의 교리를 고백하는 블레셋 사람들이 분리되기 전까지도 그 일이 일어날 수 없기 때문입니다. 그들의 분리가 앞서의 단락들에서 다루어졌기 때문에, 따라서 "이제부터"라는 말이 언급되었습니다. 교회와 주님의 혼인(=결합 · marriage)이 있다는 것은 아래의 장절들에게서 잘 알 수 있겠습니다.

예수께서 그들에게 말씀하셨다. "혼인 잔치의 손님들이 신랑과 함께 있는 동안에 슬퍼할 수 있느냐? 그러나 신랑을 빼앗길 날이 올 터이니, 그 때에 그들이 금식할 것이다."

(마태 9 : 15 ; 마가 2 : 19)
"하늘 나라는 자기 아들의 혼인 잔치를 베푼 어떤 임금에게 비길 수 있다. 임금이 자기 종들을 보내서, 초대 받은 사람들을 잔치에 불러오게 하였다."
(마태 22 : 1-14)
"하늘 나라는 이런 일에 비길 수 있을 것이다. 처녀 열 사람이 신랑을 맞으러 나갔다.……슬기로운 처녀들은 등불과 함께 통에 기름도 마련하였다.……준비하고 있던 처녀들은 신랑과 함께 혼인 잔치에 들어가고, 문은 닫혔다."
(마태 25 : 1-12)

여기에서도 주인이 주님 자신을 뜻한다는 것은 그 아래의 13절에서 명확한데, 거기에는 이런 말씀이 언급되었습니다.

그러므로 깨어 있어라. 너희는 그 날과 그 시각을 알지 못하기 때문이다.
(마태 25 : 13)

또 다른 곳의 말씀입니다.

"너희는 허리에 띠를 띠고, 등불을 켜 놓고 있어라. 마치 주인이 혼인 잔치에서 돌아와서 문을 두드릴 때에, 곧 열어 주려고 대기하고 있는 사람들과 같이 되어라."
(누가 12 : 35, 36)

813. "그의 신부는 단장을 끝냈다."

이 말씀은, 새 예루살렘이 가리키는 이 교회에 속하게 될 사람들이 함께 모두 모일 것이고, 그리고 임명되고, 교육을 받을 것이다는 것을 뜻합니다. "신부"(=아내)가 주님의 새로운 교회를 뜻하는데, 이 교회가 바로 새 예루살렘입니다. 이러한 내용은 묵시록 21장에서 명확한데, 거기에는 이런 말씀이 있습니다.

나는 또, 거룩한 도시 예루살렘이 남편을 위하여 단장한 신부와 같이 차리고, 하나님께로부터 하늘에서 내려오는 것을 보았습니다.
(묵시록 21 : 2)

그리고 같은 장의 말씀입니다.

> 일곱째 천사 가운데……하나가 나에게로 와서 말하기를 "이리로 오너라. 어린 양의 아내인 신부를 너에게 보여 주겠다" 하고 나를 성령으로 휩싸서 높고 큰 산 위로 데리고 가서, 하나님께로부터 하늘에서 내려오는 거룩한 도시 예루살렘을 보여 주었습니다.
> (묵시록 21 : 9, 10)

"그의 신부는 단장을 끝냈다"는 본문말씀은 주님에게 속한 새로운 교회에 속하게 될 사람들이 함께 모이고, 임명되고, 교육을 받을 것이다는 것을 뜻합니다. 그리고 우리의 본문 "그녀(=신부)는 단장을 끝냈다"는 말이 이런 내용들을 뜻하기 때문에, 따라서 "신부에게는 빛나고 깨끗한 고운 모시 옷을 입게 하셨다"(8절)는 말씀이 뒤이어지고 있는데, 이 말은 교육을 통하여 임명되는 것을 뜻합니다. 그러므로 그들을 위해서 주님으로 말미암은 성언의 이해를 뜻하는 "흰 말"(白馬·the white horse)이 뒤이어 나오는(묵시록 19 : 11) 이유입니다.

814. 8절. "신부에게 빛나고 깨끗한 고운 모시옷을 입게 하셨다."

이 말씀은 주님께서 성언을 통하여 순수하고, 깨끗한 진리들로 주님의 새로운 교회에 속하게 될 사람들을 가르치신다는 것을 뜻합니다. "그녀에게 입게 하셨다"(=허락하셨다)는 말은 아내(the Wife)에게 주어졌다는 것을 뜻하는데, 그녀는, 위에서 언급한 것과 같이(본서 812항 참조), 새 예루살렘이 가리키는 주님의 새로운 교회(the Lord's New Church)를 뜻합니다. "옷을 입게 한다"는 말은, "옷"이 진리들을 뜻하기 때문에(본서 166항 참조), 진리들 가운데서 가르침을 받는다는 것을 뜻합니다. 그리고 "흰 옷"(white garments)은 순수한 진리들을 뜻합니다(본서 212항 참조). "빛나고 깨끗한 고운 모시 옷"은 선과 깨끗한 진리들로 인하여 빛난다는 것을 뜻합니다. 그리고 깨끗한 진리는 주님으로부터 성언을 통해서 오는 그 밖의 어떤 근원에서 허락될 수 없기 때문에, 그러므로 이런 내용을 뜻합니다. "깨끗하고 빛난다"라고 하였는데, 그것은 "깨끗하다"(clean)는 말이 악으로부터 자유한다는 것, 따라서 선으로 말미암아 빛이 난다는 것을 뜻하기 때문입니다. 그리고 "빛난다"(bright)는 말은 거짓으로부터 자유한다는 것, 따라서 진리로 말미암아 깨끗하다(pure)는 것을 뜻하기 때문입니다. "고운 모시"나 "모시 옷"은, 아래 장절들에서와 같이, 순수한 진리(genuine truth)를 뜻합니다.

> (예루살렘을 두고 말한다.) (나는) 수 놓은 옷을 네게 입혀 주었고, 물개 가죽신을 네게 신겨 주고, 모시로 네 몸을 감싸 주고, 비단으로 겉옷을 만들어 주었다.……이렇게 너는 금과 은으로 장식하고, 모시 옷과 비단 옷과 수 놓은 옷을 입었다.
> (에스겔 16 : 10, 13)
> 이집트에서 가져 온 수 놓은 모시로
> 네 돛을 만들고,
> 그것으로 네 기를 삼았다.
> (에스겔 27 : 7)

아래의 장절은, 선에 속한 지식의 측면에서 교회를 뜻하는 두로에 관한 것입니다.

> 하늘의 군대가 희고 깨끗한 고운 모시 옷을 입고, 흰 말을 타고, 그분을 따르고 있었습니다.
> (묵시록 19 : 14)
> 바로는 손가락에 끼고 있는 옥새 반지를 빼서 요셉의 손가락에 끼우고, 고운 모시 옷을 입히고, 금목걸이를 목에다 걸어 주었다.
> (창세기 41 : 42)

이 구절도 역시 동일한 것을 뜻합니다. 아래 장절은, 비록 그들 안에 있지 않지만, 그들에게 있는 성언에서 비롯된 진리를 뜻합니다.

> 바빌론의 고운 모시.
> (묵시록 18 : 12, 16)
> 부자가 입은 고운 베 옷.
> (누가 16 : 19)

고운 모시는 면직물(=면사로 짠 옷감)이라고도 합니다. 그러므로 출애굽기서의 아래 장절에서 후자 역시 순수한 진리를 뜻합니다.

> 너는 가는 모시 실(=면사·綿絲)로 줄무늬 속옷을 지어라. 가는 모시 실(=면사)로 제사장이 쓰는 관을 만들고, 수를 놓아 예복의 허리띠를 만들어라.
> (출애굽 28 : 39)
> 그들은 또 아론과 그의 아들들이 입을 속옷을 가는 모시 실(=면사)로 정교하게 짜서 만들었다.
> (출애굽 39 : 27)
> 열 폭으로 성막을 만들어라. 그 천은, 가늘게 꼰 모시실(=면사)과 청색 실과 자주 색 실과 홍색 실로, 그룹을 정교하게 수놓아 짠 것이어야 한다.
> (출애굽 26 : 1 ; 36 : 8)
> (너는) 성막 뜰을 두르는 울타리를 만들어라. 가는 실로 짠 모시(=면사) 휘장으로 울타리를 두르도록 하여라.
> (출애굽 27 : 9, 18 ; 38 : 9)
> 동쪽 울타리의 정문에 칠 막은,……가늘게 꼰 모시 실(=면사)로 수를 놓아 짠 것으로…….
> (출애굽 38 : 18)

815. "이 고운 모시 옷은 성도들의 의로운 행위다."

이 말씀은, 주님의 교회에 속한 사람들은 성언에서 비롯된 진리들을 통해서 삶에 속한 선들을 취한다는 것을 뜻합니다. "고운 모시 옷"(=고운 모시)은 순수한 진리들을 뜻하는데, 그것은, 위에서 언급한 것과 같이(본서 814항 참조), 주님으로부터 성언을 통해서 온 진리들입니다. "의로운 행위"는 진리들 안에 있는 자들이 가지고 있는 삶에 속한 선들(the goods of life)을 뜻합니다(본서 668항 참조). 그리고 "성도들"(saints)은 주님의 교회에 속한 자들을 뜻합니다(본서 173·586항 참조). "의로운 행위들"(just deeds)이 진리들 안에 있는 자들에게 있는 삶에 속한 선들이라고 한 것은, 만약에 그가 진리들에 일치하는 삶을 살지 않았다면, 어느 누구도 의로운 사람이라고 결코 불리울 수 없기 때문입니다. 왜냐하면 자연적인 뜻으로 모든 사람은 시민법이나 도덕률에 일치하여 착하게 사는 사람을 의롭다(just)라고 부르기 때문입니다. 그러나 영적인 뜻으로, 성언에서 비롯된 진리들을 가리키는, 신령 율법에 따라서 착하게 사는 자를 의롭다고 부릅니다. 자기 자신이 의롭다고 믿는 사람, 결과적으로 삶에 속한 선 안에 있지만, 그가 반드시 일치하여 살아야 할 진리들 밖에 있는 사람은 왕창 속고 있는 사람입니다. 왜냐하면 사람은 진리들을 떠나서, 그리고 진리들에 일치하는 삶에 의하지 않고서는, 개혁(改革・바로잡음)될 수도 없고, 중생(重生・거듭남)될 수도 없기 때문입니다. 결과적으로는 선한 사람이 될 수 없기 때문입니다. 이런 사실에서 명확하게 얻는 결론은, 우리의 본문, "고운 모시 옷은 성도들의 의로운 행위들이다"는 말이 주님의 교회에 속한 사람들은 성언에서 비롯된 진리들을 통하여 삶에 속한 선들을 취한다는 것을 뜻한다는 것입니다. 이러한 내용은 천계의 천사들에게서 아주 명확합니다. 그들이 진리들 안에, 진리들에 일치하는 삶 안에 있으면 있을수록 그들은 보다 더 빛나는 옷을 입고 나타납니다. 그 이유는 그들이 보다 밝은 빛 가운데 있기 때문입니다.

816. 9절. 또 천사가 나에게 말하였습니다. "어린 양의 혼인 잔치에 초대를 받은 사람에게는 복이 있다고 기록하여라."

이 말씀은, 천계로부터 요한에게 파송된 천사를 뜻하는데, 그 천사는 주님의 새로운 교회(the Lord's New Church)에 관해서 요한과 대화를 하였고, 그리고 그 교회에 속한 것들을 영접, 수용한 자들이 영원한 생명(永生)을 얻는다는 것을 이 땅 위에서 알게 하는 방법도 주어졌다는 것을 말하였습니다. 천계로부터 요한에게 파송된 천사가 요한에게 이런 것들을 말하였다는 것은 아래에 이어지는 구절에서 명확한데, 그 구절은 요한이 그 때 그를 경배하려고 그의 발 앞에 엎드렸다고 하였다는 것, 그리고 그 천사가 그도 그와 같은 종이다, 그러니 경배는, 내게가 아니고, 하나님께 드려라 라고 말하였다는 것(19 : 10)에서 잘 알 수 있겠습니다. 요한이 들은 앞서의 것들이 천계 자체에서 비롯되었다는 것과 그리고 수많은 천사들이 주님으로 말미암아 함께 말한다는 것 등은 앞서의 장절들(19 : 5-7)에서 명확합니다. 그런데 그 장절에는 "그 보좌로부터 음성이 울려왔다"고 하였습니다. 따라서 "큰 무리의 음성과 같기도 하고, 큰 물소리와 같기도 하고, 우렁찬 천둥소리와 같기도 한 소리를 들었다"고 하였고, 그리고 그들에 관해서 "기뻐하고, 즐거워하여라"라고 언급되고 있습니다. 여기서 보면 이들은 모두가 복수(複數)로 표현되었습니다. 그러나 지금은 단수(單數)로 표현되었습니다. 따라서 그에게 파송된 천사는 단수의 천사였습니다. 그러나 천사들이 사람과 말할 때, 그것이 어떠한 것인지 나는 설명하려고 합니다. 그들은 결코 천계로부터 사람과 말하지 않고, 다만 거기에서부터 들은 음성은 주님으로부터 천계를 통해서 옵니다. 그러나 사람과 함께 말하는 것이 천사들에게 허락되었을 때에는, 천사들은, 그 사람에게 가까이 할 한 천사(one)를 그들의 사회로부터 파송합니다. 그리고 그들은 그 한 천사를 통해서 그 사람과 말합니다. 파송된 한 천사는 수많은 천사들에 속한 피술자(被述者·the subject)입니다. 그리고 지금 요한과 대화를 하고 있는 자도 그런 부류의 피술자입니다. 이와 같은 일은, 이 땅 위에, 온 천계가 천계의 하나님으로 오직 주님만을 시인하는 것과, 그리고 그분 홀로 경배 받으셔야 한다는 것과, 그리고 또한 천계에서 그 교회가 설시된 것과 같이, 이 땅 위에서도 주님에 의하여 새로운 교회가 설시될 것이다는 등등의 것이 선포되기 위하여, 행해졌습니다. 왜냐하면 교회는 제일 먼저 주님에 의하여 천계에 세워지고, 그리고 그 때 천계를 통하여 지상에도 교회가 세워지기 때문입니다. 이러한 사실은 우리의 본문들 가운데 있는 하나의 비의(秘義)입니다. 그 설명에 관한 것입니다. "기록하여라"(write)는 말은 지키기 위하여 후손에게 그가 분명하게 언급하는 것을 뜻하지만(본서 39·63·639항 참조), 여기서는 그가 이런 것들을 알리기 위한 것을 뜻합니다. 이런 내용이 "기록하라"는 말이 뜻합니다. "어린 양의 혼인 잔치에 초대를 받은 사람에게는 복이 있다"는 말은 새로운 교회에 속한 그런 것들을 영접, 수용한 사람들은 영생(永生)을 취할 것이다는 것을 뜻합니다. 영생을 얻는 사람들이 "복이 있다"고 불리웠습니다(본서 639항 참조). "어린 양의 혼인"이라는 말은, 위에서 언급한 것과 같이(본서 812항 참조), 주님과의 결합의 상태 안에 있다는 것을 뜻합니다. 여기서 "초대받은 사람"(the called)은 그것들을 영접, 수용한 자 모두를 뜻합니다. 사실 모두가 초대를 받았지만, 그러나 영접, 수용하지 않은 자들은 그 초대를 거절합니다. "어린 양의 혼인 잔치"라고 하였는데, 그 이유는 이 일이, 저녁이라고 하는 교회의 마지막 상태에서 일어나고, 그리고 그 저녁에 잔치가 있기 때문입니다. 그러나 새로운 교회의 처음 상태는 아침(morning)이라고 불리웁니다. 저녁에 사람은 교회에 초청됩니다. 초청

받은 사람이 오게 되면, 아침이 옵니다. 교회의 마지막 상태가 저녁이나 밤(evening and night)이라고 불리우고, 교회의 처음 상태가 여명(黎明)이나 아침(the dawn and morning)이라고 불리운다는 것은 위의 설명을 참조하십시오(본서 151항 참조). 주님께서 고난을 겪으시기 위하여 예루살렘으로부터 내려가셨을 때, 그 때가 유대 교회의 마지막 상태이고, 따라서 저녁이기 때문에, 그러므로 주님께서는 그 때 제자들과 함께 저녁을 드셨고, 그리고 성찬(聖餐·Eucharist)을 제정하셨습니다. 그것에서부터 그 성찬은 거룩한 만찬(the Holy Supper)이라고 불리웠습니다. 그리고 성만찬(=거룩한 만찬)에 의하여, 만약에 회개한 뒤에 사람이 직접적으로 주님에게 나아가면 주님과 교회에 속한 사람과의 결합, 곧 혼인이 이루어집니다. 그러나 만약에 그렇게 하지 않는다면 그와 같은 일은 있지만, 결코 결합은 없습니다. 이렇게 볼 때 성경 어디에서나 "저녁 만찬"이나 "만찬을 든다"는 말이 무엇을 뜻하는지 잘 알 수 있겠습니다.

817. 그리고 또 말하였습니다. "이 말씀은 하나님의 참된 말씀이다."
이 말씀은 주님에게서 비롯된 것이기 때문에 반드시 믿어야 할 것이다는 것을 뜻합니다. 다시 말하면 "어린 양의 혼인 잔치에 초대를 받은 사람은 복이 있다"는 사람, 즉 주님의 새로운 교회에 속한 것들을 영접, 수용한 이 땅 위에 있는 사람들은 영생을 받는다는 것을 뜻한다는 것입니다.

818. 10절. 그 때에 내가 그에게 경배드리려고, 그의 발 앞에 엎드렸더니, 그가 나에게 말하였습니다. "이러지 말아라. 나도 예수의 증언을 간직하고 있는 네 형제자매들 가운데 하나요, 너와 같은 종이다. 경배는 하나님께 드려라."
이 말씀은 천계의 천사들은 경배의 대상도, 기도의 대상도 될 수 없다는 것을 뜻합니다. 그 이유는 그들 안에는 신령한 것이 전무(全無)하기 때문입니다. 그러나 그들은 형제들끼리 제휴(提携)하는 것과 같이 사람들과 제휴할 수 있고, 그리고 주님을 예배하는 사람들과 제휴할 수 있고, 따라서 그들과 제휴한 상태에서 주님만을 경배하여야만 한다는 것을 뜻합니다. 우리의 본문 "내가 그에게 경배드리려고, 그의 발 앞에 엎드렸더니, 그가 나에게 말하였습니다. '이러지 말아라. 경배는 하나님께 드려라'"는 말씀은 천계의 천사는 그 누구도 경배 받을 수 없고, 그리고 기도의 대상이 될 수 없지만, 그러나 주님만이 홀로 경배되어야 하고, 기도의 대상이 될 수 있다는 것을 뜻합니다. "나도 너와 같은 종이고, 네 형제자매들 가운데 하나이다"라는 말씀은, 신령존재(神靈存在)는 하나의 천사에 속하지 않으며, 오히려 형제와 형제끼리 그러한 것과 같이, 그분께서는 사람과 제휴하신다는 것을 뜻합니다. "예수의 증언을 간직하고 있다"는 말은, 사람은 마찬가지로, 그분의 인성 안에 있는 신령존재의 시인을 통해서, 그리고 그분의 계명들에 일치하는 삶을 통해서 주님과의 결합 가운데 있다는 것을 뜻합니다. 이러한 내용이 본문 "예수의 증언을 간직하고 있다"는 말이 뜻한다는 것은 아래의 단락에서 알게 될 것입니다. 천계의 천사들은 사람들에 비하여 뛰어나지 않고, 오히려 그들이 그들의 동등함과 같다는 것, 그리고 그러므로 그들은, 사람들과 같이 꼭 같이 주님의 종들(the Lord's servants)이다는 것 등등은, 모든 천사들은 사람들이었고, 이 세상에 태어났었고, 그리고 그들의 어느 누구도 처음부터 직접적으로(=천사의 존재) 창조되지 않았기 때문입니다. 이러한 사실은 1758년 런던에서 출간된 ≪천계와 지옥≫(Heaven and Hell)에 기술된 내용들에게서, 그리고 입증된 것들에게서 밝히 알 수 있겠습니다. 사실 천사들은 지혜의 면에서 사람들에 비하여 월등하게 뛰어나지만, 그러나 이러한 이유는 그들이 영적인 상태에 있기 때문이고, 그리고 그것에서 비롯된 천계의 빛 가운데 있기 때문이고, 그들은, 사람들이 이 세상에 있는 것과 같이, 자연적인 상태에 있지 않고, 그래서 이 세상의 빛 가운데 있지 않기 때문입니다. 그러나 어느 천사도 지혜의 면에서 월등하게 뛰어난 것에 비례하여, 자신이 사람들에 비하여 뛰어나다고 시인하지 않으며, 오히려 사람들과 같은 존재이다는 것을 시인합니다. 이런 이유 때문에 사람들과 천사들의 결합은 존재하지 않고, 다만 그들과의 제휴만 존재합니다. 그리고 결합은 주님과의 결합만 주어질 뿐입니다. 그러나 성언에 의하여 주님과의 결합이 어떻게 이루어지는지, 그리고 천사들과의 제휴는 어떻게 이루어지는지는 ≪성서론≫ 62-69항을 참조하십시오.

819. "**예수의 증언**(=예수께 대한 증언)**은 곧 예언의 영이다.**"
이 말씀은, 주님께서 천지(天地)의 하나님이시다는 것, 그리고 동시에 그분의 계명들에 일치하는 삶이 보편적인 뜻으로 성언에 속한 전부이고, 그리고 그것에서 비롯된 교리에 속한 전부이다는 것을 시인(是認)하는 것을 뜻합니다. "예수의 증언"이라는 말은, 사람이 주님의 것(His)이다는 것, 따라서 천계 안에 있는 사람은 거기에 있는 천사들 가운데 하나이다는 천계에서의 주님의 입증(立證·the Lord's attestation)을 뜻합니다. 그 이유는 그와 같은 입증(=증거·attestation)은, 주님께서 마태복음서 28장 18절에서 가르치고 있듯이, 천지(天地)의 하나님으로 주님을 시인하고, 그리고 동시에 그분의 계명들에 일치하여 사는, 특히 성언의 계명들에 일치하여 사는, 주님과의 결합 안에 있는 사람들을 제외하면, 어느 누구에게도 주어지지 않기 때문입니다. 그러므로 여기서 이들 둘(=주님시인과 십성언에 의한 삶)이 "예수의 증언"이 뜻한다는 것은 본서 6·490항을 참조하십시오. 그 증언이 "예언의 영이다"는 말은 그것이 성언에 속한 전부(all)이고, 그것에서 비롯된 교리에 속한 모두(all)이다는 것을 뜻합니다. 왜냐하면 보편적인 뜻으로 성경(=성언·the Word)은 오직 주님에 관해서, 그리고 주님의 계명들에 일치하는 삶에 관해서 다루고 있기 때문입니다. 따라서 여기서 얻는 결론은 주님께서 곧 성언(聖言·the Word)이시다는 것입니다. 왜냐하면 주님께서 성언이시기 때문입니다. 그 이유는 성언이 그분으로부터 와서 존재하고, 그리고 성언은 오직 그분만을 다루고 있고, 그리고 성언은 오로지 그분께서 어떻게 시인 받고, 예배 받으셔야 하는지를 가르치고 있기 때문입니다. 그리고 이런 것들이, 사람이 주님과 결합의 상태에 들어가기 위해서는, 어느 누구나 반드시 일치하여 살아야만 하는 신령 진리들이라고 하는 성언의 계명들이다는 것을 가르치고 있기 때문입니다. 성언이 오직 주님만을 표현하고 있다는 것, 그리고 그것으로 인하여 주님께서 성언(聖言·말씀)이시다고 불리셨다는 것 등등은 ≪주님론≫ 1-7·8-11·19-28·37-44항에서 볼 수 있습니다. 그리고 또한 ≪성서론≫ 80-90·98-100항에서도 볼 수 있습니다. 이것은 주님께서 친히 말씀하신 구절입니다.

내가 아버지께로부터 너희에게 보내려는 보혜사, 곧 아버지께로부터 오는 진리의 영이 오시면, 그 영이 나를 증언하실 것이다.……그러나 그분 곧 진리의 영이 오시면, 그가 너희를 모든 진리 가운데로 인도하실 것이다. 그는 자기 마음대로 말씀하시지 않으시고, 듣는 것만 일러주실 것이요,……그렇기 때문에 내가, 성령이 나의 것을 받아서 너희에게 알려 주실 것이라고 말하였다.
(요한 15 : 26 ; 16 : 13, 15)

820. 11절. **나는 또 하늘이 열려 있는 것을 보았습니다. 거기에 흰 말이 있었는데,……**.
이 말씀은, 주님에 의해 계시된 성언의 영적인 뜻과, 그리고 그 계시에 의하여 밝혀진 주님의 강림(the coming of the Lord)을 가리키는, 성언의 내면적인 이해(the interior understanding of the Word)를 각각 뜻합니다. "하늘이 열려 있는 것을 보았다"(=열려 있는 하늘을 보았다)는 말은, 그것에 관해서는 아래에서 설명되겠지만, 주님에게서 온 계시와 밝힘(顯現・manifestation)을 뜻합니다. "말"(horse)은 성언의 이해를 뜻하고, 그리고 "흰 말"(白馬・a white horse)은 성언의 내면적인 이해를 뜻합니다(본서 298항 참조). 그리고 "흰 말"이 이런 내용을 뜻하기 때문에, 그리고 영적인 뜻이 성언의 내면적인 이해를 가리키기 때문에, 그러므로 여기서 "흰 말"은 그 뜻, 즉 영적인 뜻을 뜻합니다. 이것이 주님의 강림을 뜻하는 이유는, 영적인 뜻에 의하여 주님께서는 성언이시다는 것, 그리고 성언은 오직 주님만을 표현하고 있다는 것, 그리고 주님께서 천지(天地)의 하나님이시다는 것, 그리고 새로운 교회는 오직 주님으로 말미암아 존재한다는 것 등등을 명확하게 드러내고 있기 때문입니다. 주님께서는 친히 이렇게 말씀하셨습니다.

그 때에는……인자가 큰 권능과 영광으로 하늘 구름을 타고 오는 것을 볼 것이다.
(마태 17 : 5 ; 24 : 30 ; 26 : 64 ; 마가 14 : 61, 62 ; 누가 9 : 34, 35 ; 21 : 27 ; 묵시록 1 : 7 ; 사도행전 1 : 9, 11)

주님께서는, 최후의 심판이 일어날 때 교회의 마지막 때를 가리키는 세상의 종말에 관해서 제자들에게 말씀하시는 곳에서, 이 말씀을 말씀하셨습니다. 성언의 문자적인 뜻 너머를 생각하지 않는 사람은 누구나, 최후심판이 일어나게 되면, 주님께서는 수많은 천사들과 나팔소리와 함께 하늘의 구름들 가운데 모습을 나타낼 것이다고 굳게 믿습니다. 그러나 이 구절은 이런 내용을 뜻하는 것이 아니고, 오히려 주님께서 성언 가운데 나타나실 것이다는 것을 뜻한다는 것은 앞서의 설명내용들에게서 아주 명확합니다(본서 24・642항 참조). 그리고 주님께서는 성언의 영적인 뜻 안에서 명확하게 나타나십니다. 주님께서 성언이시다는 것, 다시 말하면 신령진리 자체이시다는 것, 그리고 주님께서는 성언의 극내적인 것이다는 것과 그리고 그것으로 인하여 성언의 전부(all)이시다는 것 뿐만 아니라, 주님 친히, 삼일성(=삼위일체)이 그분 안에 내재해 있는, 한 분 하나님(the one God)이시다는 것, 따라서 주님께서는 천지(天地)의 유일하신 하나님이다는 것을 드러냅니다. 더욱이 주님께서는 그분 인성을 영화하시기 위하여, 다시 말하면 인성을 신성으로 완성하시기 위하여, 주님께서 이 세상에 강림하셨다는 것을 역시 밝히 드러내고 있습니다. 주님께서 영화하신, 다시 말하면 신성으로 완성하신 인성은 자연적인 인성(=자연적인 인간・the natural human)인데, 그것은 자연계 안에 있는 한 처녀 안에서 인성(人性・the human)을 입을 것을 제외하면 영화하실 수 없는 그런 인성을 가리킵니다. 그 때 주님께서는, 그분께서 영원 전부터 가지고 계셨던 그분의 신성(His Divine)을 그 인성에 합일시키셨습니다. 그 합일(合一・union)은 주님께서 취하신 인성에 허입(許入)한 온갖 시험들에 의하여 이루어졌습니다. 온갖 시험들의 최후의 것은 십자가의 고난(the passion of the cross・십자가의 열정)이고, 동시에 성언에 속한 모든 것들을 만족스럽게 이행하는 것이었습니다. 뿐만 아니라 그것은 성언의 자연적인 뜻(the natural sense of the Word)으로 성언의 모든 것들을 이행하는 것 뿐만 아니라, 성언의 영적인 뜻과 성언의 천적인 뜻 가운데서도 성언에 속한 모든 것들을 이행, 완성하는 것을 가리킵니다. 앞에서 언급한 것과 같이 그 뜻으로 주님께서 홀로 이 일을 담당하셨습니다. 그러나 이런 내용들에 관해서는 ≪사대교리≫(四大敎理)의 ≪주님론≫과 ≪성서론≫에서 명확하게 입증된 것들을 참조하십시오. 그런데 주님께서 성언이시고, 그리고 그 성언이 육신(肉身・flesh)이 되셨다는 것(요한 1 : 1, 2, 14)과 그리고 주님께서 그것을 이행하시기 위하여 성언이 육신이 되었기 때문에, 아주 명확한 사실은, 주님의 강림은 "하늘의 구름을 타고 오신다"는 그분의 나타나심(His appearing)이 뜻한다는 것입니다. "하늘의 구름들"(the clouds of heaven)이 문자적인 뜻으로 성언을 뜻한다는 것은 위에서 잘 볼 수 있겠습니다(본서 24・642항 참조). 이 말이 곧 성언 가운데 주님의 드러냄(顯現·the Lord's appearing)을 뜻한다는 것은 명확한데, 그 이유는 "흰 말"(白馬)이 성언의 내면적인 이해를 뜻하기 때문이고, 그리고 그 말 위에 타신 그분의 이름이 "하나님의 말씀"(the Word of God)이라고 언급되었기(묵시록 19:13) 때문이고, 그리고 그분의 이름이 "왕들의 왕, 군주들의 군주"(묵시록 19:16)이다고 언급되고 있기 때문입니다. 이런 사실에서 명확한 것은, 우리의 본문 "나는 또 하늘이 열려 있는 것을 보았습니다. 거기에는 흰 말이 있었습니다"라는 말씀이 주님에 의하여 계시된 성언의 영적인 뜻을 뜻한다는 것입니다. 그리고 또한 그것에 의하여 성언의 내면적인 이해가 모두 밝혀졌다는 것을 뜻합니다. 역시 그것은 곧 주님의 강림(the coming of the Lord)이었습니다. 이전에는 기독교계에서 어느 누구도 알지 못하였지만, 그러나 성언의 영적인 뜻이 오늘날에는 계시되었다는 것은 모세 오경 중 ≪창세기와 출애굽기≫에서 영적인 뜻에 따라서 해설된 ≪천계비의≫(the Arcana Celestia)에서, 그리고 ≪사대교리≫의 ≪성서론≫에서(성서론 5-26항 참조), 그리고 ≪백마론≫이라는 소책에서 처음부터 마지막까지 다룬 설명내용들에서 잘 볼 수 있겠습니다. 그리고 또한 성경에 관한 ≪천계비의≫(天界秘義)에서 발췌, 수집된 모든 것들에서, 그리고 영적인 뜻 없이는 단 한 구절도 이해할 수 없는 책인 묵시록서의 해설에서도 밝히 알 수 있겠습니다.

821. "신실하신 분" "참되신 분"이라는 이름을 가지신 분이 그 위(=흰 말)에 타고 계셨습니다. 그분은 의로 심판하시고, 싸우시는 분이십니다.

이 말씀은 성언의 측면에서 주님을 뜻합니다. 다시 말하면 그 성언은 신령선 자체이고, 신령진리 자체이며, 이 양자로 말미암아 주님께서는 심판을 단행하시고, 그리고 선한 사람을 악한 사람에게서 분리하신다는 성언의 측면에서 주님이십니다. "그 위에 타고 계신 분" 다시 말하면 흰 말 위에 타고 계신 분은 성언의 측면에서 주님을 뜻합니다. 그분이 성언의 측면에서 주님이시다는 것은 본문장 13절에서 명확한데, 그 절에는 "그분은 피로 물든 옷을 입으셨고, 그분의 이름은 '하나님의 말씀'이라고 하였습니다"라고 언급되었기 때문입니다. "신실하고 참되다"(faithful and true)는 말은 신령선과 신령진리를 뜻합니다. "신실하다"(faithful)는 말은, 믿음직스럽다는 것을 가리키기 때문에, 신령선을 뜻합니다. 사람들에 대해서 언급할 경우, "신실하다"는 말은 극내적인 천계, 즉 삼층천에 있는 자, 따라서 천적인 선 안에 있는 사람을 뜻한다는 것은 본서 744항에서 볼 수 있습니다. 그리고 주님에 관해서 언급할 경우 "참되다"(true)는 말이 신령진리를 뜻한다는 것도 명백합니다. "의"(=정의·공의·justice)가, 주님에 관해서 언급되는 곳에서는 양자, 즉 진리와 꼭 같이 선을 뜻한다는 것, 그리고 신령진리와 신령선을 뜻한다는 것은 본서 805항을 참조하십시오. 따라서 뒤이어지는 결론은, 우리의 본문인 "그분은 의로 심판하신다"는 말은 신령선과 신령진리로부터 심판을 단행한다는 것을 뜻한다는 것입니다. 모든 심판이 주님에 의하여 성언을 통하여 단행된다는 것, 따라서 성언 자체가 모두를 심판한다는 것은 위에서 잘 알 수 있겠습니다(본서 233항 참조). "그분은 의로 싸우신다"는 말이 악인에게서부터 선한 사람을 갈라놓는다는 것을 뜻한다는 것은, 주님께서는 어느 누구를 상대해서 결코 싸움을 하시지 않고, 다만 악인에게서 선인을 분리시키시기 때문입니다. 그리고 그 때 악인은 스스로 지옥으로 떨어집니다.

822. 12절. **그분의 눈은 불꽃과 같고,……**.
이 말씀이, 주님의 신령사랑에 속한 신령지혜를 뜻한다는 것은, 동일한 것들이 나오는 곳에서의 설명에서 잘 알 수 있습니다(본서 48항 참조). 그리고 그것들은 모두가 성언의 측면에서 주님을 뜻하는 사람의 아들(人子·the Son of man)에 관해서 언급되고 있는 것들을 뜻하고 있습니다(본서 44항 참조).

823. **그분의 머리에는 많은 관을 썼는데,……**.
이 말씀은 그분에게서 비롯된 성언에 속한 신령진리들을 뜻합니다. "머리에는"(upon the head)이라는 말은 주님에게서 비롯되었다는 것(from the Lord)을 뜻합니다. 왜냐하면 머리는 사랑에서 비롯된 지혜를 뜻하기 때문이고, 그리고 사람은 사랑에서 비롯된 지혜에 의하여 다스려지기 때문입니다. "머리에 있는 많은 관들"이 보인 것은, "관"(=면류관·diadems)이 뜻하는 성언에 속한 신령진리들은 주님으로 말미암아 존재하기 때문입니다. "면류관들"이 성언에 속한 신령진리들을 뜻한다는 것은 본서 231·540항을 참조하십시오. 주님에 관해서 언급되는 경우 "머리"는 신령사랑에 속한 신령지혜를 뜻하고(본서 47항 참조), 그리고 "머리"는 그 밖의 여러 내용을 뜻하기도 합니다(본시 538·565항 참조). 영계에서 성언에 속한 신령진리들은 면류관(=관)에 대응하고, 그리고 그 진리들은 대응으로 말미암아 거기에 나타납니다. 그리고 천계에서는 성언을 간직하고 있는 사람들의 머리 위에는 거룩한 것으로 나타납니다. 따라서 "면류관들"은 성언의 문자적인 뜻으로 성언에 속한 신령진리들을 뜻한다고 하겠습니다. 그 이유는, 성언의 문자적인 뜻은, 면류관이 빛으로 말미암아 그와 같듯이, 성언의 영적인 뜻이나, 천적인 뜻으로 인하여, 투명(透明)하기 때문입니다.

824. 그분 밖에는 아무도 알지 못하는 이름이 그의 몸에 적혀 있었습니다.
이 말씀은, 주님 외에는 성언의 영적인 뜻이나 천적인 뜻으로 성언의 본질(本質·本性·quality)을 알지 못한다는 것을 뜻하고, 그리고 주님께서 그것을 계시하신 사람 이외에는 역시 그 본질을 알지 못한다는 것을 뜻합니다. "이름"이 어느 누구의 성품(=본성)을 뜻합니다(본서 165항 및 그 밖의 여러 곳 참조). 여기서는 성언의 본질(=본성)을 뜻하고, 그리고 성언 안에 내재해 있는 것, 다시 말하면 성언의 영적인 뜻이나 천적인 뜻 안에 있는 것을 뜻합니다. "이름이 적혀 있다"고 언급되었는데, 그것은 성언이 땅에 있는 사람들에게, 그리고 천계에 있는 천사들에게, 즉 양자에게 있기 때문입니다(성서론 70-75항 참조). "그분 밖에는 아무도 알지 못한다"는 말은 주님 자신 외에는 누구도 알지 못한다는 것을 뜻하고, 그리고 주님께서 그것을 계시해 준 그 사람만 안다는 것을 뜻합니다. 다시 말하면 영적인 뜻으로 성언의 본성은 오직 주님과 주님께서 계시해 준 사람만 안다는 것을 뜻합니다. 오직 주님 외에는 어느 누구도 성언의 영적인 뜻을 알 수 없다는 것, 따라서 주님에게서 온 것을 제외하면 그 뜻을 그 누구도 알지 못한다는 것, 그리고 주님에게서 비롯된 사람이라고 해도 주님에게서 온 신령진리 안에 있지 않으면, 그 누구도 그 뜻을 알지 못한다는 것은 ≪성서론≫ 26항을 참조하십시오..

825. 13절. 그분은 피로 물든 옷을 입으셨고, 그분의 이름은 '하나님의 말씀'이라고 하였습니다.
이 말씀은, 성언의 궁극적인 뜻(its ultimate sense) 안에 있는 신령진리나, 또는 문자 안에 있는 성언을 뜻하는데, 그것에는 폭행이 가해졌습니다. 옷(garment)은 선을 감싸고 있는 진리(truth clothing good)를 뜻합니다(본서 166·212·328항 참조). 그것이 성언에 관해서 언급하고 있을 경우, 그것은 문자적인 뜻 안에 있는 성언을 뜻합니다. 왜냐하면 이것은 곧 옷과 같은데, 그것은 그것 안에 있는 성언의 영적인 뜻이나 천적인 뜻을 감싸고 있기 때문입니다. 그리고 여기서 "피"(blood)는 주님의 신성에 저지른, 또는 성언에 가한 폭행(暴行·violence)을 뜻합니다(본서 327·684항 참조). "피"가 이런 내용을 뜻하는 이유는 성언 안에 있는 주님의 신령진리를 피가 뜻하기 때문입니다(본서 379·653항 참조). 그러므로 "피를 흘린다"(shedding blood)는 말은 주님의 신성이나 성언에 폭행을 가하는 것을 뜻합니다. 여기서 "하나님의 말씀"(the Word of God)은 문자적인 뜻 안에 있는 성언을 뜻합니다. 왜냐하면 폭행이, 영적인 뜻 안에 있는 성언에게 가해진 것이 아니고, 이것에게 가해졌기 때문입니다. 그 이유는 영적인 뜻은 열려져 있지 않기 때문입니다. 만약에 그 뜻이 알려졌다면 역시 그것에 대해서도 폭행을 가했을 것입니다. 그러므로 주님께서 최후심판을 단행하시고, 그리고 새로운 교회를 설시하시기 전에는 성언의 영적인 뜻을 계시하시지 않을 것입니다. 오늘날에도 그 영적인 뜻은, 주님에게서 비롯된 신령진리들 안에 있는 사람에게 계시하시는 것을 제외하면 어느 누구에게도 그것은 계시되지 않았습니다. 이러한 사실은 ≪성서론≫ 26항을 참조하십시오. 폭행이 주님의 신성이나, 성언에 가해졌다는 것은 로마 가톨릭의 종교적인 종지에서, 그리고 오직 믿음만이라고 하는 교리(依唯信得義)에 관한 개혁교회의 종교적 종지에서 아주 명백합니다. 로마 가톨릭의 종교적인 종지는 주님의 인성(the Lord's Human)이 신성(Divine)이 아니다는 것을 선포하였고, 따라서 그들은 주님에 속한 모든 것들을 자기 자신들에게 전가(轉嫁)시켰습니다. 그리고 또한 성언도 오직 자신들에 의해서만 해석(解釋·interpret)되어야 한다는 것도 널리 공표하였습니다. 그럼에도 불구하고 그들에 의한 해석은, 앞서 본서 18장의 해설에서 입증한 것과 같이, 어느 것이나, 성언에 속한 신령진리에 전적으로 상반(相反)되고 있습니다. 오직 믿음만의 교리(依唯信得義)에 관한 개혁교회의 종교적 종지에 의한 것도 역시 꼭 같습니다. 이것이 주님의 인성을 신령하게 완성하지(make) 못하였고, 그리고 그것은 잘못 이해된 바울의 단 한마디 말 위에 신학(神學)을 구축하였습니다. 그러므로 그 신학은 주님께서 친히 사랑과 인애에 관해서, 그리고 선행들

(good works)에 관해서 가르치신 모든 것들을 무가치(無價値)한 것으로 만들었습니다. 만약에 어떤 사람이 올바른 눈을 가지고 있다면, 누구나 그와 같은 매우 중요한 사실을 볼 수 있을 것입니다. 유대 사람도 성언에 대하여 꼭 같은 짓을 가했습니다. 그들의 종교적인 종지는. 다른 사람은 전적으로 아니고, 오직 자신들만을 위해서 성언은 기술되었다는 것입니다. 따라서 다른 사람들은 성언에서 무가치(無價値)한 존재이고, 오시게 될 메시아는 이 세상의 누구보다도 자기 자신을 높일 것이다는 것입니다. 이런 주장이나, 그 밖의 수많은 것들에 의하여 그들은 성언에 속한 모든 것들을 위화하였고, 모독하였습니다. 이러한 내용이 바로 이사야서에 있는 아래 장절들이 뜻하는 것입니다.

> 에돔에서 오시는 이분은 누구신가?
> 붉게 물든 옷을 입고 보스라에서 오시는
> 이분은 누구신가?
> 화려한 옷차림으로
> 권세 당당하게 걸어오시는 이분은
> 누구신가?
> 그는 바로 나다.
> 의를 말하는 자요,
> 구원의 권능을 가진 자다.
> 어찌하여 네 옷이 붉으며,
> 어찌하여 포도주 틀을 밟는 사람의
> 옷과 같으냐?
> 나는 혼자서
> 포도주 틀을 밟듯이 민족들을 짓밟는다.
> 민족들 가운데서
> 나를 도와 함께 일한 자가 아무도 없었다.
> (이사야 63 : 1-3)

여기서 "옷"(garment)은 성언에 속한 신령진리를 뜻합니다. 그리고 "에돔"은 피에서 비롯된 붉은 것(red)을 뜻합니다. 그러므로 우리의 본문, "피로 물든 옷을 입으셨고, 그분의 이름은 '하나님의 말씀'이라고 하였다"는 말씀은 성언의 궁극적인 뜻 안에 있는 신령진리를 뜻하고, 또한 문자 안에 있는 성언을 뜻합니다. 그리고 그것에게는 온갖 폭행이 가해졌습니다.

826. 14절. **그리고 하늘의 군대가 희고 깨끗한 모시 옷을 입고, 흰 말을 타고 그분을 따르고 있었습니다.**
이 말씀은, 성언의 내면적인 이해 안에서, 따라서 깨끗하고 순수한 진리들 안에서 주님과 결합된 새로운 크리스챤 천계에 있는 천사들을 뜻합니다. "하늘의 군대"(the armies in Heaven)는 신령진리들이나 신령선들 안에 있는 천사들을 뜻합니다(본서 447항 참조). 여기서 "하늘"(=천계·heaven)은, 위에서 언급한 것과 같이(본서 612·613·626·659·661항 참조), 새로운 크리스챤 천계(the New Christian Heaven)을 뜻합니다. 이 천계가 이런 내용을 뜻하는 이유는, 묵시록서에서 다루고 있는 것은 바로 새로운 천계(=새 하늘·the New Heaven)이기 때문입니다. "주님을 뒤따른다"(following the Lord)는 말은 주님에게 결합된 것을 뜻합니다(본서 621항 참조). 그들이 그 위에 있는 것으로 보인 "흰 말"(white horse)은, 위에서 언급한 것과 같이(본서 820항 참조), 성언의 내면적인 이해를 뜻합니다. "희고 깨끗한 고운 모시 옷"은 주님으로부터 성언을 통해서 온 깨끗하고 순수한 진리를 뜻합니다(본서 814항 참조). 우리의 본문장 8절에서는 "고운 모시 옷을 입게 하셨다"고 새로운 교회에 관해서 언급하고 있습니다. 따라서 여기서는 새로운 크리스챤 천계에 관해서 언급하고 있는데, 그 천계를 통하여 주님으로 말미암아 그 교회는 존재할 것입니다.

827. 15절. **그분의 입에서 날카로운 칼이 나오는데…….**
이 말씀은, 주님에게서 온 교리에 의한 온갖 거짓들의 흩어짐(分散)을 뜻한다는 것은, 위에서 설명된 내용에서(본서 52항 참조), 잘 알 수 있습니다. 거기에서는 인자(人子·사람의 아들)라고 불리운 주님에 관해서 동일한 내용들이 언급되었습니다. 그리고 "사람의 아들"은 성언의 측면에서 주님을 뜻합니다(본서 44항 참조). 그리고 "흰 말 위에 타신 분"도 동일한 것을 뜻합니다. 왜냐하면 온갖 거짓들의 흩어짐이 성언을 통하여 주님에 의하여 이루어졌기 때문입니다.

828. **그분은 그것으로 모든 민족을 치실 것입니다. 그는 친히 쇠지팡이를 가지고 모든 민족을 다스리실 것이요.**
이 말씀은 주님께서 성언의 문사적인 뜻에 속한 진리들에 의하여, 그리고 합리적인 것들(rational things)에 의하여 죽은 믿음(dead faith) 안에 빠져 있는 모두를 깨닫게 하고 확신시킬 것이다는 것을 뜻합니다. 우리의 본문이 이런 내용을 뜻한다는 것은 위에 설명된 비슷한 내용에서(본서 544항 참조) 아주 명백합니다. 거기에서 우리가 알 수 있는 것은, 그것들을 가지고 모든 민족들을 칠 "쇠지팡이"(=쇠막대기 · the rod of iron)는 자연적인 사람에게서 비롯된 합리적인 것들에 의하여 확증된 성언의 문자적인 뜻에서 비롯된 진리들을 뜻한다는 것입니다. 본서 148 · 485항의 설명도 같은 내용입니다. 선행(善行)이 결여된 오직 믿음이라는 가르침(依唯信得義)이 죽은 것이다는 것은 야고보서의 말씀에서(야고보 2 : 17, 20) 명확한데, 사도 야고보는 이렇게 말씀하셨습니다.

> 여러분은 말씀을 실천하는 사람이 되고, 그저 듣기만 하여 스스로를 속이는 사람이 되지 마십시오.
> (야고보 1 : 22)

바울 사도도 동일한 것을 말씀하셨습니다.

> 하나님 앞에서는 율법을 듣는 사람이 의로운 사람이 아닙니다. 오직 율법을 실천하는 사람이라야 의롭게 될 것이기 때문입니다.
> (로마 2 : 13)

829. 전능하신 하나님의 맹렬하신 진노의 포도주 틀을 밟으실 것입니다.
이 말씀은 주님께서 홀로 교회에 속한 모든 악들을 참고 견디신다는 것과 그리고 성언에게, 따라서 주님 자신에게 공격한 모든 폭행이나 괴롭힘을 참고 견디셨다는 것을 뜻합니다. "하나님의 맹렬하신 진노의 포도주"는 성언에서 비롯된 교회에 속한 모든 선들과 진리들이 모독되고, 섞음질되었다는 것, 따라서 교회에 속한 모든 악들과 거짓들을 뜻한다는 것입니다(본서 316 · 632 · 635 · 758항 참조). 그와 같은 포도주에 속한 "포도주 틀을 밟는다"는 말은 그것들을 참고, 담당하셨다는 것을 뜻하고, 그리고 그것들에 대항하여 싸운다는 것, 그리고 그것들을 책망하고 유죄로 판결하는 것을 뜻하고, 따라서 그들의 공격이나 괴롭힘에서부터 천계에 있는 천사들이나, 땅 위에 있는 사람들을 해방시켜,

자유하게 한 것을 뜻합니다. 왜냐하면 주님께서는, 그 때 천사들을 공격, 괴롭히기 시작할 정도로 증대한 지옥계를 정복하시기 위하여, 이 땅에 오셨기 때문입니다. 그리고 주님께서는 그들에게 대항하여 싸운 싸움들에 의하여, 따라서 온갖 시험들에 의하여 지옥계를 정복하셨습니다. 왜냐하면 영적인 시험들(spiritual temptations)은 지옥에 대항하여 싸우는 투쟁 이외에 아무것도 아니기 때문입니다. 모든 사람은, 그의 정동들의 측면에서, 그리고 그것에서 비롯된 사상들의 측면에서 영들과 함께 있기 때문에, 그리고 악한 사람은 지옥에서 온 악한 영들과 함께 하고, 그리고 선한 사람은 천계에서 온 천사들과 함께 하기 때문에, 그러므로 주님께서 지옥을 정복하셨을 때, 주님께서는 그 온갖 공격과 괴롭힘에서부터 천계의 천사들뿐만 아니라, 땅 위의 사람들도 구출, 자유하게 하셨습니다. 따라서 이사야서의 이 구절은 이런 내용을 뜻하고 있습니다.

그는 실로
우리가 받아야 할 고통을 대신 받고,
우리가 겪어야 할 슬픔을 대신 겪었다.
그러나 우리는,
그가 징벌을 받아서 하나님에게 맞으며,
고난을 받는다고 생각하였다.
그러나 그가 찔린 것은
우리의 허물 때문이고,
그가 상처를 받은 것은
우리의 악함 때문이다.
그가 징계를 받음으로써
우리가 평화를 누리고,
그가 매를 맞음으로써
우리의 병이 나았다.
우리는 모두 양처럼 길을 잃고,
각기 제 갈 길로 흩어졌으나,
주께서 우리 모두의 죄악을
그에게 지우셨다.
그는 굴욕을 당하고 고문을 당하였으나,
아무 말도 하지 않았다.……

그가 체포되어 유죄판결을 받았지만……
그가 사람 사는 땅에서 격리된 것을 보고서,
그것이 바로 형벌을 받아야 할
내 백성의 허물 때문이라고 생각하였느냐?
그는 폭력을 휘두르지도 않았고,
거짓말도 하지 않았지만,
사람들은 그에게
악한 사람과 함께 묻힐 무덤을 주었고,
죽어서 부자와 함께 들어가게 하였다.
(이사야 53 : 4-9)

여기의 내용들은 모두가 주님에 관한 것들을 가리킵니다. 그리고 또한 지옥에 의한 그분의 온갖 시험들에 관한 것들이고, 또한 종국에는 그들이 그분을 십자가에 매달아 죽인 유대 사람들에 의한 온갖 시험들에 관한 것들입니다. 주님의 이와 같은 온갖 투쟁들이 이사야서 63장 1-10절에 기술되고 있는데, 거기에는 이런 말씀들도 있습니다.

어찌하여 네 옷이 붉으며,
어찌하여 포도주 틀을 밟는 사람의
옷과 같으냐?
나는 혼자서
포도주 틀을 밟듯이 민족들을 짓밟았다.……
내가 분내어 민족들을 짓밟았고,
내가 격하여 그들을 짓밟았다.
(이사야 63 : 2, 3)

이 장절들은, 주님께서 홀로 그 교회에 속한 온갖 악들과 거짓들을 참고, 담당하셨다는 것을 뜻하고, 그리고 성언에 대하여, 따라서 주님을 공격, 저지른 온갖 폭행이나 모독 따위를 참고, 견디셨다는 것을 뜻합니다. 그 이유는 주님께서 성언이시기 때문이고, 그리고 로마 가톨릭의 종교적인 종지에 의한 것이나, 믿음만의 교리에 관해서 개혁교회가 가지고 있는 그 종교적인 종지에 의한 것도 곧 주님 자신에게 가하고, 저지른 폭행이요, 모독이기 때문입니다. 주님께서는, 그것에 의하여 지옥계를 다시 정복하신, 최후심판을 단행하실 때에도, 양자들의 온갖 악들과 거짓들을 참고, 담당하셨습니다. 그들이 다시 정복되지 않았다면 혈육을 지닌 사람은 어느 누구도 구원 받을 수 없었습니다. 주님께서는 이 사실을 마태복음서 24장 21, 22절에서 선언하셨습니다.

830. 16절. **그분의 옷과 넓적다리에는 '왕들의 왕' '군주들의 군주'라는 이름이 적혀 있었습니다.**
이 말씀은, 주님께서 어떤 존재이시고, 그리고 주님께서 신령지혜에 속한 신령진리이시고, 신령사랑에 속한 신령선이시다는 것, 따라서 주님께서는 우주의 하나님(the God of the universe)이시다는 것 등등을 성언에서 가르치신다는 것을 뜻합니다. 주님의 "옷"(聖衣・the Lord's garment)은 위에서 언급한 것과 같이(본서 825항 참조), 신령진리의 측면에서 성언을 뜻하고, 주님의 "넓적다리"(the Lord's thigh)는 신령선의 측면에서 성언을 뜻합니다. "넓적다리"나 "허리"(loins)는 혼인애(=결합애・conjugial love)를 뜻합니다. 그리고 이 사랑(=혼인애・결합애)이 모든 사랑들의 근본이고, 기초이기 때문에, 그러므로 "넓적다리들"이나 "허리들"은 사랑에 속한 선을 뜻합니다. 이러한 내용은 대응(對應)에서 비롯된 것이다는 사실은 본서 213항을 참조하십시오. 그러므로 주님의 관계에서 "넓적다리"가 언급될 경우, 그것은 사랑에 속한 선의 측면에서 주님 자신을 뜻합니다. 그리고 여기서는 역시 동일한 측면에서 성언을 뜻합니다. "적혀 있는 이름"은, 위에서 언급한 것과 같이(본서 824항 참조), 주님의 성품(性稟・quality)을 뜻합니다. "왕들의 왕"이라는 말은, 신령지혜에 속한 신령진리의 측면에서 주님을 뜻하고, "군주들의 군주"라는 말은, 신령사랑에 속한 신령선의 측면에서 주님을 뜻합니다(본서 664항 참조). 위에서 알 수 있듯이, 양자가 언급된 곳에서의 주님의 나라와 주권(통치・the Lord's kingdom and dominion)도 이와 동일한 내용을 뜻합니다. "왕들의 왕이요, 군주들의 군주"라고 언급되었고, 그리고 그들이 신령진리와 신령선의 측면에서 주님을 뜻하기 때문에, 그러므로 "그분의 옷과 그분의 넓적다리에 적혀 있는 이름"이라고 언급되었습니다. 그리고 "그분의 옷에 적힌 이름"은 신령진리의 측면에서 성언을 뜻하고, "그분의 넓적다리에 적힌 이름"은 신령선의 측면에서 성언을 뜻합니다. 이들 양자들(=신령진리와 신령선)은 모두 성언에 존재해 있습니다. 성언에 속한 신령진리는 성언의 영적인 뜻 안에 내재해 있는데, 그것은, 신령진리들에게서 비롯된 총명 안에 있는 둘째 천계, 또는 이층천(二層天)의 천사들을 위한 것입니다. 그리고 성언에 속한 신령선은 성언의 천적인 뜻 안에 내재해 있는데, 그것은, 신령선에서 비롯된 지혜 안에 있는, 가장 높은 천계, 또는 삼층천(三層天)의 천사들을 위한 것입니다. 그러나 후자의 뜻은 아주 깊숙하게 감추어져 있고, 따라서 주님에게서 비롯된 주님사랑(love to the Lord) 안에 있는 자들에게만 오직 지각될 뿐입니다. 이분이 주님이시다는 것은 묵시록서에서 공공연하게 언급되었습니다.

> 그들이 어린 양에게 싸움을 걸 터인데, 어린 양이 그들을 이길 것이다. 그것은, 어린 양이 만주의 주요 만왕의 왕이기 때문이다.
> (묵시록 17 : 14)

"넓적다리"가 사랑에 속한 선을 뜻하고, 그것이, 주님에 관해서 언급하고 있을 때에는, 신령사랑에 속한 신령선을 뜻한다는 것은 성경의 여러 장절들에게서 잘 알 수 있습니다.

> 그는 정의로 허리를 동여매고,
> 성실로 그의 몸(=넓적다리)에 띠를 삼는다.
> (이사야 11 : 5)
> 그들의 머리 위에 있는 창공 모양의 덮개 위에는, 청옥처럼 보이는 보석으로 만든 보좌 형상을 한 것이 있었고, 그 보좌 형상 위에는, 사람의 모습과 비슷한 형상이 있었다. 또 나는 그의 허리처럼 보이는 그 위쪽에서 금붙이의 광채와 같은 것이 불꽃처럼 안팎으로 그를 둘러싼 것을 보았는데, 그의 허리처럼 보이는 그 아래쪽에서도, 나는 불꽃과 같은 모양을 보았다. 이렇게 그는 광채로 둘러싸여 있었다. 그를 둘러싼 광채의 모양은, 비 오는 날 구름 속에 나타나는 무지개 같이 보였는데, 그것은 주의 영광이 나타난 모양과 같았다.
> (에스겔 1 : 26-28)

"보좌 위에 앉은 사람"은 주님을 뜻합니다. "그의 허리 위쪽에서, 그리고 아래쪽에서 나오는 불꽃같은 모양"은 주님의 신령사랑을 뜻하고, "둘러싼 광채"는 거기에서 비롯된 신령지혜를 뜻합니다.

> 내가 눈을 떠서 보니, 한 사람이 모시 옷을 입고 우바스의 금으로 만든 띠

를 허리에 동이고 있었다.
(다니엘 10 : 5)

주님께서 그의 안에 계셨던 천사입니다. "우바스의 금"은 사랑에 속한 선을 뜻합니다. "넓적다리"(=허리)도 같은 것을 뜻합니다(이사야 5 : 27 ; 시편 45 : 3). 그 사랑이 모든 사랑들의 기초이고, 근본적인 것이다고 하는 넓적다리와 허리가 혼인애(=결합애)와의 대응들에 관한 것은 ≪천계비의≫(A.C. 5050-5062항)를 참조하십시오.

831. 17절. **나는 또 태양 안에 한 천사가 서 있는 것을 보았습니다. 그는 공중에 나는 모든 새들에게 큰소리로 외치기를 "하나님의 큰 잔치에 모여라."**
이 말씀은 주님께서 신령사랑으로부터, 그리고 그것에서 비롯된 신령정열(Divine zeal)이라고 부르는 것으로부터, 진리에 속한 영적인 정동 안에 있고, 그리고 천계에 관해서 생각하는 자들을 모두 새로운 교회에로, 그리고 주님과의 결합에로, 따라서 영원한 생명에로 초대하시는 것을 뜻합니다. "태양 안에 서 있는 한 천사"는 신령사랑에 계신 주님을 뜻합니다. 여기서 "천사"는 주님을 뜻하고, "태양"은 주님의 신령사랑을 뜻합니다. "큰소리로 외친다"는 말은 신령정열(神靈情熱・Divine zeal)에서 비롯되었다는 것을 뜻합니다. 왜냐하면 신령사랑으로 말미암아 주님에게서 온 음성(=소리)이나 입류는 신령정열에게서 나오기 때문입니다. 그 이유는 정열은 사랑에 속한 것이기 때문입니다. "공중에 나는 새들"은 진리에 속한 영적인 정동 안에 있고, 그것으로부터 천계를 생각하는 모든 사람들을 뜻합니다. "하나님의 큰 잔치에 모여라"(=와서 모여라)는 말씀은, 새로운 교회에로, 그리고 주님과의 결합에로 부른 초대를 뜻하고, 그리고 함께 하도록 한 초대를 뜻합니다. 영원한 생명(永生)은 주님과의 결합으로 말미암아 존재하기 때문에, 그러므로 우리의 본문은 그런 내용을 뜻합니다. 큰소리로 "오라고" 외친다는 말은 초대(=부름・招待・calling)를 뜻하고, "다 함께 모인다"는 말은 모두 다 함께 부르는 것을 뜻합니다. 성경에서 "천사"가 주님을 뜻한다는 것은 앞서의 설명에서 잘 알 수 있겠습니다(본서 5・170・258・344・465・649・657・718항 참조). 여기서는 더욱이 그러한 것은, 주님께서 태양 안에 서 계시기 때문입니다. 어느 천사도 결코 태양 안에 있는 모습으로 나타날 수 없습니다. 왜냐하면 주님께서 영계의 태양이시기 때입니다. 그러므로 주님만이 홀로 태양에 계시기 때문입니다. 주님에 관해서 언급될 경우, "태양"이 신령사랑을 뜻한다는 것은 본서 53·414항을 참조하십시오. "큰소리로 외친다"는 말은, 신령사랑 안에 계신 주님에 관해서 언급되었을 경우, 신령정열로 말미암아 말하는 것을, 그리고 입류하는 것을 뜻한다는 것은 아주 명확합니다. 그 이유는 신령정열은 신령사랑에 속한 것이기 때문이고, 여기서는 사람들의 구원을 목적한 것이다는 것을 뜻하기 때문입니다. "새들"이 이해에 속한 그런 것들을, 그리고 그것에서 비롯된 생각(思想)에 속한 그런 것들을 뜻한다는 것은 본서 757항을 참조하십시오. 여기서는 진리에 속한 영적인 정동 안에 있는 자들을, 그리고 천계에 관해서 깊이 생각하는 자들을 뜻합니다. 그 이유는 "공중에 나는 새들"(=하늘 한가운데를 나는 새들)이라고 언급되었기 때문인데, "하늘 한가운데를 난다"는 말은 관찰하고, 주의하고, 생각하는 것을 뜻하기 때문입니다(본서 245·415항 참조). "하나님의 큰 잔치"가 새로운 교회, 따라서 주님과의 결합을 뜻한다는 것은 본서 816항을 참조하십시오. 거기에서는 그들의 잔치가 "어린 양의 혼인 잔치"라고 불리웠습니다.

    832. 18절. **"왕들의 살과, 장군들의 살과, 힘센 자들의 살과 말들과 그 위에 탄 자들의 살과, 모든 자유인이나 종이나 작은 자나 큰 자의 살을 먹어라" 하였습니다.**
이 말씀은, 모든 뜻과, 계도와 모든 종류 안에 있는 성언의 진리들을 통하여, 그리고 거기에서 비롯된 교리에 속한 진리들을 통하여, 주님에게서 비롯된 선들을 자기 것으로 삼는다(專有)는 것을 뜻합니다. 바로 위에서 언급한 것과 같이(본서 831항 참조), 여기서는 성언에 의한 주님과의 결합을 다루고 있습니다. 그러나 우리의 본문은 성언에 속한 진리들을 통한 주님에게서 비롯된 선들의 전유(專有)에 관한 것입니다. "먹는다"(eating)는 말은 전유(專有·자기 것으로 삼는 것·appropriation)를 뜻합니다(본서 89항 참조). 그들이 먹게 될 "살"(=고기·the flesh)은 성언에 속한 선들을 뜻하고, 그리고 그것에서 비롯된 교회에 속한 선들을 뜻합니다. 그리고 "왕들·장군들·힘센 자들·말들·그 위에 탄 자들·자유인들·종들·작은 자·큰 자"는 모든 뜻 안에, 모든 계도 안에, 그리고 온갖 종류 안에 있는 진리들을 뜻합니다. "왕들"은 성언에서 비롯된 교회에 속한 진리들 안에 있는 자들을 뜻하고, 추상적으로는 성언에서 비롯된 교회에 속한 진리들을 뜻합니다(본서 20·483항 참조). "수천의 장군들"은 선과 진리의 지식들 안에 있는 자들을 뜻하고, 추상적으로는 그런 지식들을 뜻합니다(본서 337항 참조). "힘센 자"(the mighty)는 성언에서 비롯된 교리로 말미암은 박학(博學)에 있는 자들을 뜻하고, 추상적으로는 그것으로 인한 박학이나 박식(博識)을 뜻합니다(본서 337항 참조). "말들"(horses)은 성언에 관한 이해를 뜻하고, 그리고 "그 위에 탄 자들"은 성언의 이해로 말미암은 지혜 안에 있는 자들을 뜻하고, 추상적으로는 그것에서 비롯된 지혜를 뜻합니다(본서 298·820항 참조). "자유인이나 종"은 자기 자신으로부터 아는 자들을, 그리고 다른 자들로부터 아는 자들을 뜻합니다(본서 337·604항 참조). "작은 자와 큰 자"는 작든 크든, 계도 안에 있는 자들을 뜻합니다(본서 527·810항 참조). 이런 내용에서 명확한 것은 "그들이 그들의 고기를 먹을 것이다"는 우리의 본문은, 모든 뜻, 계도, 종류 안에 있는 성언에 속한, 그리고 그것에서 비롯된 교리에 속한, 진리들을 통하여 주님에게서 온 선들을 자기 것으로 삼는 것(專有)을 뜻한다는 것입니다. 여기서 주지하여야 할 것은, 사람은 어느 누구나 성언에서 비롯된 진리들을 통하지 않고서는 주님에게서 온 어떤 영적인 선도 취하지 못한다는 것입니다. 왜냐하면 성언에 속한 진리들은 천계의 빛 안에 있고, 그리고 그것의 선들도 그 빛에 속한 볕(熱·heat)에 있기 때문입니다. 그러므로 이해가 성언을 통한 천계의 빛 안에 있지 않다면, 의지도 역시 천계의 볕 안에 들어갈 수 없기 때문입니다. 사랑과 인애(love and charity)까지도 성언에서 비롯된 진리들을 통하지 않고서는 형성될 수 없습니다. 사람도 성언에서 비롯된 진리들을 통하지 않고서는 개혁(改革·reformed)될 수 없습니다. 사람과 함께 하는 교회 자체도 그것들에 의하여 세워집니다. 그러나 이러한 것들은 오직 이해 안에 있는 진리들에 의해서 형성되는 것이 아니고, 오히려 그 진리들에 일치하는 삶에 의하여 형성됩니다. 따라서 진리들은 의지 안에 들어가고, 그리고 선들이 됩니다. 그러므로 진리의 얼굴(the face of truth)은 선의 얼굴(the face of good)로 바뀝니다. 왜냐하면 의지에 속한 것, 따라서 사랑에 속한 것을 선이라고 부르기 때문이고, 그리고 의지에 속한 것들, 또는 사랑에 속한 모든 것들은 사람의 생명이기 때문입니다. 이상에서 밝히 알 수 있는 것은 모든 뜻과 계도와 종류 안에 있는 진리들을 통한 선의 전유(專有)가 주님에게서 비롯된 성언을 통한 전유가 여기서 명명(命名)된 자들의 "고기를 먹는다"는 말이 뜻한다는 것입니다. 여기서 "고기"가 살점인 그런 고기를 뜻하는 것이 아니다는 것을 누구가 모르겠습니까? 주님께서, 그들에게 왕들·수천의 장군들·힘센 자·말들·그 위에 탄 자들·자유인이나 종들·작은 자나 큰 자의 살점을 먹게 하기 위하여 큰 잔치에 모두를 초청, 불러 모은 것이라고 믿는 것이 그 얼마나 어리석은 짓이랴! 이런 것들 안에 하나의 영적인 뜻이 있다는 것을 그 누구가 모르랴! 그리고 그 뜻이 없다면 그것들이 뜻하는 것이 무엇인지 어느 누구가 알 수 있으랴? 어느 누구가 감히 성언은 그것의 품 안에 있는 영적인 것이다는 것을 부인할 수 있으랴! 만약에 이런 것들이 성언의 문자적인 뜻에 따라서 이해된다면, 그리고 영적인 뜻에 따른 것이 아니라면, 그것은 더 이상 물질적인 것이 아니겠습니까? 이런 내용과 비슷한 것들이 에스겔서에서 인용한 아래 장절들입니다.

> 나 주 하나님이 말한다. "너 사람아, 날개 돋친 온갖 종류의 새들과 들의 모든 짐승에게 전하여라. '너희는 모여 오너라. 내가, 너희들이 먹을 수 있도록 이스라엘의 산 위에서 희생제물을 잡아서, 큰 잔치를 준비할 터이니, 너희가 사방에서 몰려와서, 고기도 먹고 피도 마셔라. 너희는 용사들의 살을 먹고, 세상 왕들의 피를 마셔라.······너희는 내가 너희에게 주려고 준비한 잔치의 제물 가운데서 기름진 것을 배부르도록 먹고, 피도 취하도록 마셔라. 또 너희는 내가 마련한 잔칫상에서 군마와 기병과 용사와 모든 군인을 배부르게 뜯어 먹어라'"······"내가 이와 같이 여러 민족 가운데 내 영광을 드러낼 것이다."
> (에스겔 39 : 17-21)

여기에는 마찬가지로 "고기"는 주님으로부터 성언을 통해서 온 교회에 속한 선을 뜻하고, "피"는 교회에 속한 진리를 뜻합니다. 어느 누구가 취하도록 피를 마시게 주지 않는다는 것을 모르겠습니까? 그리고 주 여호와의 식탁에서 군마와 기병과 용사와 모든 군인을 배부르게 뜯어 먹지 않는다는 것을 그 누구가 모르겠습니까? 그러므로 그것은 "고기"가 교회에 속한 선을 뜻하고, "피"는 교회에 속한 진리를 뜻하기 때문에, 명확한 것은 성만찬에서 주님의 "살과 피"는 주님에게서 비롯된 신령선과 신령진리를 뜻한다는 것입니다. 그것은 바로 요한복음서에 언급된 "빵과 포도즙"이 뜻하는 것과 동일합니다(요한 6 : 51-58). "고기" 역시 그 밖의 성경의 수많은 장절에서도 선을 뜻하는데, 예를 들면 이런 장절들입니다.

내가 그들의 몸에서 돌같이 굳은 마음을 없애고, 살같이 부드러운 마음을 주겠다.
(에스겔 11 : 19 ; 36 : 26)
하나님,
주님은 나의 하나님,
물기 없이 메말라 황폐한 땅에서
목마른 사람이 물을 찾듯이,
내(=내 육체·my flesh)가 주님을 찾습니다(=열망합니다).
(시편 63 : 1)
내 마음도 이 몸(flesh)도,
살아 계신 하나님께 기쁨의 노래 부릅니다.
(시편 84 : 2)
주님, 참 감사합니다.
이 마음 기쁨으로 가득 차고,
이 몸(my flesh)이 아무런 위험도
느끼지 않는 까닭은……
(시편 16 : 9)
굶주린 사람에게
너의 양식을 나누어 주는 것,
떠도는 불쌍한 사람을
집에 맞아들이는 것이 아니겠느냐?
헐벗은 사람을 보았을 때에
그에게 옷을 입혀 주는 것,
너의 골육(flesh)을 피하여
숨지 않는 것이 아니겠느냐?
(이사야 58 : 7)

833. 19절. **또 나는 짐승과 세상의 왕들과 그 군대들이, 흰 말을 타**

신 분과 그분의 군대에 대항해서 싸우려고 모여 있는 것을 보았습니다.

이 말씀은 오직 믿음만의 교리를 가지고 있는 지도자들과 그들의 추종자들이 주님의 성언 안에 있는 주님의 신령진리들에 대항하여 싸우려고 하고, 그리고 주님의 새로운 교회에 속하게 될 자들을 공격, 괴롭히려는 내면적인 악을 뜻합니다. 여기서 "짐승"(beast)이 오직 믿음만의 종교적 종지에 빠져 있는 자들을 뜻한다는 것은 앞서의 설명을 참조하십시오(본서 567·576·577·598·601항 참조). 그리고 이들이 내면적으로 악한 자들이고, 그리고 그 종교적인 종지(宗旨)를 가지고 있는 자들이다는 것은 아래의 설명에서 잘 알게 되겠습니다. "세상의 왕들"은 나머지 사람들에 비하여 더 심한 그 종교적 종지에 속한 거짓들 안에 빠져 있는 자들, 따라서 그 지도자들을 뜻합니다. 왜냐하면 "세상의 왕들"은, 좋은 뜻으로는, 성언에서 비롯된 교회에 속한 진리들 안에 있는 자들을 뜻하고, 나쁜 뜻으로는, 온갖 거짓들 안에 있는 자들을 뜻하기 때문입니다(본서 20·483·704·720·737·740항 참조). 여기서는 온갖 거짓들 안에 있는 자들을 뜻합니다. "그들의 군대들"은 마찬가지로 거짓들 안에 있는 자들 가운데 있는 모든 자들을 뜻합니다(본서 447항 참조). "대항해서 싸운다"는 말은 거슬러 싸우려는 것을 뜻합니다. 그 이유는 성경에서 "전쟁"은 영적인 전쟁을 뜻하는데, 그것은 진리에 대항하는 거짓에 속한 전쟁이고, 그리고 거짓에 대항하는 진리에 속한 전쟁이기 때문입니다(본서 500·586·707항 참조). "흰 말을 타신 분"은 성언의 측면에서 주님을 뜻합니다(본서 820·821항 참조). 그리고 그들이 주님 그분에 대항하여 싸울 수 없고, 다만 성경에 있는 주님의 신령진리에 대항하여 싸울 수 있기 때문에, 그리고 이와 같이 그들이 역시 주님에게 대항하여 싸울 수 있기 때문에, 그 이유는 주님께서 성언이시기 때문인데, 그러므로 우리의 본문, "그들이 흰 말을 타신 분과 싸운다"는 말은 곧 영적인 전쟁을 뜻합니다. "군대"(=군인)가 신령진리들 안에 있는 자들을 뜻하고, 따라서 추상적으로는 신령진리들을 뜻하고, 결과적으로는 주님의 새로운 천계와 새로운 교회에 속한 자들을 뜻하고, 그 이유는 신령진리들이 그들과 함께 있기 때문이다는 것은 앞서의 설명내용을 참조하십시오(본서 826항 참조).

834. 20절. 그러나 그 짐승은 붙잡혔고, 또 그 앞에서 이적을 행하

던 그 거짓 예언자도 그와 함께 붙잡혔습니다. 그는 짐승의 표를 받은 자들과 그 짐승 우상에게 절하는 자들을 이런 이적으로 미혹시킨 자입니다.

이 말씀은 오직 믿음만의 교리를 신봉하고, 그리고 내면적으로 악한 자들을 뜻하는데, 그들은, 성직자나 유식한 자 같이, 평신도이든 보통 사람이든 관계없이, 구원의 유일한 수단이라는 것을 온갖 추론들에 의하여, 그리고 온갖 입증(立證)들에 의하여, 그 믿음을 영접, 수용하게 하고, 그리고 그것에 일치하여 살도록 다른 자들을 유혹한 자들입니다. 여기서 "짐승"은, 앞에서 언급되었듯이(묵시록 13 : 1-10), "바다에서 올라온 짐승"을 뜻합니다. 그리고 "거짓 예언자"는, 같은 장에 언급된 (13 : 11-18), "땅에서 올라온 짐승"을 뜻합니다. "바다에서 올라온 짐승"이, 믿음만의 교리에 속한 그 종교적인 종지 안에 있는 평신도나 보통 사람을 뜻한다는 것, 그리고 "땅에서 올라온 짐승"이 그 종지 안에 빠져 있는 성직자나 유식한 자를 뜻한다는 것은 그 장의 설명내용들에게서 잘 알 수 있겠습니다. 여기서 "거짓 예언자"가 "땅에서 올라온 짐승"을 가리킨다는 것은 그 장에서 다룬 설명내용에서 명확합니다. 그 이유는, "거짓 예언자"에 관해서 언급하였기 때문인데, 그 내용인즉슨, "그는 짐승의 표를 받은 자들과 그 짐승 우상에게 절하는 자들을 이런 이적으로 미혹시킨 자입니다"라고 언급되고 있기 때문입니다. 왜냐하면 땅에서 올라온 짐승에 관해서 묵시록 13장에서도 동일한 것이 언급되었기 때문입니다. 다시 말하면—.

> 그(=땅에서 올라온 짐승)는 바다에서 올라온 짐승 앞에서 큰 이적을 행하였습니다. 또 그 짐승은……그 이적들을 미끼로 해서 땅 위에 사는 사람들을 미혹하였습니다.……그리고 그 우상에게 경배하게 하였습니다.……또 작은 자나 큰 자나, 부자나 가난한 자나, 자유인이나 종이나 할 것 없이, 다 그들의 오른손과 이마에 표를 받게 하였습니다.
> (묵시록 13 : 12-17)

이런 내용에서 알 수 있는 것은 명확한 것은, "거짓 예언자"가 여기서는 성직자나 유식한 사람을 뜻한다는 것인데, 그들은 오직 믿음의 교리에 관해서 그 종교적인 종지로 스스로 다짐, 확증하였고, 그리고 그들은 평신도나 보통사람을 유혹하였습니다. 그들이 거짓 예언자로 호칭되었는데, 그 이유는 "예언자"가 성언에 속한 진리들을 악용하고 타락시키는 것에 의하여 온갖 거짓들을 가르치고, 강론(講論·說敎)하는 자들을 뜻하기 때문입니다(본서 8·701항 참조). 그 짐승의 "이적들"(signs)이 바로 구원의 유일한 방법이라는 온갖 추론들이나 입증들을 뜻한다는 것은 앞서의 설명을 참조하십시오(본서 598·599·704항 참조). "그 짐승의 표를 받고, 그 짐승의 우상에게 절한다"는 말은 그 믿음의 교리를 시인하고, 수용하는 것을 뜻합니다(본서 634·637·679항 참조).

835. 그 둘은 산 채로, 유황이 타오르는 불바다로 던져졌습니다.
이 말씀은, 그들과 꼭 같이, 거짓에 속한 애욕들(loves)과 동시에 악에 속한 온갖 정욕들이 있는 지옥으로 그들이 내동댕이쳐졌다는 것을 뜻합니다. "살아 있다"(=산 채로)는 말은 그들과 꼭 같다는 것을 뜻합니다. "그 둘"은, 다시 말하면 "짐승과 거짓 예언자"는 오직 믿음만의 교리를 신봉하는 모든 자들을 뜻하고, 그리고 위에서 언급한 것과 같이(본서 834항 참조), 내면적으로 악한 평신도나 성직자를 뜻합니다. "유황이 타오르는 불바다"는 그 거짓에 속한 온갖 애욕들(=욕망들)이나 동시에 악에 속한 정욕들 안에 빠져 있는 자들이 있는 지옥을 뜻합니다. "불바다"(=호수·연못·lake)는, 아래에서 다루게 될, 매우 넉넉한 거짓들을 뜻합니다. "불"(fire)은 사랑을 뜻하지만, 여기서는 거짓에 속한 그들의 사랑(=애욕·love)을 뜻합니다. "불"이 좋은 뜻이나, 나쁜 뜻으로 사랑을 뜻한다는 것은 본서 468·494·599항을 참조하십시오. 그리고 여기서는 거짓에 속한 애욕(=사랑)을 뜻하는데, 그 이유는 "불바다"(=불연못·불못·a lake of fire)라고 언급되었기 때문입니다. "유황"(硫黃·brimstone)은 악에 속한 정욕들이나 그것에서 비롯된 거짓에 속한 정욕(=탐욕)을 뜻합니다(본서 452항 참조). 다음 장에 나오는 "용"과 이들 둘에 관한 말은 같은 내용을 뜻합니다.

> 그들을 미혹하던 악마도 불과 유황의 바다에 던져졌는데, 그 곳은 그 짐승과 거짓 예언자가 있는 곳입니다. 거기에서 그들은 영원히, 밤낮으로 고통을 당할 것입니다.
> (묵시록 20 : 10)

여기서 우리가 주지하여야 할 것은, 이런 부류의 자들이 있는 지옥은 먼 거리에서 마치 유황의 푸른 불꽃이 있는 불못(a fiery lake)처럼 보인다는 것입니다. 그러나 거기에 있는 그들은 이런 사실을 보지 못합니다. 그들은 그들의 노역장(勞役場·workhouse)에 갇혀 있는데, 거기에서 그들은 서로 심하게 논쟁을 하고 있고, 그리고 때로는 그들은 손에 칼을 쥐고 나타나고, 만약에 양보하지 않는다면 그것으로 그들을 위협을 합니다. 이와 같은 연못으로 겉모양을 이루는 것은 바로 거짓에 속한 그들의 사랑(=애욕)이고, 그리고 악에 속한 정욕과 함께 하는 거짓에 속한 애욕입니다. 그 외현(外現·겉모양)은 대응에서 비롯되었습니다. "연못"(=호수)은 넉넉하게 진리가 있는 곳을 뜻하고, 나쁜 뜻으로는 넉넉하게 있는 거짓이 있는 곳을 뜻한다는 것은 성경에서 잘 알 수 있습니다. 아래 장절에서는 진리가 넉넉하게 있는 곳을 가리킵니다.

> 광야에서 물이 솟겠고,
> 사막에 시냇물이 흐를 것이다.
> 뜨겁게 타오르던 땅은 연못이 되고,
> 메마른 땅은
> 물이 쏟아져 나오는 샘이 될 것이다.
> (이사야 35 : 6, 7)
> 내가 메마른 산에서
> 강물이 터져 나오게 하며,
> 골짜기 가운데서 샘물이 솟아나게 하겠다.
> 내가 광야를 못으로 바꿀 것이며,
> 마른 땅을 샘 근원으로 만들겠다.
> (이사야 41 : 18 ; 시편 107 : 33, 35)
> 내가 큰 산과 작은 산을 황폐하게 하고
> 그 초목들을 모두 시들게 하겠다.
> 강들을 사막으로 만들겠고,
> 호수를 말리겠다.
> (이사야 42 : 15)
> 땅아, 네 주님 앞에서 떨어라.
> 야곱의 하나님 앞에서 떨어라.
> 주님은 바석을 물웅덩이가 되게 하시며,

바위를 샘이 되게 하신다.
(시편 114 : 7, 8)
옷 만드는 사람들이 낙심하니,
모든 품꾼(=일꾼)의 마음에도 병이 들 것이다(=영혼의 못이 되게 하겠다).
(이사야 19 : 10)

이런 내용과는 정반대의 뜻입니다.

"내가 일어나 바빌론을 치겠다.
내가 바빌론을 멸하겠다.……
내가 그 도성 바빌론을
고슴도치의 거처가 되게 하고,
물웅덩이로 만들며…….
(이사야 14 : 22, 23)
사망과 지옥이 불바다에 던져졌습니다. 이 불바다가 둘째 사망입니다.
(묵시록 20 : 14)
이 생명책에 기록되어 있지 않는 사람은 누구나 다 이 불바다에 던져졌습니다.
(묵시록 20 : 15)
그들이 차지할 몫은 불과 유황이 타오르는 바다뿐이다. 이것이 둘째 사망이다.
(묵시록 21 : 8)

836. 21절. **그리고 남은 자들은 말 타신 분의 입에서 나오는 칼에 맞아 죽었고…….**
이 말씀은, 그들이 알고 있는 성언 안에 있는 주님의 계명들에 따라서 살지 않는, 개혁교회에 있는 다종다양한 이단사설(異端邪說)에서 비롯된 모든 자가 성언으로 말미암아 심판 받고, 멸망할 것이다는 것을 뜻합니다. 본문에서 "남은 자들"(the rest)은 그들이 알고 있는 성경에 있는, 그리고 십성언에 속한 계명들에 일치하여 살지 않고, 따라서 온갖 죄들로 여겨 악들을 끊지 않는 개혁교회 가운데 있는 다종다양한 이단사설로 말미암아 존재하는 모든 자들을 뜻합니다. 왜냐하면 악들을 끊지 않는 자들은 온갖 종류의 악들 안에 있기 때문입니다. 왜냐하면 온갖 악들은 출생에서부터, 그리고 젖먹이 때부터 생애를 마칠 때까지 그들 안에 뒤섞여서 그대로 남아 있기 때문이고, 그리고 그 악들은, 만약에 실제적인 회개를 통하여 그 악들이 제거되지 않는다면, 매일매일 증대, 성장하기 때문입니다. 이런 내용이 우리의 본문, "그들(=남은 자들)이 말 타신 분의 입에서 나오는 칼에 맞아 죽었다"는 말씀이 그들에 관해서 언급된 것입니다. "칼에 맞아 죽었다"(=살해되었다)는 말은, 앞에서 자주 언급하였듯이, 여기서는 영혼의 측면에서 멸망하는 것을 가리키는, 영적으로 살해되는 것을 뜻합니다. "말 타신 분의 입에서 나오는 그분의 칼"은 악에 속한 거짓들에 대항하여 싸우는 성언에 속한 진리들을 뜻합니다. 왜냐하면 "칼"·"긴 칼"·"군도"는 거짓에 대하여 싸우는 진리나, 진리에 대항하여 싸우는 거짓을 뜻하기 때문입니다(본서 52항 참조). 그러나 "단검"(sword · *gladius*)은 넓적다리에 착용하는데, 따라서 그것은 사랑에서 비롯된 투쟁(싸움)을 가리킵니다. 그러나 "기병검"(=군도 · sabre)은 손에 있는데, 그러므로 그것은 능력에 관계되는 투쟁을 뜻합니다. 그리고 "긴 칼"(long sword)은 입에 속한 것으로, 그것은 교리에서 비롯된 투쟁을 뜻합니다. 그런 이유 때문에, 주님의 입에서 나온 "긴 칼"(the long sword)은 거짓들에 대항하는 성언에서 비롯된 투쟁을 가리킵니다(본서 108 · 117 · 827항 참조). 왜냐하면 성언은 주님의 입에서 나오기 때문입니다. 바빌로니아 사람과의 싸움이 아니고, 개혁교회 사람들과의 싸움이 여기서 다루어지고 있는 이유는, 개혁교회 신도들은 성언을 읽고, 그리고 신령진리들로서 그 안에 있는 진리들을 시인하기 때문입니다. 그러나 그렇지 않고 바빌로니아 사람과의 싸움이라면 내용은 다릅니다. 사실 이들은 성언을 시인하지만, 그럼에도 불구하고 그들은 그것을 읽지 않습니다. 모두는 누구나 제일 윗자리에 교황의 칙령들을 성언에 비하여 아주 높이 둡니다. 그러므로 그들에게는 성언에서 비롯된 싸움은 있을 수 없습니다. 역시 그들은 성언 위에 자기 자신을 두고, 그 아래에 두지는 않습니다. 그럼에도 불구하고 바빌로니아 사람들은 성언으로 말미암아 심판을 받고, 주님과 일치하는 것에 비례하여 교황의 칙령으로 말미암아 심판을 받습니다.

837. 모든 새가 그들의 살점을 배부르게 먹었습니다.

이 말씀은, 그들의 고유속성(固有屬性 · proprium)을 가리키는 악에 속한 정욕들로 말미암아 지옥적인 악마들이 이른바 포식(飽食)하였다는 것을 뜻합니다. 여기서 "새들"은 지옥에서 비롯된 온갖 거짓들을 뜻합니다. 지옥적인 악마들은, 그들의 사랑에 속한 온갖 거짓들 안에 사람들과 함께 있기 때문에, 그러므로 여기서는 "새들"이 곧 이런 그들을 뜻하고 있습니다. 그와 같은 거짓들 안에 있는 사람은 죽은 뒤에는 이런 부류의 악마들이 됩니다. 쓸모도 없고, 유해(有害)한 "새들" 특히 불결하고, 썩은 고기로 포식을 하는 그런 놈들은 온갖 욕망에 속한 거짓들을 뜻한다는 것은 본서 757항을 참조하십시오. "고기"(=살점·flesh)가 여기서는 사람의 고유속성(=자아·自我)에 속한 정욕들에 속한 악들을 뜻합니다(본서 748항 참조). "그들의 살점으로 배부르게 먹었다"(=포식하였다)는 말은, 말하자면, 그것들에 의하여 포식하였다는 것을 뜻하고, 그리고 기쁜 마음으로 그런 악들을 끌어당기는 것을 뜻합니다. 왜냐하면 이와 같은 악에 속한 정욕들 안에 빠져 있는 지옥적인 악마들은 자신들의 콧구멍에, 따라서 그들의 생명(=삶)에 이런 부류에 속한 사상들이나, 호흡에서 야기된 것들을 열심히 끌어당기고, 그리고 채우기 때문입니다. 그러므로 그들은 역시 그들과 함께 삽니다.

838. 그러므로 누구나, "율법에 속한 행위 없이도 오직 믿음에 의하여 의롭게 된다"(依唯信得義)는 그런 이단사설에 관해서 반드시 주지하여야 하겠습니다. 왜냐하면 그런 이단사설에 빠져 있는 사람은, 그리고 생애의 마지막까지 그것에서 충분하게 물러서지 않고, 가까이 있는 사람은, 사후 지옥적인 악마들과 함께 제휴(提携)하기 때문입니다. 왜냐하면 주님께서 그들을 가리켜 염소들의 무리라고 말씀하셨기 때문입니다. 주님께서 하신 말씀입니다.

"저주받은 자들아, 내게서 떠나서, 악마와 그 부하들을 가두려고 준비한 영원한 불 속으로 들어가거라."
(마태 25 : 41, 42)

사실은 주님께서는, 악한 일을 행한 자를 "염소들"이라고 말씀하시지 않고, 선한 일을 하지 않은 그들을 가리켜 "염소들"이라고 말씀하셨습니다. 그들이 선행들을 하지 않은 이유는, 그들은 스스로 "나는 나 자신으로 말미암아서는 선을 행할 수 없습니다. 그리고 율법은 나를 정죄(定罪)하지 않습니다. 그리고 그리스도의 보혈(寶血)은 나를 깨끗하게 씻어주고, 그리고 나를 자유하게 합니다. 그리고 십자가의 고통은 저지른 죄에 속한 범죄의식을 모두 제거해 주고, 그리고 그리스도의 공로(功勞)는 믿음에 의하여 나에게 전가(轉嫁)됩니다. 그래서 나는 아버지(聖父)와 화해(和解)되었고, 그리고 나는 은혜 가운데 있으며, 나는 아들처럼 여김을 받습니다. 그리고 아버지께서는 우리의 죄를 허약한 약점(弱點)들로 여기시고, 그분께서는 그것을 아드님의 목적을 위해서 즉시 용서하십니다. 따라서 아버지께서는 오직 믿음만을 통해서 의롭다고 하십니다. 이와 같은 구원의 유일한 수단인 믿음이 없다면 인간은 어느 누구도 구원받을 수 없습니다. 왜냐하면 아드님께서 우리의 법죄들에 속한 영벌을 제거하시는 것을 제외한다면 무슨 다른 목적 때문에 하나님의 아들(the Son of God)로 하여금 십자가를 감당하게 하셨겠습니까?"라고 마음 속에서 말하고 있기 때문입니다. 이런 유의 짓들이나 이와 비슷한 짓들을 그들은 자신들 속에서 되뇌입니다. 따라서 그들은 선들이라고 여기는 선들을 전혀 행하지 않습니다. 왜냐하면 본질적으로는 역사적인 믿음(a historical faith)인, 따라서 학문(學問)에 지나지 않는, 지식에 속한 믿음 이외에 아무것도 아닌 그들이 가지고 있는 오직 믿음만의 신앙으로 말미암아 그 어떤 선행도 나오지 않기 때문입니다. 왜냐하면 이런 믿음은 일종의 죽은 믿음(the dead faith)이고, 만약에 사람이 직접적으로 주님에게 가까이 나가지 않는다면, 그리고 또한 자기 자신에게 빚은 죄들로 여겨 온갖 악들을 끊지 않는다면, 그런 믿음 안에는 어떤 생명도, 영혼도 들어갈 수 없기 때문입니다. 그 때 자기 스스로 행하는 것과 같은 선들도 모두가 주님으로 말미암은 것들입니다. 따라서 그들 자신들 안에 있는 선들은 모두가 주님에게서 온 것입니다. 그런 사실에 관해서 이사야서는 이렇게 말하고 있습니다.

슬프다.
죄 지은 민족, 허물이 많은 백성,
흉악한 종자, 타락한 자식들!
너희가 주를 버렸구나.
이스라엘의 거룩하신 분을 업신여겨서,
등을 돌리고 말았구나.……
너희가 팔을 벌리고 기도한다 하더라도,

나는 거들떠보지도 않겠다.
너희가 아무리 많이 기도를 한다 하여도
나는 듣지 않겠다.
너희의 손에는 피가 가득하다.
너희는 씻어라.
스스로 정결하게 하여라.
내가 보는 앞에서
너희의 악한 행실을 버려라.……
너희의 죄가 주홍빛과 같다 하여도
눈과 같이 희어질 것이며,
진홍빛과 같이 붉어도
양털과 같이 희어질 것이다.
(이사야 1 : 4, 15-18)

그리고 예레미야서의 말씀입니다.

주의 성전 문에 서서, 주를 경배하려고 문으로 들어오는 모든 유다 사람에게 주의 말씀을 큰소리로 일러주라고 하셨다.……"너희의 모든 생활과 행실을 고쳐라. 그러면 내가 이 곳에서 너희와 함께 머물러 살겠다. '이것이 주의 성전이다. 주의 성전이다. 주의 성전이다' 하고 속이는 말을 너희는 의지하지 말아라."……"너희는 모두 도둑질을 하고, 사람을 죽이고, 음행을 하고, 거짓으로 맹세를 하고, 바알에게 분향하고, 너희가 알지 못하는 다른 신을 섬긴다. 너희는 이처럼 내가 미워하는 일만 저지르고서도, 내 이름으로 불리는 이 성전으로 들어와서, 내 앞에 서서 '우리는 안전하다' 하고 말한다. 너희는 그런 역겨운 모든 일들을 또 되풀이하고 싶어서 그렇게 말한다. 그래, 내 이름으로 불리는 이 성전이, 너희의 눈에는 도둑들이 숨는 곳으로 보이느냐? 여기에서 벌어진 온갖 악들을 나도 똑똑히 다 보았다. 나 주의 말이다."
(예레미야 7 : 2-4, 9-11)

839. <영계 체험기>를 부연하겠습니다.
나는 영들의 세계를 조사한 적이 있습니다. 그 때 나는 붉은 말들과 검정말들을 탄 군대를 보았습니다. 그런 말들을 탄 자들은 원숭이들처럼 보였고, 그들의 얼굴들이나 가슴팍들은 말의 등짝과 꼬리를 향하였습니다. 그들의 머리의 뒤통수와 등짝은 말의 목덜미와 머리를 향해 있었습니다. 그리고 고삐는 말 탄 자들의 목에 걸려 있었습니다. 그들은, "우리 다 함께 흰 말들을 탄 자들을 대항하여 싸우자"라고 큰소리를 질러 댔습니다. 그들은 양손으로 그 고삐들을 잡아당겼습니다. 그리고 그 싸움에서 말들을 뒤로 잡아당겼습니다. 이런 짓은 계속해서 이어졌습니다. 그 때 두 천사들이 하늘로부터 내려왔습니다. 내게 가까이 와서, "당신은 무엇을 보고 있습니까?" 하고 말하였습니다. 나는, 익살맞은 기수(騎手)들을 보고 있다고 말하였고, 그리고 그것이 무엇인지를, 그리고 그들이 누구인지를 물었습니다. 그 천사들은 이렇게 대답하였습니다. "그들은 아마겟돈이라고 하는 곳에서 온 자들인데(묵시록 16 : 16), 그들은 거기에서 새로운 예루살렘이라고 부르는, 주님의 새로운 교회에 속한 자들에게 대항해서 싸우기 위해서 수천의 숫자들이 집결해 있습니다. 그들은 거기에서 교회와 종교에 관해서 토론을 하고 있지만, 그럼에도 불구하고 그들에게는 교회에 관한 것은 아무것도 없습니다. 그 이유는 거기에 영적인 선이 전혀 존재하지 않기 때문입니다. 그들은 이 둘의 주제에 관해서 입이나 입술로는 떠벌리고 있지만, 그러나 그런 이유 때문에 그런 것들을 가지고 그들은 통치권을 쥐기 위한 것이기 때문입니다. 그들은 청년시절에는 믿음만의 교리를 확증하기 위하여 연구를 하였습니다. 그리고 또한 하나님의 삼일성(三一性・the Trinity of God), 그리스도의 이중성(the duality of Christ)에 관해서도 연구를 하였습니다. 그리고 교계에서 그들이 보다 더 높은 직위에 승진하게 되자, 그들은 한 동안 연구한 것들을 간직하였습니다. 그러나 그 때 그들은 하나님이나 주님나라(heaven)에 관해서 생각하지 않고, 오히려 자신들이나 이 세상에 관해서 생각하게 되었기 때문에, 따라서 그들은 영원한 축복이나 행복에 관해서도 생각하지 않고, 오히려 일시적인 세상의 명성이나 부귀 따위를 생각하게 되면서, 그들은, 천계와 교류하는 합리적인 마음에 속한 내면적인 것들에서 오는 그들의 젊은 시절에 터득한, 따라서 천계의 빛 가운데서 터득한 교리적인 것들을 배척하게 되었습니다. 그리고 이 세상과 교류하는 합리적인 마음에 속한 외면적인 것들에, 따라서 이 세상의 빛 가운데 있는 합리적인 마음에 속한 외면적인 것들에 빠져들게 되었고, 종국에 그들은 그런 것들을 감관적이고 자연적인 것들에게 떠밀어 넣고 말았습니다.

그것으로 인하여 교회에 속한 교리적인 것들은 그들에게서는 단지 입에 속한 그런 것들이 되고 말았습니다. 그리고 더 이상 그들에게는 이성(理性)에서 비롯된 사상 따위는 존재하지 않았고, 더 나아가서는 여전히 사랑에서 비롯된 정동도 존재하지 않았습니다. 그들이 자신들을 이런 존재로 만들었기 때문에 그들은 교회에 속한 어떤 순수한 진리도, 그리고 종교에 속한 어떤 순수한 선도 용납하지 않았습니다. 그들의 마음에 속한 내면적인 것들은, 마치 비교하면 유황가루와 쇳가루를 섞어서 넣은 유리병과 같이 되어서, 만약 그 속에 물이라도 들어가게 되면, 거기에서 처음에는 열이 나고, 그 뒤에는 불꽃이 생겨나며, 그것들에 의하여 유리병은 폭발할 것입니다. 이와 마찬가지로, 성언에 속한 순수한 진리를 가리키는 생수(生水·living water)에 관해서 무엇인가를 그들이 듣게 되면, 그리고 이것이 귀들을 통해서 그들 속에 들어가게 되면 그들은 폭발적으로 열이 나고, 불꽃이 솟을 것이고, 그리고 그들은, 그들의 머리를 박살내는 것으로 여겨, 그것을 거부, 배척할 것입니다. 이들이 바로 자신들의 목에 고삐를 걸고서, 붉은 말이나 검은 말 위에 몸을 뒤로 하고 타고 있는, 당신의 눈에 원숭이들처럼 보이는 작자들입니다. 성언에서 비롯된 교리에 속한 진리나 선을 애지중지하지 않는 그들은 말의 앞 부위를 향하지 않고, 오히려 말의 뒤를 바라보고 있습니다. 왜냐하면 "말"은 성언에 관한 이해를 뜻하고, 그리고 "붉은 말"(a red horse)은 선의 측면에서 파괴된 성언의 이해를 뜻하고, "검정 말"(a black horse)은 진리의 측면에서 파괴된 성언의 이해를 뜻하기 때문입니다. 그들이 흰 말들을 타고 있는 자들에게 대항하여 싸울 것을 외친 이유는 "흰 말"(a white horse)이 진리와 선의 측면에서 성언의 이해를 뜻하기 때문입니다. 그들이 그들의 목에 건 고삐를 뒤로 잡아당기는 것처럼 보였는데, 그것은, 성언에 속한 진리가 많은 사람에게 퍼져나가서, 따라서 빛 가운데 들어가는 것을 막기 위한 그 싸움에 대해서 그들이 두려웠기 때문입니다. 이런 내용이 "그 광경의 해석입니다"라고 말하였습니다.

 그 천사들은 이야기를 더 계속하였습니다. "우리들은 미가엘이라고 부르는, 천계에 있는 한 사회로부터 주님의 명령에 의하여 아마겟돈이라고 하는 곳에 내려왔습니다. 그 곳에서 그대가 갑자기 나타난 기수(騎手)들의 무리를 본 것입니다. 천계에 있는 우리들에게 '아마겟돈'은 남을 지배하려는 욕망이나 잘났다고 뽐내는 우월감에서 빚어진 위화된 진리들로 말미암아 싸우려는 상태나 목적 등을 뜻합니다. 우리가 귀하께서 거기에 있는 싸움에 관해서 알려고 하는 바람을 지각하였기 때문에, 우리는 그것에 관해서 그대에게 설명하려고 합니다. 천계로부터 우리들이 내려온 뒤에, 우리들은 아마겟돈이라고 하는 그 곳에 다가갔습니다. 그리고 우리는 거기에 수천 명이 집결해 있는 것을 보았습니다. 그럼에도 불구하고 우리는 그들의 무리에 들어가지 않았습니다. 그러나 거기에는, 그 곳의 남쪽에는 집 두 채가 있었는데, 그 집에는 그들의 선생님들과 함께 소년들이 있었습니다. 우리는 그 집에 들어갔는데, 그들은 우리를 친절하게 맞아 주었습니다. 우리는 그들과 함께 즐겁게 지냈습니다. 눈에서 나오는 생기로 말미암아, 그리고 그들의 대화에서 나오는 열정으로 말미암아, 그들의 얼굴은 모두가 멋지게 보였습니다. 그들의 눈에 서린 생기는 진리에 속한 지각(知覺)에서 비롯된 것이고, 그들의 대화에서 묻어나는 열정은 진리에 속한 정동(情動)에서 비롯된 것입니다. 그런 이유 때문에 그들에게는 천계로부터 모자들(caps)이 주어지는데, 그 모자의 가장자리는 진주 알맹이로 섞어서 짠 금실로 만든 테를 장식하였습니다. 그리고 그들에게 옷이 주어졌는데, 그 옷들은 흰 색과 푸른 색으로 빛났습니다. 우리는 그들에게 아마겟돈이라고 부르는, 이웃하고 있는 그 곳을 주의 깊게 보았는지 여부를 물었습니다. 그들은, 그 집의 지붕 아래에 있는 유리창을 통해서 들여다 보았다고 대답하였고, 그리고 그들은 거기에 있는 회중(會衆)들을 보았지만, 그러나 그 모임은 일정하지가 않고, 어떤 때는 키 큰 사람들이, 어떤 때는 키 작은 사람들이, 어떤 때는 사람들이 아니고, 조각상들이나, 우상들이 새겨진 그런 것들이었습니다. 그리고 그런 것들 주위에 있는 무리는 무릎을 꿇고 있었습니다. 그 조각상들도 역시 다종다양한 형체들로 우리에게 나타났습니다. 어떤 때는 사람들처럼, 어떤 때는 표범들처럼, 어떤 때는 염소들처럼 보였습니다. 뿔을 가지고 있는 염소들은 아래로 꾸부리고, 그 뿔을 가지고 땅을 팠습니다. 우리는 그런 모습의 변형들에 대해서 그들이 나타내려는 인물이 누구인지, 그들이 뜻하는 것이 무엇인지 해석하였습니다. 그 내용은 이런 것이었습니다. 집결하고 있는 그들은, 그들이 우리가 그 집에 들어갔다는 소식을 들었을 때, 자기들끼리 한 말은 '그들이 그 소녀들과 함께 하려는 것이 무엇일까? 몇몇을 거기에 보내서 그들을 거기에서 내쫓아 버리자'는 것이었습니다. 그래서 그들은 몇몇을 거기에 파견하였고, 그들이 거기에 갔을 때 그들은 우리에게 '그대가 그 집에 들어간 이유가 무엇이요? 그리고 그대는 어디에서 왔소? 우리가 그대에게 권위를 가지고 여기서 떠나갈 것을 명령하오'라고 말하였습니다. 그러나 우리들은 '귀하는 권위를 가지고 명령을 할 수 없습니다. 당신들은 사실은 당신들의 눈으로는 아나킴(Anakim)과 같을 것이고, 그리고 여기서는 그들이 난장이들 같을 것입니다. 그럼에도 불구하고, 사실은 여기서는 불가능하지만, 만약에 주의를 딴 곳으로 돌리는 세 곳에서 비롯된 교활함이 없다면, 그대는 어떤 능력도 권한도 가지고 있지 않습니다. 그러므로 동료들에게 돌아가서, 천계로부터 우리가 이 곳에 파견되었다는 것과 그리고 그대들에게 어떤 종교를 가지고 있는지, 아닌지를 확인하려고 왔다는 것과, 만약에 종교를 가지고 있지 않다면, 그대들은 이 자리에서 쫓겨나야만 한다는 것을 전하십시오. 따라서 그대들에게 제안하는 것은, 거기에는 교회에 속한 본질 자체가 있고, 그리고 그것에서 기인한 종교의 본질 자체가 있는데, 그대들이, 아래의 주님 기도문에 나오는 말들을 어떻게 이해하고 있는지요. 그 기도문에는 '하늘에 계신 우리 아버지의 이름이 거룩하게 여김을 받으시옵고, 나라가 임하옵시고, 그 뜻이 하늘에서 이루어진 것과 같이 땅에서도 이루어지리이다'는 말이 있습니다. 이 말을 듣자 그들은 처음에는 '이것이 무엇이요?' 라고 말하였고, 그리고 그들은 그 때 돌아가서 그것을 전할 것이다고 말하였습니다. 그들은 모두 떠나갔고, 그들이 동료들에게 이런 사실들을 말하였습니다. 동료들은 '도대체 이 제안이 무엇이오? 그리고 그것의 특성이나 본성은 도대체 무엇입니까?'라고 대답하였습니다. 그러나 그들은 그 비의(秘義)를 깨달았는데, 그것은 그들이 이런 것들이 우리의 믿음에 따라서 하나님 아버지에게 이르는 길인지, 아닌지를 확인하려고 하는 것이다는 것을 깨달았다는 것입니다. 그러므로 그들은, 이런 내용이나 말들은 매우 분명합니다. 곧 그것은 누구나 하나님 아버지에게 반드시 기도하여야 한다는 것, 그리고 그리스도께서 우리의 구세주이시기 때문에, 우리는 그 아드님(聖子)의 목적을 위해서 하나님 아버지에게 반드시 기도하여야 한다는 것 등을 말하였습니다. 그리고 그들은 즉시 분노 가운데 결론을 내렸는데, 그것은 그들이 우리에게 올 것이고, 그리고 그것을 입으로 공표할 것이다는 것이었습니다. 그리고 또한 그들은 우리의 귀들을 잡아끌 것이다는 것도 말하였습니다. 역시 그들은 그 곳을 떠나갔고, 그들은 선생님들과 같이 소년들이 있는 두 집들 가까이에 있는 숲으로 들어갔습니다. 거기에는 연무장(演武場) 같이 높이 올려져 있는 평평한 장소가 있었습니다. 그들은 서로 손을 잡고서, 그 연무장으로 들어갔습니다. 우리들은 이미 와 있었고, 그들을 기다리고 있었습니다. 거기에는, 언덕들과 같은, 땅에서 떠온 잔디밭들이 있었습니다. 그 잔디밭 위에 그들은 비스듬히 누워 있었습니다. 왜냐하면 그들이 '우리는 그들 앞에 서 있지 않을 것이고, 앉아 있을 것이다'라고 말하였기 때문입니다. 그 때 빛의 천사처럼 자신을 가장(假裝)할 수 있는 그들 중 하나가 우리들과 이야기하는 나머지들에게 알려야 하는, 그들 중의 하나가 '그대는 주님의 기도문의 첫 소절에 관해서 우리들이 어떻게 이해하는지, 우리의 마음을 열기를 제안하였습니다'라고 말하였습니다. 그러나 나는 귀하에게 우리들이 그것들을 이렇게 이해하였다는 것을 말씀드리겠습니다. 즉, '우리는 반드시 하나님 아버지에게 기도하여야 한다는 것과 그리고 그리스도께서 우리의 구세주이시기 때문에, 그리고 우리가 그분의 공로에 의하여 구원을 받았기 때문에, 우리는 반드시 그분의 공로 안에 있는 믿음으로부터 하나님 아버지에게 반드시 기도하여야 한다는 것 등을 이해하고 있다는 것을 말씀드립니다'라고 말하였습니다. 그러나 그 때 우리는 그들에게, '우리는 미가엘이라고 부르는 천계의 한 사회에서 왔다는 것과 그리고 이 장소에 모여 있는 그대들이 종교를 가지고 있는지 여부를 알아보기 위하여 방문하게 된 것이다는 것과, 그리고 하나님에 관한 질문 이외의 다른 것으로는 이것을 알 수 없겠소. 왜냐하면 하나님에 속한 생각(=신관)은 종교의 구석구석에 들어가기 때문이고, 그리고 그 신관에 의하여 결합은 이루어지는 것이고, 그리고 그 결합에 의하여 구원은 성취되기 때문이요. 천계에서 우리는, 지상에서 사람들이 하는 것과 꼭 같이, 매일매일 그 기도문을 읽습니다. 그 때 우리는 하나님 아버지에 대해서는 생각하지 않습니다. 그 이유는 그분께서 보이시지 않기 때문이요. 그러나 우리는 그분의 신령인성 안에서 주님을 생각하오. 그 이유는 이 인성 안에서 그분은 보이시기 때문이오, 그리고 이 인성에서 당신들은 그분을 그리스도라고 부르지만, 우리는 그분을 주님이라고 부릅니다. 따라서 우리들에게는 주님께서는 천계에 계신 아버지(聖父·the Father)이십니다. 주님께서는 역시 그분과 아버지는 하나(one)이시다고 가르치셨습니다. 그리고 아버지께서는 그분 안에, 그분은 아버지 안에 계신다는 것을 가르치셨고, 그리고 그분을 본 사람은 아버지를 본 것이다는 것도 가르치셨습니다. 그리고 그분을 통하지 않고서는 아버지에게 올 자는 전무(全無)하다는 것도 가르치셨고, 마찬가지로, 아버지의 뜻은 그들이 아드님(聖子·the Son)을 믿는 것이고, 그리고 아드님을 믿지 않는 사람은 영생(永生)을 알지 못할 것이다는 것과 그리고 그 때 하나님의 분노가 그 사람에게 있을 것이다는 것, 등도 가르치셨습니다. 이상에서 명확한 사실은, 그분을 통해서 아버지에게 가까이 나아가고, 그리고 그분 안에 있는 것으로 아버지에게 가까이 나아간다는 것입니다. 그리고 이것이 사실이기 때문에, 주님께서는 하늘과 땅의 모든 권세를 받았다라고 가르치셨습니다. 주님의 기도문에는 그것이 이렇게 언급되었습니다. 즉, '주님의 이름이 거룩히 여김을 받으옵시고, 주님의 나라가 임하옵소서'라고 언급되었습니다. 우리는 그분의 신령인성(His Divine Human)이 아버지의 이름(the Father's name)이시다는 것과, 주님에게 곧장 나아가면, 그리고 하나님 아버지에게 직접 나아가지 않아도 그 때 아버지의 나라가 온다는 것 등을 성경말씀에서 밝히 입증할 수 있겠습니다. 그러므로 주님께서는 제자들에게, 그들이 하나님의 나라를 전파할 것과, 그리고 이것이 하나님의 나라이다는 것을 말씀하셨습니다. 더욱이 우리들은 성언으로부터 그들을 가르치셨습니다. 즉, 주님께서 이 세상에 강림하셨다는 것과 그것은 주님께서 자신의 인성을 영화하시기 위한 것이다는 것 등을 가르치셨습니다. 왜냐하면 천계의 천사들과 교회의 사람들이 그분을 통해서, 그리고 그분 안에서 하나님 아버지에게 결합하게 하려는 것이 목적이기 때문입니다. 왜냐하면 주님께서는, 주님을 믿는 사람들은 그분 안에 있고, 주님께서는 그들 안에 계신다는 것을 가르치셨기 때문입니다. 그리고 그것은 그들이 그리스도의 몸(the body of Christ) 안에 있다고 교회가 가르치는 것이기도 합니다. 마지막으로 우리들은 그들에게 알려 주었는데, 그것은 이 때가 묵시록서에서의 '새 예루살렘'이 뜻하는, 새로운 교회(a New church)가 주님에 의하여 세워질 것이다는 것이고, 그리고 천계에서와 같이, 그 교회에서 오직 주님만이 예배가 있을 것이다는 것입니다. 따라서 처음부터 마지막에 이르기까지 주님의 기도문 안에 있는 모든 것은 충분하게 다 성취될 것이다는 것도 그들에게 일러 주었습니다. 우리가 위에서 언급한 모든 것들은 복음서들 안에 있는 성언으로, 그리고 예언서들 안에 있는 성언으로, 그들이 그런 것들에 대해서 듣는 일에 지칠 만큼, 넉넉하게 확증하였습니다.
 "첫째 우리는 '하늘에 계신 우리의 아버지가 주님 예수 그리스도이시다'는 것을 아래의 장절로 확증하였습니다."

> 한 아기가 우리에게 태어났다.
> 우리가 한 아들을 얻었다.
> 그는 우리의 통치자가 될 것이다.
> 그의 이름은 '기묘자, 모사,
> 전능하신 하나님,
> 영존하시는 아버지,
> 평화의 왕'이라고 불릴 것이다.
> (이사야 9 : 6)
> 주께서는 우리의 아버지이십니다.
> 아브라함은 우리를 모르고,
> 이스라엘은 우리를
> 인정하지 않는다 하여도,
> 오직 주 하나님은
> 우리의 아버지이십니다.
> 옛적부터 주의 이름은
> '우리의 속량자'이십니다.
> (이사야 63 : 16)
> (예수께서 큰소리로 말씀하셨다.) "나를 보는 사람은 나를 보내신 분을 보는 것이다."
> (요한 12 : 45)
> (예수께서 대답하셨다.) "너희가 나를 알았더라면, 내 아버지도 알았을 것이다. 이제 너희는 내 아버지를 알고 있으며, 그분을 이미 보았다."
> (요한 14 : 7)
> 빌립이 예수께 말하였다. "주님, 우리에게 아버지를 보여 주십시오."······예수께서 대답하셨다. "빌립아, 내가 이렇게 오랫동안 너희와 함께 지냈는데

도, 너희는 나를 알지 못하느냐? 그런데 네가 어떻게 '우리에게 아버지를 보여 주십시오.' 한다는 말이냐?"
(요한 14 : 8, 9)
(예수께서 그들에게 대답하셨다.) "나와 아버지는 하나다."
(요한 10 : 30)
아버지께서 가지신 것은 다 내 것이다.
(요한 16 : 15 ; 17 : 10)
그러나 내가 그 일을 하거든, 나를 믿지 않더라도 그 일은 믿어라. 그러면 너희는, 아버지께서 내 안에 계시고, 또 내가 아버지 안에 있다는 것을 깨달아 알게 될 것이다.
(요한 10 : 38 ; 14 : 10, 11, 20)
일찍이 하나님을 본 사람이 없으나, 아버지의 품 속에 계신 독생자이신 하나님이 그분을 나타내 보이셨다.
(요한 1 : 18 ; 5 : 37 ; 6 : 46)

그러므로 주님은 또 이렇게 말씀하십니다.

나로 말미암지 않고서는, 아무도 아버지께로 올 사람이 없다.
(요한 14 : 6)

아버지께 간다(to come to the Father)는 것은 그분에 의하여, 그분으로 말미암아, 그분 안에 있다는 것입니다(요한 6 : 56 ; 14 : 20 ; 15 : 4-6 ; 17 : 19, 23). 그러나 하나님, 아버지, 아들과 성령(God, Father, Son and Holy Spirit)의 합일(合一·unity)에 관한 더 많은 내용은 본서 962항 <영계 체험기>를 참조하십시오.
"그 둘째입니다. '주님의 이름이 거룩히 여김을 받으십시오'라는 말씀은 주님에게 나아가는 것이고, 그리고 그분을 예배하는 것을 가리킨다는 것을 우리들은 이런 장절들에 의하여 확증하겠습니다."

누가 주님의 이름을 찬양하지 않겠습니까?
주님만이 홀로 거룩하십니다.
(묵시록 15 : 4)

이것은 주님은 관한 것입니다.

(예수께서 말씀하셨다.) "아버지, 아버지의 이름을 영광되게 하여 주십시오." 그 때에 하늘에서 소리가 들려 왔다. "내가 이미 영광되게 하였고, 앞으로도 영광되게 하겠다."
(요한 12 : 28)

이미 영광되게 한 "아버지의 이름"(the name of the Father)은 신령인성(=신령인간 · the Divine Human)을 가리킵니다.

내가 내 아버지의 이름으로 왔다.
(요한 5 : 43)
(예수께서 그들에게 말씀하셨다.) "누구든지 내 이름으로 이 어린이를 영접하면, 나를 영접하는 것이요, 누구든지 나를 영접하면, 나를 보내신 분을 영접하는 것이다."
(누가 9 : 48)
그런데 여기에 이것이나마 기록한 목적은, 여러분으로 하여금, 예수가 그리스도요 하나님의 아들이심을 믿게 하고, 또 그렇게 믿어서, 그의 이름으로 생명을 얻게 하려는 것이다.
(요한 20 : 31)
그러나 그를 맞아들인 사람들, 곧 그 이름을 믿는 사람들에게는, 하나님의 자녀가 되는 특권을 주셨다.
(요한 1 : 12).
너희가 내 이름으로 구하는 것은, 내가 무엇이든지 다 이루어 주겠다. 이것은 아들로 말미암아 아버지께서 영광을 받으시게 하려는 것이다.
(요한 14 : 13, 14)
아들을 믿는 사람은 심판을 받지 않는다. 그러나 믿지 않는 사람은 이미 심판을 받았다. 그것은 하나님의 독생자의 이름을 믿지 않았기 때문이다
(요한 3 : 18)
두세 사람이 내 이름으로 모이는 자리에는, 내가 그들과 함께 있겠다.
(마태 18 : 20)
그의 이름으로 죄를 사함받게 하는 회개가 예루살렘으로부터 모든 민족에게 전파될 것이다.
(누가 24 : 47)

이 밖에도 여러 장절들이 있습니다. 거기에 언급된 "주님의 이름"은

그분의 인성의 측면에서 주님 자신을 뜻합니다(마태 7：22；10：22；18：5；19：29；24：9, 10；마가 11：10；13：13；16：17；누가 10：17；19：38；21：12, 17；요한 2：23). 이렇게 볼 때 명확한 것은 아버지께서는 아드님(聖子) 안에서, 그리고 아드님을 거쳐서 천사들과 사람들에 의하여 "이름이 거룩하게 여김을 받으신다"는 것이고, 그리고 "주님의 이름이 거룩하게 여김을 받는다"는 말은 이러한 내용을 뜻한다는 것입니다. 이러한 내용은 요한복음서 17장 19, 21-23, 26절에 잘 나타나고 있습니다.

"그 셋째입니다. '나라가 임한다'는 말씀은 주님께서 통치하신다는 것을 뜻하는데, 우리는 이런 장절들에 의하여 확증합니다."

> 율법과 예언자들의 글은 요한의 때까지이다. 그 뒤로부터는 하나님의 나라가 기쁜 소식으로 전파될 것이다.
> (누가 16：16)
> 요한은……하나님의 나라의 복음을 선포하였다. "때가 찼다. 하나님의 나라가 가까이 왔다. 회개하여라."
> (마가 1：14, 15；마태 3：2)
> 예수께서는 "회개하여라. 하늘 나라가 가까이 왔다"하고 선포하기 시작하였다.
> (마태 4：17, 23；9：35)
> 예수께서 그들(=제자들)에게 말씀하셨다. "너희는 온 세상에 나가서, 만민에게 복음(=복음과 하나님의 나라)을 전파하여라."
> (마가 16：15；누가 8：1；9：60)

마찬가지로 주님께서는 70인을 보내실 때에도 같은 말씀을 하셨습니다(누가 10：9, 11). 이 밖에도 여러 장절이 있습니다(마태 11：5；16：27, 28；마가 8：35；9：1, 47；10：29, 30；11：10；누가 1：19；2：10, 11；4：43；7：22；17：20, 21；21：30, 31；22：18). "복음으로 전파되어야 할 하나님의 나라"는 주님의 나라(the kingdom of the Lord)이고, 그리고 따라서 아버지의 나라입니다. 그것이 이와 같이 사실이라는 것은 이런 장절들에게서 명확합니다.

> 아버지는 아들을 사랑하여, 모든 것을 아들의 손에 맡기셨다.

(요한 3 : 35)
아버지께서는 아들에게 주신 모든 사람에게 영생을 주게 하시려고, 모든 사람을 다스리는 권세를 아들에게 주셨습니다.
(요한 17 : 2)
내 아버지께서 모든 것을 내게 맡겨 주셨습니다.
(마태 11 : 27)
"나는 하늘과 땅의 모든 권세를 받았다."
(마태 28 : 18)

아래 장절로부터는 더욱 명확합니다.

> 그분의 이름은 만군의 주님이시다.
> 너를 구속하신 분은
> 이스라엘의 거룩하신 하나님이시다.
> 그분은 온 세상의 하나님으로 불릴 것이다.
> (이사야 54 : 5)
> 내가 밤에 이러한 환상을 보고 있을 때에
> 인자 같은 이가 오는데,······
> 옛적부터 계신 분이
> 그에게 권세와 영광과 나라를 주셔서,
> 민족과 언어가 다른 뭇 백성이
> 그를 경배하게 하셨다.
> 그 권세는 영원한 권세여서,
> 옮겨 가지 않을 것이며
> 그 나라가 멸망하지 않을 것이다.
> (다니엘 7 : 13, 14)
> 일곱째 천사가 나팔을 불었습니다. 그 때에 하늘에서 큰소리가 났습니다.
> "세상 나라는
> 우리 주님의 것이 되고,
> 그리스도의 것이 되었다.
> 주께서 영원히 다스리실 것이다."
> (묵시록 11 : 15 ; 12 : 10)

묵시록서에서는 처음부터 마지막까지 주님의 나라에 관해서 다루어지고 있습니다. 그리고 새 예루살렘이 가리키는 새로운 교회에 모두가 들어올 것이고, 그리고 모두가 새로운 교회에 속할 것이다는 것을 다루고 있습니다.
"그 넷째입니다. '주님의 뜻이 하늘에서 이루어진 것과 같이 땅에서도 이루어질 것이다'는 말씀은 우리가 아래의 정절들에게서 확증하겠습니다."

(예수께서 말씀하셨다.) "아들을 보고 믿는 사람이면 누구나 영원한 생명을 얻게 하시는 것이 내 아버지의 뜻이다. 나는 마지막 날에 그들을 다시 살릴 것이다.
(요한 6 : 40)
그것은 그를 믿는 사람마다 영원한 생명을 얻게 하려고 하는 것이다. 하나님이 세상을 이처럼 사랑하셔서 독생자를 주셨으니, 누구든지 그를 믿으면 멸망하지 않고 영생을 얻을 것이다.
(요한 3 : 15, 16)
아들을 믿는 사람에게는 영원한 생명이 있다. 아들에게 순종하지 않는 사람은 생명을 얻지 못한다. 그는 도리어 하나님의 분노를 산다.
(요한 3 : 36)

그분(=아들)을 믿는다는 것은 그분에게 나아가는 것이고, 그분께서 구원한다는 확신을 가지는 것입니다. 그 이유는 그분께서 이 세상의 구세주이시기 때문입니다. 이 밖에도, 주 예수 그리스도께서 천계에서 다스리신다는 것도 교회에서는 주지의 사실입니다. 주님께서는 주님의 나라가 거기에 있다고 말씀하셨습니다. 그러므로 주님께서 교회에서도 마찬가지로 다스리신다면, 그 때 "아버지의 뜻은 하늘(=천계)에서와 같이, 땅에서 이루어지는 것입니다."
"이런 내용에 우리는 마지막으로 아래의 것을 부연하겠습니다. 그것은 전 기독교계에서 언급된 것입니다. 그것은 곧 그 교회에 속한 사람들은 그리스도의 몸을 이룬다(make)는 것이고, 그리고 그분의 몸 안에 있다는 것입니다. 그 때 교회에 속한 사람들은, 그가 그분의 몸 안에 있는 그분을 통하는 것을 제외한다면, 어떻게 하나님 아버지에게 가까이 나아갈 수 있겠는가? 만약에 그렇지 않다면 사람은 완전히 몸 밖에 있어야 하고, 그리고 가까이 나아가야 할 것입니다."
"이런 내용들을 듣고, 그리고 성경말씀으로부터 더 자세한 많을 것들 듣자, 아마겟돈 사람들은 그 때마다 우리의 대화를 중단시키려고 하였고, 그리고 그분의 비운 상태(His state of exinanition)에서 아버지와 주님께서 말씀하신 것을 인용하려고 하였습니다. 그러나 그 때 그들의 혀는 그들의 입천장에 달라붙었습니다. 그것은 그들로 하여금 성언을 부인하지 못하게 하려는 것입니다. 그러나 종국에는 그들의 혀의 재갈이 느슨해졌기 때문에, 그들은, '당신들은 우리 교회의 교리에 어긋나는 말을 하고 있소. 우리 교회의 교리는 하나님 아버지에게 직접 나아가는 것이고, 그리고 우리는 반드시 그분을 믿어야 한다는 것입니다. 그대는 스스로 우리의 믿음에 폭행을 가하는 범죄를 저질렀습니다. 그러나 여기서 속히 떠나가시오. 만약에 떠나가지 않는다면 당신은 여기서 강제로 추방될 것이지요"라고 외쳤습니다. 그들의 마음은 공갈이나 협박 따위로 불타고 있기 때문에 그들은 그런 짓을 하려고 무척 애를 썼습니다. 그러나 그 때 우리에게 힘이 주어졌습니다. 우리는 그들을 못 보게 하였는데, 그것으로 인하여 그들은 우리를 볼 수 없었습니다. 그러자 그들은 광야에 있는 들판으로 뛰쳐나갔습니다. 그대에게 말들 위에 있는 원숭이들로 보인 그들은, 창밖에 있는 소년들에게, 그들 앞에 무릎을 꿇고 있는 조각상들이나 우상들과 꼭 같이 보였습니다.

제 20장 본   문(20장 1-15절)

1 나는 또 한 천사가 아비소스의 열쇠와 큰 사슬을 손에 들고, 하늘로부터 내려오는 것을 보았습니다.

2 그는 그 용, 곧 악마요 사탄인 그 옛 뱀을 붙잡아 결박하여,

3 아비소스에 던지고 닫은 다음에, 그 위에 봉인을 하여 천 년 동안 가두어 두고, 천 년이 끝날 때까지는 민족들을 미혹하지 못하게 하였습니다. 사탄은 그 뒤에 잠시 동안 풀려 나오게 되어 있습니다.

4 내가 또 보좌들을 보니, 그 위에 사람들이 앉아 있었는데, 그들은 심판할 권세를 받은 사람이었습니다. 또 나는 예수의 증언과 하나님의 말씀 때문에, 목이 베인 사람들의 영혼에게와, 그 짐승이나 그 짐승 우상에게 절하지 않고, 그들의 이마와 손에 표를 받지 않은 사람들을 보았는데, 그들은 살아나서, 그리스도와 함께 천 년 동안 다스렸습니다.

5 그 나머지 죽은 사람들은 천 년이 끝날 때까지 살아나지 못하였습니다. 이것이 첫째 부활입니다.

6 이 첫째 부활에 참여하는 사람은 복이 있고 거룩합니다. 이 사람들에게는 둘째 사망이 아무런 세력도 부리지 못합니다. 이 사람들은 하나님과 그리스도의 제사장이 되어서, 천 년 동안 그와 함께 다스릴 것입니다.

7 천 년이 끝나면, 사탄은 옥에서 풀려 나서,

8 땅의 사방에 있는 민족들, 곧 곡과 마곡을 미혹하려고 나아갈 것입니다. 그리고 전쟁을 하려고 그들을 모을 것인데, 그들의 수는 바다의 모래와 같을 것입니다.

9 그들은 지면으로 올라와서, 성도들의 진과 하나님께서 사랑하시는 도시를 둘러쌌습니다. 그러나 하늘에서 불이 내려와서, 그들을 삼켜 버렸습니다.

10 그들을 미혹하던 악마도 불과 유황의 바다로 던져졌는데, 그 곳은 그 짐승과 거짓 예언자가 있는 곳입니다. 거기에서 그들은 영원히, 밤낮으로 고통을 당할 것입니다.

11 나는 크고 흰 보좌와 그 위에 앉으신 분을 보았습니다. 땅과 하

늘이 그 앞에서 사라지고, 그 자리마저 찾아볼 수 없었습니다.

12 나는 또, 죽은 사람들이 큰 자나 작은 자나 할 것 없이, 다 그 보좌 앞에 서 있는 것을 보았습니다. 그리고 책들을 펴놓고, 또 다른 책 하나를 펴놓았는데, 그것은 생명의 책이었습니다. 죽은 사람들은 그 책에 기록되어 있는 대로, 자기들의 행위대로 심판을 받았습니다.

13 바다가 그 속에 있는 죽은 사람들을 내놓고, 사망과 지옥도 그 속에 있는 죽은 사람들을 내놓았습니다. 그들은 각각 자기들의 행위대로 심판을 받았습니다.

14 그리고 사망과 지옥이 불바다에 던져졌습니다. 이 불바다가 둘째 사망입니다.

15 이 생명책에 기록되어 있지 않은 사람은 누구나 다 이 불바다에 던져졌습니다.

간추린 영적인 뜻(20장 1-15절)

◆ 전장의 간추린 대의(大意)

"용"이 뜻하는 자들의 제거(除去)에 관해서 다루고 있습니다(1-3절). 그 때 주님을 예배하고, 죄들로 여겨 온갖 악들을 끊은, 낮은 땅(the lower earth)에서 올라오는 그들에 관해서 다루고 있습니다(4-6절). 그들의 예배에 종교에 속한 것들이 전무(全無)한 그들에게 단행된 심판에 관해서 다루어졌습니다(7-9절). 그리고 용의 저주와 영벌에 관해서 다루어졌고(10절), 그 밖의 사람들에게 단행된 보편적인 심판이 언급되었습니다(11-15절).

◆ 각절의 간추린 대의(大意)

[1절] :
"나는 또 한 천사가 아비소스의 열쇠와 큰 사슬을 손에 들고, 하늘로

부터 내려오는 것을 보았습니다"라는 말씀은 열고 닫는, 그리고 매고 푸는 주님의 신령능력에서 비롯된 보다 낮은 것들(lower things)에 입류하는 주님의 신령역사(神靈役事 · the Lord's Divine operation)를 뜻합니다(본서 840항 참조).
[2절] :
"그는 그 용, 곧 악마요 사탄인 그 옛 뱀……"이라는 말씀은 그 용이 뜻하는 자들이 붙잡혔다는 것을 뜻하는데, 그 이유는 그 믿음의 문제에 대해서 감관적으로 생각하고, 영적으로 생각하지 않기 때문에, "옛 뱀"이라고 불리웠고, 그리고 삶의 측면에서 그들이 온갖 악들에 빠져 있기 때문에 "악마"라고 불리웠고, 그리고 그들이 교리의 측면에서 온갖 거짓들 안에 빠져 있기 때문에 "사탄"이라고 불리웠기 때문입니다(본서 841항 참조). "그(=뱀)를 천 년 동안 붙잡아 결박하였다"라는 말씀은, 여기서는 그 용이 뜻하는 자들이, 영들의 세계에 있는 자들과 결코 교류하지 못하게 하기 위하여 한동안 영들의 세계에 있는 나머지들에게서 격리되고, 분열되었다는 것을 뜻합니다(본서 842항 참조).
[3절] :
"아비소스에 던지고 닫은 다음에, 그 위에 봉인을 하여 천 년 동안 가두어 두고, (천 년이 끝날 때까지는) 민족들을 미혹하지 못하게 하였습니다"라는 말씀은, 주님께서 믿음만의 교리에 빠져 있는 자들을 전적으로 제거하셨다는 것을 뜻하고, 그리고 그들이 그들의 이단사설적인 것에 속한 것들을 천계에 올리워질 사람들에게 불어넣는 짓을 못하게 하기 위하여 그런 무리와 나머지들과의 교류를 제거하셨다는 것을 뜻합니다(본서 843항 참조). "천 년이 끝날 때까지, 그리고 그 뒤에 사탄은 잠시 동안 풀려 나오게 되어 있습니다"라는 말씀은 주님께서 선에서 비롯된 진리들 안에 있는 자들을 천계에 오르게 한 뒤, 잠시 잠깐 또는 얼마 동안 그렇게 하실 것이다는 것을 뜻하고, 그 다음에는 "용"이 뜻하는 무리들이 잠깐 동안 풀려나고, 그리고 그들과 나머지들과의 교류가 다시 재개(再開)될 것이다는 것을 뜻합니다(본서 844항 참조).
[4절] :
"내가 또 보좌들을 보니, 그 위에 사람들이 앉아 있었는데, 그들은 심판할 권세를 받은 사람들이었습니다"라는 말씀은 모든 사람이 그것에 따라서 심판 받게 될 성언에 속한 진리들이 모두 공개적으로 개방될

것이다는 것과, 그리고 그들이 용이나 그의 짐승에 의하여 유혹되지 않게 하기 위하여 주님에 의하여 감추어 있던 자들이 낮은 땅에서 올라오게 되었다는 것을 뜻합니다(본서 845항 참조). "나는 또 예수의 증언과 하나님의 말씀 때문에 목이 베인 사람들의 영혼"이라는 말씀은 그들이 주님을 예배하였기 때문에, 그리고 주님의 성언에 속한 진리들에 따라서 살았기 때문에, 자기 자신의 총명에서 생긴 온갖 거짓들에 빠져 있는 것들에 의하여 그들이 배척되고 있다는 것을 뜻합니다(본서 846·847항 참조). "그 짐승이나 그 짐승 우상에게 절하지 않고, 그들의 이마와 손에 표를 받지 않은 사람들"이라는 말씀은, 오직 믿음만의 교리를 시인하지도 않았고, 영접, 수용하지 않은 자들을 뜻합니다(본서 848항 참조). "그들은 살아나서, 그리스도와 함께 천 년 동안 다스렸습니다"라는 말씀은 그들이 이미 한 동안 주님과의 결합의 상태에서 그리고 주님의 나라에서 살았다는 것을 뜻합니다(본서 849항 참조).

[5절] :
"그 나머지 죽은 사람들은 천 년이 끝날 때까지 살아나지 못하였습니다"라는 말씀은, 지금까지 언급하여 온 사람들 외에는, 그 용이 풀려난 뒤, 그리고 그 때 그들의 성품에 대하여 그들이 입증되고, 폭로되기 전에는, 어느 누구도 천계에 올리워지지 않았다는 것을 뜻합니다(본서 850항 참조). "이것이 첫째 부활입니다"라는 말씀은, 그것들에 의하여 주님과의 결합이나, 천계의 천사들과의 제휴가 이루어지기 때문에, 원칙적으로 구원과 영원한 생명(永生)이 주님예배와 성언 안에 있는 주님의 계명들에 일치하는 삶에 존재한다는 것을 뜻합니다(본서 851항 참조).

[6절] :
"이 첫째 부활에 참여하는 사람은 복이 있고 거룩합니다"라는 말씀은 천계에 오른 사람은 주님과의 결합에 의하여 영생의 지복(至福)과 조요(照耀)를 받을 것이다는 것을 뜻합니다(본서 852항 참조). "이 사람들에게는 둘째 사망이 아무런 세력도 부리지 못합니다"라는 말씀은 그들은 영벌이나 저주를 받지 않는다는 것을 뜻합니다(본서 853항 참조). "이 사람들은 하나님과 그리스도의 제사장이 될 것이다"는 말씀은 그들은 주님에 의하여 사랑에 속한 선 안에, 그리고 거기에서 비롯된 지혜에 속한 진리들 안에 보호, 간수(看守)되기 때문이다는 것을 뜻합니다(본서 854항 참조). "천 년 동안 그와 함께 다스릴 것이다"라는 말씀은, 영들

의 세계에 있는 나머지 사람들이 아직 영생을 받지 못하고 있을 때, 그들은 이미 천계에 있다는 것을 뜻합니다(본서 855항 참조).
[7절] :
"천 년이 끝나면, 사탄은 옥에서 풀려 날 것이다"는 말씀은 그 전에 낮은 땅(the lower earth)에 감추어져 있고, 보호받던 자들이 주님에 의하여 천계에 올리워졌고, 그들에 의하여 새로운 천계(=새 하늘·the New Heaven)가 증대된 뒤에, 스스로 믿음에 속한 거짓들로 확증한 사람들은 모두 풀려나게 된다는 것을 뜻합니다(본서 856항 참조).
[8절] :
"땅의 사방에 있는 민족들, 곧 곡과 마곡을 미혹하려고 나아갈 것입니다. 그리고 전쟁을 하려고 그들을 모을 것입니다"는 말씀은, 여기서 용이 뜻하는 사람들이 영들의 세계에 있는 땅에서부터, 그리고 내적인 영적 예배 안에 있지 않고, 오직 외적인 자연적 예배에서 살고 있는 모든 자들을 긁어모으고, 그리고 주님을 예배하고, 성언 안에 있는 주님의 계명들에 일치하는 삶을 사는 사람들을 거슬러 그들로 하여금 싸울 것을 선동(煽動)한다는 것을 뜻합니다(본서 858·859항 참조). "그들의 수는 바다의 모래와 같을 것이다"는 말씀은 이런 부류의 무리들을 가리킵니다(본서 860항 참조).
[9절] :
"그들은 지면으로 올라와서, 성도들의 진과 하나님께서 사랑하시는 도시를 둘러쌌습니다"라는 말씀은 용추종자들에 의하여 선동되었기 때문에, 그들은 교회에 속한 모든 진리들을 일축(一蹴)하여 버리고, 그리고 새로운 교회에 속한 모든 것들을 파괴하려고 애쓰는, 그리고 심지어 주님과 삶에 관한 그 교회의 교리를 파괴하려고 무진 애를 쓴다는 것을 뜻합니다(본서 861·862항 참조). "그러나 하늘에서 불이 내려와서, 그들을 삼켜 버렸습니다"라는 말씀은 그들이 지옥적인 사랑(=애욕)에 속한 정욕들에 의하여 멸망되었다는 것을 뜻합니다(본서 863항 참조).
[10절] :
"그들을 미혹하던 악마도 불과 유황의 바다에 던져졌는데, 그 곳은 그 짐승과 거짓 예언자가 있는 곳입니다. 거기에서 그들은 영원히, 밤낮으로 고통을 당할 것입니다"라는 말씀은, 삶의 측면에서, 그리고 교리의 측면에서 온갖 악들에 빠져 있는 자들은 쫓겨나, 지옥으로 떨어졌

다는 것을 뜻합니다(본서 864항 참조).
[11절] :
"나는 크고 흰 보좌와 그 위에 앉으신 분을 보았습니다. 땅과 하늘이 그 앞에서 사라지고, 그 자리마저 찾아볼 수 없었습니다"라는 말씀은, 시민법적인 선이나 도덕적인 선 안에 있지만, 그러나 영적인 선 안에는 전혀 있지 않는, 따라서 겉보기에는 기독교인처럼 흉내를 냈지만, 그러나 내적인 것들 안에는 악마들이 자리잡고 있던 자들이 차지하고 있는 예전의 천계(=옛 하늘·the former heavens)와 그것의 땅이 모두 전적으로 파멸되었고, 그러므로 그것에 속한 것은 더 이상 아무것도 보이지 않는다는 것을 가리키는 주님에 의하여 단행된 보편적인 심판(the universal judgment)을 뜻합니다(본서 865항 참조).
[12절] :
"나는 또, 죽은 사람들이 큰 자나 작은 자나 할 것 없이, 다 그 보좌 앞에(=하나님 앞에) 서 있는 것을 보았습니다"라는 말씀은, 이 세상에서는 이미 죽어서 떠났고, 지금은 영들의 세계에 있는 자들 가운데서, 그들의 처지와 성품(condition and quality)에 관해서 심판하기 위하여 주님에 의하여 집합(集合)된 모든 자들을 뜻합니다(본서 866항 참조). "그리고 책들을 펴놓고, 또 다른 책 하나를 펴놓았는데, 그것은 생명의 책이었습니다"라는 말씀은, 그들의 마음에 속한 내면적인 것들이 모두 열려져 있다는 것과 그리고 천계에서 비롯된 빛과 별에 속한 입류에 의하여 사랑, 즉 의지에 속한 정동들의 측면에서, 그리고 그것에서 비롯된 믿음, 즉 이해에 속한 사상들의 측면에서, 선한 자나 악한 자나 꼭 같이, 그들의 성품(性稟)이 알려지고, 지각되었다는 것을 뜻합니다(본서 867항 참조). "죽은 사람들은 그 책에 기록되어 있는 대로, 자기들의 행위대로 심판을 받았습니다"라는 말씀은, 모두가 외적인 것들 안에 있는 그들의 내적인 삶(=생명·internal life)에 따라서 심판받았다는 것을 뜻합니다(본서 868항 참조).
[13절] :
"바다가 그 속에 죽은 사람들을 내놓았다"라는 말씀은 교회에 속한 외적인 사람들이나 자연적인 사람들이 모두 그 심판에 불리워졌다는 것을 뜻합니다(본서 869항 참조). "사망과 지옥도 그 속에 있는 죽은 사람들을 내놓았습니다"라는 말씀은, 마음에서 사악한 교회에 속한 사람들

을 뜻하고, 그리고 본질적으로 악마들이고, 사탄들인 자들을 뜻합니다(본서 870항 참조). "그들은 각각 자기들의 행위대로 심판을 받았습니다"라는 말씀은, 여기서는 앞에서 언급한 것과 동일한 것을 뜻합니다(본서 871항 참조).

[14절] :
"그리고 사망과 지옥이 불바다에 던져졌습니다"라는 말씀은, 본질적으로 악마들이고, 사탄을 가리키는, 그럼에도 불구하고 겉보기에는 교회에 속한 자들과 같은, 마음으로 사악한 자들이, 악에 속한 사랑(=애욕)에 빠져 있고, 그리고 그것에서 비롯된 악과 일치하는 거짓에 속한 사랑(=욕망)에 빠져 있는 자들 가운데 있는 자들이 지옥에 던져졌다는 것을 뜻합니다(본서 872항 참조). "이 불바다가 둘째 사망입니다"라는 말씀은 그들에게는 저주나 영벌 자체만 있다는 것을 뜻합니다(본서 873항 참조).

[15절] :
"이 생명책에 기록되어 있지 않은 사람은 누구나 다 이 불바다에 던져졌습니다"라는 말씀은, 성경의 주님의 계명들에 일치하여 살지 않고, 그리고 주님을 믿지 않는 사람들은 저주나 영벌을 받을 것이다는 것을 뜻합니다(본서 874항 참조).

제 20장 상세한 영적인 해설(20장 1-15절)

840. 1절. 나는 또 한 천사가 아비소스의 열쇠와 큰 사슬을 손에 들고, 하늘로부터 내려오는 것을 보았습니다.
이 말씀은, 열고 닫고, 매고 푸는 주님의 신령능력에서 비롯된 낮은 것들 안에 입류한 주님의 역사(役事)를 뜻합니다. "하늘로부터 내려오는 한 천사"는 주님을 뜻합니다(본서 5・170・344・465・657・718항 참조). 그리고 여기서는 낮은 것들(lower things)에 입류한 주님의 역사를 뜻합니다(본서 415・631・633・649항 참조). 그 이유는 "내려왔다"(coming down)고 언급되었기 때문입니다. "아비소스의 열쇠"를 가지고 있다는 말은 지옥을 열고 닫는(opening and shutting) 신령능력을 뜻합니다(본서 62·174항 참조). "큰 사슬을 손에 들고 있다"는 말은 애씀(=노력·endeavor)을 뜻하고, 그리고 그것에서 비롯된 매고, 푸는 일에 속한 행위(行爲)를 뜻합니다. 따라서 이어지는 사실은, 우리의 본문 구절이 주님의 손에 어떤 열쇠나, 사슬이 없고, 오히려 요한이 그와 같이 본 것은 주님의 신령능력에 속한 표징을 나타내기 위한 것이다는 것입니다. 지옥을 열고 닫는다는 말은 우리의 본문장에서 두세 번 다루고 있습니다.

841. 2절. 그는 그 용, 곧 악마요 사탄인 그 옛 뱀을 붙잡아 결박하였다.

이 말씀은, 그들이 믿음에 속한 것들을 감각적으로 생각할 뿐, 영적으로 생각하지 않기 때문에 "옛 뱀"(the old serpent)이라고 불리웠고, 그리고 그들이 삶의 측면에서 온갖 악들 안에 빠져 있기 때문에 "악마"(the devil)라고 불리웠고, 그리고 교리의 측면에서 온갖 거짓들 안에 빠져 있기 때문에 "사탄"(satan)이라고 불리운, "용"이 뜻하는 자들이 결박되었다는 것을 뜻합니다. 여기서 "용"이 뜻하는 자들이 누구인지는 본서 537항을 참조하십시오. 여기나 저기에서 그가 "옛 뱀·악마·사탄"이라고 불리운 이유는 "뱀"(a serpent)이 감각적으로만 생각하고, 영적으로는 생각하지 않는 자들을 뜻하기 때문입니다(본서 455·550항 참조). 그리고 "악마"는 삶(=생명)의 측면에서 온갖 악들 안에 빠져 있는 자들을 뜻하기 때문이고, 그리고 "사탄"은 교리의 측면에서 온갖 거짓들 안에 빠져 있는 자들을 뜻하기 때문입니다(본서 97·550항 참조). 왜냐하면 주님에게 직접 나아가지 않는 자들은 모두가 교회에 관계되는 것들에 대해서 감각적으로 생각하고, 영적으로 생각할 수 없기 때문입니다. 왜냐하면 주님께서는 빛 자체이시기 때문입니다(본서 796·799항 참조). 그러므로 직접 주님에게 나아가지 않는 자들은 모두가 천계의 빛을 가리키는 영적인 빛(spiritual light)으로부터 생각할 수 없고, 다만, 감각적으로 생각하는 것을 가리키는, 영적인 빛에서 분리된 자연적인 빛으로부터 생각할 수밖에 없기 때문입니다. 그러므로 여기에서 얻는 것은 그들이 "옛 뱀"(the old serpent)라고 불리웠다는 것입니다. 주님에게 직접 나아가지 않고, 그리고 죄들로 여겨 악들을 끊지 못하는 자들은 온갖 죄악들 가운데 그대로 남아 있다는 것입니다.

그것으로 인하여 "용"은 "악마"라고 불리운다는 것입니다. 그리고 이런 자들은 교리의 측면에서 거짓들 안에 빠져 있기 때문에, 그러므로 용은 "사탄"이라고 불리운다는 것입니다.

842. 천 년 동안 가두어 두었다.
이 말씀이, 여기서 "용"이 뜻하는 자들이 한 동안 그들과 결코 내통(內通・교류・communication)하지 못하게 하기 위하여, 영들의 세계에 있는 나머지들에게서 쫓겨나, 갈라져 있다는 것을 뜻합니다. 여기서 "가두어두었다"(=결박되었다・binding)는 말은, 그들과의 교류나 내통을 막기 위하여 영들의 세계에 있는 나머지 자들에게서 쫓겨나 격리(隔離)되어 있다는 것을 뜻한다는 내용은 다음의 단락에서 볼 수 있을 것입니다. "천 년"(a thousand years)이 햇수 천 년을 뜻하지 않고, 한 동안이나 한 기간을 뜻한다는 이유는 영계에서 그 숫자에 다른 숫자를 가하지 않은 그저 단순하게 "일 천"(a thousand)이라는 숫자는 그 뜻을 가지고 있기 때문입니다. "일천 년"이라는 말이 일천 년을 뜻한다고 믿는 사람은, 성경의 모든 숫자들(numbers)이 사물(事物・things)을 뜻한다는 것을 모르고, 따라서 오해하기 쉽습니다. 특히 묵시록서에서, 예를 들면 5・7・10・12・144・666・1,200・1,600・12,000・144,000이나 그 밖의 다른 숫자들이 나오는 장절을 읽을 때 그 숫자들에 속한 뜻에 관해서 잘못 오해되기 쉽습니다. 후자들의 숫자에서 숫자 "일천"(a thousand)은 그저 단순하게 어떤 숫자에 더해진 것을 뜻하고, 그리고 "천"이 시간들을 나타내기 위하여 사용된 때에, 그 숫자 "일 천"은 그 어떤 더 많은 것을 뜻하지만, 그러나 그 숫자가 여기서와 같이 그 숫자로만 사용되었을 때에, 그 숫자는 한 동안, 또는 잠깐 동안을 뜻합니다. 숫자는 읽혀지지 않고, 숫자 대신에 한 사물로 읽혀지는, 따라서 "일 천" 대신에 잠깐 동안이라고 해석되는 성언이 존재하는 천계에서 나에게 이것이 사실이다고 일러진 것입니다. 천계에 있는 천사들은, 교회에 속한 사람들이 사물(事物)들을 뜻할 수밖에 없는 묵시록서의 수많은 숫자들을 읽을 때, 그런 주장들에 의하여 그들의 마음이 교회의 마지막 상태에 관한 허망한 것들(vain things)로 각인(刻印)된, 천년 왕국설 추종자들(千年王國說 追從者・the chiliasts)이나 지복 천년설 추종자들(至福千年說 追從者・millennialists)의 억측(臆測・conjectures)들에게 굳게 사로잡혀 있다는 것에 대하여, 매우 놀라워했습니다.

843. 3절. **아비소스에 던지고 닫은 다음에, 그 위에 봉인을 하여, 그가 민족들을 미혹하지 못하게 하였습니다.**
이 말씀은, 주님께서 그들이 천계에 올리워질 사람들에게 그들의 이단사설(異端邪說)에 속한 어떠한 것도 불어넣는 것을 막기 위하여, 오직 믿음만의 교리(依唯信得義)에 빠져 있는 자들을 철저하게 제거하시고, 그리고 그들과 나머지 자들과의 교류나 내통 또한 완전하게 제거하셨다는 것을 뜻합니다. 여기서 "용"은, 위에서 언급한 것과 같이(본서 842항 참조), 믿음에 속한 온갖 거짓들 안에 빠져 있는 자들을 뜻합니다. 용에 관해서 "붙잡혔다" "결박되었다" "아비소스에 던져졌다" "닫혀졌다" "그 위에 봉인하였다"고 언급되었는데, 그런 말들은 모두가 그가 철저하게 제거되었다는 것과 그리고 그와 나머지 자들 사이에 있는 모든 교류나 내통이 단절, 제거되었다는 것을 뜻합니다. 여기서 "그가 붙잡혔다"(his being taken)는 말은 용이 뜻하는 자들이 모두 집합되고, 감금(監禁)되었다는 것을 뜻하고, "그가 결박되었다"(his being bound)는 말은 그들이 나머지 자들에게서 제거되고 격리되었다는 것을 뜻하고, "그가 아비소스에 던져졌다"(his being cast into the abyss)라는 말은 그들이 철저하게 지옥으로 떨어지는 것을 뜻하고, "그가 닫혀졌다"(=갇혀졌다·his shut up)는 말은 그들이 철저하게 제거되었다는 것을 뜻하고, "그 위에 봉인 되었다"(a seal being set upon him)는 말은 나머지 자들과의 교류나 내통이 완전히 단절, 제거되었다는 것을 뜻합니다. "용"이 이와 같이 한 동안 철저하게 제거, 격리된 이유는, 우리의 본문장 4-6절에서 다루고 있듯이, 주님께서 그들을 감추어 두었던 자들을 낮은 땅에서 들어올리기 위한 것입니다. 그것은 그들이 위로 들려 올라갈 때 그들이 용추종자들에 의하여 유혹되는 것을 막기 위해서입니다. 그러므로 우리의 본문은 "그 용은 더 이상 민족들을 미혹하지 못하게 하였다"라고 언급하고 있는데, 그 말은 그가 그의 이단사설에 속한 그 어떤 것도 그들에게 불어넣지 못하게 한다는 것을 뜻합니다. 이런 일이, 천계와 지옥 중간에 있는, 영들의 세계(the world of spirits)에서 행해지는 이유는, 거기에 있는 악한 자는 선한 자와의 교류나 내통(communication)이 가능하기 때문이고, 그리고 선한 자는 그 세계에서 천계를 위해 준비하고, 그리고 악한 자는 지옥을 대비하기 때문입니다. 그리고 또한 선한 자는 거기에서 악한 자와의 약간의 사귐에 의하여, 그리고 그들이 그들의 성품이나 불변성(不變性・costancy)의 측면에서 검토되고 시험되는 것에 의하여, 입증되기 때문입니다. 여기서 "민족들"은, 좋은 뜻으로는, 삶의 측면에서 선한 사람들을 뜻하고, 나쁜 뜻으로는 악한 사람들을 뜻하는데, 그러한 내용은 본서 483항을 참조하십시오. 이런 내용들을 볼 때 밝히 드러나는 것은, 우리의 본문인 "그가 그들을 아비소스에 던지고, 그를 닫고, 그 위에 봉인을 한다"는 말이 주님께서 믿음에 속한 온갖 거짓들 안에 빠져 있는 자들을 철저하게 제거하신다는 것과 그리고 그들이 천계에 올리워질 선한 자들에게 그들의 이단사설(異端邪說)에 속한 그 어떤 것도 불어넣는 짓을 막기 위하여 그들과 나머지 자들과의 모든 교류나 내통을 완전히 제거하셨다는 것을 뜻한다는 것입니다.

844. 천 년이 끝날 때까지(=끝난 뒤에) **그**(=사탄)**는 그 뒤에 잠시 동안 풀려 나오게 되어 있습니다.**
이 말씀은 선에서 비롯된 진리들 안에 있는 그들이 주님에 의하여 천계에 올리워질 때까지 한 동안, 또는 잠시 동안을 뜻하는데, 그 뒤에 "용"이 뜻하는 자들은 잠시 동안(a short time) 풀려 날 것이고, 그리고 그들과 나머지 자들과의 교류나 내통이 잠시 동안 열릴 것이다는 것 등을 뜻합니다. "천 년이 끝날 때까지"라는 말이 한 동안, 또는 잠깐 동안을 뜻한다는 이유는 "천 년"(千年)이 일천 년을 뜻하지 않고, 오히려 위에서 언급한 것과 같이(본서 842항 참조), 잠깐 동안 또는 한참 동안(a little while or some time)을 뜻하기 때문입니다. "그가 풀려 나오게 되어 있다"는 말은, 위에서 언급한 것과 같이, 그 뒤, 여기서 "용"이 뜻하는 자들이 그들의 감금(監禁)에서 풀려난다는 것을 뜻하고, 그리고 그 때 그들과 나머지 자들 사이의 교류와 내통이 재개될 것이다는 것을 뜻합니다. 우리의 본문이 이런 내용을 뜻한다는 것은, 앞서의 설명내용에서, 따라서 여기까지 설명된 일련의 내용에서, 그리고 영적인 뜻으로 아래에 이어지는 그들의 관련내용에서, 잘 알 수 있습니다. 아래에서 다루어질(4-6절) 내용은, 주님께서 천계에 올리신 자들에 관해서, 그리고 그들 때문에 용이 제거되고, 갇혔졌다는 것을 다루고 있습니다.

845. 4절. 내가 또 보좌들을 보니, 그 위에 사람들이 앉아 있었는데, 그들은 심판할 권세를 받은 사람들이었습니다(=그들에게는 심판할 권세

가 주어졌다).

이 말씀은, 그것에 일치하여 모두가 심판받게 될, 성언에 속한 진리들이 공개되었다는 것과 그리고 그들이 용이나 그의 짐승들에 의하여 미혹되는 것을 막기 위하여, 주님에 의하여 감추어졌던 자들이 낮은 땅에서부터 올리워진다는 것 등등을 뜻합니다. 우리의 본문이 이런 내용들을 뜻하는 이유는, 그들이 앉아 있는 "보좌들"이 의자 보좌들을 뜻하지 않고, 성언에 속한 진리들에 일치하는 심판(審判 · judgment)을 뜻하기 때문입니다. 그리고 천계에서 보여진 "보좌들"이 심판을 표의한다는 것은 본서 229항을 참조하십시오. 이십사 장로들이 앉아 있고, 장차 열두 사도들이 앉게 될 "보좌들"이 그 밖의 다른 내용을 뜻하지 않는다는 것, 그리고 모두는 성언에 속한 진리들에 따라서 심판을 받게 될 것이다는 것은 역시 본서 233항을 참조하십시오. 이상에서 명확한 것은 그들에게 주어진 심판은 심판이 성언에 속한 진리들에게 주어졌다는 것을 뜻합니다. 그들이 바로 주님에 의하여 낮은 땅에서부터 천계에 올리워지고, 그리고 용과 그의 짐승들에 의하여 그들이 미혹되는 것을 막기 위하여 한 동안 숨겨진 자들을 뜻하는 이유는 그들이 "목이 베인 영혼들" 그리고 그 뒤에는 단순하게 "죽은 사람의 영혼"이라고 표현되고 있는 자들인데, 이들은 자기 자신에게는 죽은 존재가 아니고, 다만 다른 자들에게만 죽은 자로 보이기 때문입니다. 그들이 숨겨진 곳을 낮은 땅(the lower earth)이라고 하였는데, 그 곳은 지옥 위에 있고, 영들의 세계 아래에 있는 곳인데, 그리고 거기에서 그들은, 천계와의 교류와 내통에 의하여, 그리고 주님과의 결합에 의하여, 안전하게 있습니다. 거기에는 이런 부류의 장소들이 많이 있는데, 그들은 거기에서 서로 사이좋게 지내고, 주님을 예배하며 살지만, 지옥에 관해서는 아무것도 알지 못합니다. 거기에 있는 자들은 최후심판이 있은 뒤 주님에 의하여 가끔씩 천계에 올리워졌는데, 그들이 천계에 올리워졌을 때, 용이 뜻하는 자들은 제거되었습니다. 그들이 올리워지고, 그리고 천계에 있는 천사들과 그들이 제휴한 것을 내가 볼 수 있는 기회가 나에게 자주자주 허락되었습니다. 이러한 내용이 성경에서 "무덤이 열리고" "죽은 사람이 다시 살아났다"는 말이 뜻하는 것입니다.

846. (나는) **예수의 증언과 하나님의 말씀 때문에 목이 베인 사람들의 영혼들을 보았습니다.**

이 말씀은, 그들이 자신들의 총명에서 비롯된 온갖 거짓들 안에 빠져 있는 자들에 의하여 배척, 부인되었다는 것을 뜻하는데, 그 이유는 그들이 주님을 예배하였고, 그리고 그분의 성언에 속한 진리들에 일치하는 삶을 살았기 때문입니다. "예수의 증언과 하나님의 말씀 때문에 (도끼로 찍혀) 목이 베인 사람들의 영혼들"은, 사후(死後)의 사람들을 뜻하는데, 그들은 바로 그 때 영들(spirits)이라고 불리우고, 또한 영적인 몸 (a spiritual body)으로 옷 입혀진 자들이고, 그리고 악한 자들이 최후심판에 의하여 제거될 때까지 주님에 의하여 낮은 땅에 감추어졌던 자들을 가리킵니다. 그들이 "목이 베인 사람들"이라고 언급되고 있는데, 그 이유는 그들이 자기 자신의 총명에서 비롯된 온갖 거짓들 안에 있는 자들에 의하여 부인되고, 배척되었기 때문인데, 그들을 배척하는 자들의 모두는 온갖 악들 안에, 그리고 그것에서 온 거짓들 안에 빠져 있는 자들이고, 아니면, 온갖 거짓들 안에, 그리고 온갖 악들 안에 빠져 있지만, 그럼에도 불구하고 겉모양들로는 신령예배 안에 있는 것 같은 그들에 의하여 배척, 부인되었기 때문입니다. 이런 종류의 거짓이 도끼(an axe)가 뜻하는 것이다는 것은 다음 단락에서 알 수 있겠습니다. "예수의 증언과 하나님의 말씀"은, 앞서의 이런 장절들이 뜻하는 것과 꼭 같이, 그분의 인성 안에 있는 주님의 신성에 속한 시인(是認)을 뜻합니다. 묵시록서의 말씀입니다.

> 요한은 하나님의 말씀과 예수 그리스도의 증거, 곧 자기가 본 것을 다 증언하였습니다.
> (묵시록 1 : 2)
> 우리의 동료들(=미가엘과 그의 천사들)은
> 어린 양이 흘린 피와
> 자기들이 증언한 말씀을 힘입어서
> 그 악마를 이겨 냈다.
> (묵시록 12 : 11)
> 그 용은 그 여자에게 노해서, 그 여자의 남은 자손, 곧 하나님의 계명을 지키며, 예수의 증언을 간직하고 있는 사람들과 싸우려고 떠나갔습니다.
> (묵시록 12 : 17)
> "이러지 말아라. 나도 예수의 증언을 간직하고 있는 네 형제자매들 가운데 하나요, 너와 같은 종이다."

(묵시록 19 : 10)

이 장절들이 그분의 인성 안에 계신 주님의 신령존재(the Divine of the Lord)에 속한 시인(是認)과 그분의 성언에 속한 진리들에 일치하여 사는 삶을 뜻한다는 것과, 개별적으로는 십성언(十聖言)의 계명들에 일치하여 사는 삶을 뜻한다는 것 등등은 위에서 이미 설명된 내용에서 능히 잘 알 수 있겠습니다. 이런 영혼들은 아래 장절에서 언급된 영혼들과 꼭 같습니다.

> 그 어린 양이 다섯째 봉인을 뗄 때에, 나는 제단 아래에서, 하나님의 말씀 때문에, 또 그들이 말한 증언 때문에, 죽임을 당한 사람들의 영혼을 보았습니다. 그들은 큰소리로 "거룩하고 참되신 통치자님, 우리가 얼마나 더 오래 기다려야 땅 위에 사는 자들을 심판하시고, 또 우리가 흘린 피의 원수를 갚아 주시겠습니까?" 하고 부르짖었습니다. 그리고 그들은 흰 두루마기를 한 벌씩 받아가지고 있었고, 그들은 그들과 같은 동료 종들과 그들의 형제 자매들 가운데서, 그들과 같이 죽임을 당하기로 되어 있는 사람의 수가 차기까지, 아직도 더 쉬어야 한다는 말씀을 들었습니다.
> (묵시록 6 : 9-11)

이 구절들의 내용은 이미 설명된 것에서 잘 알 수 있겠습니다(본서 325-329항 참조).

847. 성경의 수많은 곳에, 어떤 "사람이 살해되었다" "칼에 찔리었다" "죽었다"는 말이 언급되고 있는데, 그럼에도 불구하고 그런 말들은 살해된 자들이나, 칼에 찔리고, 죽은 사람들을 뜻하지 않고, 오히려 그들은 온갖 악들이나 거짓들 안에 빠져 있는 자들에 의하여 배척되고 부인되는 사람들을 뜻합니다(본서 59·325·589항 참조). 우리의 본문 아래 장절에서 "죽은 자"도 동일한 내용을 뜻하는데, 거기에는 "그 나머지 죽은 사람들은 천 년이 끝날 때까지 살아나지 못하였습니다"라고 언급되었습니다. 이 구절에서 밝히 알 수 있는 것은 "목 베었다"고 언급된 자들은 자신의 총명에서 생겨난 온갖 거짓들 안에 빠져 있는 자들에 의하여 부인, 배척 받고 있는 자들을 뜻한다는 것입니다. "도끼"(an axe)가 자신의 총명에서 비롯된 거짓을 뜻한다는 것은 아래의 장절들에게서 잘 드러나고 있습니다.

이방 사람이 우상을 숭배하는 풍속은
허황된 것이다.
그들의 우상은 숲 속에서 베어 온 나무요,
조각가가 연장으로 다듬어서 만든
공예품이다.
(예레미야 10 : 3)
적들이 군대를 거느리고 밀어닥치며,
그들이 벌목하는 사람들처럼
도끼를 들고 이집트를 치러 들어오면,
이집트는
소리를 내며 도망치는 뱀처럼
달아날 것이다.
(예레미야 46 : 22)
그들은 나무를 도끼로 마구 찍어 내는
밀림의 벌목꾼과 같았습니다.
그들은 도끼와 쇠망치로
성소의 나무 널빤지를 모두 찍어서
산산조각을 내었습니다.
주의 성소에 불을 지르고,
주의 이름을 모시는 곳을
땅에 뒤엎고 더럽혔습니다.
(시편 74 : 5-7)
너희가 한 성읍을 점령하려고 둘러싸서 공격하는데 오랜 기간이 걸리더라
도, 거기에 있는 과일나무를 도끼로 찍어서는 안 된다.……나무를 찍어 버
리지는 말아라.
(신명기 20 : 19)

이 구절에서 "도끼"는 그들의 총명에서 생겨난 거짓을 뜻합니다. 그
이유는, "철"(iron)이, 감관적인 진리라고 부르는, 궁극적인 것들 안에
있는 진리를 뜻하기 때문입니다. 그것이 합리적인 진리(rational truth)
나 영적인 진리에서 분리되었을 때, 그것은 거짓으로 변합니다. "도끼"
가 자신의 총명에서 생겨난 거짓을 뜻하는 이유는 감관적인 것(the
sensual)은 고유속성(固有屬性・自我・proprium) 안에 존재하기 때문입니

다(본서 424항 참조). "철"(iron)이나 "도끼"가 이런 뜻을 가지고 있기 때문에, 이와 같이 지킬 것이 명령되었습니다.

> 너희가 나에게 제물 바칠 제단을 돌로 쌓고자 할 때에는 다듬은 돌을 써서는 안 된다. 너희가 돌에 정을 대면, 그 돌이 부정을 타게 된다.
> (출애굽 20 : 25 ; 신명기 27 : 5)

그러므로 예루살렘의 성전에 관해서 이렇게 언급되었습니다.

> 돌은 채석장에서 잘 다듬어낸 것을 썼으므로, 막상 성전을 지을 때에는, 망치나 정 등, 쇠로 만든 어떠한 연장 소리도, 성전에서는 전혀 들리지 않았다.
> (열왕기 상 6 : 7)

반대의 뜻으로, 조각된 신상들이 다루어질 때에는 그것은 자기 자신의 총명에서 생겨난 거짓을 뜻하는데, 이런 것들에 관해서 언급된 장절입니다.

> 철공은 그의 힘센 팔로 연장을 벼리고,
> 숯불에 달구어 메로 쳐서,
> 모양을 만든다.
> (이사야 44 : 12)

"조각한 신상"이나 "우상"이 자기 자신의 총명에서 생겨난 거짓을 뜻한다는 것은 앞서의 설명내용을 참조하십시오(본서 459항 참조).

848. 그 짐승이나 그 짐승 우상에게 절하지 않고, 그들의 이마와 손에 표를 받지 않은 사람들을 보았습니다.
이 말씀은 믿음만의 교리를 시인하지 않고, 그리고 그것을 영접, 수용하지 않은 자들을 뜻하는데, 이러한 내용은 동일한 말이 있는 앞서의 설명에서 명확합니다(본서 634항 참조).

849. 그들은 살아나서 그리스도와 함께 천 년 동안 다스렸습니다.
이 말씀은 한 동안 주님과의 결합의 상태 안에 있고, 그리고 그분의 나라에 있는 자들을 가리킵니다. "그리스도와 함께 사는 사람"은 그리스도와의 결합의 상태에 있는 자들을 뜻하는데, 그 이유는 이 사람들이 살아났기 때문입니다. "그리스도와 함께 다스린다"는 말씀은 주님의 왕국에 있는 자들을 뜻하고, 그것에 관해서는 곧 알게 될 것입니다. "천 년"(千年)이 잠시 동안을 뜻한다는 것은 본서 842항을 참조하십시오. 이러한 내용은 이 세상에서 그들의 생애를 보낼 때 주님만을 예배하였고, 그리고 성언에 있는 주님의 계명에 일치하는 삶을 살고, 그리고 사후에는 용추종자들이 그들을 유혹하는 것을 막아 주고, 따라서 천계의 천사들과의 그들의 내면적인 측면에서 한참 동안 주님과 결합하고, 제휴된 자들에 관해서 언급된 것입니다. "그리스도(=주님)와 함께 다스린다"는 말은 주님과 함께 다스린다는 것을 뜻하지 않고, 오히려 주님과의 결합에 의하여 주님의 나라에 있다는 것을 뜻한다는 것은 본서 284항을 참조하십시오. 왜냐하면 주님께서 홀로 다스리시기 때문입니다. 그리고 어떤 기능을 가지고 있는 천계에 있는 사람은 누구나, 이 세상에서와 같이, 자신의 사회에서 자신의 임무를 주님의 도움 아래에서 수행하기 때문입니다. 사실 그들은 모두가 자기 자신들이 하는 것 같이 행동하지만, 그러나 그들은 첫째 자리에 선용(善用)을 고려하기 때문에, 그들은 모든 선용의 근원이신, 주님으로 말미암아 행동합니다.

850. 5절. **그 나머지 죽은 사람들은 천 년이 끝날 때까지 살아나지 못하였습니다.**
이 말씀은, 지금까지 언급한 자들 이외에는, 용이 풀려나기까지 그들의 성품이 입증되고, 드러나기 전에는 어느 누구도 천계에 올리워지지 않았다는 것을 뜻합니다. "그 나머지 죽은 사람들"은 오직 믿음만의 교리에 빠져 있는 자들에 의하여 배척, 부인된 자들을 뜻합니다. 그 이유는 그들이 주님을 예배하였고, 그리고 그분의 계명들에 일치하여 살았지만, 그러나 그들의 성품은 아직까지 입증되지 않았고, 또 밝히 드러나지 않았기 때문입니다. 여기서 "죽은 사람"(the dead)이 이런 사람들을 뜻한다는 것은 본서 847항을 참조하십시오. 왜냐하면 이 세상을 떠난 뒤 모든 사람들은, 제일 먼저는, 천계와 지옥 중간에 있는, 영들의 세계(the world of spirits)에 들어오고, 그리고 거기에서 그들의 성품이 어떠한지 입증되고, 밝히 드러나고, 따라서 악한 자는 지옥으로, 그리고 선한 자는 천계로 가기 위하여 준비하기 때문입니다. 이들에 관해서 언급된 것은, 그들이 다시 살지 못한다는 것, 다시 말하면 앞에서 언급한 것과 같이, 그들은 아직까지는 그와 같이 주님과 결합되어 있지 않고, 그리고 천계의 천사들과 제휴되지 않았다는 것입니다. 그 뒤에 많은 사람들이 구원을 받았다는 것은 우리의 본문장 12-15절에 잘 나타나고 있는데, 거기에 언급된 것은 "생명의 책(the book of life)이 펴놓여 있었고, 이 생명책에 기록되어 있지 않은 사람은 누구나 다 이 불바다에 던져졌습니다"는 것입니다.

851. 이것이 첫째 부활입니다.

이 말씀은 구원과 영생(永生)이 주님을 예배하는 것과 성경에 있는 주님의 계명들에 순종하여 사는 것이 그 으뜸이다는 것을 뜻합니다. 그 이유는 그것들에 의하여 주님과의 결합이 이루어지고, 그리고 천계의 천사들과의 제휴 또한 이루어지기 때문입니다. 우리의 본문 "이것이 첫째 부활이다"는 구절이 이러한 내용들을 뜻하는 이유는, 앞에 언급된 내용에서 결론이 이어지고, 따라서 그런 내용들을 담고 있기 때문입니다. 이런 내용들을 담고 있는 앞에 나오는 것들은 우리의 본문장 4절과 그리고 5절 일부에 담겨져 있습니다. 4절에는 이런 내용들이 언급되고 있습니다. 즉, "나는 예수의 증언과 하나님의 말씀 때문에, 목이 베인 사람들의 영혼에게와 그 짐승이나 그 짐승에게 절하지 않고, 그들의 이마와 손에 표를 받지 않은 사람들(=영혼들)을 보았는데, 그들은 살아나서, 그리스도와 함께 천 년 동안 다스렸습니다"라고 언급되었습니다. 여기서 "그리스도의 증언과 하나님의 말씀 때문에, 목이 베인 사람들의 영혼들"은, 그들이 주님만을 예배하였고, 성경에 있는 주님의 계명들에 따라서 살았기 때문에, 자기 자신의 총명에서 나온 온갖 거짓들 안에 빠져 있는 자들에 의하여 부인되고, 배척된 그런 부류의 사람들을 뜻한다는 것은 본서 846·847항에서 잘 알 수 있겠습니다. "그 짐승이나 그 짐승 우상에게 절하지 않았고, 그의 이마와 손에 표를 받지 않은 사람들"은, 그들이 믿음만의 교리에 속한 이단사설을 거부한 자들을 뜻한다는 것은 본서 848항을 참조하시고, "그들이 살아나서, 그리스도와 함께 천 년 동안 다스렸다"는 말씀이 그들은 그리스도와의 결합을 가지고 있고, 천계의 천사들과 제휴를 가지고 있다는 것을 뜻한다는 것은 본서 849항을 참조하십시오. 그러므로 이런 내용들이 우리의 본문 "이것이 첫째 부활이다"는 말씀 안에 내포된 내용들입니다. 여기서 "부활"(復活 · resurrection)은 구원과 영생(salvation and eternal life)을 뜻하고, 그리고 "첫째"라는 말은 첫 번째 부활을 뜻하지 않고, 오히려 부활에 속한 진실되고 근본적인 것, 따라서 구원과 영생(永生)을 뜻합니다. 왜냐하면 거기에는 생명에 대해서는 오직 유일한 부활만 있고, 그 둘째는 다시 주어지지 않기 때문입니다. 따라서 둘째 부활(a second resurrection)은 성경 어디에서도 언급되지 않았습니다. 왜냐하면 한번 주님과 결합된 사람들은 영원히 그분과 결합되었기 때문입니다. 그리고 이런 일은 천계에서 있기 때문입니다. 그리고 주님께서는 이렇게 말씀하셨기 때문입니다.

"나는 부활이요 생명이니, 나를 믿는 사람은 죽어도 살고, 살아서 믿는 사람은 영원히 죽지 않을 것이다."
(요한 11 : 25, 26)

이런 내용이 "첫째 부활"이 뜻하는 것이다는 것은 역시 아래 절에서 잘 나타나고 있습니다.

852. 6절. **이 첫째 부활에 참여하는 사람은 복이 있고 거룩합니다.** 이 말씀은, 천계에 영접된 사람들이, 주님과의 결합에 의하여, 영생에 속한 지복(至福)과 광명(光明 · 照耀 · enlightenment)을 가지고 있다는 것을 뜻합니다. "행복한 사람"이라고 불리운 사람은 영생에 속한 지복을 가진 사람이고(본서 639항 참조), 그리고 주님과의 결합에 의하여 신령 진리들 안에서 광명이나 조요의 상태를 가지고 있는 사람은 "거룩한 사람"이라고 불리웠습니다. 왜냐하면 주님만이 홀로 거룩하시기 때문입니다. 조요의 근원인 신령발출(神靈發出 · the Divine proceeding)은 성령(聖靈 · 거룩한 영 · the Holy Spirit)이라고 불리운 존재입니다(본서 173 · 586 · 666항 참조). "첫째 부활"은, 위에서 언급한 것과 같이(본서 851항 참조), 주님에 의하여 천계에의 올리움을, 따라서 구원을 뜻합니다. 따라서 명확한 것은, 우리의 본문, "첫째 부활에 참여하는 사람은 복이 있고 거룩하다"는 말씀이 천계에 영접된 자들은 영생에 속한 지복과 그리고 주님과의 결합에 의한 조요나 광명을 갖는다는 것을 뜻합니다.

853. **이 사람들에게는 둘째 사망이 아무런 세력도 부리지 못합니다.** 이 말씀은 그들이 결코 저주(詛呪)나 영벌(永罰)을 받지 않는다는 것을

뜻합니다. "둘째 사망"(the second death)이라는 말은 저주를 가리키는 영적인 죽음(spiritual death) 이외의 다른 것을 뜻하지 않습니다. 왜냐하면 첫째 사망은 육신의 죽음인 자연적인 죽음(natural death)을 뜻하지만, 그러나 둘째 사망은 영적인 죽음으로, 그것은 곧 영혼에 속한 죽음을 뜻하기 때문입니다. 그리고 이것이 바로 저주(詛呪)이다는 것은 잘 알려져 있습니다. 둘째 사망이 저주이고, 첫째 사망(the first death)이 육신적인 죽음을 가리키기 때문에, 그리고 후자는 영적인 죽음이 아니기 때문에, 그러므로 첫째 죽음은 묵시록서 어디에서도 거론되지 않았습니다. 그러나 둘째 사망은 우리의 본문장 14절(묵시록 20 : 14)에 다시 언급되고 있고, 그리고 다음장 8절(21 : 8)에, 그리고 2장 11절에 각각 언급되고 있습니다. 이런 것을 알지 못하는 사람은, 두 개의 영적인 죽음들(two spiritual deaths)이 있다고 믿고 있을 것입니다. 그 이유는 둘째 사망이라고 언급되고 있기 때문입니다. 그럼에도 불구하고 그 때 거기에는, 여기서 "둘째 사망"이 뜻하는, 오직 하나뿐인 영적인 죽음만 존재합니다. 마찬가지로 그 사람은 두 부활(two resurrections)이 있다고 믿겠지만, 왜냐하면 "첫째 부활"(the first resurrection)이라고 언급되고 있기 때문입니다. 그럼에도 불구하고 그 때 거기에는 역시 단 하나의 부활만 있습니다. 그러므로 위에서 알 수 있듯이(본서 851항 참조), 거기에는 그 어떤 둘째 부활은 언급되지 않고 있습니다. 그러므로 여기서 얻는 결론은, 우리의 본문 "이 사람들에게는 둘째 사망이 아무런 세력도 부리지 못합니다"는 말씀이 그들이 저주나 영벌의 심판을 받지 않는다는 것을 뜻한다는 것입니다.

854. 이 사람들은 하나님과 그리스도의 제사장이 될 것이다.
이 말씀은, 그들이 주님에 의하여 사랑에 속한 선과 그리고 그것에서 비롯된 지혜에 속한 진리들 안에 간수(看守)되고 지켜졌기 때문이다는 것을 뜻합니다. 성경에서 "제사장들"(祭司長·priests)은 사랑에 속한 선 안에 있는 사람들을 뜻하고, 그리고 "왕들"(王·kings)은 지혜에 속한 진리들 안에 있는 자들을 뜻합니다. 그러므로 앞서에서는 이렇게 언급되었습니다.

> 예수 그리스도께서는 우리로 왕들(=나라를 이루셔서)과 제사장으로 삼아 주셨습니다

(묵시록 1 : 6)

그리고 마찬가지로—.

어린 양은 우리를 왕들과 제사장들이 되게 하셔서 우리가 땅 위에서 다스리게 하실 것입니다.
(묵시록 5 : 10)

우리가 명확하게 알 수 있는 것은 주님께서는 사람들을 왕들이나 제사장들로 세우시지 않고, 주님께서는 사람들을 지혜에 속한 진리들 안에 있는, 그리고 그분에게서 비롯된 사랑에 속한 선 안에 있는 천사들을 만드신다는 것입니다. "왕들"은 주님에게서 온 지혜에 속한 진리들 안에 있는 자들을 뜻한다는 것, 그리고 주님께서는 신령진리로 말미암아 "왕"이라고 불리셨다는 것 등은 위의 설명에서 잘 알 수 있습니다(본서 20 · 483 · 664 · 830항 참조). "제사장들"이 주님에게서 온 사랑에 속한 선 안에 있는 사람들을 뜻한다는 이유는 주님께서 신령사랑이시고, 신령지혜이시기 때문입니다. 또한 같은 말이지만, 신령선과 신령진리이시기 때문입니다. 그리고 주님께서는 신령사랑이나 신령선으로 말미암아 "제사장"이라고 불리셨고, 그리고 주님께서는 신령지혜, 또는 신령진리로 말미암아 "왕"이라고 불리셨습니다. 여기에서 알 수 있는 것은, 천계에는 천적인 왕국과 영적인 왕국으로 분명하게 나뉘는 두 왕국이 있다는 것입니다. 그리고 천적인 왕국(the celestial kingdom)은 주님의 사제적인 왕국(the Lord's priestly kingdom)이라고 부른다는 것입니다. 왜냐하면 거기에 있는 천사들은, 주님에게서 온 신령사랑이나, 또는 신령선에 속한 수용그릇들(recipients)이기 때문입니다. 그리고 영적인 왕국(the spiritual kingdom)은 주님의 제왕적인 왕국(the Lord's royal kingdom)이라고 불리우는데, 그것은 거기에 있는 천사들은 주님에게서 비롯된 신령지혜나, 또는 신령진리에 속한 수용그릇들이기 때문입니다. 그러나 이들 두 왕국에 관해서 더 많은 내용은 본서 647 · 725항을 참조하십시오. 그들이 주님에게서 비롯된 신령선의 수용그릇들이고, 그리고 신령진리의 수용그릇들이라고 하였는데, 그러나 우리가 주지하여야 할 것은 그들은 변함없이 영원히 그것들을 수용한다는 것입니다. 왜냐하면 어느 천사나 사람도 마치 자기 자신의 것처럼, 심령선이나 신령진리를 자신의 것으로 전유(專有)할 수 없지만, 그러나 그들은 다만 자신의 것인 양 보일 뿐이기 때문입니다. 그 이유는 신령선이나 신령진리가 모두 신령하기 때문입니다. 그러므로 천사나 사람은 어느 누구도 자기 자신에게서, 본질적으로 선하고 참된 것인, 어떤 선한 것이나 어떤 참된 것도 생산할 수 없습니다. 이렇게 볼 때 명확한 사실은 그들은 모두가 주님에 의하여 선이나 진리 안에 간수(看守)된다는 것이고, 그리고 이런 일은 변함없이 계속된다는 것입니다. 이런 이유 때문에, 만약에 어느 누구가 천계에 들어와서, 선과 진리가 마치 자기 자신의 것으로 자신에게 전유된다고 생각한다면, 그는 그 즉시 천계에서 내려와 다시 교육을 받아야 합니다. 이런 사실들에게서 잘 드러나고 있는 것은, 우리의 본문 "이 사람들은 하나님과 그리스도의 제사장이 될 것이다"는 말씀은 그들이 주님에 의하여 사랑에 속한 선과 그리고 그것에 의하여 지혜에 속한 진리들 안에 간수되기 때문이다는 것을 뜻합니다. 성경에서 제사장들이 주님에게서 비롯된 사랑에 속한 선 안에 있는 그런 부류의 사람들을 뜻한다는 것은 성경의 수많은 장절들에게서 잘 드러나고 있지만, 그러나 런던에서 발간된 ≪천계비의≫에 그 장절들이 인용되었기 때문에, 나는 그 책에서 아래의 것들을 인용하고자 합니다.

제사장은 신령선의 측면에서 주님을 표징한다(전게서 2015 · 6148항 참조).

제사장직은, 이것이 주님의 신령사랑에 속한 신령선에서 비롯되었기 때문에, 구원의 대업(救援大業 · the work of salvation)의 측면에서 주님에게 속한 하나의 표징이다는 것(전게서 9809항 참조).

아론과 그의 아들들의 제사장직무, 그리고 레위지파의 그 직무는 계속적인 질서 안에 있는 주님의 구원의 대업에 속한 하나의 표징이다는 것(전게서 10017항 참조).

그러므로 "제사장들"이나 "제사장직무"는 주님에게서 비롯된 사랑에 속한 선을 뜻한다는 것(전게서 9806 · 9809항 참조).

"예수"와 "그리스도" 이 두 이름들은 주님의 왕권과 같이 주님의 제사장직무를 뜻한다는 것(전게서 3004 · 3005 · 3009항 참조).

제사장들은 교회적인 업무들을 관리하고, 왕들은 시민법적인 업무들을 처리한다는 것(전게서 10793항 참조).

제사장들은 진리들을 가르치고, 그 일을 통해서 사람들을 선으로 인도하고, 따라서 주님에게로 인도한다는 것(전게서 10794항 참조).

제사장들은 사람들의 영혼들에 대한 권한(power)을 자기 자신들의 것으로 요구해서는 안 된다는 것(전게서 10795항 참조).

제사장들은 거룩한 것들로 인하여 권위(權威・dignity)를 반드시 가져야 하지만, 그러나 그들은 반드시 그 권위를 자신에게 돌려서는 안 되고, 다만 모든 거룩한 것들의 근원이신 주님에게 돌려야 한다는 것, 그 이유는 제사장직무는 인격 안에 존재하지 않고, 오히려 그 인격에게 인접해(adjoined to the person) 있기 때문이다는 것(전게서 10796・10797항 참조).

주님을 시인하지 않는 제사장들은 성경에서 반대의 뜻을 가지고 있다는 것(전게서 3670항 참조).

855. (이 사람들은) **천 년 동안 그와 함께 다스릴 것이다.**
이 말씀은 그들은 이미 천계에 있었지만, 아직까지 다시 살아나지 못한 나머지 사람들, 다시 말하면 영생을 받지 못한 사람들은 그 때 영들의 세계(the world of spirits)에 남아 있다는 것을 뜻합니다. "그리스도와 함께 다스릴 것이다"는 말은, 그분과 함께 다스린다는 것을 뜻하지 않고, 그분의 왕국에 있다, 또는 천계에 있다는 것을 뜻합니다(본서 284・289항 참조). "천 년"(a thousand years)은 일천 년을 뜻하지 않고, 그것은 얼마 동안(some time)을 뜻합니다(본서 842항 참조). 여기서 "천년"(a thousand years)은 아비소스에서 용의 갇힘(the shutting up)과 그의 풀려남 사이에 있는 시간의 간격 이외에 아무것도 뜻하지 않는다는 것은 아주 명확한데, 그 이유는 용이 아비소스에 던져졌고, 그리고 거기에 닫혀 있고, 그리고 천 년 동안 그를 인봉하였다가, 그리고 그 때 그가 풀려났다고 언급되고 있기 때문입니다(묵시록 20 : 3, 7). 여기서 "천 년"은 꼭 같이 시간의 간격을 뜻합니다. 그러므로 "이 사람들은 천 년 동안 그리스도와 함께 다스릴 것이다"는 말씀은, 그들은 이미 천계에 있지만, 다시 살아나지 못한 죽은 자들 가운데 나머지 사람들은 영들의 세계에 있는 그 기간을 뜻합니다(그들에 관해서는 본문장 5절 해설 참조). 그러나 묵시록서의 숫자들이 숫자 자체를 뜻하지 않고, 사물(事物・things)을 뜻한다는 것을 알지 못하는 자들은 이런 사실들을 파악, 이해할 수 없습니다. 내가 주장할 수 있는 사실은, 천사들은 사람들처럼, 어떤 숫자도 자연적으로 이해하지 않고, 오히려 영적으로 이해한다는 것입니다. 그래서 사실은 만약에 어떤 기간 이외의 다른 표현이다는 작고 큰, 시간의 어떤 간격을 가리킨다는 것을 알지 못하면 일천 년이 무엇을 뜻하는지 그들은 알지 못한다는 것입니다.

856. 7절. 천 년이 끝나면, 사탄은 옥에서 풀려 날 것이다.
이 말씀은, 이전에 낮은 땅에서 숨겨져 있고, 보호받던 자들이 주님에 의하여 천계로 올리워지고, 그리고 그들에 의하여 새로운 기독교 천계가 증대한 뒤에, 오직 믿음만의 교리에 속한 거짓들로 자신을 확증한 자들 모두가 풀려나게 된다는 것을 뜻합니다. "천 년이 끝나면"(=끝났을 때)이라는 말은, 지금까지 낮은 땅(the lower earth)에 숨겨져 있고, 보호받던 자들이 주님에 의하여 천계에 올리워진 뒤를 뜻합니다. "천 년이 끝났을 때"라는 말이 이런 뜻을 가지고 있다는 것은, 주님을 예배하고, 그분의 계명들에 따라서 산 사람들의 구원이 앞서 4-6절에서 다루어졌기 때문이고, 그리고 "천 년"은 한 동안을 뜻하기 때문입니다. 사실 그들이 낮은 땅에서부터 올리워졌다라고 언급되고 있는 것은 아니지만, 그러나 묵시록서 6장 9-11절에서 보면, 그들은 "제단 아래"에 있는 것으로 보였고, 그리고 "제단 아래"라는 말이 낮은 땅을 뜻한다는 것에서 확실합니다. 그러므로 역시 여기서 그들은 "하나님과 그리스도의 제사장들"이라고 불리웠습니다(6절과 본서 854항 참조). 이미 설명된 내용에서 알 수 있는 것과 같이(본서 612・613・626・631・647・659・661항 참조), 새로운 기독교 천계를 다루고 있는 묵시록서 14장에 이와 같은 사실이 명확하게 나타나고 있기는 하지만, 여기서는 새로운 기독교 천계가 그들에 의하여 증대되었다라고 언급되지는 않았습니다. 교리의 측면에서 오직 믿음만의 교리로 자신을 확증한 자들이 뜻하는 "사탄이 옥에서 풀려날 것이다"는 그 이유는, 여기서는 "용"이 "사탄"이라고 불리웠고, 동시에 위에서와 같이(20 : 2) "악마"라고 불리우지 않았기 때문입니다. 그리고 "악마"로서의 "용"은 삶에 속한 온갖 악들 안에 빠져 있는 자들을 뜻하고, 그리고 "사탄"으로서의 "용"은 믿음에 속한 온갖 거짓들 안에 빠져 있는 자들을 뜻하기 때문입니다(본서 841항 참조). 그러나 전자나 후자의 됨됨이(性稟)는 다음 단락에서 볼 수 있을 것입니다.

858. 8절. **땅의 사방에 있는 민족들, 곧 곡과 마곡을 미혹하려고 나아갈 것입니다. 그리고 전쟁을 하려고 그들을 모을 것인데,……**
이 말씀은, 여기서 용이 뜻하는 영들의 세계에 있는 땅으로부터, 그리고 거기에서는 외적인 자연적인 예배 안에서 살았고, 영적인 예배 안에는 결코 있지 않았고, 그리고 또한 주님을 예배하고, 성경의 주님의 계명들에 일치하여 사는 자들에 대항하도록 그들을 선동하는 자들 모두를 자신들의 무리에 끌어 모으는 것을 뜻합니다. "땅의 사방에 있는 민족들을 미혹하려고 나아간다"는 말은, 그들에 관해서 이미 설명한 것에서 알 수 있듯이(본서 856·857항 참조), "용"이 뜻하는 자들이 온 영들의 세계 안에 있는 모두를 자신들의 무리에 끌어 들이려는 것을 뜻합니다. "미혹한다"(=유혹한다)는 말은 여기서는 자신의 무리나 영역에 끌어 들이는 것을 뜻합니다. "민족들"은 선한 자나 악한 자 양자를 뜻하고(본서 483항 참조), 그리고 "사방"(=땅의 네 모퉁이)은 전 영계(全靈界)를 뜻하고(본서 342항 참조), 그리고 여기서는 천계와 지옥 중간에 있고, 그들이 이 땅에서 떠난 뒤 제일 처음에 집합하는 곳인, 전 영들의 세계(the whole world of spirits)(본서 784·791항 참조)에 있는 자들을 뜻합니다. 왜냐하면 지옥에 있는 그들은 용의 시각에 들어올 수 없고, 그리고 또한 천계에 있는 자들의 시각에도 들어올 수 없기 때문입니다. "곡과 마곡"(Gog and Magog)은, 다음 단락에서 볼 수 있는 것과 같이, 내적 영적인 예배에서 분리된 외적 자연적인 예배 안에 있는 자들을 뜻합니다. "전쟁을 하려고 그들을 모은다"는 말은, 주님을 예배하고, 성경에 있는 그분의 계명들에 따라서 사는 사람들에게 대항하게 하기 위하여 "민족들"이 뜻하는 자들을 선동하는 것을 뜻합니다. 그 이유는 주님을 예배하지 않고, 그리고 그분의 계명들에 따라서 살지 않는 자들은 모두 악하기 때문이고, 그리고 악한 자는 용이나 용추종자들과 함께 행동하기 때문입니다. 그리고 "전쟁"이, 진리에 대항하는 거짓에 속한, 그리고 거짓에 대항하는 진리에 속한 전쟁, 즉 영적인 전쟁을 뜻한다는 것은 앞서의 설명에서 밝히 알 수 있겠습니다(본서 500·586항 참조).

859. "곡과 마곡"(Gog and Magog)이 외적인 예배 안에는 있지만, 내적인 예배 안에는 있지 않은 자들을 뜻한다는 것은, 처음부터 마지막까지 곡(Gog)에 관해서 다루고 있는 에스겔서 38장에, 그리고 같은

책 39장 1-16절에서 잘 나타나고 있습니다. 그러나 "곡과 마곡"이 이런 자들을 뜻한다는 것은 성언의 영적인 뜻이 아니고서는 거기에 잘 나타나고 있지는 않습니다. 나에게 그런 뜻이 허락되었기 때문에, 그 내용을 공개하고자 합니다. 그 첫째는 이 두 장들에 내포되어 있는 것들이 뜻하는 것이 되겠습니다. 에스겔서 38장에는 이런 것들이 기술되고 있습니다. 즉, "'곡'이 가리키는 것으로, 성언의 문자적인 뜻 안에만 있고, 그리고 그것으로 인하여 내적인 예배가 없는, 외적인 예배 안에 있는 자들에 관해서 다루고 있다는 것(1, 2절), 그리고 개별적이든 전체적이든, 그 예배에 속한 것들은 모두가 소멸될 것이다는 것(3-7절), 그리고 그 예배가 그 교회의 통치권을 쥐게 될 것이고, 그 예배가 그 교회를 황폐하게 할 것이고, 따라서 그 황폐는 내적인 것들이 결여된 외적인 것들 안에 있을 것이다는 것(8-16절), 그리고 그 교회의 상태는 그것에 의하여 변하게 될 것이다는 것(17-19절), 그리고 그것으로 인하여 종교에 속한 선들이나 진리들은 멸망할 것이고, 그리고 거짓들이 그 진리를 승계할 것이다는 것(20-23절)" 등등이 되겠습니다. 같은 예언서의 39장에는 이런 내용들이 기술되었습니다. "오직 성언의 문자적인 뜻 안에만 있고, 그리고 외적인 예배 안에 있는 자들에 관해서 다루고 있는데, 그들이 교회에 들어올 것이고, 그것이 곧 '곡'(Gog)이 가리키는 것이다는 것, 그러나 그들이 교회를 멸망시킬 것이다는 것(1-6절), '곡'은, 주님께서 오셔서, 교회를 설시하시게 되면, 소멸할 것이다는 것(7, 8절), 그 때 이 교회는 그들의 악들과 거짓들을 모두 사라지게 할 것이다는 것(9, 10절), 그 교회는 그것들 전부를 멸망시킬 것이다는 것(11-16절), 주님에 의하여 설시될 새로운 교회는 모든 종류의 진리들이나 선들을 알게 될 것이고, 그리고 모든 종류의 선들로 고취(鼓吹)될 것이다는 것(17-21절), 그리고 종전의 교회는 온갖 악들이나, 거짓들 때문에 멸망할 것이다는 것(23, 24절), 그리고 그 때 그 교회는 모든 민족들에게서 주님에 의하여 모여질 것이다는 것(25-29절)" 등등입니다. 그러나 내적이고, 영적인 예배가 결여된 외적인 예배 안에 있는 자들에 관해서도 그 밖의 몇몇 사실들이 언급되고 있습니다. 이들은 바로 안식일이나 축제일에 자주 성전에 출석하는 자들이고, 그리고 그 때 주님을 찬양하고, 기도하고, 설교도 경청하고, 그리고 그 때 역시 그들은 말의 기교(技巧·達辯)에는 주의를 집중하지만, 그 본질

(本質)에 대해서는 전혀 관심이 없고, 그리고 그들이 모두 죄인들이라고 말하는 기도자들의 말에는 감동을 받기도 하지만, 그러나 그들은 자기 자신들에 관해서, 그리고 자신들의 삶에 대해서는 결코 반성(反省)하지 않습니다. 그들은 해마다 성만찬 예전에는 꼬박꼬박 참석하고, 그리고 아침저녁으로 기도를 쏟아내고, 그리고 식사 때나 만찬(晚餐)에서 기도를 올리고, 그리고 때때로 하나님·주님나라·영생(永生)에 관해서 대화를 하기도 합니다. 그리고 그들은, 그 때, 성경에서 비롯된 몇몇 구절들을 반복적으로 외우는 방법을 알고 있으며, 그리고 비록 그들이 교인이 아니면서도 기독교 교인처럼 가장(假裝)할 줄도 알고 있습니다. 왜냐하면 그들이 이런 짓들을 한 뒤에 그들은 간음들·외설(猥褻)들·복수·증오·음흉한 도둑질이나 약탈·거짓말·모독·온갖 종류의 정욕들·악의(惡意)에 대해서 아무것도 아닌 것들(nothing)로 만들기 때문입니다. 이런 부류의 작자들은 그 어떤 신(神)도 믿지 않고, 더더욱 주님은 결코 믿지 않습니다. 만약에 그들이 종교에 속한 선이나, 진리가 무엇이냐는 질문을 받게 되면, 그들은 아무것도 알지 못하고, 그런 것을 아는 것이 결코 중요한 일이 아니라고 여깁니다. 한마디로 말하면, 그들은 자기 자신이나 세상을 목적해서 삽니다. 따라서 자신들의 성벽(性癖)대로, 그리고 육신적인 것들을 목적해서 살고, 하나님이나 이웃에 대해서는 전혀 관심조차도 두지 않습니다. 따라서 영이나 영혼에 대해서도 전혀 관심도 없습니다. 이상에서 볼 때 명확한 것은, 그들의 예배는, 내적인 예배가 전부 빠져 버린, 외적인 예배일뿐이고, 역시 이런 부류의 작자들은 이미 믿음만의 교리에 속한 이단사설(異端邪說)을 영접, 수용하였습니다. 특히 그 때 그들은, 사람은 자기 자신으로는 결코 선을 행할 수 없다는 말이나, 그들은 율법의 멍에 아래에 놓인 존재가 아니다는 말을 듣게 되면, 쌍수로 환영, 수용하는 자들입니다. 이런 내용이 우리의 본문, "용이 사방에 있는 민족들, 곧 '곡과 마곡'을 미혹하려고 나아갈 것입니다"라고 언급된 이유입니다. 여기서 "곡과 마곡"(Gog and Magog)은, 히브리 말로, 천장(天井·a roof)과 마루바닥(a floor)을 뜻합니다. 따라서 외적인 것을 뜻합니다.

860. 그들의 수는 바다의 모래와 같을 것입니다.
이 말씀은 그런 부류의 무리(=떼거지)를 뜻합니다. 그런 부류의 무리는 "바다의 모래에 비유되었는데" 그 이유는 "바다"가 교회에 속한 외적

20 : 1 - 15

인 것들을 뜻하기 때문이고(본서 402·403·404·470항 참조), 그리고 "모래"(sand)는, 바닥을 형성하는 것 이외에는 바다에서 아무런 쓸모가 없기 때문입니다. 그들의 수가 너무나도 많기 때문에, 따라서 이렇게 일러졌습니다.

> 시체를 묻는 사람들이 그 표시를 보고 시체를 찾아, 그것을 가져다가 '하몬곡 골짜기'(=곡의 무리)에 묻을 것이다. 그 부근에는 '하몬곡 골짜기'(=곡의 무리)라는 이름을 딴 하모나(=무리)라는 성읍이 생길 것이다.
> (에스겔 39 : 15, 16)

861. 9절. **그들은 지면으로 올라와서, 성도들의 진과 하나님께서 사랑하시는 도시를 둘러쌌습니다.**
이 말씀은 용추종지들에 의하여 선동되었기 때문에, 그들이 교회에 속한 모든 진리를 일축(一蹴)해 버리고, 그리고 새로운 교회에 속한 것들을 파괴하려고 무진 애를 쓰고, 그리고 주님과 삶에 관한 그 교회의 진정한 교리를 파멸시키려고 무척 노력한다는 것을 뜻합니다. "지면(地面·땅 위)으로 올라왔다"는 말은 교회에 속한 모든 진리를 발로 차는 것(一蹴)을 뜻합니다. 왜냐하면 "올라온다"(=오름·going up)는 말은 기어오르고(to climb), 지나가는 것(pass by)을 뜻하고, 결과적으로는 발로 차버리는 것(to spurn)을 뜻하기 때문입니다. 여기서 "지면"(=땅의 너비·the breadth of the earth)은, 곧 알게 될 것과 같이, 교회에 속한 진리를 뜻합니다. "성도들의 진을 둘러싼다"는 말은, 다음 단락에서 보여질 내용과 같이, 새로운 교회에 속한 모든 것들을 포위, 공격하고, 그리고 멸망시키기를 열망하는 것을 뜻합니다. 그리고 "하나님께서 사랑하시는 도시"는 새로운 교회에 속한 교리를 뜻합니다. 그리고 "도시"(=성읍·a city)가 교회의 교리를 뜻한다는 것은 앞서의 설명을 참조하십시오(본서 191·501·502·712항 참조). 그 도시가 "사랑 받는다"고 언급되고 있는데, 그것은 그것이 주님에 관해서, 그리고 삶에 관해서 다루고 있기 때문입니다. 왜냐하면 여기서 그 도시가 뜻하는 것은 새 예루살렘에 속한 교리를 가리키기 때문입니다. 이러한 내용이 우리의 본문의 뜻이다는 것은, 성언의 영적인 뜻에 의한 것이 아니면 어느 누구도 깨달을 수가 없기 때문입니다. 왜냐하면 그것은 어느 누구의 생각 속에 결코 들어갈 수 없기 때문입니다. "지면"(=땅의 너비・地面・the breadth of the earth)이 교회에 속한 진리를 뜻한다는 것, 그리고 "성도들의 진"(陳・the camp of the saints)이 그것의 진리와 선들 양자인, 새로운 교회에 속한 모든 것들을 뜻한다는 것, 그리고 "도시"가 그 교회의 교리를 뜻한다는 것 등등은 어느 누구의 생각(思想)에도 들어갈 수 없기 때문입니다. 그러므로 그런 사람의 마음이 이런 의심들 안에 빠지지 않게 하기 위하여 "너비"(the breadth)가 "성도들의 진영(=진)"이 영적인 뜻으로 무엇을 뜻하는지 입증한다는 것은 필요하겠습니다. 그리고 이런 것들로 말미암아 그런 내용이 우리의 본문의 뜻이다는 것을 알게 될 것입니다. "지면"(=땅의 너비・the breadth of the earth)이 교회에 속한 진리를 뜻하는 이유는, 영계에는 동・서・남・북 네 방위(方位)가 있고, 그리고 동과 서(東西)는, 그것의 길이(length)를 이루고, 남과 북(南北)은 그것의 너비(breadth)를 형성하기 때문입니다. 그리고 사랑에 속한 선 안에 있는 자들은 동쪽과 서쪽에 살고 있고, 그것으로 인하여 "동"과 "서"는 선을 뜻하기 때문에, 그러므로 "길이"(length)는 역시 선을 뜻합니다. 그리고 지혜에 속한 진리들 안에 있는 자들은 북녘과 남녘에 살고 있기 때문에, 그러므로 그것으로 인하여 "남과 북"은 진리를 뜻하기 때문에, 그러므로 "너비"도 동일한 것을 뜻합니다. 그러나 이것에 관해서 더 많은 것을 알고자 하면 1758년 런던에서 발간된 ≪천계와 지옥≫ 141-153항을 참조하십시오. "너비"(=평면)가 진리를 뜻한다는 것은 성경의 아래 장절들에게서 잘 드러나고 있습니다.

　　주님은 나를
　　원수들의 손에 넘기지 않으시고,
　　내 발을 평탄한 곳에 세워 주셨습니다.
　　(시편 31 : 8)
　　내가 고난을 받을 때에 부르짖었더니,
　　주께서 나에게 응답하여 주시고,
　　주께서 나를 넓은 곳에 세우셨다.
　　(시편 118 : 5)
　　이렇게 나를 좋아하시는 분이시기에,
　　나를 넓고 안전한 곳으로 데리고 나오셔서,

나를 살려 주셨다.
(시편 18 : 19)
이제 내가 바빌로니아 사람을 일으키겠다.
그들은 사납고 성급한 민족이어서,
천하를 주름 잡고 돌아다니며,
남들이 사는 곳을
제 것처럼 차지할 것이다.
(하박국 1 : 6)
"유다로 밀려들고, 소용돌이치면서 흘러,
유다를 휩쓸고,
유다의 목에까지 찰 것이다."
임마누엘!
(하나님께서 우리와 함께 계신다!)
하나님께서 날개를 펴서서
이 땅을 보호하신다(=펴신 날개가 평탄한 곳에 충만하다.)
(이사야 8 : 8)
그렇다. 이스라엘이,
고집 센 암송아지처럼 말을 듣지 않으니,
어찌 주께서 그들을 어린 양을 치듯
넓은 초장에서 먹이시겠느냐?
(호세아 4 : 16)

이 밖에도 여러 장절들이 있습니다(시편 4 : 1 ; 66 : 12 ; 신명기 33 : 20). 아래 장절도 다른 것을 뜻하지 않습니다.

그 도시는 네 모가 반듯하고, 가로와 세로가 같았습니다(=새 예루살렘 성의 너비).
(묵시록 21 : 16)

왜냐하면 "새 예루살렘"이 새로운 교회를 뜻하는 경우, "그 도시의 너비와 길이"는 그것의 너비와 길이를 뜻할 수 없고, 오히려 그것의 진리와 선을 뜻하기 때문입니다. 왜냐하면 그것들은 교회에 속한 것들을 가리키기 때문인데, 그것은 스가랴서에 잘 나타나고 있습니다.

내가 그(=천사)에게 물었다. "어디로 가십니까?" 그가 나에게 대답하였다. "예루살렘을 재서 그 너비와 길이가 얼마나 되는지 알려고 간다."
(스가랴 2 : 2)

아래 장절도 동일한 내용을 뜻합니다.

새로운 성전의 너비와 길이, 그리고 새 땅의 너비와 길이.
(에스겔 40장-47장)

"성막의 번제단의 길이와 너비, 떡이 놓여지는 식탁의 길이와 너비, 그리고 분향단의 길이와 너비, 그리고 성막 안에 있는 법궤의 길이와 너비"도, 그리고 예루살렘 성전의 "길이와 너비" 그리고 치수로 기술된 그 밖의 많은 것에 대한 "길이와 너비"도 동일한 것을 뜻합니다.

862. "그들은 성도들의 진과 하나님께서 사랑하는 도시를 둘러쌌습니다"라고 언급되었는데, 이 말씀은 그 교회의 진리들과 선들인, 새로운 교회에 속한 모든 것들을 파괴하려고, 그리고 앞 단락에서 언급된 것과 같이, 주님과 삶에 관한 그 교리 자체를 파괴하려고 그들이 애쓰고 노력한다는 것을 뜻합니다. 우리의 본문이 이런 내용을 뜻하는 이유는, "성도들의 진영"은 새 예루살렘을 가리키는 그 교회에 속한 모든 진리들이나 선들을 뜻하기 때문입니다. 영적인 뜻으로 "진"(陳·陣營·camp)은 교회의 진리들과 선들에 관계되는 교회에 속한 모든 것을 뜻한다는 것은 아래 장절들에게서 잘 나타나고 있습니다.

해와 달이 어두워지고,
별들이 빛을 잃는다.
주께서 큰 음성으로
당신의 군대를 지휘하신다.
병력은 헤아릴 수 없이 많고,
명령을 따르는 군대는 막강하다.
주의 날은 놀라운 날,
가장 무서운 날이다.
(요엘 2 : 10, 11)
내가 내 집에 진을 둘러쳐서, 적군이 오가지 못하게 하겠다.
(스가랴 9 : 8)

하나님이
경건하지 못한 자들의 뼈를 흩으셨기에,······
크게 두려워할 것이다.
하나님이 그들을 물리치셨으니,
그들이 수치를 당할 것이다.
(시편 53 : 5)
주의 천사가
주님을 경외하는 사람을 둘러 진을 치고,
그들을 건져 주신다.
(시편 34 :7)
야곱이 그들을 알아보고 "이 곳은 하나님의 진이구나!" 하면서, 그 곳 이름을 마하나임(=두 진지)이라고 하였다.
(창세기 32 : 2)

이 밖에도 여러 장절들이 있습니다(이사야 29 : 3 ; 에스겔 1 : 24 ; 시편 27 : 3). 성경에서 "군대"(a army)가 교회에 속한 진리들과 선들을 뜻하고, 또한 교회의 거짓들과 악들을 뜻한다는 것은 본서 447·826·833항을 참조하시고, 그리고 역시 "진영들"도 같은 내용을 뜻합니다. 이스라엘의 자손들이나, 그들의 열두 지파들이 진리들과 선들의 측면에서 교회를 뜻하기 때문에(본서 349·350항 참조), 그러므로 그들은 "주님의 군대"라고 불리웠습니다(출애굽기 7 : 4 ; 12 : 41, 51). 그리고 그들이 주병(駐兵)하고, 집합되었을 때, "진영"(陣營)이라고 불리웠습니다(레위기 4 : 12 ; 8 : 17 ; 13 : 46 ; 14 : 8 ; 16 : 26, 28 ; 24 : 14, 23 ; 민수기 1-3장 ; 4 : 5 ; 5 : 2-4 ; 9 : 17-23 ; 10 : 2-28 ; 11 : 31, 32 ; 12 : 14, 15 ; 21 : 10-25 ; 33 : 1-49 ; 신명기 23 : 9-14 ; 아모스 4 : 10). 이상에서 명확한 사실은, "그들이 성도들의 진과 하나님께서 사랑하시는 도시를 둘러쌌습니다"라는 말씀은 그들이 새 예루살렘이라고 하는 새로운 교회에 속한 모든 진리들과 선들을, 그리고 주님에 관한 그 교회의 교리와 삶에 관한 그 교회의 교리를 파괴하려고 애쓰고, 노력한다는 것을 뜻한다는 것입니다. 누가복음서의 아래 장절도 같은 내용을 뜻합니다.

"예루살렘이 군대에게 포위당하는 것을 보거든, 그 도시의 파멸이 가까이 온 줄 알아라.······예루살렘은 이방 사람의 때가 차기까지, 이방 사람들에게 짓밟힐 것이다.
(누가 21 : 20, 24)

이 구절은 교회의 마지막 때를 가리키는, 시대의 종말에 관한 것입니다. 여기서 "예루살렘"은 교회를 뜻합니다. "곡과 마곡" 다시 말하면 내적인 예배에서 분리된 외적인 예배 안에 있는 자들이 그 때 교회를 공격하고, 그리고 교회를 파괴하기 위해 노력한다는 것은 에스겔서 38장 8, 9, 11, 12, 15, 16절과 39장 2절에 언급되었고, 그리고 그 때 거기에 주님으로 말미암아 새로운 교회가 있을 것이다는 것도 언급되었습니다(에스겔 39 : 17-29).

863. **그러나 하늘에서**(=하늘에서 하나님으로부터) **불이 내려와서, 그들을 삼켜 버렸다.**
이 말씀은, 지옥적인 욕망(=사랑·infernal love)에 속한 정욕들에 의하여 그들이 멸망하였다는 것을 뜻합니다. "그들을 삼켜 버린(=살라버린) 하늘에서 내려온 불"은 온갖 악들에 속한 정욕들을 뜻하고, 또한 지옥적인 욕망에 속한 정욕들을 뜻합니다(본서 497·748항 참조). 그 이유는 내적인 예배에서 떠난 외적인 예배 안에 있는 자들은 온갖 종류의 악들이나 정욕들 안에 빠져 있기 때문입니다. 그리고 그들에게 있는 온갖 악들은 어떤 실제적인 회개(actual repentance)에 의해서도 제거되지 않기 때문입니다(본서 859항 참조). "하늘에서 하나님으로부터 불이 내려왔다"고 언급되었는데, 이런 일은, 교회에 속한 모든 것들이 그들의 안전(眼前)에서 표징적으로 나타날 때, 결과적으로 교회들이 모두가 표징적일 때인 고대에서 있었던 일입니다. 그러나 표징적인 것들이 소멸된 오늘날에는 이와 같이 언급되고 있습니다. 그리고 한 사물이 표징될 경우 그 뜻은 동일합니다. 거룩한 것들을 모독한 자들에게 하늘에서 불이 내려온다는 것은 위에서 볼 수 있겠습니다(본서 494·748항 참조). 에스겔서에도 "곡과 마곡"이 꼭 같이 언급되었습니다.

내가, 억수 같은 소나기와 돌덩이 같은 우박과 불과 유황을, 곡과 그의 전군과 그와 함께 한 많은 연합군 위에 퍼붓겠다.
(에스겔 38 : 22)

내가 마곡에게 불을 보내겠다.
(에스겔 39 : 6)

864. 10절. *그들을 미혹하던 악마도 불과 유황이 바다로 던져졌는데, 그 곳은 그 짐승과 거짓 예언자가 있는 곳입니다. 거기에서 그들은 영원히, 밤낮으로 고통을 당할 것입니다.*
이 말씀은, 삶의 측면에서 온갖 악들 안에, 그리고 교리의 측면에서 온갖 거짓들 안에 빠져 있는 자들은 지옥으로 던져진다는 것을 뜻합니다. 그들은 거기에서 그들의 거짓에 속한 애욕(=사랑)에 의하여, 그리고 영원히 계속되는 그들의 악에 속한 정욕에 의하여 내면적으로 공격을 받고, 그리고 괴롭힘을 겪습니다. "그들을 미혹하던 악마"는, 앞에서 언급한 내용에서 알 수 있는 것과 같이, 용을 뜻하고, 그리고 "용"은, 일반적으로는 삶의 측면에서 악들 안에 빠져 있고, 교리의 측면에서 거짓들 안에 빠져 있는 자들을 뜻합니다(본서 841항 참조). 그 작자가 용이다는 것을 알게 하기 위하여 "그들을 미혹하던 악마"라고 그가 불리웠는데, 그는, 우리의 본문장 2, 3, 7, 8절에 잘 나타나고 있듯이, 미혹하였습니다. 그가 던져진 "불의 못"(=불의 바다)은, 거짓에 속한 애욕들과 악에 속한 정욕들이 있는 지옥을 뜻합니다(본서 835항 참조). "그 짐승과 거짓 예언자"는 무식한 사람이나 유식한 사람이나 관계없이 삶의 측면에서, 그리고 교리의 측면에서, 오직 믿음만의 교리에 빠져 있는 사람들을 뜻합니다. 그리고 "그 짐승"은 무식한 사람을 뜻하고, "거짓 예언자"는 유식한 사람을 뜻합니다(본서 834항 참조). "밤낮으로 고통을 당할 것이다"는 말은 계속해서 내면적으로 공격을 받고, 괴롭힘을 겪는 것을 뜻합니다. 그리고 "영원히"(for ages and ages)라는 말은 영원까지를 뜻합니다. "그들이 불과 유황의 바다에 던져졌다"고 언급되었고, 그리고 "그 바다"가 거짓에 속한 애욕들(=사랑들)이나, 악에 속한 정욕들이 있는 곳을 뜻하기 때문에(본서 835항 참조), 이런 것들은 곧 그들이 내면적인 것들에 의하여 공격을 받고, 괴롭힘을 겪는다는 것을 가리킵니다. 왜냐하면 지옥에 있는 자는 모두가 자기사랑과 자기사랑의 정욕들에 의하여 고통을 받기 때문입니다. 그리고 이런 자기사랑이나 그것의 정욕들이 거기에 있는 모두의 생명을 이루기 때문입니다. 그리고 고통을 받는 것은 바로 그가 이룬 그의 삶이기 때문입니다. 그러므로 거기에는, 악에 속한 애욕(=사랑)이나, 그것에서 비롯된 거짓에 속한 애욕의 계도들에 따라서 역시 고통이나 괴롭힘의 등차(等次)들이 있습니다.

865. 11절. **나는 크고 흰 보좌와 그 위에 앉으신 분을 보았습니다. 땅과 하늘이 그 앞에서 사라지고, 그 자리마저 찾아 볼 수 없었습니다.** 이 말씀은, 영적인 선 안에 있는 것이 아니고, 시민적인 선이나 도덕적인 선 안에 있는 자들이 있었던 따라서 외적인 것으로는 기독교인을 모방하였지만 그러나 내면적인 것들 안에는 악마들을 가리키는 자들이 있었던 종전의 천계(=옛 천계)에 주님에 의하여 단행된 모든 보편적인 심판(the universal judgment)을 뜻합니다. 그런데 그들의 땅과 함께 그 천계는 전적으로 소멸되었고, 그래서 그 천계에 속한 것은 아무것도 보이지 않았습니다. 문자에 일치하는 그들의 순서 안에 있는 이런 것들이 설명되기 전에, 여기서 다루어지고 있는 보편적인 심판에 관해서 몇 가지 내용을 먼저 설명하여야만 하겠습니다. 주님께서 이 세상에 계셨던 때로부터 주님께서 친히 최후심판을 단행하실 때까지, 비록 영적인 선 안에는 있지 않았지만 시민적이고, 도덕적인 선 안에 있는 자들이, 따라서 그것으로 인하여 외적인 것들로는 그들이 기독교인들 같이 보였지만, 그러나 내적인 것들 안에는 악마들이 있는 자들이, 천계와 지옥 중간에 있는 영들의 세계(the world of spirits) 안에 있는 자들에 비하여 더 오래 있도록 허락하였고, 그리고 종국에 그들이 자신들을 위한 확고한 주거들을 거기에서 만들도록 허락하셨고, 그리고 또한 대응들의 남용(濫用)이나, 환상들에 의하여 자신들에게 맞는 이른바 천계들을 만드는 것이 허락되었기 때문에, 그들은 이런 주거들이나 자신들의 천계를 아주 크고 많게 형성하였습니다. 그러나 땅에 있는 사람들에게 보다 높은 천계로부터 내려오는 영적인 빛과 영적인 볕이 차단될 정도에까지 이런 것들이 증대하게 되었을 때, 그 때 주님께서는 최후심판을 단행하셨고, 그리고 그들의 가상(假象)적인 천계(imaginary heavens)를 소멸시켰습니다. 그런 일은 이런 식으로 행해졌습니다. 다시 말하면 그들이 기독교인처럼 꾸미고 있는 외적인 것들을 제거하고, 그리고 악마들인 자신들이 자리잡고 있는 내적인 것들이 공개되었습니다. 그렇게 되자 그들은 본질적으로 어떤 부류인지 드러나게 되었고, 그리고 악마들 같이 드러난 그들은 자신의 삶에 속한 악들에 맞게 지

옥에 던져졌습니다. 이러한 일은 1757년에 행해졌습니다. 그러나 이 보편적인 심판에 관한 더 많은 내용은 1758년 런던에서 간행된 ≪최후심판≫(the Last Judgment)과 1763년 암스텔담에서 발간된 ≪최후심판 속편≫에서 볼 수 있습니다.* 자, 그러면 본문의 해설로 돌아가 보겠습니다. 우리의 본문, "크고 흰 보좌와 그 위에 앉으신 분"은 주님에 의하여 단행된 보편적인 심판을 뜻합니다. 여기서 "보좌"는 천계를 뜻하고, 마찬가지로 심판을 뜻합니다(본서 229항 참조). 그리고 "그 보좌에 앉으신 분"은 주님을 뜻합니다(본서 808항 참조). 보좌가 "흰 색"으로 보인 이유는 심판이 신령진리들로 말미암아 단행되었기 때문입니다. 왜냐하면 "흰 색"(white)은 진리들에 관해서 서술하기 때문입니다(본서 167·379항 참조). "보좌가 크다"고 한 것은, 마찬가지로 신령선으로 말미암아서 단행되었기 때문입니다. 왜냐하면 "크다"(great)는 말은 선에 관해서 서술하기 때문입니다(본서 656·663항 참조). "하늘과 땅이 그 앞에서(=그분의 얼굴에서) 사라졌다"는 말은, 위에서 기술한 것과 같이, 그들의 영과 더불어 자기 자신들을 위해서 건설한 그런 것들의 천계가 소멸되었다는 것을 뜻합니다. 왜냐하면 자연계에서와 꼭 같이 영계 안에 땅들이 있기 때문입니다. 이러한 것은 본서 260·331항을 참조하십시오. 그러나 거기에 있는 땅들은, 거기에 있는 다른 모든 것들과 꼭 같이, 영적인 근원에서 비롯되었습니다. 그리고 "그 자리마저 찾아볼 수 없었습니다"라는 말은 그들의 땅들과 더불어 그런 천계들이 전적으로 소멸되었다는 것을 뜻하고, 그리고 그것에 속한 것은 더 이상 아무것도 보이지 않는다는 것을 뜻합니다. 이런 내용에서 볼 때 명확한 것은 우리의 본문 "나는 크고 흰 보좌와 그 위에 앉으신 분을 보았습니다. 땅과 하늘이 그 앞에서 사라지고, 그 자리마저 찾아볼 수 없었습니다"라는 말씀은, 영적인 선 안에는 있지 않고, 시민적이고, 도덕적인 선 안에 있는 자들에 의하여, 따라서 내적인 것들에는 악마들이 있지만 겉모양으로는 기독교인들처럼 가장(假裝)한, 그런 부류의 작자들에 의하여 점유(占有)된 옛 하늘(the former heavens)을 뜻합니다. 그 하늘은 그것들의 땅과 더불어, 깡그리 소멸되었고, 그래서 그것

---

* 이 두 책은 ≪최후심판과 말세≫라는 책명으로 <예수인>에서 1995년에 번역, 발간되었다. (역자 주)

에 속한 것은 전혀 아무것도 더 이상 보이지 않는다는 것을 뜻합니다.

866. 12절. **나는 또, 죽은 사람들이 큰 자나 작은 자나 할 것 없이, 다 그 보좌 앞에**(=하나님 앞에) **서 있는 것을 보았습니다.**
이 말씀은, 이 세상에서는 이미 죽어서 떠났고, 이제는 영들의 세계에 있는 자들 가운데서, 형편이나 성품이 어떠하든 심판을 위해서 주님에 의하여 집합된 모든 자들을 뜻합니다. "죽은 자"는 이 땅에서 떠난 자들 모두를 뜻하고, 다시 말하면 육신의 측면에서 죽은 자들을 뜻하는데, 그들에 관해서는 아래에서 언급되겠습니다. "작은 자나 큰 자"라는 말은 모든 형편이나 성품을 뜻합니다(본서 604항 참조). "하나님 앞에 서 있다"는 말씀은, 다시 말하면 보좌에 앉으신 분 앞에 서 있다라는 말은 심판대(審判臺)로 나가서 현존하고, 모여 있다는 것을 뜻합니다. 성경에서 "죽은 사람"(the dead)은, 죽음들(deaths)이 뜻하는 것과 동일한 것을 뜻하는데, "죽음들"(deaths)은 매우 다종다양한 것들을 뜻합니다. 왜냐하면 "죽음"(death)은 자연적인 생명의 단절(斷切·extinction), 또는 사망(死亡·decease)을 뜻할 뿐만 아니라, 저주를 가리키는 영적인 생명의 단절을 뜻하고, 그리고 "죽음"은 육체에 속한 사랑들, 즉 육신의 정욕들의 단절을 뜻하기도 하는데, 이런 정욕들의 죽음 뒤에 거기에는 새로운 생명(a renewal of life)이 존재합니다. 마찬가지로 "죽음"은 부활을 뜻하는데, 그 이유는 사람은 사후(死後)에 즉시 살아나기 때문입니다. 그리고 "죽음"은 세상에서 무시되고, 부인되고, 그리고 배척되는 것을 뜻하지만, 그러나 가장 일반적인 뜻으로 "죽음"은 "악마"가 뜻하는 바로 그것을 뜻합니다. 따라서 악마는 역시 "죽음"이라고 불리웁니다. 그리고 "악마"는 악마들이라고 불리우는 자들이 있는 곳인 지옥을 뜻합니다. 따라서 "죽음"은, 사람이 하나의 악마가 되게 하는 의지에 속한 악(the evil of the will)을 뜻하기도 합니다. "죽음"은 다음 절에서는 마지막의 뜻, 즉 의지에 속한 악으로 사용되었습니다. 그 절에는 "사망과 지옥도 그 속에 있는 죽은 사람들을 내놓았습니다"라고 하였고, 또한 "사망과 지옥이 불바다에 던져졌습니다"라고 언급되었습니다. 이런 것들에서 볼 때 명확한 것은 "죽은 사람"이 여러 가지 뜻으로 누구를 뜻하는지 잘 알 수 있겠습니다. 그러나 여기서는 이 세상을 떠난 자, 또는 이 땅에서부터 이미 죽었고, 그때 영들의 세계(the world of spirits)에 있는 자를 뜻합니다. 영들의 세계에 있는 자라고 언급하였는데, 그 이유는, 자신들의 사망이 있은 뒤에 모두는 그 즉시 영들의 세계에 들어오고, 거기에 모두는, 선한 사람은 주님나라를 준비하고, 악한 사람은 지옥을 준비하기 때문입니다. 어떤 자들은 영들의 세계에서 한 달이나 일 년 동안 머무르고, 또 다른 어떤 자들은 십 년 이상 삼십 년까지 머무르기도 합니다. 이른바 자신들에게 적합한 천계를 맞는 것이 허락된 자들의 경우는 수 세기 동안 머물기도 합니다. 그러나 오늘날은 이십 년 이상 넘지는 않습니다. 거기에는 헤아릴 수 없는 아주 많은 무리들이 있고, 그리고 거기에는, 천계나 지옥에서와 꼭 같이, 수많은 사회들이 있는데, 이 세계에 관해서는 본서 784·791항을 참조하십시오. 최후심판은, 천계에 있는 자들이나, 지옥에 있는 자들에게 단행되지 않고, 이 세계에 있는 자들에게 단행되었습니다. 왜냐하면 천계에 있는 자들은 앞서 이미 구원받았고, 그리고 지옥에 있는 자들도 이미 앞서 영벌을 받았기 때문입니다. 이렇게 볼 때 최후심판이 이 땅 위에서 일어나고, 그 때 사람들은, 그들의 육신들의 측면에서 다시 살아날 것이라고 믿는 사람들이 그 얼마나 속고 있는지를 잘 알 수 있다는 것입니다. 왜냐하면 이 세상 창조 이래로 살았던 사람은 모두가 영적인 세상에 다 함께 모여 있고, 그 때 여기에 모인 자들은 모두 영적인 몸(a spiritual body)으로 드러나고, 이 영적인 몸은 영적인 상태에 있는 자신들의 눈에는 아주 꼭 같은 형체의 사람들로 보이기 때문입니다. 그것은 마치 자연계에 있는 자들이 자연계에 있는 사람들의 눈 앞에 보이는 것과 꼭 같습니다.

867. 책들을 펴놓고(=책들이 펴 있고), **또 다른 책 하나를 펴놓았는데, 그것은 생명의 책이었습니다.**
이 말씀은 그들의 마음에 속한 내면적인 것들이 모두 드러났다는 것을 뜻하고, 그리고 천계에서 비롯된 빛과 별의 입류(the influx of light and heat)에 의하여 사랑이나 의지에 속한 정동들의 측면에서, 그리고 그것에서 비롯된 믿음이나 이해에 속한 사상들의 측면에서, 그리고 선한 사람과 꼭 같이 악한 사람에 대해서도 그들의 성품(性稟·quality)이 모두 보여졌고, 그리고 지각되었다는 것을 뜻합니다. 여기서 "책들"(books)은 책들을 뜻하지 않고, 오히려 심판받게 될 자들의 마음에 속한 내면적인 것들을 뜻합니다. 그리고 여기서 "책들"은 악한 자들의 마음에 속한 내면적인 것들을 뜻하고, 그리고 죽음에 이르는 심판을 뜻합니다. 그리고 "생명의 책"(the book of life)은 선한 자들의 마음에 속한 내면적인 것들을 뜻하고, 그리고 생명(=삶)에 이르는 심판을 뜻합니다. 이런 것들을 가리켜 "책들"(books)이라고 불렀는데, 그 이유는 모든 사람의 마음에 속한 내면적인 것들 안에는 그가 이 세상에서 의지나 사랑으로 말미암아, 그리고 그것에서 비롯된 이해나 믿음으로 말미암아, 생각했고, 의도했고, 말했고, 행동한 모든 것들이 새겨져 있기 때문입니다. 그리고 또한 이런 모든 것들은 어느 것 하나도 빠짐이 없이 정확하게 각자의 생명에 각인(刻印)되기 때문입니다. 이런 것들의 성품은, 주님에게서 비롯된 지혜를 가리키는 영적인 빛, 그리고 주님에게서 비롯된 사랑을 가리키는 영적인 볕이 천계를 통하여 입류할 때, 생생하게 드러납니다. 영적인 빛은 이해와 믿음에 속한 것인 사상들을 적나라하게 밝히고, 그리고 영적인 볕은 의지와 사랑에 속한 것인 정동들을 적나라하게 밝힙니다. 그리고 영적인 볕과 더불어 영적인 빛은 의도(意圖)들이나 애씀들을 밝히 드러냅니다. 이 경우 내가 말할 수 있는 것은, 합리적인 사람이 자기 자신의 이해의 빛으로 볼 수 있다고 말하지는 못하지만, 그러나 그가 원하기만 한다면, 다시 말하면 이해를 밝게 비추는 영적인 빛이, 그리고 의지를 뜨겁게 지피는 영적인 볕이 주어진다고 하는 사실을 이해하려고 한다면 그는 능히 할 수 있다는 것입니다.

868. 죽은 사람들은 그 책에 기록되어 있는 대로, 자기들의 행위대로 심판을 받았습니다.

이 말씀은 외적인 것들 안에 있는 그들의 내적인 삶(=생명)에 따라서 모두가 심판을 받는다는 것을 뜻합니다. "죽은 사람"은, 위에서 언급한 것과 같이(본서 866항 참조), 이 땅에서 죽었고, 그리고 그 때 영들의 세계에 있는 모두를 뜻합니다. "그 책에 기록되어 있는 대로"라는 말은, 위에서 언급한 것과 같이(본서 867항 참조), 그 때 각자의 마음에 속한 내면적인 것들이 열린 대로라는 것을 뜻합니다. 그리고 "자신들의 행위대로"라는 말은 외적인 것들 안에 있는 각자의 내적인 삶(=생명·the internal life)에 일치한다는 것을 뜻합니다. 성경에서 "행위"(=일들·업적들·works)가 이러한 내용을 뜻한다는 것은 위에서 볼 수 있습니다(본서 72·76·94·141·641항 참조). 여기에 더 자세한 내용을 부연하겠습니다. 행위에는 마음에 속한 행위들도 있고, 육체에 속한 행위들도 있는데, 이것들의 둘은 즉시 내적인 것과 외적인 것이 됩니다. 마음에 속한 행위들은 의도(意圖)들이나 애씀들을 가리키고, 육신에 속한 행위들은 말들이나 행동들을 뜻합니다. 이런 행위들의 하나하나는, 그의 의지나 사랑에 속한 것인 사람의 내적인 생명(the internal life of man)에서 나옵니다. 마음에 관계되는 내적인 것이든, 육체에 관계되는 외적인 것이든, 그 어떤 것이든, 행위들 안에 결집(結集)되지 않은 것은 사람의 생명 안에 있지 않습니다. 왜냐하면 수용되지 않는 것을 제외하면 그것들은 영들의 세계에서 온 것이기 때문입니다. 그러므로 그것들은, 사람이 그것으로 인하여 자신의 얼굴을 외면하는 것처럼, 눈을 스쳐가는 형상들이나, 코를 자극하는 향기와 같기 때문입니다. 그러나 이 주제에 관한 더 많은 내용은 위에 인용된 것에서 볼 수 있겠습니다. 거기에는 사람이 자신의 행위들에 따라서 심판을 받는다는 것을 입증하기 위하여 성경에서 여러 장절들을 인용하였지만, 그것에다가 바울 사도의 글에서 아래 장절들을 부연하겠습니다.

> 그런 사람은 완고한 마음과 회개하지 않는 마음을 가지고 있으므로, 하나님께서 진노를 터뜨려 의로운 심판을 하실 그 날을 앞에 두고, 자기가 받을 진노를 스스로 쌓아 올리고 있습니다. 하나님께서는 "각 사람에게 그가 한 대로 갚아 주실 것입니다."
> (로마 2 : 5, 6)
> 우리는 모두 그리스도의 심판대 앞에 나타나야 합니다. 그래서 각 사람은, 선한 일이든지 악한 일이든지, 몸으로 행한 모든 일에 따라, 마땅한 보응을 받아야 합니다.
> (고린도 후서 5 : 10)

869. 13절. **바다가 그 속에 있는 죽은 사람들을 내놓았습니다.**
이 말씀은, 교회에 속한 겉사람이나 자연적인 사람들이 모두 심판에 호출되었다는 것을 뜻합니다. 여기서 "바다"는, 자연적인 것을 가리키는 교회에 속한 외적인 것을 뜻하는데, 따라서 "바다가 내놓은 사람"은 교회에 속한 겉사람이나, 자연적인 사람을 뜻합니다. "바다"가 자연적인 것을 가리키는 교회에 속한 외적인 것을 뜻한다는 것은 앞서의 설명에서 잘 알 수 있습니다(본서 238 · 239 · 402-405 · 470 · 565[A] · 567 · 659 · 661항 참조). 여기서 "죽은 사람들"은, 위에서 언급한 것과 같이(866 · 868항 참조), 이 세상에서 죽어서 온 자들을 뜻합니다. "바다가 내놓은 죽은 사람들"이 교회에 속한 외적인 사람들(=겉사람들)을 뜻한다는 이유는 어떤 예배 안에 있는 사람들을 제외하면 어떤 사람들도 심판을 받지 않기 때문입니다. 왜냐하면 교회에 속한 거룩한 것들을 발로 차고, 그리고 하나님과 성언과 사후(死後) 삶을 부인하는 사람은 모두 죽으면 즉시 심판받고, 그리고 지옥에 있는 자들과 결합하고, 그 뒤에는 그들이 모두 지옥으로 떨어지기 때문입니다. 그러나 외적인 사람들이나 자연적인 사람들이었고, 그리고 입으로는 한 분 하나님이 계신다, 그리고 주님나라와 지옥이 있다고 고백하고, 그리고 어떤 때에는 성언을 시인한 자들도 그들이 심판대에 모두 호출되는 자들입니다. "바다"에서 나온 자들 중 많은 사람들도 구원을 받습니다. 왜냐하면 우리가 읽는 구절은, "사망과 지옥"이 그렇게 되었듯이, 모두가 "불바다에 던져졌다"는 것이 아니고, "이 생명책에 기록되어 있지 않은 사람은 누구나 이 불바다에 던져졌습니다"(15절)라는 것이기 때문입니다. "그 나머지 죽은 사람들은 천 년이 끝날 때까지 살아나지 못하였다"(20 : 5)는 말씀은 구원받은 자들을 뜻합니다. 지금까지 언급된 내용에서 볼 때, "바다가 그 속에 있는 죽은 사람들을 내놓았다"는 우리의 본문은 교회에 속한 외적인 사람들이나 자연적인 사람들이 모두 심판대에 호출되었다는 것을 뜻한다는 것입니다.

870. 사망과 지옥도 그 속에 있는 죽은 사람들을 내놓았습니다.
이 말씀은, 마음 상태가 사악하고, 본질적으로는 악마들이고, 사탄들인 모두가 심판대에 호출된 교회에 속한 사람들을 뜻합니다. "사망과 지옥"(=사망과 음부)은 본질적으로는 악마들이고, 사탄들인 그런 자들 이외의 그 누구도 뜻하지 않습니다. 여기서 "사망"은 내적으로 자신들 안에 악마들이 있는 자들을 뜻하고, 그리고 "지옥"(=음부)은 내적으로 자신들 안에 사탄들이 있는 자들을 뜻합니다. 결과적으로는 심령(心靈) 상태가 사악한 자들을 뜻합니다. 그럼에도 불구하고 그들은 겉모양으로는 교회에 속한 사람들과 같이 보이는 자들입니다. 왜냐하면 그런 부류의 사람들 이외에는 어느 누구도 이 보편적인 심판대에 호출되지 않기 때문입니다. 왜냐하면, 비록 그들이, 평신도이든 성직자이든 관계없이, 겉보기에는 교회에 속한 사람들과 같이 보이지만, 내적으로는 악마들이고, 사탄들인 자들은 심판을 받기 때문입니다. 그 이유는 그들 안에 있는 외적인 것들은 내적인 것들에게서 분리되기 때문이고, 그리고 이런 부류의 사람들은, 교회에 속한 것들을 알고 있고, 그리고 고백하였기 때문에, 심판을 받을 수밖에 없기 때문입니다. "사망"이 자신들 안에 악마들이 있는, 마음 상태가 사악한 자(the wicked)를 뜻하고, "지옥"(=음부)은 자신들 안에 사탄들이 있는 자들을 뜻한다는 것은 "사망과 지옥이 불바다에 던졌다"(14절)고 언급된 것에서 잘 드러나고 있습니다. 왜냐하면 그들의 내면적인 것들의 측면에서 사망과 지옥이 아니고서는, 다시 말하면 본질적으로 악마들이나 사탄들인 자들 이외에는 어떠한 사망도, 그리고 어떠한 지옥도 지옥으로 던져질 수 없기 때문입니다. 악마나 사탄이 뜻하는 인물이 누구인지는 위의 설명에서 잘 볼 수 있겠습니다(본서 97·841·857항 참조). 본질적으로 악마들인 그들이 사망을 가리킨다는 것은 본서 866항을 참조하십시오. 아래에서와 같이 "사망과 지옥"이 다른 곳에서도 언급되고 있습니다.

(인자와 같은 이가 말하였습니다.) "나는 사망과 지옥의 열쇠를 가지고 있다."
(묵시록 1 : 18)
청황색 말 위에 탄 사람의 이름은 "사망"이고, 지옥이 그를 뒤따르고 있었습니다.
(묵시록 6 : 8)

그 밖의 장절들, 호세아 13 : 14 ; 시편 18 : 4, 5 ; 49 : 14, 15 ; 116 : 3에서도 마찬가지입니다.

871. 그들은 각각 자기들의 행위대로 심판을 받았습니다.
이 말씀은, 유사한 말이 나오는, 설명된 것에서 잘 나타나고 있듯이(본서 868항 참조), 외적인 것들 안에 있는 그들의 내적인 삶에 따라서 모두 심판 받는다는 것을 뜻합니다. 여기에 나는 이런 내용을 부연하고자 합니다. 모두는 그 자신의 영혼의 성품에 따라서 심판 받는다는 것이고, 그리고 사람의 영혼이 그의 생명이다는 것입니다. 왜냐하면 그의 생명은 그 자신의 의지에 속한 사랑이기 때문입니다. 그리고 모든 사람의 의지에 속한 사랑은 주님에게서 발출한 신령진리에 속한 그 자신의 수용에 전적으로 일치하기 때문입니다. 그리고 이 수용은 성언에서 비롯된 교회에 속한 교리에 의하여 배우게 됩니다.
  872. 14절. 그리고 사망과 지옥이 불바다에 던져졌습니다.
  이 말씀은 심령 상태가 사악하고, 자기 자신들 안에는 악마들과 사탄들이 있지만, 그러나 겉보기에는 교회에 속한 사람들과 같은, 사악한 자가 악에 속한 사랑(=애욕)과 거기에서 비롯된 악과 일치하는 거짓에 속한 사랑(=애욕)에 빠져 있는 자들 가운데 있는 자들이 지옥으로 던져졌다는 것을 뜻합니다. "죽음과 지옥"이라는 말은, 위에서 언급한 것과 같이(본서 870항 참조), 겉보기에는 교회에 속한 사람들과 같이 보이지만, 내면적으로는 자신들 안에 악마들이나 사탄들이 자리잡고 있는 심령 상태가 사악한 자를 뜻합니다. "불바다"(=불연못・the lake of fire)는 지옥을 뜻하는데, 거기에는 악에 속한 정욕에 빠져 있는 자들이 있고, 그리고 따라서 악과 일치하는 거짓에 속한 정욕 안에 있는, 그러므로 악을 애지중지하고, 자연적인 사람에게서 비롯된 추론들에 의하여 그것을 확증하고, 뿐만 아니라 더 나아가서 성언의 문자적인 뜻에 의하여 그것을 확증한 자들이 자리를 잡고 있습니다. 이런 작자들은 하나님을 부인하는 것 이외에는 내면적으로 다른 것을 할 수 없습니다. 왜냐하면 이런 부류의 부인(否認)은 온갖 거짓들에 의하여 확증된 삶에 속한 악 안에 숨겨져 있습니다. 여기서 "못"(lake)은 거짓이 넘쳐나는 곳을 뜻하고, "불"(fire)은, 위에서 언급한 것과 같이(본서 835・864항 참조), 악에 속한 사랑(=애욕・정욕・the love of evil)을 뜻합니다. "사망과 지옥이 불바다(=불연못)에 던져졌다"고 언급되고 있는데, 그것은 그것 안에 사람이 거명되지 않았지만, 그러나 사람 안에 있고, 그리고 그 사람을 이루는 이른바 천사적인 언어에 일치합니다. 여기서는 그 사람 안에서 그의 사망과 지옥을 이루는 그것을 뜻합니다. 이 경우가 이러한 것이다는 것은 지옥이 그 지옥에 던져질 수 없다는 사실에서 잘 볼 수 있겠습니다.
  873. 이 불바다가 둘째 사망입니다.
  이 말씀은 이들에게는 저주 자체가 있다는 것을 뜻합니다. "둘째 사망"(the second death)이 저주를 가리키는 영적인 사망을 뜻한다는 것은 앞서의 설명에서 잘 알 수 있겠습니다(본서 853항 참조). 이렇게 언급된 것은 심령 상태가 사악하고, 그리고 자신들 안에 악마들과 사탄들이 있지만, 그럼에도 불구하고 교회에 속한 사람들처럼 보이는 이런 자들은 모두 다른 사람들보다 더 저주를 받기 때문입니다.

874. 15절. **이 생명책에 기록되어 있지 않은 사람은 누구나 다 이 불바다에 던져졌습니다.**
이 말씀은, 성언 안에 있는 주님의 계명들에 일치하여 살지 않고, 그리고 주님을 믿지 않는 자들은 유죄판결을 받는다는 것을 뜻합니다. 여기서 "생명책"이 성언을 뜻한다는 것, 그리고 "그 책에 속한 대로 심판을 받는다"는 말이 성언에 속한 진리들에 일치하여 심판을 받는다는 것을 뜻한다는 것은 앞서의 설명에서 잘 볼 수 있겠습니다(본서 256·259·295·303·309·317·324·330항 참조). 그리고 성언에 있는 주님의 계명들에 따라서 산 사람들과, 주님을 믿는 사람들을 제외하면 다른 어느 누구도 "생명책"(the book of life)에 기록되지 않았습니다. 그러므로 우리의 본문은, 성언에 있는 주님의 계명들에 따라서 살지 않는 사람은 유죄판결을 받는다는 것을 뜻합니다. 주님께서는 요한복음서에서 이렇게 가르치십니다.

> 어떤 사람이 내 말을 듣고서, 그것을 지키지 않을지라도, 나는 그를 심판하지 않는다(=정죄하지 않는다).……나를 배척하고 나의 말을 받아들이지 않는 사람을 심판하시는 분은 따로 계신다. 내가 말한 바로 이 말이, 마지막 날에 그를 심판할 것이다.
> (요한 12 : 47, 48)

주님을 믿지 않는 사람이 정죄받는다는 것은 역시 요한복음서에 이렇게 기술되었습니다.

> 아들을 믿는 사람에게는 영원한 생명이 있다. 아들에게 순종하지 않는 사람은 생명을 얻지 못한다. 그는 도리어 하나님의 분노를 산다.
> (요한 3 : 36)

875. 나는 여기에 <영계 체험기>를 부연하겠습니다.
나는 어느 날 아침, 잠에서 깨어났을 때, 나는 천계로부터 내려오는 두 천사들을 보았습니다. 하나는 천계의 남쪽 영역에서 왔고, 다른 하나는 천계의 동쪽 영역에서 내려왔는데, 이들 둘은 모두 흰 말에 매인 병거를 타고 있었습니다. 천계의 남녘에서 온 천사가 타고 있는 병거는 은(銀)처럼 희게 빛났고, 그리고 천계의 동녘에서 온 천사가 타고 있는 병거는 금(金)처럼 빛났습니다. 그들의 손에 잡혀 있는 고삐들은 여명(黎明)의 햇살처럼 찬란하였습니다. 따라서 그들이 가까이 이르렀을 때 그들은 병거에 타고 있지 않았고, 사람의 형체인 천사적인 모습으로 보였습니다. 천계의 동녘에서 온 천사는 빛나는 자주 빛 옷을 입고 있었고, 천계의 남녘에서 온 천사는 푸른 보라 빛 옷을 입고 있었습니다. 그들이 천계 아래에 있을 때에, 그들은 첫째가 되기 위하여 애쓰듯이, 서로 만나기 위하여 달려가서, 서로 얼싸안고, 서로 입을 맞추었습니다. 나는 이 두 천사들이 이 세상에서 살 때 깊은 우정 관계로 맺어져 있었다는 것을 들었습니다. 그러나 지금은 하나는 동녘의 천계에 있고, 다른 하나는 남녘의 천계에 있습니다. 동녘의 천계에는 주님에게서 온 사랑 안에 있는 자들이 있고, 남녘의 천계에는 주님에게서 온 지혜 안에 있는 자들이 있습니다. 그들은 자신들의 천계의 장엄에 관해서 한동안 서로 말을 했는데, 이러한 사실은 그들이 본질적으로 천계는 사랑인가, 아니면 지혜인가에 대해서 대화한 그들의 대화에서 나온 것입니다. 그들은 곧 서로서로 동의를 하였습니다. 그러나 그들은 근원적인 것에 대해서 서로 토의하였습니다. 지혜의 천계(the heaven of wisdom)에서 온 천사는 다른 천사에게 무엇이 사랑인지를 물었고, 이 물음에 대하여 그는 대답을 하였습니다. 즉, "태양이신 주님에게서 나오는 그 사랑은 천사들이나 사람들에게 속한 생동적인 별(the vital heat)이고, 따라서 그들의 생명입니다. 그리고 이 사랑에 속한 파생들(派生 · derivations)은 정동들(affections)이라고 불리우고, 그리고 이런 것들에 의하여 온갖 지각들(知覺 · perceptions), 따라서 사상들이 생성됩니다. 여기에서 얻는 것은 그것의 본질에서 지혜는 사랑이다는 것, 결과적으로 그것의 본질에서 사상(思想 · thought)은 그 사랑에 속한 정동이다는 것입니다. 그것들의 질서에서 살펴 본 파생들에게서 명확한 것은, 사상은 정동의 형체(the form of affection) 이외에 아무것도 아니다는 것이고, 그리고 이러한 사실은 잘 알려져 있지 않은데, 그 이유는 사상들은 빛 안에 존재하지만, 그러나 정동들은 별 안에 있기 때문입니다. 따라서 사람은 사상들에 관해서는 깊이 생각하지만, 정도들에 관해서는 깊이 생각하지 않기 때문입니다. 이러한 꼭 같은 일은 음성(sound)과 언어(speech)에서 일어납니다. 사상이 정동의 형체

이외에 아무것도 아니다는 것은, 음성의 형체(the form of sound) 이외에 아무것도 아니라고 할 수 있는, 언어(言語·speech)에 의하여 설명될 수 있겠습니다. 그것은 서로 비슷한데, 소리(=음성·sound)는 정동에 대응하고, 언어(speech)는 사상에 대응하기 때문에, 그러므로 정동은 소리를 내고, 사상은 말을 하는 것과 꼭 같습니다. 이와 같은 사실이 명확하다고 하는 것은, 만약에 여러분이 언어에서 소리를 제거한다면, 언어에 속한 것은 아무것도 남지 않는다는 것에서 잘 알 수 있습니다. 마찬가지로 만약에 여러분이 사상에서 정동을 제거한다면 사상에 속한 것은 전무(全無)하다는 사실에서도 잘 알 수 있겠습니다. 따라서 그 때 명확한 사실은 사랑은 지혜에 속한 전부이고, 결과적으로 천계의 본질은 사랑이다는 것이고, 그리고 그들의 존재(存在·existence)는 지혜이다는 것, 동일한 말이지만, 천계는 신령사랑으로 말미암아 존재한다는 것, 따라서 위에서 언급된 것과 같이, 전자는 후자에 속한 것입니다"라고 대답하였습니다. 때 마침 내 곁에 거기에 갓 올라온 신참영(新參靈)이 이런 말을 듣고서, 그런 관계는 인애와 믿음(charity and faith)의 관계와 같은 것인지를 물었습니다. 그 이유는 인애는 정동에 속한 것이고, 믿음은 사상에 속한 것이기 때문입니다. 그 천사는, "그것은 꼭 같습니다. 왜냐하면 믿음은 인애의 형체(the form of charity) 이외에 아무것도 아닌데, 그것은 마치 언어가 소리의 형체(the form of sound)인 것과 같기 때문이다고, 그리고 믿음은, 역시 언어가 소리에 의하여 형성되는 것과 같이, 인애에 의하여 형성된다고, 그리고 천계에서 우리는 그것의 형체의 양태(樣態)를 알지만, 그러나 여기서 그것을 설명할 여유가 없습니다"는 등등을 말하였습니다. 그러나 그는 "믿음에 의한 것이다"라고 부연하면서 "나는 영적인 믿음을 뜻하는데, 영적인 믿음에 속한 혼(spirit)과 생명은 오로지 인애로 말미암아 존재합니다. 왜냐하면 인애는 영적이고, 그리고 인애에 의하여 믿음은 존재하기 때문입니다. 따라서 인애가 없는 믿음은 철저한 자연적인 믿음(a merely natural faith)이고, 그것은 죽은 것이고, 그리고 역시 그것 자체는 정욕 이외에 아무것도 아닌, 철저한 자연적인 정동과 결합할 뿐입니다"라고 대답하였습니다. 천사들은 이런 것들에 관해서 영적으로 말하였고, 그리고 영적인 언어는 자연적인 언어가 결코 표현할 수 없는, 너욱이 놀리운 것은 자연적인 사상에 속한 개념들 안에는 들어올 수 없는, 수천의 사물들을 내포하고 있다는 것이었습니다. 원하건대 이것은 잊지 마십시오. 이런 일은 죽은 뒤에 행해지는 것이지만, 귀하께서 자연적인 빛에서부터 영적인 빛 안에 들어가게 되면, 무엇이 믿음이고, 그리고 무엇이 인애인지를 알아보십시오. 그대는, 믿음이 형체 안에 존재하는 인애다는 것과, 따라서 인애가 믿음에 속한 전부이다는 것, 결과적으로 인애는 믿음에 속한 영혼이요, 생명이요, 본질이다는 것 등을 명확하게 알게 될 것입니다. 그것은 마치 정동이 사상에 속한 것이고, 소리가 언어에 속한 것과 꼭 같습니다. 그리고 그대가 만약에 그것을 알고자 한다면 그대는, 그것들이 서로 대응하기 때문에, 언어의 형체(the formation of speech)가 소리에서 비롯되는 것과 같이, 믿음에 속한 형체(the formation of faith)는 인애로 말미암는다는 것을 명확하게 주지할 것입니다. 한참동안 이 주제와 그리고 그것과 유사한 주제들에 관해서 서로 대화를 한 뒤에, 천사들은 그 곳을 떠났습니다. 그들이 자신들의 천계로 되돌아 갈 때 그들의 머리들을 별들이 에워싸는 모습이 보였습니다. 그들이 나에게서 좀 더 떨어지게 되자, 그들은, 앞에서와 같이, 병거를 타고 있는 것 같이 보였습니다.

　이 두 천사가 내 시야에서 사라진 뒤, 나는 내 오른쪽에 있는 어떤 정원(=동산・garden)을 보았는데, 거기에는 올리브 나무들・포도나무들・무화과나무들・월계수들・종려나무들 등등이 대응에 따라서 질서 있게 심어져 있었습니다. 나는 그 정원 안을 살펴보았습니다. 나는 나무 사이를 걸으면서 서로 대화하는 천사들과 영들을 보았습니다. 그 때 어떤 천사적인 영이 나를 지켜보고 있었습니다. 그들이 바로 천사적인 영들이라고 불리우는 자들인데, 그들은 영들의 세계에서 천계를 위하여 준비하고, 그 뒤에는 천사들이 됩니다. 그 영이 정원에서 나와서 나에게로 왔습니다. 그리고 "그대는 나와 함께 우리의 낙원(樂園)으로 가시겠습니까? 그대는 아주 놀라운 것들을 듣고 볼 것입니다"라고 말하였습니다. 나는 그와 함께 그리로 갔고, 그 때 그는 나에게 "거기에는 수많은 자들이 있기 때문에 귀하가 보는 그들은 모두가 진리에 속한 정동 안에 있는 자들입니다. 그리고 그들은 거기에서 온 지혜의 빛 안에 있는 자들입니다. 거기에는 역시 우리가 지혜의 전당(殿堂)이라고 부르는 건물 하나가 있습니다. 그런데 자기 자신이 지혜롭다고 믿는 사람은 누구나 그 전당을 보지 못합니다. 뿐만 아니라 자신이 아주 지혜롭다고 믿는 사람은, 더욱이 자기 자신으로 말미암아 자신이 지혜롭다고 믿는 사람은, 그 전당을 보지 못합니다. 그 이유는 이런 부류의 인물들은 순수한 지혜에 속한 정동에서 비롯되는 천계의 빛에 속한 수용의 상태 안에 있지 않기 때문입니다. 순수한 지혜는 천계에 속한 빛으로 사물을 보는 사람의 시각에 존재하는데, 그가 알고, 이해하고, 정통한 것들은, 그가 알지 못하고, 이해하지 못하고, 정통하지 못한 것에 비교하면 한 방울의 물방울을 대양(大洋)에 비교하는 것과 같은데, 결과적으로 그것은 아주 무가치한 것입니다. 이 낙원 안에 있고, 그리고 상대적으로 자기 자신의 지혜가 보잘 것 없는 것이다는 것을 지각이나 시각에서 스스로 시인하는 사람은 누구나 그 지혜의 전당을 볼 수 있습니다. 왜냐하면 내면적인 빛은 그 사람으로 하여금 그것을 보도록 하지만, 그러나 그것이 없는 외면적인 빛은 그렇게 하지 못합니다"라고 말하였습니다. 나는 이것에 대해서, 처음에는 과학으로, 다음에는 지각으로, 나중에는 내면적인 빛으로 말미암아 그것을 보는 것으로, 자주 생각하였기 때문에, 그리고 사람은 거의 지혜를 가지고 있지 않다는 것을 시인하였기 때문에, 보십시오, 그 전당을 보는 것이 나에게 허락되었습니다. 그것의 형체의 측면에서 그것은 정말로 놀라웠습니다. 그 전당은 땅에서부터 우뚝 솟아 있었고, 수정으로 된 벽과, 투명한 벽옥으로 우아하게 활 모양으로 굽은 천정은 장방형(長方形)이었습니다. 기초는 온갖 종류의 보석으로 이루어졌습니다. 위로 올라가는 계단들은 윤이 나는 설화석고(雪花石膏)로 되어 있고, 계단 옆에는 그것들의 어린 새끼들과 함께 사자의 형상들이 보였습니다. 그 때 나는 거기에 들어갈 수 있는지를 물었습니다. 허락되었다는 전갈이 있었습니다. 그래서 나는 올라갔고, 그리고 내가 들어갔을 때 나는, 말하자면 천정 아래를 나르는 그룹들을 보았습니다. 그리고 그 그룹은 즉시 시야에서 사라졌습니다. 우리가 걷고 있는 마루는 삼나무(cedar)로 만들어졌습니다. 전 전당은, 그 천정과 벽들이 모두 투명하기 때문에, 빛의 형체 안에 있는 것 같이 보였습니다. 천사적인 영이 나와 함께 들어갔는데, 나는 그에게 사랑과 지혜에 관해서, 그리고 인애와 믿음에 관해서도, 두 천사들에게서 내가 들은 것을 말하였습니다. 그 때 그는 "그 때 그들은 세 번째 것에 대해서는 말하지 않았나요?"라고 말하였습니다. 나는, "세 번째가 무엇입니까?"라고 물었습니다. 그는 "그것은 바로 선용(善用·use)입니다. 다시 말하면 선용이 결여(缺如)된 사랑과 지혜는 아무것도 아닙니다. 그것은 오직 관념적인 실재들(實在·only ideal entities)입니다. 그것들이 선용 안에 존재하기 전에는 역시 그것들은 실제적인 것이 아닙니다. 왜냐하면 사랑·지혜·선용 이들 셋은 분리될 수 없는 셋이기 때문입니다. 만약에 그것들이 분리된다면 그것들은 무가치(無價値)한 것이 되고 맙니다. 사랑은 지혜가 없으면 아무 것도 아니지만, 그러나 지혜 안에 있으면 그것은 그 어떤 것을 위해서 무엇을 형성합니다. 어떤 것을 위해서 형성된 것이 바로 선용입니다. 그러므로 사랑이 지혜를 통해서 선용 안에 있게 되면, 그 때 그것은 값있는 것이 됩니다. 사실 그 때 처음으로 그것은 존재하는 것입니다. 그것들은 완전하게 목적(目的·end)·원인(原因·cause)·결과(結果·effect)가 되지요. 목적은, 만약에 이 삼자들 중에서 어떤 것 하나라도 잃게 되면, 전체를 잃는 것입니다. 그리고 그것들은 무가치한 것이 되고 맙니다. 이러한 사실은 인애·믿음·행위들(=일들·선행들·works)에게 있어서도 꼭 같습니다. 믿음이 없는 인애는 아무것도 아니고, 역시 인애가 없는 믿음도 역시 아무것도 아닙니다. 그러나 행위들 안에서 인애와 믿음은 무엇인가가 되고, 행위들의 선용에 따라서 어떤 성질에 속한 무엇인가가 되지요. 이러한 것은 정동·사상·작용(作用·operation)에 있어서도 꼭 같습니다. 그리고 그것은 의지·이해·행위(action)에 있어서도 꼭 같습니다. 이것이 사실로 그러하다는 것은 그 전당 안에서 분명하게 볼 수 있습니다. 그 이유는, 지금 우리가 그 안에 있는 빛은 마음의 내면적인 것들을 밝게 비추는 빛이기 때문입니다. 그리고 그것이 이와 같이 하나의 삼겹(三重·a trine)이 아니라면 완전하고, 완벽한 것은 허락될 수 없다는 것은 기하학(幾何學)이 가르치고 있습니다. 왜냐하면 만약에 그것이 면적(面積·area)이 되지 않는다면 선(線·line)은 어떤 것이 될 수 없고, 그리고 그것이 입체(立體·solid)가 되지 않는다면 면적은 어떤 것이 될 수 없기 때문입니다. 그러므로 그것들이 존재하기 위해서는 하나는 다른 것이 반드시 되어야 합니다. 그것들은 제 삼자들 안에서 서로 함께 존재합니다. 그것이 이러하듯이, 각각의 것이나 모든 피창조물에 있어서도 그러합니다. 그리고 그것들은 그들의 제 셋째 것 안에서 종결(終結)됩니다. 여기서 얻는 것은 성언 안에 있는, 영적으로 이해되는 셋(three)은 완전하고, 완벽한 것을 뜻한다는 것입니다. 그것이 그러하기 때문에 내가 이상하게 생각할 수밖에 없는 것은, 혹자는 믿음만을 고백하고, 혹자는 인애만을, 그리고 혹자는 행위들만을 주장한다는 것입니다. 그럼에도 불구하고 둘째가 없다면 첫째는 어떤 것이 될 수 없고, 그리고 셋째가 없다면 첫째와 둘째도 아무것도 아니다는 것입니다"라고 말하였습니다. 그러나 나는 그 때 "사람은, 아직은 행위들을 가지고 있지 않지만, 인애와 믿음을 가지고 있을 수 있지 않습니까? 사람은, 아직은 그것의 성취(成就 · performance) 안에 있지 못하지만, 어떤 것에 관한 정동이나 생각 안에 있을 수 있는 것 아닙니까?"라고 물었습니다. 그 천사적인 영은 나에게 다만 "관념적일 뿐이고, 실제적인 것이 아니다는 것을 제외하면 사람은 불가능합니다. 사람은 여전히 작용하기 위한 애씀이나 의지(=뜻 · the will) 안에 반드시 있어야만 합니다. 그리고 뜻(=의지)이나 애씀은 본질적으로 행위입니다. 그 이유는 행위가 행동하기 위한 계속적인 노력(=애씀) 안에 있기 때문입니다. 그리고 그것은, 종결(=끝맺음)이 현재적일 때, 밖으로 나온 행위(the an outward act)가 됩니다. 이런 이유 때문에 하나의 내면적인 행위인 노력이나 뜻(=의지)로 모든 현명한 사람에 의하여 수용됩니다. 그 이유는, 기회가 주어졌을 때, 만약에 그것이 실패하지 않는다면, 전적으로 외면적인 행위일지라도 하나님에 의한 것이기 때문입니다"라고 대답하였습니다.

    이런 일이 있은 뒤 나는 계단들을 통하여 지혜의 전당으로 내려왔고, 그리고 정원을 거닐었습니다. 그리고 나는, 무화과를 먹으면서 월계수 아래에 앉아 있는 어떤 자들을 보았습니다. 나는 그들 쪽으로 가서 그들에게 무화과 몇 개를 달라고 하였습니다. 그들은 그것을 나에게 주었습니다. 그런데 보십시오. 그 무화과는 내 손 안에서 포도들로 바뀌었습니다. 내가 이것을 이상하게 생각하고 있을 때, 여전히 나와 함께 있는 그 천사적 영은 나에게 "그 무화과들이 귀하의 손에서 포도들이 되었습니다. 그 이유는 대응에서 보면 무화과나무들은 인애에 속한 선들이나, 그리고 자연적인 사람이나 겉사람 안에 있는 그것에서 비롯된 믿음에 속한 선들을 뜻하기 때문이지만, 그러나 포도들은 영적인 사람이나, 속사람 안에 있는 인애에 속한 선들이나, 믿음에 속한 선들을 뜻하기 때문입니다. 귀하는 영적인 것들을 사랑하기 때문에, 따라서 그와 같은 일이 당신에게 일어난 것입니다. 왜냐하면 우리가 살고 있는 영계 안에 있는 모든 것들은 대응들에 일치하여 사라지기도 하고, 존재하기도 하고, 그리고 변화하기도 하기 때문입니다"라고 말하였습니다. 그 때 어떻게 사람은 하나님으로 말미암아 선을 행할 수 있을까, 그것도 마치 자기 자신이 하는 것처럼 할 수 있을까 하는 것을 알고 싶은 바람이 나에게 일어났습니다. 그래서 나는 무화과들을 먹고 있는 그들에게 그들은 어떻게 이해하고 있는지를 물었습니다. 그들이 대답하기를 "사람이 그것을 알지 못한다고 해도, 하나님께서는 사람 안에서, 그리고 사람을 통해서 그 일을 역사(役事)하신다는 것 이외에 다른 것을 이해할 수 없다는 것입니다. 왜냐하면 만약에 사람이 그것에 관해서 인식하고, 그리고 따라서 그 일을 자기 자신이 스스로 하는 것으로 알고 있다면, 그리고 그 일을 자기 스스로 하고 있다면, 그는 악 이외에는 선을 행하지 않을 것이기 때문입니다. 왜냐하면 자기 스스로 하는 것처럼 하듯이, 사람에게서 발출한 모든 것들은 그 사람의 고유속성(=自我·固有屬性·proprium)에서 나오기 때문입니다. 그리고 사람의 고유속성은 나면서부터 악하기 때문입니다. 그 때 하나님에게서 온 선과 사람에게서 온 선이 어떻게 결합할 수 있고, 따라서 그것들이 어떻게 결합하여 행위 안에 나올 수 있는지요? 구원에 속한 것들 안에서 사람의 고유속성은 계속해서 이른바 공로(功勞)를 주창하고, 그리고 이런 주창을 하는 것에 비례하여 그것은 주님에게서 그분의 공로를 제거하는 것이고, 그리고 그와 같은 짓은 가장 불의(不義)이고, 불경건(不敬虔)한 것입니다. 한마디로 말하면, 하나님께서 사람 안에서 성령에 의하여 역사하신 그 선이 사람의 바람(willing)이나 그것에서 비롯된 행위 안에 유입한다면, 그 선은 전적으로 더럽혀질 것이고, 모독될 것입니다. 그러나 하나님께서는 결코 그런 일을 용납하시지 않습니다. 실제적으로 사람은 자기 자신이 행한 선이 하나님에게서 온 것이라고 생각할 수 있고, 그리고 사람은 그것을 자신을 통해서 이룬 하나님의 선이라고 할 수 있습니다. 그리고 마치 자기 자신에게서 행한 것처럼 할 것이지만, 그럼에도 불구하고 우리는 여전히 이것을 이해하지 못합니다"라고 대답하였습니다. 그러나 그 때 나는 나의 마음을 열고서, "여러분은 겉모양(外現)에서 생각하고, 확증한 외현에서 비롯된 생각(=사상)은 하나의 오류(誤謬)이기 때문에, 여러분은 그것을 이해하지 못합니다. 여러분은 외현 안에 있고, 그리고 그것에서 비롯된 오류 안에 빠져 있습니다. 그 이유는, 사람이 원하고, 생각하고, 그리고 그것으로 인하여 행동하고, 말한 모든 것들은 그 사람 안에 있고, 결과적으로 그 사람에게서 온 것이라고 여러분은 굳게 믿고 있기 때문입니다. 그럼에도 불구하고 그 때, 입류하는 것을 수용하려는 상태(the state of receiving)를 제외하면, 그 사람 안에 그것의 어떤 것도 남아있지 않습니다. 사람은 그 자신 안에 있는 생명 자체가 아니고, 다만 사람은 생명을 수용하는 하나의 기관(器官·an organ receiving life)일 뿐입니다. 주님께서 요한복음서에서 친히 말씀하셨듯이, 주님께서 홀로 그분 자신 안에 있는 생명이십니다.

> 아버지께서 자기 안에 생명이 있는 것처럼, 아들에게도 생명을 주셔서, 그 안에 생명이 있게 하여 주셨기 때문입니다.
> (요한 5 : 26)

이 밖에도 여러 장절들이 있습니다(요한 11 : 25 ; 14 : 6, 19). 생명을 완성하는 것은 둘이 있는데, 그것은 사랑과 지혜(love and wisdom)입니다. 같은 뜻이지만, 사랑에 속한 선과 지혜에 속한 진리입니다. 이런 것들은 하나님께로부터 입류하고, 사람이 그것들을 영접 수용합니다. 그리고 이것들은 마치 그 사람 안에 있는 것처럼 그 사람 안에서 느껴집니다. 그리고 그것들이 그 사람 안에 있는 것처럼 그 자신에 의하여 느껴지기 때문에, 역시 그것들은 마치 그 사람 자신에게서 발출하는 것으로 느껴지기도 합니다. 이러한 것은, 모두가 주님에 의하여 주어진 것인데, 그것은 입류한 것이 그 사람을 감동시키기 위하여, 그리고 그렇게 영접, 수용하고, 그 사람에게 머물러 있게 하기 위하여, 그것들은 그와 같이 그 사람에 의하여 반드시 느껴져야 하기 때문입니다. 그러나 모든 악은, 주님에게서가 아니고, 지옥으로부터 유입하기 때문에, 그리고 사람이 이런 부류의 한 기관(器官)으로 태어났기 때문에, 모든 악을 기쁨과 더불어 영접되기 때문에, 그러므로 사람이 자기 자신이 하는 것처럼 악에 속한 것을 제거하는 것 이상으로 하나님으로부터 비롯되는 더 많은 선은 결코 수용되지 않습니다. 이와 같은 악의 제거는 회개에 의하여 행해지고, 동시에 주님을 믿는 믿음에 의하여 이루어집니다. 사랑과 지혜, 인애와 믿음, 또는 더 일반적으로 말하면, 사랑과 인애에 속한 선과 지혜와 믿음에 속한 진리를 입류한다는 것, 그리고 입류한 것들은 그 사람 안에서 마치 자신 안에 있는 것처럼 나타난다는 것, 그리고 그것으로 인하여 마치 자기 자신에게서 비롯된 것처럼 나타난다는 것은 오관(五官)인 시각・청각・후각・미각・촉각에서 명확하게 알 수 있겠습니다. 이런 오관들 안에서 느껴지는 모든 것들은 밖에서부터 유입하고, 그것들 안에서 느끼는 것입니다. 마찬가지로 내적인 감관들의 기관들에서도 같은데, 다만 차이가 있다면 후자에게는, 눈에 보이지 않는 영적인 것들이 유입합니다. 그러나 눈에 보이는 자연적인 것들은 전자에게 유입합니다. 한마디로, 사람은 하나님에게서 오는 생명의 수용기관(an organ recipient of life)일 뿐입니다. 결과적으로 사람은, 그가 악으로부터 단절하는 것에 비례하여, 선에 속한 수용 그릇입니다. 주님께서는 모든 사람에게 악으로부터 단절하는 능력을 주셨습니다. 그 이유는 주님께서는 자기 자신의 것과 같은 의지로부터, 자기 자신의 것 같은 이해에 일치하여 행한 것은 무엇이나, 또는 같은 내용이지만, 이해에 속한 이성(理性)에 일치하여 의지에 속한 자유(自由)로 말미암아 행한 것은 무엇이나 그대로 남아 있습니다. 이런 일에 의하여 주님께서는 사람으로 하여금 그분과의 결합의 상태로 이끄십니다. 그리고 그 결합의 상태에서 사람을 개혁시키고, 중생시키고, 그리고 구원하십니다. 입류하는 생명은 주님에게서 발출하는 생명 그것입니다. 이것이 하나님의 영(the Spirit of God)이라고 불리우고, 성경에서는 성령(the Holy Spirit)이라고 합니다. 그것에 관해서는 이미, 그것이 빛을 비추고, 생동감을 일으킨다고 언급하였습니다. 사실 그것은 사람 안에서 작용합니다. 그러나 이 생명은, 그의 사랑과 그것에 대한 마음가짐(attitude)에 의하여 그 사람에게서 야기(惹起)된 기관(機關)에 일치하여 다양하게 조절됩니다. 그리고 귀하는, 사랑과 인애에 속한 모든 선이나, 그리고 지혜와 믿음에 속한 모든 진리들이 유입한다는 것, 그리고 그것들이 사람 안에 있지 않다는 것을 잘 알고 있을 것입니다. 그리고 이런 사실에 입각하여 창조 이래 이러한 것이 사람 안에 있다고 생각하는 사람은, 하나님께서 자기 자신을 한 사람에게 불어 넣으시고(注入), 따라서 사람들은 부분적으로는 신들(Gods)이 될 것이다는 것 이외에 달리 생각할 수 없을 것입니다. 그럼에도 불구하고 이것을 믿음으로 말미암아 생각하는 자들은 악마들이 되고, 주검과 같이 악취를 뿜어낼 것입니다. 뿐만 아니라, 사람의 행위는 마음에 속한 행위 이외에 무엇입니까? 왜냐하면 마음이 뜻하고 생각하는 것은 그것의 기관을 통해서 몸을 움직이기 때문입니다. 그러므로 마음이 주님에 의하여 인도받게 되면, 행동 또한 인도받게 됩니다. 그리고 그것으로 말미암아 마음과 행위가 주님에 의하여 인도받게 되면 그 때 마음은 주님을 믿는 것입니다. 만약에 그것이 사실이라고 말할 수 있다면, 주님께서 성언에서, 그리고 성경의 수천만의 곳에서 사람은 반드시 그의 이웃을 사랑하라고, 그리고 인애에 속한 선을 성취하여야 한다는 것을, 하나의 나무와 같이 열매를 맺을 것을, 그리고 주님의 계율들을 실천할 것을, 그리고 그가 구원을 받기 위하여 이 모든 것을 실천하여야 한다고 명령하신 이유를 말씀해 보십시오. 그리고 주님께서, 사람은 자신의 행위들이나 일들에 일치하여 심판할 것이다는 것과 그리고 선을 행한 사람은 천계나 영생에 들어가고, 그리고 악을 행한 사람은 지옥이나 죽음으로 들어간다고 말씀하신 이유를 설명해 보십시오. 만약에 사람에게서 발출한 모든 것이 자신의 공로적인 것이고, 그것으로 인하여 악한 것이라면 주님께서 어떻게 이와 같은 말씀을 하실 수가 있겠습니까? 그러므로 여러분이 아시는 바와 같이, 만약에 마음이 인애이다면 행위 역시 인애가 아니겠습니까? 그러나 만약에 마음이, 영적인 인애에서 분리된 믿음을 가리키는 오직 믿음이라는 그런 믿음이라면 행위 역시 그런 믿음이고, 그리고 이런 믿음은 공로적인 것이 됩니다. 그 이유는 그것의 믿음은 영적인 것이 아니고, 자연적인 것이기 때문입니다. 그러나 인애에 속한 믿음은 그와는 다릅니다. 그 이유는 인애는 자신의 공로를 내세우려고 하지 않고, 따라서 그 믿음 또한 공로를 내세우려고 하지 않습니다"라고 말하였습니다. 이런 말을 듣게 되자, 월계수 아래에 앉아 있는 사람들은 "우리는 귀하가 방금 말한 것을 알 것 같기도 하고, 한편으로는 잘 모르겠습니다"라고 말하였습니다. 그들의 이런 말에 대하여 나는 "내가 방금 말한 것은 여러분들은, 사람이 어떤 진리를 들었을 때 사람이 천계에서 오는 빛의 입류로 말미암아 소유하는 공통적인 지각(the common perception)으로 이해하여야 하는데, 그러나 여러분은 이 세상에서 비롯되는 빛의 입류로 말미암아 사람이 소유하는 여러분 자신의 지각으로는 이해하지 못합니다. 이들 두 지각, 다시 말하면 내적인 지각과 외적인 지각, 또는 영적인 지각과 자연적인 지각은 지혜로운 사람에게서는 한 몸을 이룹니다. 만약에 여러분들도 주님을 우러르고, 악들을 단절한다면, 여러분들도 그것을 한 몸으로 이룰 수 있습니다"라고 대답하였습니다. 그들이 이런 것들을 또한 이해하였기 때문에, 나는 우리가 그 밑에 앉아 있는 월계수 가지 몇 개를 취하여 그들에게 손을 내밀면서 "여러분은 이것이 나에게서 왔다고 믿습니까? 주님에게서 왔다고 믿습니까?"라고 말하였습니다. 그들은, 그것이 나에게서 온 것처럼 나를 통한 것이다 라고 믿는다고 말하였습니다. 그러나 놀랍게도 그들의 손에서 그 가지들은 꽃을 피웠습니다. 그러나 내가 거기를 떠나올 때, 나는 포도나무 줄기로 얽혀 있는 푸른 올리브 나무 밑에, 책 한 권이 놓여 있는, 삼나무(cedar) 책상을 보았습니다. 나는 깜짝 놀랐습니다. 그것은 바로 내가 저술한 ≪신령사랑과 신령지혜≫와 그리고 ≪신령섭리≫(the Divine Providence)에 관한 책이었습니다. 그래서 나는, 그 책에서, 사람은 생명에 속한 수용그릇이지, 결코 생명이 아니다는 것을 충분하게 입증하였다고 말하였습니다.

이런 일이 있은 뒤 나는 그 정원으로부터 기분 좋은 마음으로 집으로 돌아왔습니다. 그리고 천사적인 영도 나와 함께 있었습니다. 그 영은 집으로 오는 길에서 나에게 "만약에 귀하께서 믿음과 인애가 무엇인지, 따라서 인애에서 분리된 믿음이 무엇인지, 그리고 인애에 결합된 믿음이 무엇인지 밝히 알기를 원하신다면, 내가 잘 알도록 그것을 입증하여 드릴까요?"라고 말하였습니다. 나는 "그것을 입증해 보여 주십십오"라고 대답하였습니다. 그러자 그는 "믿음과 인애 대신에 빛과 별을 생각하십시오. 그러면 귀하께서 밝히 아실 것입니다. 왜냐하면 그것의 본질에서 보면 믿음은, 지혜에 속한 진리입니다. 그리고 본질적으로 인애는 사랑에 속한 정동입니다. 그리고 천계에서 지혜에 속한 진리는 빛이고, 천계에서 사랑에 속한 정동은 곧 별입니다. 천사들이 그것 안에 존재해 있는 빛과 별은 그 이외에 다른 것이 아닙니다. 이런 사실에서 귀하는 인애에서 분리된 믿음이 무엇인지, 그리고 인애에 결합된 믿음이 무엇인지를 밝히 알 수 있을 것입니다. 인애에서 분리된 믿음은 겨울철의 빛과 같고, 그리고 인애에 결합된 믿음은 마치 봄철의 빛과 같습니다. 겨울철의 빛은 별에서 분리된 빛이요, 그것은 차가움(cold)과 결합되었기 때문에 나무에서 잎을 모두 떨어지게 하고,

땅을 단단하게 하고, 풀을 죽입니다. 그리고 물을 꽁꽁 얼게 합니다. 그러나 별에 결합된 빛인 봄철의 빛은 나무들을 되살아나게 하여 먼저는 잎을 내게 하고, 그리고 꽃을 피우고, 종국에는 열매를 맺게 합니다. 그 빛은 땅을 열어서, 부드럽게 하고, 그리고 풀과 채소와 꽃과 관목을 생산하고, 얼음을 녹이고 물이 샘에서 흐르게 합니다. 믿음과 인애의 경우도 이와 꼭 같습니다. 인애에서 분리된 믿음은 모든 것들을 굼뜨게 하고, 생명력을 잃게 합니다. 그리고 인애에 결합된 믿음은 모든 것들을 생기발랄하게 합니다. 이 생기 있게 하는 것(vivifying)과 생기를 잃게 하는 것(deadening)은 우리들의 영계에서 생생하게 볼 수 있습니다. 그 이유는 영계에서 믿음은 빛이고 인애는 별이기 때문입니다. 왜냐하면 인애에 결합된 믿음이 있는 곳에서는 어디에서나 그것들의 결합에 따라서 즐거움 가운데 낙원들이 있고, 꽃밭이 있고, 잔디밭이 있지만, 그러나 인애에서 분리된 믿음이 있는 곳에서는 어디에서나 심지어 풀도 없고, 그리고 푸른 것이 있는 곳에서는 그것이 찔레들, 가시덩굴들, 쐐기풀 종류들로 그러한 것입니다. 태양이신 주님에게서 발출한 별과 빛은 천사들이나 영들에게서, 그리고 그들의 주위에서 이런 결과를 빚습니다"라고 말하였습니다. 우리들에게서 그리 멀지 떨어지지 않은 곳에 성직자들 몇이 있었습니다. 천사적인 영은 그들을 가리켜 오직 믿음만으로 의롭게 된 자들이고, 죄씻음 받은 자들이라고 불렀습니다. 그리고 또한 신비주의자들이라고 불렀습니다. 우리들은, 그들이 그것이 사실이라는 것을 알게 하기 위하여, 그들에게 이와 같은 동일한 것들을 말하여 주었고, 그리고 증거하여 주었습니다. 그리고 우리가 "그것이 사실이 아닌가요?"라고 묻자, 그들은 뒤돌아서서, "우리는 아무것도 듣지 못하였는데요"라고 대답하였습니다. 우리는 큰 소리로 그들에게 "그렇다면 이제 들어보십시오"라고 말하였습니다. 그러자 그들은 그들의 손으로 귀를 막고, "우리는 듣기 싫소!"라고 소리질렀습니다.

제 21장 본   문(21장 1-26절)

1 나는 새 하늘과 새 땅을 보았습니다. 이전의 하늘과 이전의 땅이 사라지고, 바다도 없어졌습니다.
2 나는 또, 거룩한 도시 새 예루살렘이 남편을 위하여 단장한 신부와 같이 차리고, 하나님께로부터 하늘에서 내려오는 것을 보았습니다.
3 그 때에 나는 보좌에서 큰 음성이 울려 나오는 것을 들었습니다. "보아라,
하나님의 집이 사람들 가운데 있다.
하나님께서 그들과 함께 계실 것이요,
그들은 하나님의 백성이 될 것이다.
하나님께서는 친히 그들과 함께 계시고,
 4 그들의 눈에서
모든 눈물을 닦아 주실 것이니,
다시는 죽음이 없고,
슬픔도 울부짖음도 고통도 없을 것이다.
이전 것들이 다 사라져 버렸기 때문이다."
 5 그 때에 보좌에 앉으신 분이 말씀하셨습니다. "보아라, 내가 모든 것을 새롭게 한다." 또 말씀하셨습니다. "기록하여라. 이 말은 신실하고 참되다."
 6 또 나에게 말씀하셨습니다. "다 이루었다. 나는 알파와 오메가, 처음과 마지막이다. 목마른 사람에게는 내가 생명수 샘물을 거저 마시게 하겠다.
 7 이기는 사람은 이것들을 상속받을 것이고, 나는 그의 하나님이 되고, 그는 내 자녀가 될 것이다.
 8 그러나 비겁한 자와 신실하지 못한 자와 가증한 자와 살인자와 음행하는 자와 마술쟁이와 우상 숭배자와 모든 거짓말쟁이들이 차지할 몫은 불과 유황이 타오르는 바다뿐이다. 이것이 둘째 사망이다."
 9 일곱 천사가 마지막 때에 일곱 재난이 가득 담긴 일곱 대접을 가졌는데, 그 가운데 하나가 나에게로 와서 말하기를 "이리로 오너라. 어린 양의 아내인 신부를 너에게 보여 주겠다" 하고,

10 나를 성령으로 휩싸서 높고 큰 산 위로 데리고 가서, 하나님께로부터 하늘에서 내려오는 거룩한 도시 예루살렘을 보여 주었습니다.

11 그 도시는 하나님의 영광에 싸였고, 그 빛은 지극히 귀한 보석과 같고, 수정과 같이 맑은 벽옥과 같았습니다.

12 그 도시에는 높고 큰 성벽이 있고, 거기에는 열두 대문이 달려 있었습니다. 그 열두 대문에는 열두 천사가 지키고 있고, 이스라엘 자손 열두 지파의 이름이 적혀 있었습니다.

13 그 대문은 동쪽에 셋, 북쪽에 셋, 남쪽에 셋, 서쪽에 셋이 있었습니다.

14 그 도시의 성벽에는 주춧돌이 열두 개가 있고, 그 위에는, 어린 양의 열두 사도의 열두 이름이 적혀 있었습니다.

15 나에게 말하던 그 천사는 그 도시와 그 문들과 성벽을 측량하려고, 금으로 된 자막대기를 가지고 있었습니다.

16 그 도시는 네 모가 반듯하고, 가로와 세로가 같았습니다. 그가 자막대기로 그 도시를 재어 보니, 가로와 세로와 높이가 서로 똑같이 만이천 스타디온이었습니다.

17 또 그가 성벽을 재어 보니, 사람의 치수로 백사십사 규빗이었는데, 그것은 천사의 치수이기도 합니다.

18 그 성벽은 벽옥으로 쌓았고, 도시는 맑은 수정과 같은 순금으로 되어 있었습니다.

19 그 성벽의 주춧돌들은 각색 보석으로 꾸며져 있었습니다. 첫째 주춧돌은 벽옥이요, 둘째는 사파이어요, 셋째는 옥수요, 넷째는 비취옥이요,

20 다섯째는 홍마노요, 여섯째는 홍옥수요, 일곱째는 황보석이요, 여덟째는 녹주석이요, 아홉째는 황옥이요, 열째는 녹옥수요, 열한째는 청옥이요, 열두째는 자수정이었습니다.

21 또 열두 대문은 열두 진주로 되어 있는데, 그 대문들이 각각 진주 한 개로 되어 있었습니다. 도시의 넓은 거리는 맑은 수정과 같은 순금이었습니다.

22 나는 그 안에서 성전을 볼 수 없었습니다. 그것은 전능하신 주 하나님과 어린 양이 그 도시의 성전이시기 때문입니다.

23 그 도시에는, 해나 달이 빛을 비출 필요가 없습니다. 그것은, 하

나님의 영광이 그 도성을 밝혀 주며, 어린 양이 그 도성의 등불이시기 때문입니다.
 24 민족들이 그 빛 가운데로 다닐 것이요, 땅의 왕들이 그들의 영광을 그 도시로 들여올 것입니다.
 25 그 도시에는 밤이 없으므로, 온종일 대문을 닫지 않을 것입니다. 그리고 사람들은 민족들의 영광과 명예를 그 도시로 들여올 것입니다.
 26 속된 것은 무엇이나 그 도시에 들어가지 못하고, 가증한 일과 거짓을 행하는 자도 절대로 거기에 들어가지 못합니다. 다만 어린 양의 생명책에 기록되어 있는 사람들만이 들어갈 수 있습니다.

간추린 영적인 뜻(21장 1-26절)

◆ 전장의 간추린 대의(大意)

우리의 본문 21장에서는 최후심판이 단행된 뒤 천계와 교회의 상태를 다루고 있습니다. 그리고 이 일이 있은 뒤 새로운 천계를 거쳐서 이 땅 위에 존재할 새로운 교회를 다루고 있는데, 이 교회는 오직 주님만을 예배할 것입니다(1-8절). 그리고 이 교회와 주님의 결합을 다루고 있습니다(9, 10절). 성언에서 비롯된 총명에 관한 그것의 기록에 대해서(11절), 그리고 그것에서 비롯된 교리에 대해서(12-21절), 그리고 모든 그것의 성질에 관해서(22-26절) 다루고 있습니다.

◆ 각절의 간추린 대의(大意)

[1절] :
 "나는 새 하늘과 새 땅을 보았습니다"라는 말씀은 새로운 천계(a New Heaven)가 주님에 의하여 기독교인들로부터 형성되었다는 것을 뜻하는데, 오늘날 이 하늘을 기독교 천계(the Christian Heaven)라고 부르는데, 여기에서는 오직 주님만을 예배하였고, 그리고 성경에 있는 주님

의 계명들에 따라서 산 사람들이 있고, 그리고 그것으로 말미암아 인애와 믿음을 가지고 있는 사람들이 있습니다. 그리고 이곳에는 모든 기독교인들의 나이 어린 아이들(infants)이 있습니다(본서 876항 참조). "이전의 하늘과 이전의 땅이 사라졌습니다"라는 말씀은, 주님에 의하여 형성되지 않고, 오히려 최후심판 때에 모두 소멸된 자들인, 기독교계에서 영계에 들어온 자들에 의하여 이루어진 천계를 뜻합니다(본서 877항 참조). "바다도 없어졌습니다"라는 말씀은 그 교회의 초기 설시 이래 기독교인들에게서 수집된 천계에 속한 외적인 것들이 주님의 생명책에 기록된 자들이 거기에서 선택되어 올리워지고, 그리고 구원 받은 뒤에, 마찬가지로 소멸되었다는 것을 뜻합니다(본서 848항 참조).

[2절] :
"나는 또 거룩한 도시 새 예루살렘이 하나님께로부터 하늘에서 내려오는 것을 보았습니다"라는 말씀은, 종전의 교회(=옛 교회·the former church)의 마지막 때에 주님께서 설시하실 새로운 교회(the New Church)를 뜻하는데, 그 교회는 교리의 측면에서 그리고 삶의 측면에서 신령진리들 안에서 새로운 천계(the New Heaven)와 제휴될 것입니다(본서 879·880항 참조). "(그 도시는) 남편을 위하여 단장한 신부와 같았습니다"라는 말씀은, 성언을 통하여 주님과 결합된 그 교회를 뜻합니다(본서 881항 참조).

[3절] :
"그 때에 나는 보좌에서 큰 음성이 울려 나오는 것을 들었습니다. '보아라, 하나님의 집(=장막)이 사람들 가운데 있다'"라는 말씀은 주님께서, 지금은 주님 친히 그분의 신령인성 안에서 사람들과 함께 계신다는 기쁜 소식(the glad tidings)을 말씀하시고, 선포하신다는 것을 뜻합니다(본서 882항 참조). "하나님께서 그들과 함께 계실 것이요, 그들은 하나님의 백성이 될 것이다. 하나님께서는 친히 그들과 함께 계실 것이다"라는 말씀은, 그들은 주님 안에, 주님께서는 그들 안에 있는 그런 성질의 주님과의 결합을 뜻합니다(본서 883항 참조).

[4절] :
"하나님께서는 그들의 눈에서 모든 눈물을 닦아 주실 것이니, 다시는 죽음이 없고, 슬픔도 울부짖음도 고통도 없을 것이다. 이전 것들이 다 사라져 버렸기 때문이다"는 말씀은 주님께서 지옥에서 비롯된 온갖 악

들이나 거짓들에 속한, 그리고 그것들에게서 비롯된 온갖 시험들에 속한 마음의 슬픔과 영벌의 두려움 따위를 제거해 주실 것이다는 것을 뜻하고, 그리고 그것들의 근원이 되는 용이 추방되었기 때문에 그들은 그런 것들을 기억하지 않을 것이다는 것을 뜻합니다(본서 884・885항 참조).
[5절] :
"그 때에 보좌에 앉으신 분이 말씀하셨습니다. '보아라, 내가 모든 것을 새롭게 한다' 또 말씀하셨습니다. '기록하여라. 이 말은 신실하고 참되다'"라는 말씀은 최후심판이 단행된 뒤 새로운 천계와 새로운 교회에 관해서 주님께서 하신 모든 확증을 뜻합니다(본서 886항 참조).
[6절] :
"또 나에게 말씀하셨습니다. '다 이루었다'"라는 말씀은 그것이 바로 신령진리이다는 것을 뜻합니다(본서 887항 참조). "나는 알파와 오메가, 처음과 마지막이다"라는 말씀은 주님께서 천지(天地)의 하나님이시다는 것과 그리고 천지에 있는 삼라만상(森羅萬象)은 주님께서 창조, 완성하셨다는 것과 그리고 그것들은 주님의 신령섭리(His Divine Providence)에 의하여 다스려지고, 그리고 그것에 일치하여 이루어진다는 것 등을 뜻합니다(본서 888항 참조). "목마른 사람에게는 내가 생명수 샘물을 거저 마시게 하겠다"라는 말씀은, 주님께서는 영적인 선용 때문에 진리들을 열망하는 사람들에게 그 선용에 도움이 되는 모든 것들을 주님으로부터 성언을 통하여 주실 것이다는 것을 뜻합니다(본서 889항 참조).
[7절] :
"이기는 사람은 이것들을 상속받을 것이고, 나는 그의 하나님이 되고, 그는 내 자녀가 될 것이다"는 말씀은 자신들 안에 있는 악들을 정복하는 사람들, 다시 말하면, 악마를 이기고, 그리고 바빌로니아 사람이나 용추종자들에 의한 시험들에 굴복하지 않는 사람들은 천계에 오르고, 그리고 거기에서 그들은 주님 안에, 주님께서는 그들 안에 살 것이다는 것을 뜻합니다(본서 890항 참조).
[8절] :
"그러나 비겁한 자와 신실하지 못한 자와 가증한 자"라는 말씀은 전혀 믿음 안에 있지 않고, 그리고 전혀 인애 안에 있지 않고, 그것으로 인하여 온갖 종류의 악들 안에 빠져 있는 자들을 뜻합니다(본서 891항 참

조). "살인자와 음행하는 자와 마술쟁이와 우상숭배자와 모든 거짓말쟁이들"이라는 말씀은 십성언(十聖言·the Decalogue)의 계명들을 무가치한 것으로 여기고, 그리고 거기에 죄들로 명명(明命)된 어떤 악들도 멀리 하지 않고, 따라서 그것들 안에 빠져서 사는 자들을 뜻합니다(본서 892항 참조). "그들이 차지할 몫은 불과 유황이 타오르는 바다뿐이다"라는 말씀은, 그들이 거짓에 속한 온갖 애욕들과 악에 속한 정욕들이 있는 지옥을 차지한다는 것을 뜻합니다(본서 893항 참조). "이것이 둘째 사망이다"라는 말씀은 영벌(永罰·damnation)을 뜻합니다(본서 894항 참조).
[9절] :
"일곱 천사가 마지막 때에 일곱 재난이 가득 담긴 일곱 대접을 가졌는데, 그 가운데 하나가 나에게로 와서 말하기를 '이리로 오너라. 어린 양의 아내인 신부를 너에게 보여 주겠다' 하였습니다"라는 말씀은, 성언을 통해서 주님에게 결합하게 될 새로운 교회에 관한 주님으로부터 천계에 속한 극내적인 것에서 나온 입류(入流·influx)와 현시(顯示·밝힘·manifestation)를 뜻합니다(본서 895항 참조).
[10절] :
"나를 성령으로 휩싸서 높고 큰 산 위로 데리고 가서, 하나님께로부터 하늘에서 내려오는 거룩한 도시 예루살렘을 보여 주었습니다"라는 말씀은, 요한이 삼층천(三層天·the third heaven)에 올리워졌다는 것과 거기에서 그의 시각이 열려졌다는 것과 그리고 교리의 측면에서 하나의 도시 모양으로 주님의 새로운 교회(the Lord's New Church)가 그의 앞에 분명하게 드러났다는 것 등을 뜻합니다(본서 896항 참조).
[11절] :
"그 도시는 하나님의 영광에 싸였고, 그 빛은 지극히 귀한 보석과 같고, 수정과 같이 맑은 벽옥과 같았습니다"라는 말씀은, 그것의 영적인 뜻으로 말미암아 투명하기 때문에 그 교회에서 성언(聖言·the Word)이 이해될 것이다는 것을 뜻합니다(본서 897항 참조).
[12절] :
"그 도시에는 높고 큰 성벽이 있었습니다"라는 말씀은 새로운 교회에 속한 교리의 근원인, 성언의 문자적인 뜻 안에 있는 성언을 뜻합니다(본서 898항 참조). "거기에는 열두 대문이 달려 있었습니다"라는 말씀

은, 사람이 그것에 의하여 교회에 인도되는 거기에 있는 진리와 선에 속한 모든 지식들을 뜻합니다(본서 899항 참조). "그 열두 대문에는 열 두 천사가 지키고 있고, 이스라엘 자손 열두 지파의 이름이 적혀 있었 습니다"라는 말씀은, 천계에 속한 신령진리들과 신령선들을 뜻하는데, 그것은, 사람이 주님으로 말미암아 그것들 안에 있지 않으면 어느 누 구도 천계에 들어가지 못하게 막는 이런 지식들이나 보호들 안에 있는 그 교회에 속한 신령진리들과 신령선들을 가리킵니다(본서 900항 참조).
[13절] :
"그 대문은 동쪽에 셋, 북쪽에 셋, 남쪽에 셋, 서쪽에 셋이 있었습니 다"라는 말씀은, 그 지식들 안에는 주님에게서 비롯된 천계로부터 영 적인 생명이 내재해 있는, 진리들과 선들에 속한 지식들이 있다는 것 을 뜻하고, 그리고 그것에 의하여 천계에의 입문이 이루어진다는 것을 뜻합니다. 왜냐하면 그 지식들은 사랑이나 또는 선에 속한 정동 안에 많이 있든 적게 있든 그런 사람들을 위한 것이고, 그리고 지혜나 또는 진리에 속한 정동 안에 많이 있든 적게 있든 그런 사람들을 위한 것이 기 때문입니다(본서 901항 참조).
[14절] :
"그 도시의 성벽에는 주춧돌이 열두 개가 있었습니다"라는 말씀은, 문 자적인 뜻 안에 있는 성언은 새로운 교회의 교리에 속한 것들을 모두 내포(內包)하고 있다는 것을 뜻합니다(본서 902항 참조). "그 위에는, 어 린 양의 열두 사도의 열두 이름이 적혀 있었습니다"라는 말씀은, 주님 에 관한, 그리고 그분의 계명들에 일치하는 삶에 관한 성언에서 비롯 된 교리에 속한 모든 것들을 뜻합니다(본서 903항 참조).
[15절] :
"나에게 말하던 그 천사는 그 도시와 그 문들과 성벽을 측량하려고, 금으로 된 자막대기를 가지고 있었습니다"라는 말씀은, 주님께서 사랑 에 속한 선 안에 있는 사람들에게, 교리와 그리고 그것의 서론적인 진 리들의 측면에서, 그리고 그것들의 근원인 성언의 측면에서, 주님의 새로운 교회의 성질이 무엇인지를 이해하고, 아는 기능(機能・the faculty of understanding and knowing)을 주셨다는 것을 뜻합니다(본서 904항 참조).
[16절] :

"그 도시는 네 모가 반듯하였습니다"라는 말씀은 그 교리 안에는 공정(公正・正義・justice)이 있다는 것을 뜻합니다(본서 905항 참조). "가로와 세로가 같았습니다"라는 말씀은, 본질과 형체(essence and form)와 같이, 그 교회 안에 있는 선과 진리는 한 몸을 이룬다는 것을 뜻합니다(본서 906항 참조). "그가 자막대기로 그 도시를 재어 보니, 가로와 세로와 높이가 서로 똑같이 만이천 스타디온이었습니다"라는 말씀은, 교리로부터 입증된 그 교회의 성질을 뜻하는데, 그것에 속한 모든 것들은 사랑에 속한 선에서 비롯되었다는 것을 뜻합니다(본서 907・908항 참조).

[17절] :
"그가 성벽을 재어 보니, 백사십사 규빗이었습니다"라는 말씀은, 그 교회의 진리들과 선들이 그것에서 비롯된 그 교회 안에 있는 성언의 성질이 어떤 것인지 입증되었다는 것을 뜻합니다(본서 909항 참조). "그것은 사람의 치수로, 천사의 치수이기도 합니다"라는 말씀은, 천계와 하나(一體)를 완성하는 그 교회의 성질(=본성・quality)을 뜻합니다(본서 910항 참조).

[18절] :
"그 성벽은 벽옥으로 쌓았고"라는 말씀은, 그 교회에 속한 사람들이 가지고 있는 성언에 속한 문자적인 뜻 안에 있는 신령진리는 성언의 영적인 뜻 안에 있는 신령진리로 말미암아 투명(透明)하다는 것을 뜻합니다(본서 911항 참조). "도시는 맑은 수정과 같은 순금으로 되어 있었습니다"라는 말씀은 그것으로 인하여 그 교회에 속한 모든 것들은 주님으로부터 천계를 거쳐서 나오는 빛과 함께 입류하는 사랑에 속한 선이다는 것을 뜻합니다(본서 912항 참조).

[19절] :
"그 성벽의 주춧돌들은 각색 보석으로 꾸며져 있었습니다"라는 말씀은 그 교회 안에 있는 자들이 가지고 있는 성언의 문자적인 뜻에서 취한 새 예루살렘의 교리에 속한 모든 것들은 수용(受容・reception)에 일치한 빛 가운데 나타날 것이다는 것을 뜻합니다(본서 914항 참조). "첫째 주춧돌은 벽옥이요, 둘째는 사파이어요, 셋째는 옥수요, 넷째는 비취옥이요."

[20절] :

"다섯째는 홍마노요, 여섯째는 홍옥수요, 일곱째는 황보석이요, 여덟째는 녹주석이요, 아홉째는 황옥이요, 열째는 녹옥수요, 열한째는 청옥이요, 열두째는 자수정이었습니다"라는 말씀은, 주님에게 직접 나아가고, 죄들로 여겨 악들을 단절하는 것에 의하여 십성언의 계명들에 일치하는 삶을 산 자들이 가지고 있는 성언의 문자적인 뜻에서 비롯된 그들의 계도 안에 있는 그 교리에 속한 모든 것들을 뜻합니다. 왜냐하면, 종교의 두 초석(礎石)인 하나님사랑과 이웃사랑의 교리 안에는 이런 사람들이 있고, 그렇지 않은 사람들은 결코 거기에 있지 않기 때문입니다(본서 915항 참조).

[21절] :
"열두 대문은 열두 진주로 되어 있는데, 그 대문들이 각각 진주 한 개로 되어 있었습니다"라는 말씀은, 성언에서 비롯된 것을 가리키는, 주님을 시인하고, 주님을 아는 지식이 그리고 교회로 인도하는 진리와 선에 속한 모든 지식들과 하나로 결속한다는 것을 뜻합니다(본서 916항 참조). "도시의 넓은 거리는 맑은 수정과 같은 순금이었습니다"라는 말씀은 그 교회에 속한 모든 진리나, 그 교회의 교리에 속한 모든 진리가 주님으로부터 천계를 통해서 온 빛과 함께 입류하는 사랑에 속한 선의 형체 안에 있다는 것을 뜻합니다(본서 917항 참조).

[22절] :
"나는 그 안에서 성전을 볼 수 없었습니다. 그것은 전능하신 주 하나님과 어린 양이 그 도시의 성전이시기 때문입니다"라는 말씀은, 이 교회 안에는 내적인 것에서 분리된 외적인 것은 어느 것도 존재하지 않을 것이다는 것을 뜻합니다. 그 이유는 교회에 속한 모든 것들의 근원 되시는 그분의 신령인성 안에 계시는 주님 그분에게만 사람들이 가까이 나아가고, 예배하고, 경배하기 때문입니다(본서 918항 참조).

[23절] :
"그 도시에는, 해나 달이 빛을 비출 필요가 없습니다. 그것은, 하나님의 영광이 그 도성을 밝혀 주며, 어린 양이 그 도성의 등불이시기 때문입니다"라는 말씀은, 그 교회에 속한 사람들은 자기사랑(自我愛)이나 자신들의 총명 안에, 따라서 자연적인 빛 안에 있지 않고, 오히려 오직 주님에게서 비롯된 성언의 신령진리에서 온 영적인 빛 안에 있을 것이다는 것을 뜻합니다(본서 919항 참조).

[24절] :
"구원받은 민족들이 그 빛 가운데로 다닐 것입니다"라는 말씀은 삶에 속한 선 안에 있고, 주님을 믿는 사람은 모두 거기에서 신령진리들에 일치하여 살 것이다는 것과 눈이 대상물들을 보는 것과 같이 신령진리들을 자신들 안에서 내적으로 볼 것이다는 것을 뜻합니다(본서 920항 참조). "땅의 왕들이 그들의 영광과 명예를 그 도시로 들여올 것입니다"라는 말씀은 영적인 선에서 비롯된 지혜에 속한 진리들 안에 있는 사람은 모두 거기에서 주님을 고백하고, 그리고 그들이 가지고 있는 모든 진리와 모든 선을 주님에게 돌리게 될 것이다는 것을 뜻합니다(본서 921항 참조).

[25절] :
"그 도시에는 밤이 없으므로, 온종일 대문을 닫지 않을 것입니다"라는 말씀은, 거기에는 그것에 속한 어떤 거짓도 없기 때문에, 주님에게서 비롯된 사랑에 속한 선에서 비롯된 진리들 안에 있는 자들은 계속해서 새 예루살렘에 영접될 것이다는 것을 뜻합니다(본서 922항 참조). "그리고 사람들은 민족들의 영광과 명예를 그 도시로 들여올 것입니다"라는 말씀은 거기에 들어오는 사람들은 주님께서 천지(天地)의 하나님이시다는 것과 그 교회의 모든 진리와 종교의 모든 선이 주님으로 말미암아 존재한다는 고백과 시인과 믿음을 그들이 가지고 오게 될 것이다는 것을 뜻합니다(본서 923항 참조).

[26절] :
"속된 것은 무엇이나 그 도시에 들어가지 못하고, 가증한 일과 거짓을 행하는 자도 거기에 들어가지 못합니다"라는 말씀은, 성언에 속한 선들을 섞음질하고, 진리들을 위화하는 자는, 그리고 확증으로부터, 따라서 온갖 거짓들로부터 악들을 행하는 자는, 어느 누구도 주님의 새로운 교회에 영접되지 않는다는 것을 뜻합니다(본서 924항 참조). "다만 어린 양의 생명책에 기록되어 있는 사람들만이 들어갈 수 있습니다"라는 말씀은 주님을 믿고, 그리고 성언 안에 있는 주님의 계명들에 일치하여 사는 사람들을 제외하면 다른 어느 누구도 새 예루살렘이 가리키는 새로운 교회에 영접되지 않을 것이다는 것을 뜻합니다(본서 925항 참조).

제 21장 상세한 영적인 해설(21장 1-26절)

876. 1절. 나는 새 하늘과 새 땅을 보았습니다.
이 말씀은, 주님께서 기독교인들로부터 새로운 천계(a New Heaven)를 완성하셨다는 것을 뜻합니다. 그것은 오늘날 기독교 천계라고 불리우며, 거기에는 주님만을 예배하였고, 그리고 성언에 있는 주님의 계명들에 일치하여 산 사람들이 있는데, 따라서 그들 안에는 인애와 믿음이 있습니다. 그리고 그 천계에는 기독교인들의 어린 것들(幼兒)이 모두 있습니다. 여기서 "새 하늘과 새 땅"은 눈에 보이는 자연적인 하늘(natural heaven)이나, 또는 사람들이 살고 있는 자연적인 땅(natural earth)을 뜻하지 않고, 오히려 천사들이 있는 곳인, 영적인 하늘과 그 하늘에 속한 땅을 뜻합니다. 이 하늘과 이 하늘의 땅이 뜻하는 것은, 그가 성경을 읽을 때 전적으로 자연적인 개념이나 물질적인 개념에서 어느 정도 물러날 수만 있다면, 어느 누구나 볼 수 있고, 시인할 수 있을 것입니다. 그것이 천사적인 하늘(=천사적인 천계)을 뜻한다는 것은 아주 명확한데, 그 이유는, 다음 절에서 "나는 또 거룩한 도시 새 예루살렘이 남편을 위하여 단장한 신부와 같이 차리고 하나님께로부터 하늘에서 내려오는 것을 보았습니다"라는 말씀이 언급되고 있기 때문입니다. 그리고 여기서 새 예루살렘은 하늘에서 내려오는 어떤 예루살렘을 뜻하지 않고, 오히려 교회를 뜻하고, 그리고 땅 위의 교회가 주님에게서 천사적인 천계(angelic heaven)에서 내려오는 교회를 뜻합니다. 그 이유는 천계의 천사들이나 땅 위의 사람들은 그 교회에 속한 모든 것들 안에서 하나(一體)를 완성하기 때문입니다(본서 626항 참조). 이렇게 볼 때, 우리의 본문절이나 그 아래의 구절에서 생각하였고, 그리고 생각하는 사람들은 이 세상의 멸망이나, 삼라만상의 새로운 창조에 관해서 자신들을 위한 신조(信條)나 교리(敎理)가 그 얼마나 자연적이고 물질적으로 날조(捏造)한 것인지 잘 알 수 있다는 것입니다. 이 새로운 천계가 묵시록서에서, 특히 14장과 15장에서 일시적으로 다루어졌습니다. 기독교 천계라고 하였는데, 그 이유는, 주님이 강림하시기

전의 교회에 속한 사람들로부터 존재하였던 고대천계(the ancient heaven)와는 엄연하게 분별되기 때문입니다. 이들 천계는 기독교 천계 위에 있습니다. 왜냐하면 각각의 천계는 마치 공간들과 같아서, 하나는 다른 것 위에 있기 때문입니다. 그것은 모든 개별적인 천계에서도 꼭 같습니다. 왜냐하면 각각의 천계는 그것 자체에 의하여 세 천계들(three heavens)로, 즉 극내적 천계 또는 삼층천, 중간 천계 또는 이층천, 그리고 가장 낮은 천계 또는 일층천으로 구분되기 때문입니다. 따라서 이 새로운 천계도 마찬가지입니다. 나는 이들 천계들을 보았고, 거기에 있는 그들과 대화도 하였습니다. 이 새로운 기독교 천계에 있는 사람들은 기독교회가 설시된 처음부터 주님만을 예배하였고, 성언에 있는 그분의 계명들에 따라서 산 사람들이고, 그러므로 인애 안에 있었고, 동시에 주님으로 말미암아 성언을 통한 믿음 안에 있었던 사람들입니다. 따라서 그들은 죽은 믿음(a dead faith) 안에 있지 않고, 오직 산 믿음(a living faith) 안에 있는 자들입니다. 이 천계에 대한 다종다양한 것들은 앞서의 설명을 참조하십시오(본서 612·613·626·631·659·661·845·846·856항 참조). 그 천계에는 마찬가지로 기독교인들의 어린 것들(幼兒)도 모두 있습니다. 그 이유는 천지(天地)의 하나님으로서의 시인과 십성언의 계명들에 일치하는 삶이 교회의 두 본질적인 것들이다는 교리 안에 있는 천사들에 의하여 교육을 받기 때문입니다.

877. 이전의 하늘과 이전의 땅이 사라졌습니다.
이 말씀은 주님께서 세우시지 않고, 다만 기독교계에서 영계에 온 자들에 의하여 형성된 천계를 뜻하는데, 그 천계는 최후심판 때에 모두 소멸한 자들에 의하여 형성되었습니다. 우리의 본문 "사라진 이전의 하늘과 이전의 땅"이 이들 천계이고, 그 외의 다른 것을 뜻하지 않는다는 것은, 이런 말씀이 언급된 본서 865항에서 잘 알 수 있습니다. 거기에는—.

> 나는 크고 흰 보좌와 그 위에 앉으신 분을 보았습니다. 땅과 하늘이 그 앞에서 사라지고, 그 자리마저 찾아볼 수 없었습니다.
> (묵시록 20 : 11)

거기에서 입증된 것은, 위의 말씀이 시민적인 선이나 윤리적인 선 안에 있지만, 결코 영적인 선 안에 있지 않는 자들, 다시 말하면 외적인 것들 안에서는 기독교인들처럼 보이지만, 내적인 것들 안에서는 악마들이 있는 자들로 이루어진 모든 이전의 천계에 주님께서 단행하신 보편적인 심판을 뜻한다는 것과 그리고 그들의 땅과 함께 이 천계들이 완전히 소멸되었다는 것을 뜻한다는 것이었습니다. 왜냐하면 이 주제와 관계되는 그 밖의 다른 개별적인 것들은 1758년 런던에서 출간된 ≪최후심판≫(the Last Judgment)과 암스텔담에서 출간된 ≪최후심판·속편≫을 참조하십시오. 여기에서 더 많은 내용을 인용한다는 것은 필요하지 않겠습니다.

878. 바다도 없어졌습니다.

이 말씀은 교회가 설시된 처음부터 기독교인들로부터 이루어진 천계의 외적인 것들이, 주님의 생명책에 기록된 사람들이 거기에서부터 올리워지고, 구원받은 뒤에, 앞에서와 같이 모두 소멸되었다는 것을 뜻합니다. 여기서 "바다"(sea)는, 교회에 관계되는 것들에 관해서 자연적으로는 생각하지만, 영적으로는 생각하지 못하는 소박한 사람들(the simple)이 있는 천계에 속한 외적인 것이나, 그 교회의 외적인 것을 뜻합니다. 이런 부류의 사람들이 있는 천계를 외적인 천계라고 합니다(본서 238·239·403·404·420·466·470·659·661항 참조). 그리고 여기서 "바다"는 교회가 설시된 처음부터 기독교인들로부터 모여서 이루어진 외적인 천계를 뜻합니다. 그러나 기독교인들로 이루어진 내적인 천계는, 최후심판이 다루어진 묵시록서의 14장과 15장, 그리고 20장 4, 5절에서 볼 수 있듯이, 최후심판 이전에, 그리고 최후심판 이후에도 주님에 의하여 충분하게 이루어지지 않았습니다. 이러한 내용은 그것에 관해서 설명된 것을 참조하십시오. 이러한 일, 즉 내적인 천계가 충분하게 형성되지 않은 이유는, 용과 그의 두 짐승들이 영들의 세계에서 통치력을 쥐고 있었고, 그리고 그들이 누구나 타락시킬 수 있는 유혹의 정욕으로 불타고 있었기 때문입니다. 그러므로 그들을 가능한 한 빨리 천계에 모이게 한다는 일은 매우 위험한 일이었습니다. 용추종자들로부터 선한 자들을 분리시키는 일과 그리고 용추종자들의 유죄선고(有罪宣告)와 그리고 종국에 그들을 지옥으로 내쫓는 일 등이 여러 곳에서 다루어졌지만, 마지막으로는 19장 20절, 20장 10절에서 다루어졌습니다. 그리고 이런 일이 있은 뒤에는 "바다가 그 속에 있는 죽은 사람들을 내놓다"(13절)라고 언급하고 있는데, 여기서 이들은 심판대에 호출된 교회에 속한 겉사람들이나 자연적인 사람들을 가리킵니다 (본서 869항 참조). 그리고 위의 말씀(13절)은 그 때 주님의 생명책에 기록된 자들의 분리와 구원에 관한 것을 뜻하는데, 이런 내용에 관해서는 같은 단락을 참조하십시오. 이러한 내용이 여기서 뜻하는 "바다"입니다. 기독교인들에 속한 새로운 천계가 다루어진 다른 곳에서는 "불이 섞인 유리 바다"(묵시록 15 : 2)에까지 범위를 넓혀서 언급되었는데, 여기서 "바다"는 역시 기독교인들에 속한 외적인 천계를 뜻합니다(본서 659·661항 참조). 이런 것들에서 밝히 알 수 있는 것은, 우리의 본문, "바다도 없어졌습니다"라는 말씀은, 주님의 생명책에 기록된 사람들이 거기에서 올리워졌고, 그리고 구원받은 뒤, 그 교회가 설시된 처음부터 기독교인들로부터 이루어진 외적인 천계가 마찬가지로 소멸되었다는 것을 뜻합니다. 그 교회가 설시된 처음부터 기독교인들로부터 이루어진 외적인 천계에 관해서 수많은 개별적인 것들을 살펴볼 수 있는 일이 나에게 허락되었는데, 여기서 그것을 인용한다는 것은 매우 지루할 것입니다. 여기서는 다만 최후심판 때에 소멸된 이전 하늘(the former heaven)만 부연하는 것이 허락되었는데, 그것은 외적인 천계, 곧 바다에 있는 자들을 위한 것입니다. 그 이유는 그들이 내적인 것들에 의한 것은 아니지만, 외적인 것들에 의하여 결속되어 있기 때문입니다. 그 주제에 관한 그 밖의 내용은 앞서의 설명에서 볼 수 있겠습니다(본서 398항 참조). 외적인 교회(the external church)에 속한 사람들이 있는 천계가 "바다"라고 불리운 이유는, 영계에서 그들의 거처(居處)가 멀리에서는 마치 바다에 있는 것처럼 보이기 때문입니다. 왜냐하면 가장 높은 천계의 천사들인 천적인 천사들(the celestial angels)은 이른바 에텔 대기권(an ethereal atmosphere)에서 살기 때문입니다. 그리고 중간 천계에 속한 천사들인, 영적인 천사들은 대기권(an aerial atmosphere)에서 살고, 그리고 가장 낮은 천계에 속한 천사들인 영적 자연적 천사들(the spiritual natural angels)은, 앞에서 이미 언급한 것과 같이 멀리서 보면 마치 바다와 같이 보이는 물과 같은 대기권(a watery atmosphere)에서 살기 때문입니다. 따라서 성경의 수많은 곳에 나오는 "바다"는 천계에 속한 외적인 것을 뜻한다는 것입니

879. 2절. 나(=나 요한)는 또 거룩한 도시 새 예루살렘이 하나님께로 부터 하늘에서 내려오는 것을 보았습니다.
이 말씀은 이전 하늘(the former heaven)의 마지막 때에 주님께서 설시한 새로운 교회가, 교리의 측면에서, 그리고 삶의 측면에서, 신령진리들 안에서 새로운 천계(=새 하늘·the New Heaven)와 제휴(提携)할 것이다는 것을 뜻합니다. 여기서 요한이 "나 요한"라고 자신의 이름을 부른 이유는, 그가 주님사랑에 속한 선을 뜻하고, 그리고 거기에서 비롯된 선한 삶(the good of life)을 뜻하는 사도를 뜻하기 때문에, 그러므로 그는 다른 사도들에 비하여 더 많은 사랑을 받았고, 최후만찬에서는 주님의 가슴에 있었기(요한 13 : 23 ; 21 : 20) 때문입니다. 마찬가지로 지금 여기서 다루고 있는 이 교회를 뜻하기 때문입니다. "예루살렘"이 그 교회를 뜻한다는 것은, "도시"라고 불리운 다음의 단락에서 잘 볼 수 있겠습니다. 그리고 영적인 뜻으로 "도시"(=성읍)는 교리를 뜻하기 때문에(본서 194·712항 참조), 도시는 교리로 말미암아, 그리고 그것에 일치하는 삶 때문에 도시가 기술되었습니다. 그 도시가 거룩하다고 불리운 것은 오직 거룩하신 주님으로 말미암은 것이고, 그 도시가 거룩하다고 한 것은 주님으로부터 온 성언에서 비롯된 그것 안에 신령진리들이 있기 때문입니다(본서 173·586·666·852항 참조). 그리고 도시가 "새롭다"(new)고 한 것은 그 보좌에 앉으신 분이 "보아라, 내가 모든 것을 새롭게 한다"(21 : 5)고 말씀하셨기 때문이고, 그리고 "하나님께로부터 하늘에서 내려온다"라고 언급하였는데, 그것은 우리의 본문장 1절에서 다룬 바 있는 주님으로부터 새로운 기독교 천계(the New Christian Heaven)를 통해서 그 도시가 내려왔기 때문입니다(본서 876항 참조). 왜냐하면 땅 위에 있는 교회는 주님에 의하여 천계를 통해서 설시되었는데, 그것은 교회와 천계가 하나(一體)와 같이 활동하고, 그리고 제휴하기 위해서 입니다.

880. 성경에서 "예루살렘"이 교회를 뜻하는 이유는, 다른 곳에는 결코 없지만, 가나안 땅 거기에는 성전(聖殿)과 제단(祭壇)이 있었고, 그리고 제사들이 드려졌고, 따라서 신령예배 자체가 있었기 때문입니다. 그러므로 또한 해마다 세 번 축제가 열렸으며, 그리고 가나안 땅에 사는 모든 남자들이 그 축제에 참여하도록 엄명되었기 때문입니다. 따라

서 "예루살렘"은 예배의 측면에서 교회를 뜻하고, 그러므로 교리의 측면에서 교회를 뜻한다고 하겠습니다. 왜냐하면 예배는 교리 안에 규정되어 있고, 그것에 따라서 행해지기 때문입니다. 마찬가지로 주님께서는 예루살렘에 계셨고, 그리고 그분의 성전에서 가르치셨으며, 그 뒤에는 주님은 거기에서 그분의 인성을 영광화하셨기 때문입니다. "예루살렘"이 교리의 측면에서, 그리고 그것에서 비롯된 예배의 측면에서, 교회를 뜻한다는 것은 성경의 수많은 장절들에게서 잘 드러나고 있습니다. 예를 들면 이사야서의 아래 장절이 되겠습니다.

> 시온의 공의가 빛처럼 드러나고,
> 예루살렘의 구원이 횃불처럼 드러날 때까지,
> 시온을 격려해야 하므로,
> 내가 잠잠하지 않겠고,
> 예루살렘이 구원받기까지 내가 쉬지 않겠다.
> 이방 나라들이 네게서
> 공의가 이루어지는 것을 볼 것이다.
> 뭇 왕이 네가 받은 영광을 볼 것이다.
> 사람들이 너를 부를 때에,
> 주께서 네게 지어 주신
> 새 이름으로 부를 것이다.
> 또한 너는 주의 손에 들려 있는
> 아름다운 면류관이 될 것이며,
> 하나님의 손바닥에 놓여 있는
> 왕관이 될 것이다.……
> 오직 너를 '하나님께서 좋아하시는 여인'이라고 부르고,
> 네 땅을 '결혼한 여인'이라고 부를 것이니,
> 이는 주께서 너를 좋아하시며,
> 네 땅을 아내로 맞아 주는
> 신랑과 같이 되실 것이기 때문이다.……
> 보아라, 주께서 땅 끝까지 선포하신다.……
> 보아라, 너의 구원자가 오신다.
> 그가 구원한 백성을 데리고 오신다.……
> 사람들은 그들을
> '거룩한 분의 백성'이라고 부르며

'주께서 속량하신 백성'이라고 부를 것이다.
사람들은 너 예루살렘을
'하나님께서 사랑한 도성'이라고 부르며,
'하나님께서 버리지 않은 도성'이라고
부를 것이다.
(이사야 62 : 1-4, 11, 12)

이사야서 62장은 주님의 강림(降臨)과 주님에 의하여 설시될 새로운 교회에 관해서 다루고 있습니다. 이 새로운 교회가 바로 "예루살렘"이 뜻하는 교회인데, 그 교회는 "사람들이 너를 부를 때에 주께서 네게 지어 주신 새 이름으로 부를 것이다"라고 하였고, 그리고 "너는 주의 손에 들려 있는 아름다운 면류관이 될 것이며, 하나님의 손바닥에 놓여 있는 왕관이 될 것이다. 이는 주께서 그 안에서 좋아하시기 때문이다"라고 하였고, 그리고 "사람들은 너 예루살렘을 '하나님께서 사랑한 도성'이라고 부르며, '하나님께서 버리지 않은 도성'이라고 부를 것이다"라고 언급되었기 때문입니다. 이런 예언의 말씀들은, 주님께서 이 세상에 강림하셨을 때, 유대 사람들이 살고 있던, 그 예루살렘에는 적용될 수 없겠습니다. 왜냐하면 그 도성의 여러 측면에서 이 말씀들은 정반대이고, 그 뒤에 언급되고 있듯이, 오히려 소돔이라고 부를 수 있기 때문입니다(묵시록 11 : 8 ; 이사야 3 : 9 ; 예레미야 23 : 14 ; 에스겔 16 : 46, 48). 이사야서의 다른 곳에서도 마찬가지입니다.

"내가 새 하늘과 새 땅을 창조할 것이니,
이전 것들은
기억되거나 마음에 떠오르거나
하지 않을 것이다.
그러니 너희는 내가 창조하는 것을
길이길이 기뻐하고 즐거워하여라.
내가 예루살렘을
기쁨이 가득 찬 도성으로 창조하고,
그 주민을
행복을 누리는 백성으로 창조하겠다.
예루살렘은 나의 기쁨이 되고,
거기에 사는 백성은

나의 즐거움이 될 것이니,
　　그 안에서 다시는
　　울음 소리와 울부짖는 소리가
　　들리지 않을 것이다."……
　　"이리와 어린 양이 함께 풀을 먹으며,
　　사자가 소처럼 여물을 먹으며,
　　뱀이 흙을 먹이로 삼을 것이다.
　　나의 거룩한 산에서는
　　서로 해치거나 상하게 하는 일이
　　전혀 없을 것이다."
　　(이사야 65 : 17-19, 25)

이 장에서도 역시 주님의 강림과 주님께서 장차 설시하실 교회에 관해서 다루고 있습니다. 그리고 이 교회는 예루살렘에 살고 있는 사람들로 이루어지지 않고, 예루살렘 밖에 있는 사람들로 세워질 것입니다. 그러므로 이 교회는 "예루살렘"이 뜻하는데, 따라서 예루살렘은 주님에게는 기쁨이 되고, 거기에 사는 백성은 그에게 "즐거움"이 될 것이고, 거기에는 "이리와 어린 양이 함께 풀을 먹으며," 그리고 거기에서 "그것들은 서로 해치는 일을 하지 않을" 예루살렘은 교회를 뜻합니다. 묵시록서에서와 꼭 같이 여기서도 언급되고 있는데, 그것은 주님께서 "새 하늘과 새 땅을 창조할 것이고" 그리고 역시 "주님께서 예루살렘을 창조할 것이다"고 하였는데, 이러한 말씀들은 역시 동일한 뜻을 가지고 있습니다. 이사야서의 다른 곳의 말씀입니다.

　　너 시온아, 깨어라, 깨어라!
　　힘을 내어라.
　　거룩한 성 예루살렘아,
　　아름다운 옷을 입어라.
　　이제 다시는
　　할례받지 않은 자와 부정한 자가
　　너에게로 들어와 끼지 못할 것이다.
　　예루살렘아,
　　먼지를 털고 일어나서 보좌에 앉아라.
　　포로된 딸 시온아,

너의 목에서 사슬을 풀어 내어라.……
"반드시 나의 백성이
나의 이름을 알게 될 것이다.
그 날이 오면,
반드시 나의 백성은
내가 하나님이라는 것과
내가 그들에게 말한 하나님이었다는 것을
알게 될 것이다."……
너희 예루살렘의 황폐한 곳들아,
함성을 터뜨려라. 함께 기뻐 외쳐라.
주께서 당신의 백성을 위로하셨고,
예루살렘을 속량하셨다.
(이사야 52 : 1, 2, 6, 9)

여기의 장절도 역시 주님의 강림과 주님께서 설시하실 교회에 관해서 다루고 있습니다. 따라서 "할례받지 않은 자와 부정한 자가 들어가지 못할" "예루살렘"은, 그리고 "주님께서 속량하실 예루살렘"은 교회를 뜻하고, 그리고 "거룩한 성 예루살렘"은 주님에게서 비롯된, 그리고 주님에 관한 교리의 측면에서 교회를 뜻합니다. 스바냐서의 말씀입니다.

도성 시온아, 노래하여라.
이스라엘아, 즐거이 외쳐라.
도성 예루살렘아,
마음껏 기뻐하며 즐거워하여라.
주께서 징벌을 그치셨다.
너의 원수를 쫓아내셨다.
이스라엘 왕 주께서 너와 함께 계시니,
네가 다시는
화를 당할까 두려워하지 않을 것이다.……
주 너의 하나님이
너희와 함께 계신다.
구원을 베푸실 전능하신 하나님이시다.
너를 보고서 기뻐하고 반기시고,

> 너를 사랑으로 새롭게 해주시고,
> 너를 보고서 노래하며 기뻐하실 것이다.……
> 그 때가 되면,……
> 이 땅의 모든 민족 가운데서,
> 너희가 영예와 칭송을 받게 하겠다.
> (스바냐 3 : 14, 15, 17, 20)

여기서도 앞서와 마찬가지로 주님과 주님에게서 비롯된 교회가 다루어지고 있습니다. 이런 내용에 대해서, 주님을 가리키는 "이스라엘의 왕"은 "마음껏 기뻐하며, 즐거워할 것이고" 그리고 그의 사랑 가운데서 "주께서 새롭게 해주시고"(=쉬게 할 것이고), 주님께서는 그들에게 "이 땅의 모든 민족 가운데서 너희가 영예와 칭송을 받게 할 것이다"라고 하였습니다. 이사야서의 말씀입니다.

> 너의 구원자,
> 너를 모태에서 만드신 주께서 말씀하신다.
> "내가 바로 만물을 창조한 주다.
> 나와 함께 한 이가 없이,
> 나 혼자서 하늘을 폈으며, 땅도 넓혔다."……
> "예루살렘을 보시고서는……
> 유다의 성읍들을 보시고는
> '이 성읍들이 재건될 것이다.
> 내가 그 허물어진 곳들을
> 다시 세우겠다' 하신다."
> (이사야 44 : 24, 26)

다니엘서의 말씀입니다.

> 그러므로 너는 다음과 같은 사실을 깨달아 알아야 한다. 예루살렘을 보수하고, 재건하라는 말씀(=명령)을 내린 때로부터 기름을 부어서 세운 왕(=메시아)이 오기까지는 이레(=주간)가 지나갈 것이다.
> (다니엘 9 : 25)

이 구절에서도 역시 "예루살렘"은 교회를 뜻하는 것이 명확한데, 그것은 주님에 의하여 예루살렘이 보수되고 재건될 것이기 때문입니다. 그러나 예루살렘은 유대 사람이 사는 장소를 뜻하지는 않습니다. 스가랴서의 아래 장절에서도 역시 "예루살렘"은 주님에게서 비롯된 교회를 뜻합니다.

> 나 주가 말한다.
> 내가 시온으로 돌아왔다.
> 내가 예루살렘에서 살겠다.
> 예루살렘은 '성실한 도성'이라고 불리고,
> 나 만군의 주의 산은
> '거룩한 산'이라고 불릴 것이다.……
> 그 때가 되면, 말이 다른 이방 사람 열 명이 유다 사람 하나의 옷자락을 붙잡고, '우리가 너와 함께 가겠다. 하나님이 너희와 함께 계신다는 말을 들었다' 하고 말할 것이다.
> (스가랴 8 : 3, 20-23)

요엘서의 말씀입니다.

> "이스라엘아, 그 때에 너희는,
> 내가 주 너희의 하나님임을 알아야 한다.
> 나는 거룩한 산 시온에서 산다.
> 예루살렘은 거룩한 곳이 되고,
> 다시는 이방 사람이
> 그 도성을 침범하지 못할 것이다.
> 그 날이 오면,
> 산마다 새 포도주가 넘쳐 흐를 것이다.
> 언덕마다 젖이 흐를 것이다.……
> 유다 땅은 영원히 있겠고,
> 예루살렘도 대대로 그러할 것이다.
> (요엘 3 : 17, 18, 20)

이사야서의 말씀입니다.

> 그 날이 오면,

주께서 돋게 하신 싹이 아름다워지고
영화롭게 될 것이며,
이스라엘 안에 살아 남은 사람들에게는,
그 땅의 열매가 자랑거리가 되고
영광이 될 것이다.
그 때에는,
시온에 남아 있는 사람들,
예루살렘에 머물러 있는 사람들,
곧 예루살렘에 살아 있다고
명단에 기록된 사람들은 모두
'거룩하다'고 일컬어질 것이다.
(이사야 4 : 2, 3)

미가서의 말씀입니다.

그 날이 오면,
주의 성전이 서 있는 주의 산이
산들 가운데서 가장 높이 솟아서,
모든 언덕을 아래로 내려다 보며,
우뚝 설 것이다.
민족들이 구름처럼 그리로 몰려올 것이다.
민족마다 오면서 이르기를
"자, 가자.
우리 모두 주의 산으로 올라가자.
야곱의 하나님이 계신 성전으로
어서 올라가자.
주께서 우리에게
주의 길을 가르치실 것이니,
주께서 가르치시는 길을 따르자" 할 것이다.
율법이 시온에서 나오며,
주의 말씀이 예루살렘에서 나온다.……
도성 시온의 산아,
너의 이전 통치가 회복되고
도성 예루살렘의 왕권이
네게로 돌아올 것이다.

(미가 4 : 1, 2, 8)

예레미야서의 말씀입니다.

그 때에는 누구나 예루살렘을 주의 보좌라고 부를 것이며, 뭇 민족이 그리로, 예루살렘에 계시는 주님 앞으로 모일 것이다. 그들이 다시는 자기들의 악한 마음에서 나오는 고집대로 살지 않을 것이다.
(예레미야 3 : 17)

또 이사야서의 말씀입니다.

우리가 마음껏 절기를 지킬 수 있는
우리의 도성 시온을 보아라.
옮겨지지 않을 장막, 예루살렘을 보아라.
우리가 살기에 얼마나 안락한 곳인가?
절대로 옮겨지지 않을 장막과도 같다.
그 말뚝이 절대로 뽑히지 않을 것이며,
그 줄이 하나도 끊어지지 않을 것이다.
(이사야 33 : 20)

이 밖에도 여러 장절들이 있습니다(이사야 24 : 23 ; 37 : 32 ; 66 : 10-14 ; 스가랴 12 : 3, 6, 8-10 ; 14 : 8, 11, 12, 21 ; 말라기 3 : 2, 4 ; 시편 122 : 1-7 ; 137 : 5-7). 이런 장절에 나오는 "예루살렘"이, 가나안 땅에서 유대 사람이 살고 있는 예루살렘을 뜻하지 않고, 주님에 의하여 세워질 교회를 뜻한다는 것은 후자에 관해서 전적으로 깨어졌고, 장차 깨어질 것이다고 언급된 성경의 여러 장절들에게서 명확합니다(예레미야 5 : 1 ; 6 : 6, 7 ; 7 : 17, 18 ; 8 : 6-8 ; 9 : 10, 11, 13 ; 13 : 9, 10, 14 ; 14 : 16 ; 애가 1 : 8, 9, 17 ; 에스겔 4 : 1-17 ; 5 : 9-17 ; 12 : 18, 19 ; 15 : 6-8 ; 16 : 1-63 ; 23 : 1-49 ; 마태 23 : 37, 38 ; 누가 19 : 41-44 ; 21 : 20-22 ; 23 : 28-30 ; 그리고 그 밖의 여러 장절들).

881. 남편을 위하여 단장한 신부와 같이 차리고…….
이 말씀은 성언을 통해서 주님과 결합한 교회를 뜻합니다. 요한은 "거룩한 도시 새 예루살렘이 하나님께로부터 하늘에서 내려오는 것을 보았습니다"라고 언급하였고, 여기서는 "남편을 위하여 신부와 같이 단장한 그 도시"를 보았다고 언급하였습니다. 이런 표현에서 밝히 알 수 있는 것은, "예루살렘"이 교회를 뜻한다는 것이고, 그리고 그는 처음에는 도시로 그것을 보았고, 그 뒤에는 신부로 그것을 보았다는 것입니다. 따라서 표징적으로는 그는 도시로 보았고, 영적으로는 처녀 신부(a Virgin Bride)로서 보았습니다. 따라서 이중(二重)의 개념으로 보았는데, 즉 하나가 다른 것 안에, 또는 다른 것 위에 있는 개념으로 보았습니다. 그것은 마치 천사들이 보는 것과 꼭 같았습니다. 천사들은, 그들이 성경에서 "한 도시"에 대해서 보고, 듣고, 읽을 때, 낮은 생각(the lower thought)의 개념으로는 하나의 도시를 지각하지만, 그러나 높은 생각(the higher thought)의 개념으로는 교리의 측면에서 교회를 지각합니다. 후자, 즉 그들이 그것을 갈망하고, 주님에게 간구하였다면, 그들은 그 교회의 본성에 따라서 아름다움 가운데, 그리고 옷 입혀진 처녀로서 그 교회를 보게 됩니다. 따라서 나에게 그 교회를 보는 것이 허락되었습니다. 여기서 "단장하였다"(=준비하였다)는 말은 그녀의 약혼자를 위하여 멋지게 옷차림을 하였다는 것을 뜻합니다. 그리고 교회는, 성언에 의한 것이 아닌 것 이외에는 결코 그녀의 약혼자를 위하여 옷 입혀지지 않고, 그리고 그 뒤에도 결합(結合·conjunction)이나 혼인(婚姻·marriage)을 위해서 몸단장을 하지 않습니다. 왜냐하면 이것은, 성언이 주님으로 말미암아 존재하고, 그리고 주님에 관한 것이고, 따라서 성언이 주님이시기 때문에, 오직 결합, 즉 혼인에 속한 유일한 수단이기 때문입니다. 이런 이유 때문에 성언은 "언약"(言約·契約·a covenant)이라고 불리웠고, 그리고 "언약"(covenant)은 영적인 결합을 뜻합니다. 성언은 바로 이 목적을 위하여 주어졌습니다. 여기서 "남편"이 주님을 뜻한다는 것은 우리의 본문장 9절과 10절에서 잘 알 수 있는데, 거기에서는 예루살렘이 "어린 양의 아내인 신부"라고 하였습니다. 주님께서 "신랑"과 "남편"으로 불리워졌다는 것, 그리고 교회가 "신부"와 "아내"로 불리워졌다는 것, 그리고 이 혼인이 선과 진리의 혼인(=결합)과 같다는 것, 그리고 혼인은 성언을 통하여 성사(成事)된다는 것은 앞서의 설명에서 잘 볼 수 있겠습니다(본서 797항 참조). 이렇게 볼 때 명확하게 드러나는 것은, "남편을 위하여 신부처럼 단장한 예루살렘"이 성언을 통해서 주님과 결합된 교회를 뜻한다는 것입니다

882. 3절. 그 때에 나는 보좌에서 큰 음성이 울려 나오는 것을 들었습니다.
"보아라,
하나님의 집(=장막)이 사람들과 함께 있다."
이 말씀은, 신령인성(His Divine Human) 안에 사람들과 함께 친히 계시겠다는 기쁜 소식을 사랑으로 말미암아 말씀하시고, 선포하는 주님을 뜻합니다. 이러한 내용은 바로 이 구절의 천적인 뜻입니다. 삼층천의 천사들을 가리키는 천적인 천사들은 이런 내용들 이외의 다른 것으로 이해하지 않습니다. 우리의 본문, "보좌에서(=하늘에서) 울려 나오는 큰 음성"에 의하여 그들은, 주님 이외에는 어느 누구도 하늘로부터 말할 수 없기 때문에, 사람으로부터 기쁜 소식(glad tidings)을 말씀하시고, 선포하시는 주님으로 이해합니다. 왜냐하면 천계는, 천사들에게 속한 그 어떤 것으로 말미암아 천계가 아니고, 오히려 주님에게 속한 신령한 것으로 말미암아 천계이고, 그 천사들은 그것에 속한 수용그릇들이기 때문입니다. 여기서 "큰 음성"(a great voice)은 사랑에서 비롯된 말(言語·speech)을 뜻하는데, 그것은 "크다"(great)는 말이 사랑에 관해서 서술하기 때문입니다(본서 656·663항 참조). "보아라, 하나님의 집(=장막)이 사람들과 함께 있다"는 말은 지금 주님께서 그분의 신령인성(=신령인간·His Divine Human) 안에 현존(現存)하신다는 것을 뜻합니다. "하나님의 집"(=하나님의 장막)은 천적인 교회(the celestial church)를 뜻하고, 보편적인 뜻으로는 주님의 천적 왕국(the Lord's celestial kingdom)을 뜻하고, 그리고 최고의 뜻으로는 주님의 신령인간을 뜻하는데, 이런 내용은 본서 585항을 참조하십시오. 최고의 뜻으로 "장막"(=성막·tabernacle)이 주님의 신령인간(=신령인성)을 뜻하는 이유는 "성전"(聖殿·temple)이 신령인간을 뜻하기 때문입니다. 이러한 사실은 요한복음서 2장 19, 21절, 말라기서 3장 1절, 묵시록서 21장 22절과 그 밖의 여러 장절에서 잘 나타나고 있습니다. 성막과 성전이 꼭 같은 뜻을 가리키지만, 차이가 있다면 "성전"은 신령진리, 또는 신령지혜의 측면에서 주님의 신령인성(=인간)을 뜻하고, "장막"(=성막)은 신령선, 또는 신령사랑의 측면에서 주님의 신령인성을 뜻합니다. 따라서 그 뒤에 이어지는 우리의 본문, "보아라, 하나님의 집(=장막)이 사람들과 함께 있다"는 말씀은 주님께서 지금 그분의 신령인성 안에 사람들과 함께 현존하신다는 것을 뜻한다는 것입니다.

883. "하나님께서 그들과 함께 계실 것이요,
그들은 하나님의 백성이 될 것이다.
하나님께서 친히 그들과 함께 계시고,
그들의 하나님이 되실 것이다."

이 말씀은 주님에게 속한 결합(結合 · conjunction)을 뜻하는데, 그것은 그들이 그분 안에, 그리고 그분이 그들 안에 있는 그런 결합을 가리킵니다. "하나님께서 그들과 함께 계실 것이다"는 말씀은, 곧 알게 되겠지만, 그들과의 주님의 결합을 뜻합니다. 그리고 "그들은 하나님의 백성이 될 것이고, 하나님께서 친히 그들과 함께 계시고, 그들의 하나님이 되실 것이다"라는 말씀은 그들은 주님의 것이고, 주님께서는 그들의 것이다는 것을 뜻합니다. "그들과 함께 산다"는 말이 결합을 뜻하기 때문에, 우리의 본문은 그들이 주님 안에 있을 것이고, 주님께서는 그들 안에 있다는 것을 뜻합니다. 그렇지 않다면 결합은 결코 이루어질 수 없기 때문입니다. 이러한 내용이 결합의 본질이라는 것은 요한복음서에서 주님께서 하신 말씀에서 아주 명확하게 드러납니다. 요한복음서의 말씀입니다.

(너희는) 언제나 내 안에 머물러 있어라. 그러면 나도 너희 안에 머물러 있겠다.……나는 포도나무요, 너희는 가지다. 사람이 내 안에 있고, 내가 그 사람 안에 머물러 있으면, 그는 많은 열매를 맺는다. 너희는 나를 떠나서는 아무것도 할 수 없다.
(요한 15 : 4, 5)

다른 곳의 말씀입니다.

그 날에 너희는, 내가 내 아버지 안에 있고, 너희가 내 안에 있고, 또 내가 너희 안에 있음을 알게 될 것이다.
(요한 14 : 20)
내 살을 먹고 내 피를 마시는 사람은 내 안에 있고, 나도 그 사람 안에 있다.
(요한 6 : 56)

인성의 입음(the assumption)이나, 출생에 의하여 그분 안에 계시는, 그리고 아버지(聖父・the Father)라고 불리우는, 신령존재(神靈存在・the Divine)와의 그것의 합일(合一・uniting)이 그것의 목적으로 사람들과의 결합을 가리킨다는 것은 역시 요한복음서에서 잘 나타나고 있습니다.

> 그들을 위하여 내가 나를 거룩하게 하는 것은, 그들도 진리로 거룩해지게 하려는 것입니다.……아버지께서 내 안에 계시고, 내가 아버지 안에 있는 것과 같이, 그들도 하나가 되어서 우리 안에 있게 하여 주십시오.……그것은 우리가 하나인 것과 같이, 그들도 하나가 되게 하려는 것입니다.……그것은, 아버지께서 나를 사랑하신 그 사랑이 그들 안에 있게 하고, 또한 나를 그들 안에 있게 하려는 것입니다.
> (요한 17 : 19, 21, 22, 26)

이렇게 볼 때 명확한 사실은, 거기에 주님의 신령인성(=인간)과의 결합이 있다는 것이고, 그리고 그것은 상호(相互)적이고, 따라서 만약에 그렇지 않다면 아버지(聖父・the Father)라고 불리우시는 신령존재(神靈存在・the Divine)와의 결합은 없다는 것 등등입니다. 역시 주님께서는, 그 결합이 성언에 속한 진리들에 의하여, 그리고 그 진리들에 일치하여 사는 삶에 의하여 이루어진다는 것을 친히 가르치셨습니다(요한 14 : 20-24 ; 15 : 7). 그러므로 이러한 내용은 우리의 본문, "하나님께서 그들과 함께 계실(=사실) 것이요, 그들은 하나님의 백성이 될 것이다. 하나님께서는 친히 그들의 하나님이 되실 것이다"는 말씀이 뜻하는 것입니다. 마찬가지로 동일한 말씀이 다른 여러 장절들에게서도 나타나고 있습니다(예레미야 7 : 23 ; 11 : 4 ; 에스겔 14 : 11 ; 예레미야 24 : 7 ; 30 : 22 ; 에스겔 11 : 20 ; 36 : 28 ; 37 : 23, 27 ; 스가랴 8 : 8 ; 출애굽 29 : 45). "그들과 함께 산다"(=함께 있다)는 말이 그들과의 결합을 뜻한다는 이유는, "산다"(to dwell)는 말이, 성경의 수많은 장절에서 나타나고 있는 것과 같이, 그리고 천계에 있는 천사들의 거처(居處)에서 나타나고 있는 것과 같이, 사랑으로 말미암은 결합을 뜻하기 때문입니다. 천계는 헤아릴 수 없는 수많은 사회들로 분별되고 있고, 그것들의 서로서로는, 일반적으로나 개별적으로나, 사랑에 속한 정동들의 등차(等次)에 따라서 분별되고, 그리고 각각의 사회는 하나의 종류에 속한 정동으로 이루어지고 있습니다. 그리고 그들은 그 정동의 종류에 속한 관계성이나 유연성(relationship and affinities)의 등차에 일치하여 거기에서 살고, 그리고 가장 밀접한 관계에 있는 그들은 동일한 집에서 삽니다. 따라서 혼인한 배우자들에 관해서 언급된 경우 "동거"(同居·cohabitation)는 영적인 뜻으로 사랑에 의한 결합을 뜻합니다. 우리가 잘 알고 있는 것은 주님과의 결합이 다르고, 주님의 현존(現存·臨在·His presence)이 다르다는 것입니다. 그리고 주님과의 결합은 그분에게 직접 나아가는 사람이 아니면, 주어지지 않지만, 그분의 현존은 그 밖의 사람들에게도 주어집니다.

884. 4절. "그들의 눈에서
모든 눈물을 닦아 주실 것이니,
다시는 죽음이 없고,
슬픔도 울부짖음도 고통도 없을 것이다.
이런 것들은 다 사라져 버렸기 때문이다."

이 말씀은, 주님께서 그들로부터 모든 마음의 슬픔과 지옥에서 비롯되는 온갖 악들과 거짓들 때문에 생긴 영벌의 두려움과 그리고 그것들도 생긴 시험들의 공포 따위를 모두 제거하실 것이라는 것을 뜻하고, 그리고 그들은, 그런 것들을 야기시켰던 용이 쫓겨났기 때문에, 그런 것들을 기억하지 않을 것이라는 것을 뜻합니다. "그들의 눈에서 모든 눈물을 닦아 주실 것이다"는 말씀은 주님께서 그들로부터 마음에 속한 모든 슬픔을 제거하실 것이라는 것을 뜻합니다. 왜냐하면 눈물을 흘린다는 것은 마음에 속한 슬픔에서 비롯되었기 때문입니다. 다시는 없을 "죽음"(death)은 영벌을 뜻하고(본서 325·765·853·873항 참조), 여기서는 영벌에 속한 공포(=두려움)을 뜻합니다. "다시는 없을 슬픔"은 지옥에서 오는 악들에 속한 두려움을 뜻하는데, 그것은 "슬픔"이 다양한 뜻들을 가지고 있기 때문입니다. "슬픔"은 다루고 있는 주제의 경우와 관계를 가지고 있는데, 여기서는 지옥에서 오는 온갖 악들에 속한 두려움(=공포)을 뜻하기 때문입니다. 그 이유는 영벌에 속한 두려움은 바로 앞에서 언급되었고, 지옥에서 오는 온갖 거짓들에 속한 두려움이나, 그것들에게서 생겨나는 온갖 시험들에 속한 두려움은 뒤이어 나오기 때문입니다. "울부짖음"은, 다음 단락에서 볼 수 있듯이, 지옥에서 비롯된 거짓들에 속한 두려움을 뜻합니다. "사라져 없어질 고통"(=애씀)은 온갖 시험들을 뜻합니다(본서 640항 참조). "이런 것들은 다 사라져 버렸기 때문이다"라는 말씀은, 그런 것들을 야기시키던 용이 쫓겨났기 때문에, 그들은 그런 것들을 기억하지 않을 것이다는 것을 뜻합니다. 왜냐하면 이런 것들은 사라져 없어진 종전의 것들을 형성하기 때문입니다. 그러나 이런 것들을 예를 들어서 설명하겠습니다. 모든 사람은 사후 제일 먼저 천계와 지옥 사이에 있는 영들의 세계(the world of spirits)에 들어가게 되고, 거기에서 선한 사람은 천계에 대해서 준비하고, 악한 사람은 지옥에 대해서 준비하게 됩니다. 그 세계에 관해서는 앞서의 설명을 참조하십시오(본서 784・791・843・850・866・869항 참조). 거기에는 자연계에서와 같이 여러 제휴(提携・consociation)들이나 연합들이 있기 때문에, 최후심판 전에는 겉으로는 시민적이고, 도덕적이지만, 속으로는 악한 사람도 서로 함께 있어야 하고, 그리고 마찬가지로 겉으로는 시민적이고 도덕적이지만, 그러나 속으로 선한 사람과 대화를 할 수밖에 없었습니다. 그리고 악한 사람 안에는 선천적으로 다른 사람을 타락시키려는 계속적인 정욕이 있기 때문에, 따라서 그들과 함께 하는 선한 사람은 여러 면에서 괴롭힘을 당하였습니다. 그러나 그것들의 괴롭힘이나 공격에 의하여 슬픔에 빠져 있고, 그리고 영벌의 두려움에 빠지게 되고, 그리고 지옥에서 온 온갖 악들이나 거짓들에 속한 두려움, 그리고 매우 심한 시험에 속한 공포에 빠지게 된 사람들은 주님께서 그들과 함께 하는 자들에게서 옮기셨고, 그리고 그 아래에 있는 어떤 땅으로 보내셨습니다. 그리고 거기에는 역시 수많은 사회들이 있었고, 그리고 그들은 거기에서 보호를 받았습니다. 그리고 이러한 일은, 최후심판에 의하여 이루어지는, 선한 사람에게서 모든 악한 자들이 분리될 때까지 행하여졌고, 그 때 낮은 땅에서 보호받던 사람들은 주님에 의하여 천계로 올리워졌습니다. 이런 괴롭힘들이나 공격 따위들은 대부분 "용"이나 그의 "짐승들"이 뜻하는 자들에 의하여 유발(誘發)되었습니다. 그러므로 용과 그의 두 짐승들은 불과 유황의 바다에 던져졌을 때, 그 때 모든 괴롭힘과 공격과 그리고 거기에서 비롯된 슬픔과 영벌이나 지옥에 속한 두려움 따위가 소멸되었기 때문에, 괴롭힘을 겪고, 공격을 받던 자들에게 언급된 말은 "하나님께서는 그들의 눈에서 모든 눈물을 닦아 주실 것이니, 다시는 죽음이 없고, 슬픔도 울부짖음도 고통도 없을 것이다. 이런 것들이 다 사라져 버렸기 때문이다"는 말씀인데, 이 말씀은 주님께서 그들에게서 마음의 모든 슬픔, 영벌에 속한 두려움, 그리고 지옥에서 온 온갖 악들이나 거짓들에 속한 공포 따위를 제거하실 것이다는 것을 뜻하고, 그것들에게서 생긴 비참한 시험에 속한 두려움을 제거하셨다는 것을 뜻하고, 또한 그런 것들을 유발하던 용이 쫓겨났기 때문에 그들이 그런 것들을 기억하지 않을 것이다는 것을 뜻합니다. 용과 그의 두 짐승들이 쫓겨났다는 것, 그리고 불과 유황의 바다(=못)에 던져졌다는 것 등은 위에서 볼 수 있겠습니다(묵시록 19 : 20 ; 20 : 10). 그리고 용이 공격하고, 괴롭혔다는 것은 수많은 장절들에게서 잘 드러나고 있습니다. 왜냐하면 용은 미가엘 천사와 싸웠고, 그리고 그 여인이 낳은 아이를 삼켜 버리려고 하였고, 또한 그 여인을 핍박하였고, 그녀의 남은 후손과 전쟁을 하였기 때문인데, 이러한 것은 12장 4, 5, 7-9, 13-17절과 13장 1절, 16장 13, 16절과 그 밖의 다른 장절들에게서 잘 드러나고 있기 때문입니다. 내면적으로 선한 수많은 자들이 용이나 그의 짐승들에 의하여 공격받고, 괴롭힘을 당하지 않게 하기 위하여, 이와 같이 주님에 의하여 보호받고 있다는 것은 묵시록 6장 9-11절에서, 그리고 그들이 공격받고 괴롭힘을 겪는다는 것은 묵시록 7장 13-17절에서, 그 뒤에 그들이 천계에 올리워졌다는 것은 20장 4, 5절과 그 밖의 장절에서 잘 드러나고 있습니다. "포로들"과 "구덩이에 감금된 자들" 그리고 "주님에 의하여 구출된 자들"은 꼭 같이 선한 사람들을 뜻합니다(이사야 24 : 22 ; 61 : 1 ; 누가 4 : 18, 19 ; 스가랴 9 : 11 ; 시편 79 : 11). 성경에서 무덤이 열렸다는 것과 최후심판과 부활을 기대한다고 언급된 영혼들은 모두가 이와 같은 동일한 내용을 뜻합니다.

885. 성경에서 "운다"(=울부짖음·crying)는 말이 슬픔과 지옥에서 비롯된 거짓들에 속한 두려움이나 공포, 그리고 그것들에 의한 황폐에 속한 그런 것들에 대한 언급이다는 것은 아래의 장절들에게서 잘 드러나고 있습니다.

"지난날의 괴로운 일들을,
내가 다시 기억하지 않고,
지나간 과거를,
내가 다시 뒤돌아보지 않기 때문이다."……
"예루살렘은 나의 기쁨이 되고,

거기에 사는 백성은
나의 즐거움이 될 것이니,
그 안에서 다시는
울음 소리와 울부짖는 소리가
들리지 않을 것이다."
(이사야 65 : 16, 19)

여기 묵시록서에서와 마찬가지로, 예루살렘에 관해서 언급하고 있습니다.

"유다가 슬피 울고,
성읍마다 백성이 기력을 잃고,
땅바닥에 쓰러져 탄식하며,
울부짖는 소리가
예루살렘에서 치솟는다."
(예레미야 14 : 2)

교회를 황폐하게 한 거짓에 대한 비애(悲哀)가 다루어졌습니다.

주께서는 그들이
선한 일 하기를 기대하셨는데,
보이는 것은 살육뿐이다.
주께서는 그들이
옳은 일 하기를 기대하셨는데,
들리는 것은
그들에게 희생된 사람들의 울부짖음뿐이다.
(이사야 5 : 7)
목자들이 울부짖는 소리와
양 떼의 인도자들이 통곡하는 소리를
들어 보아라.
주께서 그들의 목장을
파괴하셨기 때문이다.
(예레미야 25 : 36)
그 날이 오면,
'물고기 문'에서 곡성이, ······

산 위의 마을에서는
무너지는 소리가 날 것이다.……
그들은 재산을 빼앗기고 집도 헐릴 것이다.
(스바냐 1 : 10, 13)

이 밖에도 여러 장절들이 있습니다(이사야 14 : 31 ; 15 : 4-6, 8 ; 24 : 11 ; 30 : 19 ; 예레미야 46 : 12, 14). 그러나 주지하여야 할 것은, 성경에서 "울음"(crying)은 마음에서 터져 나오는 모든 정동과 관계되어 있다는 것입니다. 그러므로 그것은 비애·탄원·슬픔에서 나온 소원·애원·분노·고백에 속한 소리이다는 것, 그리고 환희에 속한 소리이기도 하다는 것입니다.

886. 5절. **그 때에 보좌에 앉으신 분이 말씀하셨습니다. "보아라, 내가 모든 것을 새롭게 한다." 또 말씀하셨습니다. "기록하여라. 이 말은 신실하고 참되다."**
이 말씀은, 영들의 세계(the world of spirits)에 들어오려는 자들에게, 그리고 주님께서 이 세상에 계실 때부터 지금까지 죽은 사람들에게 최후심판에 관해서 말씀하시는 주님을 뜻하고, 그리고 이전의 땅과 함께 이전의 하늘과 그리고 그것들 안에 있는 모든 것들이나 개별적인 것들이 함께 없어질 것이다는, 그리고 주님께서 새 땅과 함께 새 하늘을 창조하실 것이다는 것, 그리고 새 예루살렘이라고 부르는 새로운 교회(a New Church)를 세우실 것이다는 것과, 그리고 주님께서 그것을 증거하시고 말씀하셨기 때문에 그들이 그것을 명확하게 알게 하고, 그것을 기억 안에 두시기 위한 것이다는 것 등등을 말씀하시는 주님을 뜻합니다. 우리의 본문절과 그 아래의 절에 속한 내용들은 모두 합쳐서, 죽음 뒤에 즉시 일어나는 기독교계에서 영들의 세계에 들어오는 사람들에게 바빌론 사람들과 용추종자들에 의하여 유혹에 빠지지 않게 할 목적으로 언급된 것들입니다. 왜냐하면 위에서 언급한 것과 같이, 사후 모든 자들은 영들의 세계에 전부 모이기 때문이고, 그리고 거기에서도 자연계 안에서와 같이 서로 사회적인 교제(交際)를 가지고 있기 때문이고, 그리고 계속해서 유혹의 정욕으로 불태우는, 그리고 상상적이고 기만적인 술책에 의하여 자신들에게 맞는 천계를 형성하는 것, 말하자면, 그것에 의하여 그들이 능히 유혹하는 것이 허락된 바빌론 사람들이나 용추종자들과 함께 거기에 있기 때문에, 이런 일이 없도록 막기 위하여, 주님께서 이런 것들을 말씀하셨는데, 그것은 그들의 땅과 함께 있는 이런 천계들은 소멸할 것이다는 것과, 주님께서 새 하늘과 새 땅(a New Heaven and a New Earth)을 창조하실 것이다는 것을 그들이 명확하게 알게 하여, 그들이 스스로 유혹에 빠지지 않는 자들은 구원받을 것이다는 것들을 말씀하셨습니다. 그러나 주지하여야 할 것은 주님의 때로부터 1757년에 단행된 최후심판까지 살았던 자들에게 말씀하셨다는 것입니다. 그 이유는 이들은 유혹에 빠질 수 있기 때문입니다. 그러나 최후심판이 있은 뒤에는, 그와 같은 유혹은 더 이상 불가능한데, 그 이유는 바빌론 사람들이나 용추종자들이 분리되고, 쫓겨났기 때문입니다. 자, 우리는 그 설명에로 나아갑시다. "보좌에 앉으신 분"은 주님을 뜻합니다(본서 808항 참조). 여기서 주님께서 "보좌에"라고 말씀하신 이유는, 그분께서 "보아라, 내가 모든 것을 새롭게 한다"라고 말씀하셨기 때문인데, 이 말씀은 그분께서 최후심판을 단행할 것이다는 것을 뜻하고, 그리고 그 때 그것들 안에 있는 모든 것들과 함께, 새 하늘과 새 땅을 창조하실 것이다는 것을 뜻하고, 그리고 "보좌"가 표징적인 형태 안에 있는 심판을 뜻한다는 것 등등은 앞에서의 설명에서 볼 수 있겠습니다(본서 229・845・865항 참조). 그리고 이전 하늘과 이전 교회가 최후심판의 날에 소멸되었다는 것은 본서 865・877항을 참조하십시오. "또 말씀하셨습니다. '기록하여라. 이 말은 신실하고 참되다'"라는 말씀은, 주님께서 친히 그것을 입증하시고, 말씀하셨기 때문에 그들이 이것을 확실하게 알아야 하고, 그리고 그것을 기억하기 위한 것이다는 것을 뜻합니다. 주님께서 두 번씩이나 낱말 "말씀하셨다"는 말을 사용하셨다는 것은 그들이 그것을 확실하게 알게 하기 위한 것이다는 것을 뜻합니다(본서 639항 참조). "이 말은 신실하고 참되다"는 말씀은, 주님께서 친히 그것을 입증하였고, 말씀하셨기 때문에, 그들이 반드시 믿어야 한다는 것을 뜻합니다.

887. 6절. **또 나에게 말씀하셨습니다. "다 이루었다."**
이 말씀은 그것이 신령진리이다는 것을 뜻합니다. "나에게 말씀하셨습니다"라는 본문말씀이 그것이 바로 신령진리이다는 것을 뜻하는 이유는, 주님께서 세 번째 "주님께서 나에게 말씀하셨다"라고 말씀하셨기 때문입니다. 또한 우리의 본문에서는 현재시제(現在時制・the present

tense)로 "다 이루었다"라고 말씀하셨기 때문입니다. 주님께서 세 번씩이나 말씀하신 것은 반드시 믿어야 할 것을 가리키는데, 그 이유는, 그분께서 현재시제로 말씀하셨듯이, 그것이 신령진리이기 때문입니다. 왜냐하면 "셋"(3)은 목적에 대해서 완전한 것을 뜻하기 때문입니다(본서 505항 참조). 마찬가지로 어떤 일(a thing)을 하려고 할 때에는 그분은 "다 이루었다"고 말씀하셨기 때문입니다.

888. "나는 알파와 오메가, 처음과 마지막이다."
이 말씀은, 주님께서 천지(天地)의 하나님이시다는 것, 천지의 모든 삼라만상(森羅萬象)은 주님께서 지으셨다는 것, 그리고 그것들은 주님의 신령섭리에 의하여 다스려진다는 것, 그리고 그것에 일치하여 행해진다는 것 등등을 그들이 알게 하기 위한 것이다는 것을 뜻합니다. 주님께서 "알파와 오메가이시고, 처음과 마지막이다"는 것과 그리고 이 말씀이 그분께서 삼라만상을 완성하셨고, 다스리시고, 이루시었다는 것을 뜻한다는 것과 그리고 그 밖의 더 많은 내용을 뜻한다는 것은 앞서의 설명을 참조하십시오(본서 13·29-31·38·57·92항 참조). 주님께서 천지(天地)의 하나님이시다는 것은 요한복음서의 주님말씀에서 아주 명확합니다.

> 아버지께서는……육체(=사람)에게 영생을 주시려고, 모든 사람을 다스리는 권세를 아들에게 주셨습니다.
> (요한 17 : 2)

그리고 마태복음서의 말씀입니다.

> 나는 하늘과 땅의 모든 권세를 받았다.
> (마태 28 : 18)
> 모든 것이 그로 말미암아 생겨났으니, 그가 없이 생겨난 것은 하나도 없다.
> (요한 1 : 3, 14)

그분에 의하여 완성되고(made), 창조된(created) 모든 것들이 주님의 신령섭리(神靈攝理·His Divine Providence)에 의하여 다스려진다는 것은 아주 명백합니다.

889. "목마른 사람에게는 내가 생명수 샘물을 거저 마시게 하셨나."

이 말씀은, 어떤 영적인 선용(善用・spiritual use)으로 말미암아 진리들을 열망하는 자들에게 주님께서는 그 선용에 실제적으로 도움이 되는 모든 것들을 그분으로부터 성언을 통하여 주실 것이다는 것을 뜻합니다. 여기서 "목마른 사람"은, 곧 알게 되겠지만, 영적인 선용 때문에 진리를 열망하는 사람을 뜻합니다. 그리고 "생명수 샘물"은 주님과 그리고 성언을 뜻합니다(본서 384항 참조). "거저 준다"(=거저 마시게 한다)는 말은 그것이 주님에게서 오는 것이지, 결코 사람 자신의 총명에서 비롯되는 것이 아니다는 것을 뜻합니다. "목마름"(=기갈・飢渴・thirsting)이 어떤 영적인 선용의 목적 때문에 열망하는 것을 뜻한다는 이유는, 성언으로 말미암아, 그리고 자연적인 선용과 영적인 선용으로 말미암아 진리에 속한 지식들을 위한 목마름, 또는 열망이 주어지기 때문입니다. 자신들의 목적을 위해서 배움(=박학)을 가지고 있고, 그리고 그 박학에 의한 자연적인 선용으로 말미암아 명성・영예・재물 등등, 따라서 자기 자신과 세상을 얻으려는 사람은 자연적인 선용 때문이지만, 그러나 이웃을 사랑하는 것으로 이웃을 섬기고, 그들의 영혼에 속한 선을 귀하게 여기는 것을 자신들의 목적으로 가지고 있는 영적인 선으로 말미암아, 그리고 자신의 그런 것 때문에, 따라서 주님과 이웃과 구원을 이루려는 사람은 영적인 선용 때문입니다. 그리고 그 선용에 도움이 되는 범위에서 이런 사람들에게는 "생명수 샘물로부터" 다시 말하면, 주님으로부터 성언을 통해서 진리가 주어지지만, 그 밖의 나머지 사람들에게는 거기에서 온 진리는 주어지지 않습니다. 그들은 매일 성경을 읽고, 그리고 그것 안에 있는 모든 교리적인 진리를 보지 못하거나, 또는 만약에 그들이 그것을 본다고 해도, 그들은 그것을 거짓으로 바꾸어 놓는데, 성경으로 말미암아 그것을 말할 때에는 비록 말에서는 그와 같이 심지 않지만, 그것에 관한 그들의 생각에 속한 관념에서는 거짓으로 바꾸어 놓습니다. "배고픔"이 선을 열망하는 것을 가리키고, "목마름"이 진리를 갈급해 하는 것을 뜻한다는 것은 본서 323・381항을 참조하십시오.

890. 7절. **"이기는 사람은 이것들을 상속받을 것이고, 나는 그의 하나님이 되고, 그는 내 자녀가 될 것이다."**
이 말씀은, 자신들 안에 있는 온갖 악들을, 다시 말하면 악마를 굴복시키고, 그리고 바빌론 사람들이나 용추종자들에 의하여 시험을 겪을 때 실패하지 않는 사람들이 천계에 오르고, 그리고 그들이 주님 안에, 그리고 주님께서 그들 안에 사실 것이다는 것을 뜻합니다. 여기서 "이긴다"(=정복한다·overcoming)는 말은 자신들 안에 있는 온갖 악들, 따라서 악마를 정복하는 것을 뜻하고, 그리고 그들이 바빌론 사람들이나 용추종자들에 의하여 시험을 겪을 때 굴복하지 않았다는 것을 뜻합니다. 자기 자신 안에 있는 악들을 정복하는 것이 악마를 정복하는 것이다는 것을 가리키는 이유는 "악마"가 모든 악들을 뜻하기 때문입니다. "이것들을 상속받을 것이다"는 말씀은 천계에 오르는 것을 뜻하고, 그리고 그 때 주님에게서 온 거기에 있는 선들에 속한 것을 향유(享有)하는 것을, 결과적으로는, 마치 자녀나 상속자와 같이, 주님에게서 비롯된, 그리고 주님에 속한 거기에 있는 선들에 들어가는 것을 뜻합니다. 이것에서부터 천계는 하나의 상속(相續·遺産·an inheritance)이라고 불리웠습니다(마태 19 : 29 ; 25 : 34). "나는 그의 하나님이 되고, 그는 내 자녀가 될 것이다"는 우리의 본문은, 위에서 언급한 것과 같이(본서 882·883항 참조), 천계에서 그들은 주님 안에 있을 것이고, 주님께서는 그들 안에 계실 것이다는 것을 뜻합니다. 앞서 설명된 곳에서는 지금의 본문과 비슷하게 "그들은 그의 백성이 되고 그분은 그들의 하나님이 될 것이다"라고 하였습니다. 주님에게 직접 가까이 나아가는 사람들이 그분의 자녀라고 불리우는 이유는, 그들이 그분으로 말미암아 새롭게 태어났기 때문입니다. 다시 말하면 중생되었기 때문입니다. 그러므로 주님께서는 그분의 제자들을 "자녀들"이라고 부르셨습니다(요한 12 : 36 ; 13 : 33 ; 21 : 5).

891. 8절. "그러나 비겁한 자와 신실하지 못한 자와 가증한 자와……."
이 말씀은, 믿음 안에 있지 않고, 인애 안에 있지 않는 자들을 뜻하고, 그리고 그것으로 인하여 모든 종류의 악들 안에 있는 자들을 뜻합니다. "비겁한 자"(=두려워하는 자)는, 곧 알게 되겠지만, 믿음 안에 있지 않는 자들을 뜻합니다. 그리고 "신실하지 못한 자"(=믿지 아니 한 자)는 이웃에 대한 인애 안에 있지 않는 자들을 뜻합니다. 왜냐하면 이들은 성실하지 않고, 남을 속이고, 결과적으로 믿음직스럽지 못한 것(unfaithful)이기 때문입니다. "가증한 자"(=흉악한 자)는 온갖 종류의 악들 안에 빠져 있는 자들을 뜻합니다. 왜냐하면 성경에서 "가증한 것"(=역겨운 것들 · 미운 것들 · 혐오 · abominations)은, 예레미야서에서 볼 수 있는 것과 같이, 일반적으로는 십성언의 여섯째 계명에 나열된 악들을 뜻합니다. 예레미야서의 말씀입니다.

> "나 만군의 주 이스라엘의 하나님이 말한다.……'이것이 주의 성전이다, 주의 성전이다, 주의 성전이다' 하고 속이는 말을, 너희는 의지하지 말아라.……그런데도 너희는 지금 전혀 무익한 거짓말을 의지하고 있다. 너희는 모두 도둑질을 하고, 사람을 죽이고, 음행을 하고, 거짓으로 맹세를 하고, 바알에게 분향하고, 너희가 알지 못하는 다른 신들을 섬긴다. 너희는 이처럼 내가 미워하는 일만 저지르고서도, 내 이름으로 불리는 이 성전으로 들어와서, 내 앞에 서서 '우리는 안전하다' 하고 말한다.……그래, 내 이름으로 불리는 이 성전이, 너희의 눈에는 도둑들이 숨는 곳으로 보이느냐?"
> (예레미야 7 : 2-4, 9-11)

다른 곳에서도 그와 같습니다. "비겁한 자"(=두려워하는 자)가 전혀 믿음 안에 있지 않은 자를 뜻한다는 것은 아래 장절들에게서 잘 알 수 있겠습니다.

> 예수께서 그들(=제자들)에게 "왜들 무서워하느냐? 믿음이 적은 사람들아!" 하고 말씀하셨다.
> (마태 8 : 26 ; 마가 4 : 39, 40 ; 누가 8 : 25)
> 예수께서 들으시고, 회당장에게 "두려워하지 말고, 믿기만 하여라. 딸이 낳을 것이다" 하고 말씀하셨다.
> (누가 8 : 49, 50 ; 마가 5 : 36)
> 두려워하지 말아라. 적은 무리들아, 너희 아버지께서 그 나라를 너희에게 주시기를 기뻐하신다.
> (누가 12 : 32)

여기서도 "두려워하지 말아라"는 말씀은 동일한 내용을 뜻합니다(마태 17 : 6, 7 ; 28 : 3-5, 10 ; 누가 1 : 12, 13, 30 ; 2 : 9, 10 ; 5 : 8-10 ; 그 외 여러 곳). 이렇게 볼 때 밝히 드러난 것은, 우리의 본문인 "비겁한 자, 신실하지 못한 자, 가증한 자"가 믿음 안에, 인애 안에 있지 않은 자들을 뜻하고, 그리고 그것으로 인하여 온갖 종류의 악들 안에 빠져 있는 자들을 뜻한다는 것입니다.

892. "살인자와 음행하는 자와 마술쟁이와 우상숭배자와 모든 거짓 말쟁이들……."

이 말씀은, 십성언(十聖言·the Decalogue)의 계명들을 무가치(無價値)한 것으로 여기고, 그리고 거기에 언급된 죄들을 악들로 여기고 악들을 단절하지 않은, 그러므로 그런 것들에 빠져서 사는 자들을 뜻합니다. 십성언에 속한 네 계명들, "살인하지 말라" "간음하지 말라" "도둑질 하지 말라" "거짓증거하지 말라"는 계명들이 삼중(三重)의 뜻, 즉 자연적·영적·천적인 뜻으로 뜻하는 것이 무엇인지는 ≪생활론≫ 62-91항의 설명에서 잘 볼 수 있겠습니다. 따라서 여기서 그 계명들을 설명할 필요는 없겠습니다. 그러나 "도둑질하지 말라"는 일곱 번째 계명을 대신하여 여기서는 "마술쟁이들과 우상숭배자들"에 관해서는 언급되겠습니다. "마술쟁이들"(=술객들·sorcerers)은, 이 진리, 즉 "사람은 어느 누구도 자기 자신으로 말미암아서는 선을 행할 수 없다"는 진리를 지지하고, 그리고 그것에 의하여 오직 믿음만의 교리를 확증하는 자들과 같이, 온갖 거짓들과 악들을 확증하기 위하여 그들이 위화하는, 진리들을 추구하는 자들을 뜻합니다. 왜냐하면 이런 짓은 곧 영적인 도둑질의 일종이기 때문입니다. "마술쟁이"(=술객)가 뜻하는 자세한 것은 본서 462항에서 볼 수 있습니다. "우상숭배자들"은, 성언에서 비롯된 것이 아니고, 따라서 주님으로 말미암지 아니하고, 오히려 자기 자신의 총명으로부터 예배를 제정하고, 그 예배 안에 있는 자들을 뜻합니다(본서 459항 참조). 그들은 잘못되게 이해한 바울의 단 한마디 말로부터, 그리고 주님에게서 비롯된 말씀의 그 어떤 말씀에서 이해된 것이 아닌 것으로 교회에 속한 보편적인 교리를 날조(捏造)하는 자들과 같은 자들을 뜻합니다. 이러한 짓거리도 마찬가지로 일종의 영적인 도둑질(spiritual theft)입니다. "거짓말쟁이들"은 악에서 비롯된 거짓들 안에 빠져 있는 자들을 뜻합니다(본서 924항 참조).

893. "그들이 차지할 몫은 불과 유황이 타오르는 바다뿐이다."

이 말씀은, 동일한 말이 나오는, 위의 설명에서 잘 나타나고 있듯이(본서 835·872항 참조), 거짓에 속한 애욕들과 악에 속한 정욕들이 차지하고 있는 지옥 안에 있는 그들의 몫을 뜻합니다.

894. "이것이 둘째 사망이다."

이 말씀은 앞에서 설명한 것에서 잘 드러나고 있듯이, 영벌(永罰·

damnation)을 뜻합니다(본서 853 · 873항 참조).

895. 9절. **일곱 천사가 마지막 때에 일곱 재난이 가득 담긴 일곱 대접을 가졌는데, 그 가운데 하나가 나에게로 와서 말하기를 "이리로 오너라. 어린 양의 아내인 신부를 너에게 보여 주겠다" 하였습니다.**
이 말씀은, 성언을 거쳐서 장차 주님과 결합하게 될 새로운 교회에 관한 극내적인 천계를 거쳐서 주님에게서 비롯된 입류와 현시(顯示)를 뜻합니다. "마지막 일곱 재난이 가득 담긴 일곱 대접을 가진 일곱 천사 가운데서 나에게 말을 한 한 천사"는 극내적인 천계로부터 입류하시고, 그리고 극내적인 천계를 통해서 말씀하시는, 여기서는 뒤이어지는 것들을 밝히 드러내시는, 주님을 뜻합니다. 이 천사가 주님을 뜻한다는 것은 묵시록서 15장의 설명에서 잘 드러나고 있습니다. 거기에는 이런 말씀이 기록되었습니다.

> 그 뒤에 내가 보니, 하늘에 있는 증거의 장소인 장막 성전이 열리고, 그 성전으로부터 일곱 재난을 들고, 일곱 천사가 나왔습니다.
> (묵시록 15 : 5, 6)

이 말씀은 보여진 극내적인 천계를 뜻하는데, 거기에는 그분의 거룩함 가운데 주님께서 계시고, 그리고 십계명을 가리키는 율법 안에 계시는 주님께서 계시는 곳을 뜻합니다(본서 669 · 670항 참조). 그리고 또한 아래 구절이 언급된, 묵시록서 17장의 설명에서도 잘 드러나고 있습니다.

> 대접 일곱 개를 가진 그 일곱 천사 가운데 하나가 와서, 나에게 "이리로 오너라. 큰 바다 물 위에 앉은 큰 창녀가 받을 심판을 보여 주겠다" 하고 말하였습니다.
> (묵시록 17 : 1)

이런 장절들이 로마 가톨릭적인 종지(宗旨)에 관한 극내적인 천계를 거쳐서 주님에게서 비롯된 입류와 계시(啓示)를 뜻한다는 것은 본서 718 · 719항에서 볼 수 있겠습니다. 따라서 명확한 것은 우리의 본문 "일곱 천사가 마지막 때에 일곱 재난이 가득 담긴 일곱 대접을 가졌는데, 그 가운데 하나가 나에게로 와서 말하였다"는 말씀이 극내적인 천계를 통해서 입류하시는 주님을 뜻한다는 것입니다. 그리고 "이리로 오너라. 너에게 보여 주겠다"는 말씀은 현시(顯示·manifestation)를 뜻한다는 것, 그리고 "어린 양의 아내인 신부"는 성언을 통하여 주님과 장차 결합할 새로운 교회를 뜻한다는 것입니다(본서 881항 참조). 교회가 설시되고 있을 때에는 그것이 "신부"(the Bride)라고 불리웠고, 그것이 설시되었을 때에는 "아내"(the Wife)라고 불리웠는데, 여기서는 "신부와 아내"(the Bride, the Wife)라고 불리웠는데, 그것은 그 교회가 확실하게 설시될 것이기 때문입니다.

896. 10절. **나를 성령으로 휩싸서 높고 큰 산 위로 데리고 가서, 하나님으로부터 하늘에서 내려오는 거룩한 도시 예루살렘을 보여 주었습니다.**

이 말씀은 요한이 삼층천에 올리워졌다는 것, 그리고 그의 시각이 거기에서 열려졌고, 그의 앞에서 도시의 형체로, 교리의 측면에서 주님의 새로운 교회가 명확하게 드러났다는 것 등을 뜻합니다. "그는 나를 성령으로 휩싸서 높고 큰 산으로 데리고 갔다"라는 말씀은, 요한이, 주님사랑 안에 있는 자들이, 그리고 주님에게서 비롯된 진리에 속한 순수한 교리 안에 있는 자들이 존재하는, 삼층천에 올리워졌다는 것을 뜻하고, 그리고 역시 "크다"(great)는 말은 사랑에 속한 선에 관해서 서술하고, "높다"(high)는 말은 진리에 속한 선에 관해서 서술합니다. "높은 산 위로 데리고 갔다"는 말이 삼층천에 올려졌다는 것을 뜻한다는 이유는 "성령으로 휩쌌다"고 언급되었기 때문이고, 그리고 그의 마음이나, 그의 시각의 측면에서 성령 안에 있는 사람은 영계(the spiritual world)에 있고, 그리고 영계에서 삼층천에 속한 천사들은 산 위에서 살고, 이층천에 속한 천사들은 언덕에서 살고, 가장 낮은 천계에 속한 천사들은 언덕들과 산들 사이에 있는 계곡들에 살기 때문입니다. 그러므로 어느 누구가 성령으로 산 위에 올리워졌을 때에는, 그것은 그가 삼층천에 올리워졌다는 것을 뜻합니다. 이와 같은 올리움(高揚·elevation)은 순간에 이루어지는데, 그 이유는 마음의 상태에서의 변화에 의하여 일어나기 때문입니다. "그가 나에게 보여 주었다"는 말은 그 때 그의 시각이 열렸다는 것과 그리고 현시(顯示·manifestation)를 뜻합니다. "하나님으로부터 하늘에서 내려오는 큰 도시, 거룩한 예루살렘"은, 위에서 언급한 것과 같이(본서 878·880항 참조), 주님의 새로운 교회를 뜻합니다. 거기에서도 설명되었지만, 그런 이유 때문에, 그 도시가 "거룩하다"고 언급되었고, "하나님으로부터 하늘에서 내려온다"라고 언급되었습니다. 그것이 하나의 도성(=성·城)의 형체로 보인 것은, "도시"(=성)가 교리를 뜻하기 때문이고(본서 194·712항 참조), 그리고 교회는 교리로 말미암아서, 그리고 그것에 일치하는 삶으로 말미암아, 교회이기 때문입니다. 그것이 하나의 도시(=성)로 보여진 것은 모든 그것의 성질의 측면에서 기술하기 위해서이고, 그리고 이러한 사실은 그 도시의 벽, 대문들, 초석들 그리고 다양한 측량들에 의하여 기술되고 있습니다. 에스겔서에서도 동일한 방법으로 기술되고 있는데, 그 예언서에 이렇게 언급되었습니다.

> 하나님께서 보여 주신 환상 속에서 나를 이스라엘 땅으로 데려다가 아주 높은 산 위에 내려 놓으셨는데, 그 산의 남쪽에는 성읍 비슷한 건축물이 있었습니다.……그가 담을 측량하였는데, 두께가 한 장대요, 높이가 한 장대였다.
> (에스겔 40 : 2, 그 이하)

스가랴서의 이 장절도 동일한 내용을 뜻합니다.

> 내가 그(=천사)에게 물었다. "어디로 가십니까?" 그가 나에게 대답하였다. "예루살렘을 재서, 그 너비와 길이가 얼마나 되는지 알려고 간다."
> (스가랴 2 : 2)

897. 11절. **그 도시는 하나님의 영광에 싸였고, 그 빛은 지극히 귀한 보석과 같고, 수정과 같이 맑은 벽옥과 같았습니다.**
이 말씀은, 그것의 영적인 뜻으로 말미암아 투명(透明)하기 때문에 그 교회에서는 성언이 바르게 이해될 것이다는 것을 뜻합니다. "하나님의 영광"이라는 말씀은, 곧 알게 되겠지만, 성언의 신령 빛 안에 있는 성언을 뜻합니다. 그리고 "그것의 빛"은 그것 안에 있는 신령진리를 뜻합니다. 왜냐하면 성언 안에 있는 빛은 이것을 뜻하기 때문입니다(본서 796·799항 참조). "지극히 귀한 보석과 같고, 수정과 같이 맑은 벽옥과 같이 빛났다"는 말씀은 성언의 영적인 뜻으로 말미암아 꼭 같이 빛나고 투명한 것을 뜻하는데, 이것에 관해서는 아래에 언급되겠습니다.

이런 말씀에 의하여 새 예루살렘의 교리 안에 있고, 그리고 그것에 일치하는 삶 안에 있는 자들에게 있는 성언에 속한 이해를 기술하고 있습니다. 성언이 읽혀지게 되면 이런 사람들에게서 성언은 밝게 빛을 냅니다. 성언은 영적인 뜻에 의하여 주님으로 말미암아 밝게 빛을 발합니다. 그 이유는 주님께서 성언이시고, 영적인 뜻은 태양과 같은 주님에게서 발출하는 천계의 빛 안에 존재하고, 그리고 그것의 본질 안에는 주님의 신령지혜에 속한 신령진리가 내재해 있기 때문입니다. 성언의 모든 개별적인 것들 안에는 천사들이 존재하는 영적인 뜻이 있다는 것, 그리고 그것에서부터 그들의 지혜가 파생되어 나온다는 것, 그리고 성언은 주님에게서 비롯된 순수한 진리들 안에 있는 사람들에게는 영적인 뜻에 속한 빛으로 말미암아 투명하다는 것 등등은 ≪성서론≫에서 입증되었습니다. "하나님의 영광"이 성언의 신령 빛 안에 있는 성언을 뜻한다는 것은 아래의 장절들에게서 잘 드러나고 있습니다.

말씀이 육신이 되어 우리 가운데 사셨다. 우리는 그의 영광을 보았다. 그 영광은 아버지께서 주신 독생자의 영광이다.
(요한 1 : 14)

여기서 "영광"이 성언에 속한 광영, 즉 주님 안에 있는 신령진리를 뜻한다는 것은 명확합니다. 그 이유는 "말씀이 육신이 되었다"라고 언급되었기 때문입니다. 그것이 언급된 아래의 장절에서도 "영광"은 동일한 내용을 뜻합니다.

그 도시에는, 해나 달이 빛을 비출 필요가 없습니다. 그것은, 하나님의 영광이 그 도성을 밝혀 주며, 어린 양이 그 도성의 등불이시기 때문입니다.
(묵시록 21 : 23)

아래 장절에서도 동일한 내용을 뜻합니다.

그 때에 인자가 올 징조가 하늘에서 나타날 터인데, 그 때에는 땅에 있는 모든 민족이 가슴을 치며, 인자가 큰 권능과 영광으로 하늘 구름을 타고 오는 것을 볼 것이다.
(마태 24 : 30 ; 마가 13 : 26)

이 말씀의 뜻의 내용은 위의 설명을 참조하십시오(본서 22·642·820항 참조). 역시 아래의 장절도 다른 것을 뜻하지 않습니다.

> 인자가 모든 천사와 더불어 영광에 둘러 싸여서 올 때에, 그는 자기의 영광스러운 보좌에 앉을 것이다.
> (마태 25 : 31)

그 이유는 주님께서는 성언에 속한 진리들에 따라서 모두를 심판할 것이기 때문입니다. 그러므로 "인자(=주님)가 그의 영광에 둘러 싸여서 올 것이다"라고 언급되었습니다. 주님께서 현성용(顯聖容) 하셨을 때에도 이렇게 언급되었습니다.

> 그들(=모세와 엘리야)은 영광에 싸여 나타났습니다.
> (누가 9 : 30, 31)

여기서 "모세와 엘리야"는 성언을 뜻합니다. 그 때 주님께서는 성언의 영광 안에 있는 성언으로 제자들에게 친히 보게 하셨습니다. "영광"이 신령진리를 뜻한다는 것은 성경의 수많은 장절들로부터 잘 알 수 있겠습니다(본서 629항 참조). 성언이 "지극히 귀한 보석과 같고, 수정과 같이 맑은 벽옥에 비유된" 이유는 "보석"이 성언에 속한 신령진리를 뜻하기 때문이고(본서 231·540·726·823항 참조), 그리고 "벽옥"(碧玉·jasper stone)은 영적인 뜻 안에 있는 신령진리로 말미암아 투명한 문자적인 뜻 안에 있는 성언의 신령진리를 뜻하기 때문이고, 다른 성경에서(출애굽 28 : 20 ; 에스겔 28 : 13) "벽옥"은 이런 뜻을 뜻하며, 그리고 우리의 본문장 뒤에 가서(21 : 18) 거룩한 예루살렘의 "성벽의 구조"가 "벽옥"이라고 언급되었기 때문입니다. 문자적인 뜻 안에 있는 성언은 성언의 영적인 뜻으로 말미암아 투명하기 때문에, "수정과 같이 맑은 벽옥과 같았습니다"라고 언급되었습니다. 주님에게서 비롯된 신령진리들 안에 있는 자들이 가지고 있는 조요(照耀·enlightenment)는 그것에서 나옵니다.

898. 12절. **그 도시에는 높고 큰 성벽이 있고,……**

이 말씀은 새로운 교회의 교리의 근원이 되는 문자적인 뜻 안에 존재하는 성언을 뜻합니다. "거룩한 도시 예루살렘"이 교리의 측면에서 주님의 새로운 교회(the Lord's New Church)를 뜻할 때, "그것의 벽"은, 그 교리의 근원인 문자적인 뜻 안에 있는 성언 이외의 아무것도 뜻하지 않습니다. 왜냐하면 문자적인 뜻은, 문자적인 뜻 안에 숨겨져 있는 영적인 뜻을 보호하기 때문입니다. 그것은 마치 성벽이 그 도시와 그 도시의 주민들을 보호하는 것과 같습니다. 성언의 문자적인 뜻이 성언의 영적인 뜻에 속한 기초(基礎)요, 수용그릇이요, 버팀목(支柱)이다는 것은 ≪성서론≫에서 잘 볼 수 있겠습니다(성서론 27-36항 참조). 영적인 뜻에 속한 것들을 가리키는 내면적인 신령진리들이 해를 입지 않도록 하는 파수꾼이 바로 이 문자적인 뜻입니다(성서론 97항 참조). 또한 그 교회의 교리가 성언의 문자적인 뜻에서 나와야 한다는 것과 그리고 문자적인 뜻에 의하여 확증되어야 한다는 것은 ≪성서론≫ 50-61항을 참조하십시오. "그 성벽이 높고, 크다"고 언급되었는데, 그것은 신령선의 측면에서, 신령진리의 측면에서 성언을 뜻하기 때문입니다. 왜냐하면 "크다"(great)는 말은 선에 대해서 서술하고, "높다"(high)는 말은 진리에 대해서 서술하기 때문입니다(본서 896항 참조). "성벽"(=벽)이 보호하는 것을 뜻하고, 그리고 교회에 관해서 언급할 경우, "성벽"은 아래 장절들에서는 문자적인 뜻 안에 있는 성언을 뜻합니다.

> 예루살렘아,
> 내가 너의 성벽 위에 파수꾼들을 세웠다.
> 그들은 밤이나 낮이나
> 늘 잠잠하지 않을 것이다.
> 주께서 하신 약속을……
> 늘 상기시켜 드려야 한다.
> (이사야 62 : 6)
> 너를 괴롭히던 자들의 자손이
> 몸을 굽히고 너에게 나아오며,
> 너를 멸시하던 자들이
> 모두 너의 발 아래에 엎드려서,
> 너를 '주의 도성'이라고 부르고,
> '이스라엘의 거룩하신 분의 시온'이라고
> 부를 것이다.……

너는 너의 성벽을 '구원'이라고 부르고,
너의 성문을 '찬송'이라고 부를 것이다.
(이사야 60 : 14, 18)
바깥으로는 내가
예루살렘의 둘레를 불로 감싸 보호하는
불 성벽이 되고,
안으로는 내가 그 안에 살면서
나의 영광을 드러내겠다.
(스가랴 2 : 5)
아르왓 사람들과 네 군대가
네 사면 성벽 위에 있고,
용사들이 네 망대들 속에 있어서,
네 사면 성벽에
그들의 방패를 걸어 놓았으니,
그들마저도 네 아름다움을
온전하게 하였다.
(에스겔 27 : 11)

이 말씀은 두로에 관한 것인데, "두로"는 성언에서 비롯된 진리의 지식들의 측면에서 교회를 뜻합니다.

예루살렘에 사는 사람들아,
예루살렘의 모든 거리를 두루 돌아다니며,
둘러보고 찾아보아라.
예루살렘의 모든 광장을
샅샅이 뒤져 보아라.
너희가 그 곳에서,
바르게 일하고 진실하게 살려고 하는 사람을
하나라도 찾는다면
내가 이 도성을 용서하겠다.……
너희는 저 언덕으로 올라가서
포도원을 망쳐 놓아라.……
그것들은 이미 나 주의 것이 아니다.
(예레미야 5 : 1, 10)
주께서

도성 시온의 성벽을 헐기로 작정하시고,
다림줄을 대시고,
성벽이 무너질 때까지 손을 떼지 않으셨다.
주께서 망대와 성벽들을 통곡하게 하시며
한꺼번에 허무시니,
성문들이 땅바닥으로 무너져 내렸다.
주께서 빗장들을 꺾으셨다.
왕과 지도자들은
뭇 민족 가운데로 흩어지고,
율법이 없어지고,
예언자들도 주께 계시를 받지 못한다.
(애가 2 : 8, 9)
드디어 성 안으로 들어간다.
성벽을 뛰어넘고, 건물을 기어오르고,
도둑처럼 창문을 넘어
집 안으로 쳐들어간다.
(요엘 2 : 9)

이 장절들은 진리에 관한 온갖 위화(僞化)들을 뜻합니다.

성벽 위를 돌면서
밤낮으로 그 성을 살펴보아도,
그 성 안에는
저주와 재난만이 가득 차 있구나.
(시편 55 : 10)

이 밖에도 여러 장절들이 있습니다(이사야 22 : 5 ; 56 : 5 ; 예레미야 1 : 15 ; 에스겔 27 : 11 ; 애가 2 : 7). "성벽"이 문자적인 뜻 안에 있는 성언을 뜻한다는 것은 우리의 본문장에서 취급되고 있는 성벽·성문들·초석들·그것의 측량(=치수들)에서 잘 알 수 있습니다. 그 이유는, "그 도시"가 뜻하는, 새로운 교회의 교리는 전적으로 성언의 문자인 뜻에서 나오기 때문입니다.

899. 거기에는 열두 대문이 달려 있었습니다.
이 말씀은, 그것에 의하여 사람이 교회에로 인도되는 교회 안에 있는 진리와 선에 속한 모든 지식들을 뜻합니다. "대문들"(大門·the gates)이 성언에서 비롯된 진리와 선에 속한 지식들을 뜻하는데, 그것은 사람은 그것들에 의하여 교회에 인도되기 때문입니다. 왜냐하면 그것 안에 대문이 있는 "성벽"(城壁)이, 바로 앞에서 설명한 것과 같이(본서 898항 참조), 성언을 뜻하기 때문입니다. 그리고 그것은 아래에서는 "열두 대문은 열두 진주로 되어 있는데, 그 대문들이 각각 진주 한 개로 되어 있었습니다"(21 : 21)라고 언급되었고, 그리고 "진주들"은 진리와 선에 속한 지식들을 뜻하기 때문입니다(본서 727항 참조). 사람이 그것들에 의하여 교회에 인도되는데, 그러한 사실은 그 대문들을 통해서 도성에 들어간다는 것에서 명확합니다. "열둘"(12)은 모든 것을 뜻합니다(본서 348항 참조). 아래의 장절들에게서 "대문들"(gates)은 진리와 선에 속한 지식들을 뜻합니다.

너, 고난을 당하고 광풍에 시달려도
위로를 받지 못한 예루살렘아.
이제 내가 홍옥으로 벽을 쌓고,
청옥으로 성벽 기초를 놓겠다.
홍보석으로 흙벽을 만들고,
석류석으로 성문을 만들고,
보석으로 성벽 둘레를 꾸미겠다.
(이사야 54 : 11, 12)
주님은 시온의 문들을
야곱의 어느 처소보다 더욱 사랑하신다.
너 하나님의 성이여,
너를 가리켜
양광스럽다고 말한다.
(시편 87 : 2, 3)
감사의 노래를 드리며,
그 성문으로 들어가거라.
찬양의 노래를 부르며,
그 뜰 안으로 들어가거라.
감사의 노래를 드리며,
그 이름을 송축하여라.
(시편 100 : 4)

21 : 1 - 26

예루살렘아, 너는
모든 것이 치밀하게 갖추어진 성읍처럼,
잘도 세워졌구나.
저 지파들, 주의 지파들이,
주의 이름으로 찬양하려고,
이스라엘의 전례를 따라
그리로 올라가는구나.
(시편 122 : 3, 4)
예루살렘아, 주님께 영광을 돌려라.
시온아, 네 하나님을 찬양하여라.
주님이 네 문빗장을 단단히 잠그시고,
그 안에 있는 네 자녀에게 복을 내리셨다.
(시편 147 : 12, 13)
주께서 베푸신 그 구원을,
딸 시온의 성문에서
크게 기뻐하며 외치겠습니다.
(시편 9 : 14)
성문들을 열어라.
의로운 나라가 들어오게 하여라.
(이사야 26 : 2)
바빌론의 존귀한 자들이 사는 문들로
그 용사들이 쳐들어가도록,
손을 들어 공격 신호를 보내라.
(이사야 13 : 2)
생명 나무에 이르는 권리를 차지하고 성문으로 해서 성에 들어가려고, 자기 겉옷을 깨끗이 빠는 사람(=그분의 계명들을 실천하는 사람)은, 복이 있다.
(묵시록 22 : 14)
문들아, 너희 머리를 들어라.
영원한 문들아, 활짝 열려라.
영광의 왕께서 들어가신다.
영광의 왕이 뉘시냐?
(시편 24 : 7, 9)
시온으로 가는 길이
이렇게 쓸쓸하다니!……

시온 성으로 들어가는 모든 문에도
인적이 끊어지니,
제사장들은 탄식하고,
처녀들은 슬픔에 잠겼구나.
시온이 이렇게 괴로움을 겪는구나.
(애가 1 : 4)
유다가 슬피 울고,
성읍마다 백성이 기력을 잃고,
땅바닥에 쓰러져 탄식하며,
울부짖는 소리가
예루살렘에서 치솟는다.
(예레미야 14 : 2)
주께서
도성 시온의 성벽을 헐기로 작정하시고,
다림줄을 대시고,
성벽이 무너질 때까지 손을 떼지 않으셨다.……
성문들이 땅바닥으로 무너져 내렸다.
주께서 빗장들을 꺾으셨다.
(애가 2 : 8, 9)
그들은 말 한 마디로
사람에게 죄를 뒤집어씌우고,
성문에서 재판하는 사람을
올무에 걸리게 하며,……
(이사야 29 : 21)
그들이 새 신들을 택하였을 때에,
성문에 전쟁이 들이닥쳤다.
(사사기 5 : 8)

이 밖에도 여러 장절들이 있습니다(이사야 3 : 25, 26 ; 14 : 31 ; 22 : 7 ; 24 : 12 ; 28 : 6 ; 62 : 10 ; 예레미야 1 : 15 ; 15 : 7 ; 31 : 38, 40 ; 미가 2 : 13 ; 나훔 3 : 13 ; 사사기 5 : 11). "대문들"이, 성언에서 비롯된 지식들인, 안내하는 진리들(introductory truths)을 뜻하기 때문에, 그러므로 성읍의 장로들은 그 대문들에 앉아 있었습니다. 이러한 사실은 성경의 여러 장절들에게서 잘 알 수 있습니다(신명기 21 : 18-21 ;

22 : 15 ; 애가 5 : 14 ; 아모스 5 : 12, 15 ; 스가랴 8 : 16).

900. 그 열두 대문에는 열두 천사가 지키고 있고, 이스라엘 자손 열두 지파의 이름이 적혀 있었습니다.
이 말씀은, 천계에 속한 신령진리들이나 신령선들을 뜻하고, 그리고 그런 지식들 안에 있는 그 교회에 속한 신령진리들이나 신령선들을 뜻하고, 그리고 또한 주님에게서 비롯된 그것들 안에 있는 사람을 제외하고서는 어느 누구도 들어가지 못하도록 지키는 파수꾼들을 뜻합니다. 여기서 "열두 천사들"은 천계에 속한 모든 진리들이나 선들을 뜻하는데, 그 이유는, 최고의 뜻으로는, 주님을 뜻하기 때문이고, 일반적인 뜻으로는 천사들의 천계를 뜻하고, 개별적인 뜻으로는 주님에게서 비롯된 천계에 속한 진리들이나 선들을 뜻하기 때문입니다(본서 5·170·258·344·415·465·647·648·657·718항 참조). 여기서는 천계에 속한 진리들이나 선들을 뜻합니다. 그 이유는, 그 구절에 이어서 "이스라엘 자손 열두 지파의 이름이 적혀 있었다"고 하였고, 그 이름들은 그 교회에 속한 모든 진리들과 선들을 뜻하기 때문입니다(본서 349항 참조). "대문 위에"(=대문들을 넘어서·over the gates)라는 말은, 성경에서 "위에"(=넘어서·over)라는 낱말은 "안에"(within·속으로)라는 뜻을 뜻하기 때문에, 그런 지식들 안에 라는 뜻을 가리킵니다. 그 이유는 연속적인 계도(=수직적 계도·successive order)에서 높은 것은 수평적인 계도(=너비의 계도·불연속적 계도·simultaneous order)에서는 극내적인 것(the inmost)이 되기 때문입니다. 그러므로 삼층천은 가장 높은 천계라고도 하고, 가장 극내적인 천계(the inmost heaven)라고도 부릅니다. 따라서 "문들 위에 있다"는 말은 진리에 속한 지식들 안에 있다는 것을 뜻한다고 할 수 있겠습니다. "대문들에 쓰여진 이름들"은 그들에 속한 모든 성품, 따라서 그들 안에 내재한 모든 성품을 뜻하는데, 그 이유는 모든 성품(=성질·quality)은 외적인 것 안에 내재해 있는 내적인 것에서 비롯되기 때문입니다. 우리의 본문이, 주님에게서 비롯된 그런 지식들 안에 있는 자가 아니면, 어느 누구도 그 교회에 들어오는 것을 막는다는 파수꾼들을 뜻한다는 이유는, 천사들이 대문들 위에 서 있는 것이 보였고, 그리고 또한 이스라엘의 지파들의 이름들이 그것들 위에 적혀 있었기 때문에 아주 분명합니다. 천계나 교회에 속한 진리들이나 선들이 성언에서 비롯된 그런 지식들 안에 있고,

그리고 그것에 의하여 교회에 들어가는 입문(入門·introduction)이 이루어진다는 것을 언급하였는데, 그것은, 그것들 안에 주님으로부터 천계에서 온 영적인 것이 그것들 안에 있는 경우, 성언에서 비롯된 진리와 선에 속한 지식들은 지식들이라고 부르지 않고, 진리들이라고 부르기 때문입니다. 그러나 만약에 그것들 안에 주님으로부터 천계에서 온 영적인 것이 내재해 있지 않다면, 그것들은 과학적인 것(scientifics) 이외의 아무것도 아니기 때문입니다.

901. 13절. **그 대문은 동쪽에 셋, 북쪽에 셋, 남쪽에 셋, 서쪽에 셋이 있었습니다.**
이 말씀은, 그것들 안에 주님으로부터 천계에서 온 영적인 생명이 내재해 있는, 그리고 그것에 의하여 새로운 교회에의 입문(入門)이 이루어진다는 진리와 선에 속한 지식들이 다소간에 관계없이 그 사랑 안에, 또는 선에 속한 정동 안에 있는 자들을 위한 것이다는 것, 그리고 다소간에 관계없이 지혜 안에, 또는 진리의 정동 안에 있는 자들을 위한 것이다는 것을 뜻합니다. "대문들"이, 여기서는 주님에게서 천계에서 온 영적인 생명이 내재해 있는, 진리와 선에 속한 지식들을 뜻하는데, 그 이유는 그 대문들 위에 열두 천사들이 있고, 그리고 이스라엘 자손의 열두 지파의 이름들이 적혀 있는데, 그러한 것들은 그런 지식들 안에 내재해 있는 영적인 생명을 뜻하기 때문입니다. 이러한 내용은 앞에서 이미 설명된 것에서 명확합니다(본서 900항 참조). "대문들"이 진리와 선에 속한 지식들을 뜻한다는 것, 그리고 그것에 의하여 새로운 교회의 입문(入門)이 이루어진다는 것 등은 본서 899항을 참조하십시오. 대문들이 동쪽에 셋, 북쪽에 셋, 남쪽에 셋, 서쪽에 셋이 각각 있는 이유는, "동쪽"은 보다 높은 계도에 있는, 따라서 더 많은 사랑이나, 선에 속한 정동을 뜻하기 때문이고, 그리고 "서쪽"은 보다 낮은 계도에 있는, 따라서 보다 적은 사랑이나, 선에 속한 정동을 뜻하기 때문이고, 그리고 "남쪽"은 보다 높은 계도에 있는, 따라서 보다 많은 지혜나, 진리에 속한 정동을 뜻하기 때문이고, 그리고 "북쪽"은 보다 낮은 계도에 있는, 따라서 보다 적은 지혜나 진리의 정동을 뜻하기 때문입니다. "동쪽·서쪽·북쪽·남쪽"의 뜻이 이러한 내용인 것은, 주님께서는 영계의 태양이시고, 주님의 얼굴에서 동쪽과 서쪽이 생성되고, 그리고 그 양쪽에 남쪽과 북쪽이 있는데, 오른쪽에는 남쪽이 있고,

왼쪽에는 북쪽이 있기 때문입니다. 그러므로 주님사랑 안에 있는 사람들, 그리고 그것으로 인하여 정동 안에 치우쳐 있는 사람들은 동쪽에서 살고, 그들에 비하여 약간 덜한 사람들은 서쪽에서 삽니다. 그리고 진리에서 비롯된 지혜 안에 더 많이 치우친 사람들은 남쪽에 살고, 그들에 비하여 덜 치우친 사람들은 북쪽에 삽니다. 천계의 천사들에 속한 주거(住居)들이 이런 계도에 따라서 배열된다는 것은 1758년 런던에서 발간된 천계와 지옥에 관한 저서에서 볼 수 있겠습니다(천계와 지옥 141-153항 참조). 각각의 방위에 세 대문들이 있는 이유는 "셋"(3)이 모두를 뜻하기 때문입니다(본서 400·505항 참조).

902, 14절. 그 도시의 성벽에는 주춧돌이 열두 개가 있었습니다.
이 말씀은, 문자적인 뜻으로 성언이 새로운 교회의 교리에 속한 모든 것들을 내포하고 있다는 것을 뜻합니다. 그리고 "그 도시의 성벽"은 문자적인 뜻 안에 있는 성언을 뜻합니다(본서 898항 참조). 그리고 "열두 주춧돌들"은 그 교회의 교리에 속한 모든 것들을 뜻합니다. "주춧돌들"은 교리적인 것들을 뜻하고, "열둘"(12)은 전부를 뜻합니다. 교회는 역시 교리 위에 세워집니다. 왜냐하면 교리는 우리가 어떻게 믿어야 하는지를 가르치고, 또한 우리가 어떻게 살아야 하는지를 가르치기 때문입니다. 그리고 교리는 성경 이외의 다른 근원에서 이끌어낼 수 없기 때문입니다. 그것이 바로 성언의 문자적인 뜻에서 온다는 것은 ≪성서론≫ 50-61항에서 볼 수 있겠습니다. 교리에 속한 모든 것들이 "도시 새 예루살렘의 성벽의 열두 주춧돌"이 뜻하기 때문에, 그리고 교회가 그 교리로 말미암아 교회이기 때문에, 그러므로 그것의 주춧돌은 개별적으로 아래에서 다루어지겠습니다(21 : 19, 20 해설 참조). 성경에는 "땅의 주춧돌들"이라는 말이 자주 나오는데, 그것들은 땅의 주춧돌들을 뜻하지 않고, 오히려 교회의 주춧돌들을 뜻합니다. 왜냐하면 "땅"이 교회를 뜻하기 때문입니다(본서 285항 참조). 그리고 교회의 주춧돌들은, 교리적인 것들이라고 부르는 것으로, 성경에서 비롯된 이외의 다른 근원이 아니기 때문입니다. 왜냐하면 교회를 세우는 것은 곧 성언 자체이기 때문입니다. 성경에서 비롯된 교리적인 것들이 바로 아래의 장절들의 "주춧돌들"이 뜻하는 것입니다.

너희는 땅의 기초가 어떻게 세워졌는지

알지 못하느냐?
(이사야 40 : 21)
내가 나의 말을 너의 입에 맡기고,
나의 손 그늘에 너를 숨겨 준다.
나는, 하늘을 폈으며,
땅의 기초를 놓았고,
시온에게
'너는 나의 백성'이라고 말하였다.
(이사야 51 : 16)
그들은 깨닫지도 못하고,
분별력도 없이,
어둠 속에서 헤매고만 있으니,
땅의 기초가 송두리째 흔들렸다.
(시편 82 : 5)
하늘을 펴신 분, 땅의 기초를 놓으신 분, 사람 안에 영을 만들어 주신 분께서 말씀하신다.
(스가랴 12 : 1)
주께서 진노하셔서,
타오르는 분노를 퍼부으셨다.
시온에 불을 지르고, 그 터(=기초)를 사르셨다.
(애가 4 : 11)
"악인이 활을 당기고,
시위에 화살을 메워서
마음이 바른 사람을
어두운 곳에서 쏘려 하지 않느냐?
기초가 바닥부터 흔들리는 이 마당에
의인인들 무엇을 할 수 있겠는가?"
하느냐?
(시편 11 : 2, 3)
너희 산들아,
땅을 받치고 있는 견고한 기둥들아,
나 주가 상세히 밝히는 고발을 들어 보아라.
나 주의 고소에 귀를 기울여라.
나 주가 내 백성을 상대하여서,
고소를 제기하였다.

21 : 1 - 26   375

내가 내 백성을 고발하고자 한다.
(미가 6 : 2)
하늘의 홍수 문들이 열리고,
땅의 기초가 흔들린다.
땅덩이가 여지없이 부스러지며,
땅이 아주 갈라지고,
땅이 몹시 흔들린다.
땅이 술 취한 자처럼 몹시 비틀거린다.
폭풍 속의 오두막처럼 흔들린다.
세상은
자기가 지은 죄의 무게에 짓눌릴 것이니,
쓰러져서,
다시는 일어나지 못할 것이다.
(이사야 24 :18-20)

이 밖에도 여러 장절들이 있습니다(이사야 14 : 32 ; 48 : 13 ; 51 : 13 ; 시편 24 : 2 ; 102 : 25 ; 104 : 5, 6 ; 사무엘 하 22 : 8, 16). "땅"이 교회를 뜻한다는 것을 알지 못하는 사람은 여기서도 철저하게 자연적으로 생각할 수밖에 없습니다. 사실은, 그가 "땅의 주춧돌들"을 읽을 때, 물질적으로 생각할 수밖에 없습니다. 여기서도 도성 예루살렘이 교회를 뜻한다고 생각하지 않는 사람이면, 우리의 본문장에 그 도시와 관계된 기술된 것들인 그것의 성벽, 대문들, 주춧돌들, 거리들, 치수들이나 그 밖의 개별적인 것들을 그가 읽을 때에도 역시 동일하게 생각할 수밖에 없을 것입니다. 그럼에도 불구하고 그 때 그것들은 교회와 관계를 가지고 있습니다. 따라서 물질적으로 그것들은 이해되지 않고, 다만 영적으로만 이해될 뿐입니다.

903. 그 위에는, 어린 양의 열두 사도의 열두 이름이 적혀 있었습니다.
이 말씀은, 주님에 관해서, 그리고 그분의 계명들에 일치하는 삶에 관해서, 성언에서 비롯된 교리에 속한 모든 것들을 뜻합니다. 그 주춧돌 위에 "어린 양의 열두 사도의 열두 이름이 적혀 있는" 이유는 "열두 사도들"이 교회에 속한 모든 것들의 측면에서 주님의 교회를 뜻하는데 (본서 79 · 233 · 790항 참조), 여기서는 그 교회의 교리에 속한 모든 것들의 측면에서 주님의 교회를 뜻하기 때문입니다. 그 이유는 그들의 이름들이 "열두 주춧돌" 위에 쓰여졌는데, 그것은 곧 새 예루살렘의 교리에 속한 모든 것들을 뜻하기 때문입니다(본서 902항 참조). "열두 이름들"이 모든 그것의 특성(=본성)을 뜻하고, 그리고 모든 그것의 특성은 교리 안에 있는, 그리고 주님의 계명들에 일치하는 삶에 관한, 이 두 가지 것에 관계를 가지고 있는데, 그러므로 우리의 본문은 이런 내용을 뜻하고 있습니다. 새 예루살렘의 교리에 속한 모든 것들이 이런 두 가지 요소들과 관계를 가지고 있다는 것은, 그 두 가지 요소들이 교회의 보편적인 것들이고, 그리고 모든 개별적인 것들은 그 요소들에 의존하고 있고, 그리고 그것들은 모든 형식적인 것들이 그것들에서 발출한 근원인 본질적인 것들이기 때문입니다. 그러므로 그것들은 그 교회의 교리에 속한 모든 것들의 정수(精髓 · soul)이기 때문입니다. 생명인 그것들은 사실 둘이지만, 그러나 하나가 다른 하나에게서 분리될 수 없는데, 그 이유는 그것들이 분리된다는 것은 주님을 사람에게서, 그리고 사람을 주님에게서 갈라놓는 것과 같은 것인데, 그 경우 거기에 교회는 결코 존재하지 않기 때문입니다. 이 두 요소들은 율법의 두 돌판과 같이 서로 결합되어 있으며, 그것의 하나는 주님과 관계되는 것들을, 다른 하나는 사람과 관계되는 것들을, 담고 있는데, 그러므로 그것들은 언약(言約 · a covenant)이라고 불리웠고, 이 언약은 곧 결합(結合 · conjunction)을 뜻합니다. 만약에 첫째 돌판만 남아 있고, 둘째 돌판은 깨져 있다면, 율법에 속한 이들 두 돌판이 어떤 것이 될 것인지를 상상해 보십시오. 그것은 마치 하나님께서 사람을 돌보시지 않는 것과 같을 것이고, 그것은 마치 사람이 하나님을 우러르지 않는 것과 같을 것이고, 또한 그것은 하나가 다른 하나에게서 뒤로 물러나는 것과 같을 것입니다. 이런 내용들이 언급된 것은, 새 예루살렘의 교리에 속한 모든 것들은 주님사랑(love to the Lord)과 이웃사랑(love toward the neighbor)과 관계를 가지고 있다는 것을 주지시키기 위해서입니다. 주님사랑은 주님을 믿는 믿음과 주님의 계명들을 실천하는 것입니다. 그리고 주님의 계명들을 실천하는 것은 이웃에게 선용을 실행하는 것이기 때문입니다. 주님의 계명들을 실천하는 사람들이 주님을 사랑한다는 것은 주님께서 친히 요한복음서(14 : 21-24)에서 가르치셨고, 그리고 하나님사랑(love to the God)과 이웃사랑이 율법과 예언자들의 모든 것이 이 두 계명들 위에 달려 있다는 것도 주님께서 친히 가르치셨습니다(마태 22 : 35-38). 여기서 "율법과 예언자들"은 하나의 결합체로 존재하는 성언을 뜻합니다.

904. 15절. 나에게 말하던 그 천사는 그 도시와 그 문들과 성벽을 측량하려고, 금으로 된 자막대기를 가지고 있었습니다.
이 말씀은 사랑에 속한 선 안에 있는 사람들에게 주님께서 교리와 그것의 입문적인 진리들의 측면에서, 그리고 그것들의 근원인 성언의 측면에서, 주님의 새로운 교회의 특성이 무엇인지를 이해하고, 아는 기능(機能・the faculty of understanding and knowing)을 주셨다는 것을 뜻합니다. "나에게 말하던 천사"는 천계로부터 말씀하시는 주님을 뜻합니다. 그 이유는, 위에서 언급하고 있듯이(21 : 9), 일곱 대접을 가지고 있는 천사들 중에 하나이고, 그리고 그는 천계로부터 말씀하시는 주님을 뜻하기 때문입니다(본서 895항 참조). "금자막대기"(=갈대・a golden reed)는 사랑에 속한 선에게서 비롯된 능력(能力・power)이나 기능(機能・faculty)을 뜻하고, 그리고 "자막대기"(=갈대・reed)는 능력이나 기능을 뜻하고(본서 485항 참조), 그리고 "금"(金)은 사랑에 속한 선을 뜻합니다(본서 211・726항 참조). "측량한다"(measuring)는 말은 한 사물의 성질을 아는 것, 결과적으로는 이해하고 아는 것을 뜻합니다(본서 486항 참조). 거룩한 예루살렘을 가리키는 "그 도시"는 교리의 측면에서 교회를 뜻하고(본서 879・880항 참조), "대문들"은 영적인 생명으로 말미암아 그것들 안에 내재해 있는 진리들과 선들을 가리키는 성언의 문자적인 뜻에서 비롯된 진리와 선에 속한 지식들을 뜻합니다(본서 899항 참조). 그리고 "성벽"은 그것들의 근원인 문자적인 뜻 안에 있는 성언을 뜻합니다(본서 898항 참조). 따라서 명확한 사실은, 우리의 본문, "나에게 말하던 그 천사가 그 도시와 그 문들과 성벽을 측량하려고, 금으로 된 자막대기를 가지고 있었습니다"라는 말씀은, 주님께서 사랑에 속한 선 안에 있는 자들에게 교리와 그것의 입문적인 진리들의 측면에서, 그리고 그것들의 근원을 가리키는 성언의 측면에서 주님의 새로운 교회의 특성이나 본질이 무엇인지를 이해하고, 아는 기능을 주셨다는 것을 뜻한다는 것입니다. 우리의 본문이 이런 내용을 뜻한다는 것은 문자적인 뜻에서는 전혀 볼 수 없습니다. 왜냐하면 문자적인 뜻에는, 요한과 함께 말하던 천사는 그 도시와 문들과 성벽을 측량하려고 금으로 된 자막대기(=금자막대기)를 가지고 있다는 것만 드러나지만, 그러나 그럼에도 불구하고, 영적인 뜻인 다른 뜻이 우리의 본문말씀 안에 있다는 것은, "성 예루살렘"이 어떤 성을 뜻하지 않고, 교회를 뜻한다는 것에서, 따라서 하나의 성으로 예루살렘에 관해서 언급된 모든 것들은 그 교회에 관계되는 그런 부류의 모든 것들을 뜻하고, 그리고 그 교회에 관계되는 모든 것들은 본질적으로 영적인 것들이다는 것에서 분명합니다. 이런 영적인 뜻은, 이런 낱말들이 나오는 위에서 언급된 것 안에 내포되어 있습니다.

> 나는 지팡이와 같은 측량자 하나를 받았는데, 그 때에 이런 말씀이 내게 들려왔습니다. "일어서서 하나님의 성전과 제단을 측량하고, 성전 안에서 예배하는 사람들을 세어라."
> (묵시록 11 : 1)

천사가 "자막대기를 가지고 측량한" 모든 것들 안에도(에스겔 40-48장) 꼭 같은 영적인 뜻이 있습니다. 스가랴서의 이 장절에도 꼭 같은 영적인 뜻이 있습니다.

> 내가 고개를 들어 보니, 측량줄을 가진 사람이 하나 나타났다. 내가 그에게 물었다. "어디로 가십니까?" 그가 나에게 대답하였다. "예루살렘을 재서, 그 너비와 길이가 얼마나 되는지 알려고 간다."
> (스가랴 2 : 1, 2)

사실 이와 같은 영적인 뜻은, 성막(聖幕)에 속한 모든 것들 안에, 그리고 예루살렘에 있는 성전(聖殿)에 속한 모든 것들이나, 우리가 지금 그것에 관해서 읽는 측량이나 또는 측량 자체 안에, 내재해 있습니다. 그럼에도 불구하고 성언의 문자적인 뜻에서는 그것들의 아무것도 볼 수 없습니다.

905. 16절. 그 도시는 네 모가 반듯하고…….

이 말씀은 그것 안에 있는 공정(公正・正義・justice)을 뜻합니다. 그 도시가 "네 모가 반듯하게" 보인 것은, "정방형"(正方形) 또는 "사각형"(四角形・네 모 진 것・a square)이 공의로운 것(=정의로운 것・just)을 뜻하는데, 이들 양자는 모두가 궁극적인 계도, 또는 자연적인 등차 안에 있기 때문입니다. "정사각형"이나, "사각형"은 그것이 네 측면을 가지고 있기 때문에 공의로운 것(=정의로운 것·just)을 뜻하고, 네 측면은 네 방위를 향하고 있고, 그리고 사면(四面)을 동일하게 보고 있다는 것은 공의(公義·justice)에서 비롯된 모든 것들을 우러르는 것을 가리키기 때문입니다. 그런 이유 때문에 각각의 방위로부터 그 도시에 들어가도록 열려 있는 세 문들이 있습니다. 이사야서에도 이렇게 언급되고 있습니다.

성문들을 열어라.
의로운 나라가 들어오게 하여라.
(이사야 26 : 2)

"그 도시가 네 모가 반듯하다"라는 말은 그것의 길이(長)와 너비(廣)가 같다는 것을 가리킵니다. 그리고 "길이"(長)는 그 교회에 속한 선을 뜻하고, "너비"(廣)는 그 교회의 진리를 뜻합니다. 그리고 선과 진리가 꼭 같을 때에는, 거기에 공의(公義·justice)가 있습니다. "네 모 진 것"의 뜻이 이런 내용이기 때문에, 일반적인 대화에서 부정(不正)으로 말미암아 이쪽으로나, 저쪽으로 치우치지 않은 사람을 "네 모가 반듯한 사람"이라고 합니다. "네 모"(四角)가 공의를 뜻하기 때문에, 그러므로 선에서부터, 따라서 그것에서 비롯된 천적인 진리로부터 비롯된 예배를 뜻하는 번제단(燔祭壇·the altar of burn-offering)은 "네 모"가 반듯하였습니다(출애굽기 27 : 1). 선에서부터 그리고 그것에서 비롯된 영적인 진리로부터 비롯된 예배를 뜻하는 분향단(焚香壇·the altar of incense)도 마찬가지로 "정사각형"입니다(출애굽기 30 : 1, 2). 우림과 둠밈이 내재해 있는 판결의 흉패(breast-plate of judgment) 역시, 두 겹으로 "정사각형"이었습니다(출애굽기 28 : 15, 16 ; 39 : 9). 이 밖에도 여러 장절들이 있습니다.

906. 가로와 세로가 같았습니다(=장과 광이 같았다).
이 말씀은, 본질(本質)과 형체(形體)처럼, 그 교회 안에 있는 선과 진리는 하나를 이룬다는 것을 뜻합니다. 도시 예루살렘의 길이(=장·長·length)는 그 교회의 선을 뜻하고, 그 도시의 "너비"(=광·廣·breadth)가 진리를 뜻한다는 것은 성경으로부터 입증되었습니다(본서 861항 참조). 선을 가리키는 "길이"의 뜻은 여기서는 그 교회의 선을 뜻한다는 것은 "너비"가 진리를 뜻한다는 것과 꼭 같은 원인 때문입니다. 그 원인은, "길이"가 동쪽에서부터 서쪽까지의 천계의 범위(範圍·extension)를 뜻하기 때문입니다. 그리고 북쪽에서 남쪽까지의 천계의 범위는 "너비"가 뜻하기 때문입니다. 그리고 천계의 동쪽과 서쪽에 사는 천사들은 사랑에 속한 선들 안에 있고, 천계의 남쪽과 북쪽에 사는 천사들은 지혜에 속한 진리들 안에 있습니다(본서 901항 참조). 이것은 땅 위에 있는 교회들에게서도 동일합니다. 왜냐하면 성언에서 비롯된 교회에 속한 선들이나 진리들 안에 있는 모든 사람은 천계의 천사들과 제휴하기 때문입니다. 그리고 그의 마음의 내면적인 것들의 측면에서 보면 그들과 함께 삽니다. 사랑에 속한 선 안에 있는 자들은 천계의 동쪽으로부터 서쪽에서 살고, 지혜에 속한 진리들 안에 있는 자들은 천계의 남쪽으로부터 북쪽에서 삽니다. 사람은 이 사실을 알지 못하지만, 그럼에도 불구하고 사람은 사후(死後) 그 자신의 장소에 갑니다. 따라서 여기서 얻는 것은, 교회에 관해서 언급하는 경우, "길이"는 교회의 선을 뜻하고, 그리고 "너비"는 교회의 진리를 뜻한다는 것입니다. 길이와 너비가 교회에 관해서 의미할 수는 없지만, 그러나 그것들은 도시에 관해서 서술할 수 있어서, 그것이 교회를 뜻한다는 것은 명확합니다. 그것이 본질과 형체가 하나를 이루는 교회 안에 있는 선과 진리를 뜻하는 이유는, "그것의 가로와 세로가 같았습니다"(=그것의 길이와 너비가 같았다)라고 언급하고 있기 때문입니다. 그리고 위에서 언급한 것과 같이, 여기서 "길이"는 교회에 속한 선을 뜻하고, "너비"는 교회의 진리를 뜻하기 때문입니다. 그리고 그것들이 본질과 형체처럼 하나(一體)를 이루는 이유는, 진리는 선에 속한 형체(form)이고, 선은 진리에 속한 본질(essence)이기 때문입니다. 그리고 본질과 형체(essence and form)는 한 몸(一體)을 이루기 때문입니다.

907. 그가 자막대기로 그 도시를 재어 보니, 가로와 세로와 높이가 서로 꼭같이 만이천 스타디온이었습니다.
이 말씀은 교리로부터 입증된 그 교회의 본성(=특성·本性·quality)을 뜻하는데, 그 교회에 속한 모든 것들은 사랑에 속한 선으로 말미암아 존재합니다. "자막대기로 잰다"(=측량한다·to measure)는 말은 한 사물(事物)의 성질을 안다는 것을 뜻합니다(본서 904항 참조). 그리고 천사가 요한의 목전(目前)에서 그것을 측량하였기 때문에, 그것은 그가 그 것을 알게 하기 위하여 그에게 보여 주었다는 것을 뜻합니다. 여기서 예루살렘을 가리키는 "그 도시"는 교리의 측면에서 주님의 새로운 교회를 뜻합니다(본서 879·880항 참조). 그리고 "만이천 스타디온"은 그 교회에 속한 모든 선들과 진리들을 뜻합니다. 그리고 "만이천"(12,000) 이 "열둘"(12)이 뜻하는 것과 동일한 것을 뜻한다는 것 등등은 위의 설명에서 잘 알 수 있겠습니다(본서 348항 참조). 여기서 "스타디온"(stadia)이라는 말은 치수들(=수량·분량·measures)이 뜻하는 것과 꼭 같은 것을 뜻하는데, "치수들"(measures)은 본성이나 성질을 뜻합니다(본서 313·486항 참조). "가로와 세로와 높이(=장광고·길이와 너비와 높이)가 꼭 같았다"라고 언급된 이유는 교회에 속한 모든 것들이 사랑에 속한 선으로 말미암아 존재한다는 것을 뜻하기 때문입니다. 왜냐하면 "길이"는 사랑에 속한 선을 뜻하고, 그리고 "너비"는 그 선에서 비롯된 진리를 뜻하기 때문입니다(본서 906항 참조). 그리고 "높이"는 모든 계도(階度) 안에 함께 있는 선과 진리를 뜻합니다. 왜냐하면 "높이"는 가장 높은 것에서부터 가장 낮은 것에게로 내려오기 때문인데, 그것은 천계들이 존재하는, 높이의 계도들(degrees of altitude)라고 부릅니다. 다시 말하면 가장 높은 천계, 또는 삼층천에서부터 가장 낮은 천계, 또는 일층천으로 그 계도에 따라서 내려옵니다. 이들 계도에 관해서는 ≪신령사랑과 신령지혜≫ 제 삼편 '창조의 구조'에서 다룬 설명을 참조하십시오. "그 도시의 가로와 세로와 높이가 꼭 같다"는 말씀이 모든 것들이 사랑에 속한 선 안에서 비롯되었다는 것을 뜻한다는 이유는, 사랑에 속한 선을 뜻하는 "길이"는 다른 것에 비하여 선행(先行)하기 때문이고, 그리고 "너비"가 길이와 동일하기 때문이고, 따라서 "길이"가 같듯이 또한 "높이"도 같기 때문입니다. 만약에 그렇지 않다면 무슨 목적으로 그 도시의 높이가 일만이천 스타디온이라고 언급할 수 있겠습니까? 따라서 그 도시는 구름 위로 솟을 정도로 엄청나게 광대할 것입니다. 아니, 사실은, 그 도시의 높이는 대기권 밖으로 넘지 못한, 삼십 스타디온*에 불과할 것입니다. 아마도 그 길이(2,400Km)는

---

* 1 스타디움(1 stadium)은 약 200m이다. 따라서 12,000 스타디온은 약 2,400Km이다. (역자 주)

에텔권을 지나 천정(天頂·zenith)에 다다를 엄청난 길이에 이를 것입니다. 꼭 같은 이들 셋(=장·광·고)이 사랑에 속한 선에서 비롯된 그 교회에 속한 모든 것들을 뜻한다는 것은 아래에 이어지는 것에서 잘 드러나고 있습니다. 왜냐하면 "그 도시는 맑은 수정과 같은 순금으로 되어 있었다"(21 : 18)고 언급되었고, 그리고 "그 도시의 넓은 거리는 맑은 수정과 같은 순금이었다"(21 : 21)고 언급되었기 때문입니다. 그리고 여기서 "금"(金)은 사랑에 속한 선을 뜻하기 때문입니다. 천계와 교회에 속한 모든 것들은 사랑에 속한 선으로 말미암아 존재한다는 것, 그리고 사랑에 속한 선은 주님에게서 온다는 것 등등은 다음 단락에서 보게 될 것입니다.

908. 천계와 교회에 속한 모든 것들이 사랑에 속한 선으로 말미암아 존재한다는 것, 그리고 사랑에 속한 선은 주님에게서 비롯된다는 것 등은, 쉽게 알 수 없습니다. 그러므로 그것이 자세하게 설명되지 않는다면 그와 같은 내용은 알 수가 없을 것입니다. 보이지 않기 때문에 알 수 없는 이유는, 선은, 진리와 같이, 사람의 생각(=사상) 안에 들어올 수 없기 때문입니다. 왜냐하면 진리는, 그것이 천계의 빛에서 비롯되기 때문에, 사상 안에서 볼 수 있지만, 그러나 선은 다만 느끼기 때문인데, 그것은 선이 천계의 별(熱·heat of heaven)으로 말미암아 존재하기 때문입니다. 드물게 일어나는 것이지만, 어느 누구나, 그가 생각한 것에 관해서 깊이 생각하는 경우, 그가 느끼는 것에 대해서는 별로 주의하지 않지만, 그가 보는 것에 대해서는 유독 주의를 집중하기 때문입니다. 이것은 바로 유식한 사람이 모든 것들을 자신의 사상의 공으로 돌리지만, 자신의 기분이나 감정의 공으로 돌리지 않는 이유입니다. 그리고 이것은 교회가 모든 것들을 믿음의 공으로 돌리지만, 사랑에게 돌리지 않는 이유이기도 합니다. 그럼에도 불구하고 오늘날 교회에서 믿음에 속한 것이라고, 또는 믿음이라고 말하는 그 진리는 다만 사랑에 속한 선의 형체(form of good)에 지나지 않습니다(본서 875항 참조). 그런데 사람은, 자신의 생각 안에서 선을 보지 못하기 때문에, 왜냐하면 앞에서 언급한 것과 같이 선은 다만 느낄 뿐이고, 그리고 선은 다종다양한 여러 종류의 기쁨 하에서 느끼는 것이기 때문에, 그리고 사람은 그가 생각에서 느끼는 것들에 대해서 별로 주의를 하지 않고, 오히려 지금 그가 보고 있는 것들에 대해서 주의를 하기 때문에,

그러므로 사람은 자기가 기쁘게 느끼는 것들을 모두 선이라고 부르고, 그리고 악을 기쁜 것으로 느끼기도 하는데, 이것은 출생에서부터 계속해서 이어지는 것이며, 그리고 이것은 자기사랑(自我愛)과 세상사랑(世間愛)에서 발출합니다. 이것이 바로, 사랑에 속한 선이 천계와 교회에 속한 전부이다는 것과 그리고 사람 안에 있는 이것은 오직 주님으로 말미암아 존재한다는 것과 그리고 이 선은 죄들로 여겨서 자신들의 쾌락들과 함께 있는 악들을 끊는 사람들을 제외하면 어느 누구에게도 주님으로부터 유입하지 않는다는 것 등등을 알지 못하는 이유입니다. 이것이 또한 주님의 말씀, 즉 이 두 계명에 모든 율법과 예언자들의 본뜻이 달려 있다는 말씀이 뜻하는 것입니다.

> 예수께서 그에게 말씀하셨습니다. "'네 마음을 다하고, 네 목숨을 다하고, 네 뜻을 다하여, 주 너의 하나님을 사랑하여라' 하셨으니, 이것이 가장 중요하고, 으뜸 가는 계명이다. 둘째 계명도 이것과 같은데 '네 이웃을 네 몸과 같이 사랑하여라' 한 것이다. 이 두 계명에 모든 율법과 예언자들의 본뜻이 달려 있다."
> (마태 22 : 35-40)

그리고 내가 주장할 수 있는 것은, 주님에게서 온 사랑에 속한 선으로부터 나온 것을 제외하면 본질적으로 사람 안에 있는 진리는 그것의 한 알갱이도 거기에 존재하지 않는다는 것입니다. 따라서 거기에는 본질적으로 믿음이라고 하는 믿음의 한 톨도 존재하지 않습니다. 다시 말하면 주님에게서 온 인애로부터 나온 것을 제외하면 거기에는 살아 있는 믿음·구원하는 믿음·영적인 믿음이라고 하는 믿음은 한 톨도 없다는 것입니다. 사랑에 속한 선이 천계와 교회에 속한 모든 것이기 때문에 그러므로 온 천계와 온 교회는, 정동들에게서 분리된 생각에 속한 어떤 것에 일치해서가 아니고, 사랑에 속한 정동들에 따라서 주님에 의하여 정리 정돈된다는 것입니다. 왜냐하면 생각은 형체 안에 있는 정동이기 때문입니다. 이러한 것은 마치 언어가 형체 안에 있는 소리와 같습니다.

909. 17절. **또 그가 성벽을 재어 보니, 사람의 치수로 백사십사 규빗이었습니다.**

이 말씀은, 그 교회 안에 있는 성언에 속한 특성(=성질·quality)이 어떠한 것인지 보여 주었다는 것과 그것으로 말미암아 그들은 자신들의 모든 진리들이나 선들을 취하였다는 것 등등을 뜻합니다. "그가 재어 보았다"(=측량하였다)는 말은, 위에서 언급한 것과 같이(본서 907항 참조), 그것의 성질(=됨됨이·性稟)이 입증되었다는 것을 뜻합니다. 여기서 "성벽"은 성언의 문자적인 뜻 안에 있는 성언을 뜻하고(본서 898항 참조), 숫자 "백사십사"(144)는 성언에서 비롯된 교회에 속한 모든 진리들과 선들을 뜻하고, 그리고 "규빗"(cubits)은 "측량"(測量·measure)이 뜻하는 것과 동일한 성질(=본성·됨됨이·성품·quality)을 뜻합니다. 왜냐하면 숫자 "백사십사"(144)는 열둘(12)을 자승(自乘·곱셈)하여 그 숫자 백사십사(144)가 생겨난 것이기 때문에, "열들"(12)이 뜻하는 것과 동일한 뜻을 뜻하기 때문입니다. 그리고 곱한다고 해도 그것은 자신의 뜻을 제거하지 않기 때문입니다.

910. 그것(=사람의 치수)은 천사의 치수이기도 합니다.
이 말씀은, 천계와 하나(一體)를 이루는 그 교회의 본성(本性·quality)을 뜻합니다. "치수"(=척량)가 한 사물의 성질을 뜻합니다(본서 313·486항 참조). 그리고 여기서 "사람"은 "사람"들에게서 비롯된 교회를 뜻하고, 여기서 "천사"는 천사들에게서 비롯된 천계를 뜻합니다. 그러므로 "사람의 치수는 천사의 치수이기도 하다"는 말은, 천계와 하나를 이루는 그 교회의 성품을 뜻합니다. 성경에서 "사람"은 성언에서 비롯된 총명(intelligence)이나 지혜(wisdom)를 뜻하고(본서 243항 참조), 그리고 사람 안에 있는 성언에서 비롯된 총명과 지혜는 그 사람에게 있는 교회입니다. 그러므로 구체적으로, 또는 일반적으로 사람은, 다시 말하면 한 사회나 한 집합체를 사람이라고 하였고, 영적인 뜻으로는 교회를 뜻합니다. 여기에서 얻는 결론은, 예언자들이 "사람의 아들들"(the sons of man)이라고 불리웠다는 것, 그리고 주님 자신도 자기 자신을 "사람의 아들"(人子·the Son of man)이라고 부르셨다는 것입니다. 그리고 "사람의 아들"(the Son of man)은 성언에서 비롯된 교회의 진리를 뜻하고, 그리고 주님에 관해서 "사람의 아들"이라고 언급되었을 때에는, 교회가 존재하는 근원인 성언 자체를 가리킵니다. "천사"는, 세 가지 뜻을 가리키는데, 최고의 뜻으로는 주님을 뜻하고, 일반적인 뜻으로는 천계 또는 천계적인 사회(a heavenly society)를 뜻하고,

개별적인 뜻으로는 신령진리를 뜻합니다. "천사"가 이런 세 가지 뜻을 가리킨다는 것은 앞서의 설명에서 능히 알 수 있겠습니다(본서 5·65·170·258·342·344·415·465·644·647·648·657·718항 참조). 여기서는, 장차 주님의 새로운 교회와 한 몸을 이룰 천계를 뜻합니다. 성언으로 말미암아 존재하는 교회가, 따라서 주님으로 말미암아 존재하는 교회가 천계와의 제휴 상태에 있고, 그리고 주님과의 결합의 상태에 있다는 것은 본서 818항에서 잘 볼 수 있지만, 그러나 주님의 성언에서 비롯되지 않은 교회는 그렇지가 않습니다.

911. 18절. **그 성벽은 벽옥으로 쌓았고…….**
이 말씀은 그 교회에 속한 사람들에게 있는 성언의 문자적인 뜻 안에 있는 모든 신령진리는 영적인 뜻 안에 있는 신령진리로 말미암아 투명하다는 것을 뜻합니다. 여기서 "성벽"은 문자적인 뜻 안에 있는 성언을 뜻하고(본서 898항 참조), "그것의 구조"(=쌓았다·structure)는 그것에 속한 전부를 뜻하는데, 그 이유는 그것에 속한 모든 것은 그 구조 안에 존재하기 때문입니다. "벽옥"(jasper)은, 일반적으로 보석이 뜻하는 것과 동일한 것을 뜻합니다. 그리고 성언과 관련해서 "보석"은 성언의 영적인 뜻 안에 있는 신령진리로 말미암아 성언의 문자적인 뜻 안에 있는 신령진리가 투명하다는 것을 뜻합니다(본서 231·540·726·823항 참조). 그리고 "벽옥"이 동일한 뜻을 가리킨다는 것은 앞서의 설명에서 볼 수 있겠습니다(본서 897항 참조). 그것이 투명한 이유는, 문자적인 뜻 안에 있는 신령진리는 자연적인 빛 안에 존재하고 영적인 뜻 안에 있는 신령진리는 영적인 빛 안에 존재하기 때문입니다. 그러므로 영적인 빛이 성언을 읽고 있는 사람에게 있는 자연적인 빛에 입류할 때, 그는 조요의 상태에 있게 되고, 그리고 거기에 있는 진리들을 보게 됩니다. 왜냐하면 영적인 빛의 대상물들은 곧 진리들이기 때문입니다. 문자적인 뜻 안에 있는 성언은 이런 성질에 속한 것입니다. 그래서 천계의 빛에 속한 입류에 의하여 사람이 조요의 상태에 있으면 그럴수록 그 사람은 그것들과의 관계 안에 있는, 그리고 그것에서 비롯된 그것들의 형체 안에 있는 진리들을 더 많이 보게 됩니다. 그리고 그 사람이 진리들을 더 많이 보면 볼수록 그의 합리적인 마음은 내면적으로 더 열리게 됩니다. 왜냐하면 합리적인 것은 천계의 빛에 속한 수용그릇 자체이기 때문입니다.

912. 도시는 맑은 수정과 같은 순금으로 되어 있었습니다.
이 말씀은, 따라서 그 교회에 속한 모든 것은 주님으로부터 천계의 빛과 함께 입류하는 사랑에 속한 선을 뜻한다는 것입니다. "도시" 즉 예루살렘은, 그것에 속한 모든 것을 내면적으로 주의하여 보면, 또는 성 안에 있는 것을 내면적으로 살펴보면, 주님의 새로운 교회를 뜻합니다. "금"이, 곧 알게 되겠지만, 주님에게서 비롯된 사랑에 속한 선을 뜻하고, 그리고 "맑은 수정과 같다"(=맑은 유리와 같다)는 말은 신령지혜로 말미암아 투명하다는 것을 뜻합니다. 그리고 후자, 즉 신령지혜는 천계에서 빛으로 나타나고, 그리고 태양이신 주님에게서 유입하기 때문에 "맑은 수정과 같다"(=맑은 유리와 같다)는 말은 천계와 주님에게서 비롯된 빛과 함께 유입한다는 것을 뜻합니다. 천계와 교회에 속한 모든 것들은 사랑에 속한 선으로 말미암아 존재한다는 것, 그리고 사랑에 속한 선은 주님에게서 온다는 것 등등은 앞에서 이미 입증하였습니다(본서 908항 참조). 지금은 그 도시가 "순금"(純金·正金·pure gold)과 같이 보인다고 언급하고 있는데, 이 말은 새 예루살렘이 가리키는 새로운 교회에 속한 모든 것은 주님에게서 비롯된 사랑에 속한 선이라는 것을 뜻한다는 것입니다. 그러나 사랑에 속한 선은 지혜에 속한 진리들로부터 자기 혼자서(solitary), 또는 추상적으로는 주어지지 않고, 오히려 그것이 사랑에 속한 선이 되기 위해서는 반드시 그것은 형체화되어야 하고, 그리고 그것은 지혜에 속한 진리들에 의하여 형체화되어야 하기 때문에, 그러므로 여기서 "맑은 유리와 같은 순금(=정금)"이라고 언급되었습니다. 왜냐하면 지혜에 속한 진리들이 없는 사랑에 속한 선은 그 어떤 특성을 지닐 수 없기 때문입니다. 그 이유는 그것이 어떤 형체도 갖추지 못하고, 그리고 그것의 형체는, 주님에게서 비롯되는 사랑에 속한 선과 함께 하는 그것들의 질서나, 관계 안에 입류하는 그것의 진리에 일치하기 때문이고, 따라서 그것은 그 수용이나 영접에 일치하여 사람 안에 존재하기 때문입니다. 사람 안에 존재한다고 언급하였지만, 그러나 그것은 사람에게 속한 것으로 이해되면 안 되고, 오히려 사람 안에 있는 주님에게 속한 것으로 이해되어야 합니다. 이렇게 볼 때, 그 때 여기서 얻는 명확한 것은, 우리의 본문, "도시는 맑은 수정과 같은 순금으로 되어 있다"는 말씀은, 따라서 그 교회에 속한 모든 것은 주님에게서부터 천계에서 오는 빛으로 입류하는 사랑에 속한 선이다는 것입니다.

913. "금"(金·gold)이 사랑에 속한 선(the good of love)을 뜻한다는 이유는, 자연계(自然界)에 보이는 개별적인 것이나 모든 것들과 꼭 같이, 금속(金屬·metals)들은 어떤 것에 대응(對應)하기 때문입니다. 예를 들면, 금은 사랑에 속한 선에 대응하고, 은(銀)은 지혜에 속한 진리들에 대응하고, 구리나 놋은 인애에 속한 선에 대응하고, 철(鐵)은 믿음에 속한 진리들에 대응합니다. 따라서 얻는 결론은, 이런 금속들은 역시 영계(靈界)에 존재한다는 것이고, 그런 이유 때문에, 영계에서 보이는 모든 것들은 대응들을 가리킨다는 것입니다. 왜냐하면 그런 것들은 정동(情動·affections)들에 대응하고, 그리고 그것으로 인하여 본질적으로 영적인 것들인 천사들의 사상에 대응하기 때문입니다. 대응으로 말미암아 "금"(金)이 사랑에 속한 선을 뜻한다는 것은 아래의 여러 장절들에게서 잘 드러나고 있습니다.

    그러므로 나는 네게 권한다. 네가 부유하게 되려거든 불에 정련된 금을 내게서 사라.
    (묵시록 3 : 18)
    아, 슬프다.
    어찌하여 금이 빛을 잃고
    어찌하여 순금이 변하고,
    성전 돌들이 거리 어귀마다 흩어졌는가?
    순금만큼이나 고귀한 시온의 아들들이,
    어찌하여 토기장이들이 빚은
    질그릇 정도로나 여김을 받는가?
    (애가 4 : 1, 2)
    그는 힘없는 사람과 가난한 사람을
    불쌍히 여기며,
    가난한 사람의 목숨을 건져 준다.……
    그는
    아라비아(=세바)의 황금도 예물로 받을 것이다(=그들에게 줄 것이다).
    (시편 72 : 13, 15)
    내가 놋쇠 대신 금을 가져 오며,
    철 대신 은을 가져 오며,
    나무 대신 놋쇠를 가져 오며,

돌 대신 철을 가져 오겠다.
"내가 평화를 너의 감독자로 세우며,
공의를 너의 지배자로 세우겠다."
(이사야 60 : 17)
너는 슬기롭다.
아무리 비밀스러운 것이라도
네게 드러나지 않는 것이 없다.
너는 지혜와 총명으로 재산을 모았으며,
네 모든 창고에 금과 은을 쌓았다.……
너는 옛날에
하나님의 동산에서 살았다.
너는 온갖 보석으로 네 몸을 치장하였다.……
황금으로 너의 몸을 치장하였다.
(에스겔 28 : 3, 4, 13)
많은 낙타들이 너의 땅을 덮을 것이며,……
스바의 모든 사람이
금과 유향을 가지고 와서,
주께서 하신 일을 찬양할 것이다.……
그들이,
너의 주 하나님의 이름,
곧 이스라엘의 거룩하신 하나님께 드리려고.
은과 금을 함께 싣고 온다.
주께서 너를 영광되게 하셨기 때문이다.
(이사야 60 : 6, 9 ; 마태 2 : 11)
은도 나의 것이요, 금도 나의 것이다.……
그 옛날 찬란한 그 성전보다는
지금 짓는 이 성전이
더욱 찬란하게 될 것이다.
(학개 2 : 8, 9)
임금이 귀여워하는 여인들 가운데는
여러 왕의 딸들이 있고,
임금님의 오른쪽에 서 있는 왕후는
오빌의 금으로 단장하였습니다.……
(그녀는)
금실로 수놓은 옷을 입고…….

(시편 45 : 9, 13 ; 에스겔 16 : 13)
너는, 내가 네게 준 나의 금과 은으로 만든 장식품들을 가져다가 남자의
형상들을 만들어 놓고, 그것들과 음행하였다.
(에스겔 16 : 17)
너희가 나의 은과 금을 약탈해 갔으며,
나의 가장 귀한 보물을
너희의 신전으로 가져갔다.
(요엘 3 : 5)

"금"이 사랑에 속한 선을 뜻하기 때문에, 따라서 이렇게 기술되었습니다.

벨사살 왕은 술을 마시면서 명령을 내려서, 그의 아버지 느부갓네살 왕이 예루살렘 성전에서 가져 온 금그릇과 은그릇들을 가져 오게 하였다.……그들은 술을 마시고서, 금과 은과 동과 철과 나무와 돌로 만든 신상들을 찬양하였다. 그런데 바로 그 때에 갑자기 사람의 손이 나타나더니, 촛대 앞에 있는 왕국 석고 벽 위에다가 글을 쓰기 시작하였다. 왕은 그 손가락이 글을 쓰는 것을 보고 있었다.……바로 그 날 밤에 벨사살 왕은 살해되었다.
(다니엘 5 : 2, 4, 5, 30)

이 밖에도 여러 장절들이 있습니다. "금"이 사랑에 속한 선을 뜻하기 때문에, 따라서 이런 말씀들이 있습니다.

(그 안에 율법이 있는) 법궤는 순금으로 그 안팎을 입히고, 그 둘레에는 금테를 둘러라.
(출애굽기 25 : 11)
순금으로, 길이가 두 자 반, 너비가 한 자 반인 속죄판을 만들어라. 금을 두들겨서 그룹 두 개를 만들고, 그것들을 속죄판의 양쪽 끝에 각각 자리잡게 하여라.
(출애굽기 25 : 17, 18)
너는, 그 단(=분향단)의 윗면과 네 옆면과 뿔을 순금으로 입히고, 그 가장자리에 금테를 둘러라.
(출애굽기 30 : 3)
순금으로 두들겨서 등잔대를 만들어라.……등잔불 집게와 불똥 그릇도 순금으로 만들어라.

(출애굽기 25 : 31, 38)
길이가 두 자이고, 너비가 한 자이고, 높이가 한 자 반인 상을 만들어서, 순금으로 입히고, 둘레에는 금테를 둘러라.
(출애굽기 25 : 23, 24)

"금"이 사랑에 속한 선을 뜻하고, 그리고 "은"이 지혜에 속한 진리를, "놋"이 인애라고 부르는 사랑인 자연적인 사랑에 속한 선을, "철"은 믿음에 속한 진리를, 각각 뜻하기 때문에, 그러므로 옛날 사람들은, 태고 적부터 최근에 이르기까지, 이른바 계통적인 기간들(the successive periods)을 금・은・동・철 시대라고 불렀습니다. 느부갓네살 왕이 꿈에서 본 신상도 동일한 것들을 뜻하고 있습니다.

그 신상의 머리는 순금이고, 가슴과 팔은 은이고, 배와 넓적다리는 놋쇠이고, 그 무릎 아래는 쇠이고, 발은 일부는 쇠이고, 일부는 진흙이었습니다.
(다니엘 2 : 32, 33)

여기의 이것들은, 태고시대부터 오늘에 이르기까지, 이 세상에 있는 교회의 연속적인 상태들을 뜻합니다. 오늘날의 교회의 상태가 이와 같이 기술되었습니다.

임금님께서 진흙과 쇠가 함께 있는 것을 보신 것과 같이, 그들이 다른 인종과 함께 살 것이지만, 쇠와 진흙이 서로 결합되지 못하는 것처럼, 그들이 결합되지 못할 것입니다.
(다니엘 2 : 43)

"쇠"(=철・iron)는, 앞에서 언급한 것과 같이, 믿음에 속한 진리를 뜻합니다. 그러나 믿음에 속한 진리가 존재하지 않고, 대신 진리가 결여(缺如)된 믿음만 있어서, 그 때 그것들이 서로 결합하지 못하는 "진흙과 쇠가 함께 섞여 있었습니다." 다른 인종과 함께 사는(=뒤섞인) "사람의 씨"(=인종・the seed of man)는 성언에 속한 진리를 뜻합니다. 이것이 오늘날의 교회의 상태입니다. 그 이후의 그것이 어떤 상태인지는 몇 장절로 기술되었습니다(다니엘 2 : 45). 그러나 충분하게는 다니엘서 7장 13-18, 27절에 기술되었습니다.

914. 19절. *그 성벽의 주춧돌은 각색 보석으로 꾸며져 있었습니다.*
이 말씀은, 거기에 있는 사람들이 가지고 있는, 성언의 문자적인 뜻에서 취한 새 예루살렘의 교리에 속한 모든 것들이 수용(受容・reception)에 일치하여 빛 가운데 나타날 것이라는 것을 뜻합니다. "열두 주춧돌"(=초석)은 교리에 속한 모든 것들을 뜻합니다(본서 902항 참조). 그리고 "성벽"은 문자적인 뜻 안에 있는 성언을 뜻합니다(본서 898항 참조). "거룩한 도시 예루살렘"은 주님의 새로운 교회를 뜻합니다(본서 879・880항 참조). "각색 보석"은, 성언의 영적인 뜻으로 말미암아 투명해진, 문자적인 뜻 안에 있는 성언을 뜻합니다(본서 231・540・726・911항 참조). 이것이 그 수용에 일치하기 때문에, 그러므로 그것은 그들이 가지고 있는 성언에서 비롯된 교리에 속한 모든 것들이 수용에 일치하여 빛 가운데 나타날 것이라는 것을 뜻합니다. 건전하게 생각하지 못하는 사람은 누구나 새로운 교회에 속한 모든 것들이 빛 가운데 나타날 수 있다는 것을 믿을 수 없지만, 그러나 그들이 믿게 될 것이다는 것을 알게 될 것입니다. 왜냐하면 모든 사람은 외면적인 생각과 내면적인 생각을 가지고 있기 때문입니다. 내면적인 생각(思想・interior thought)은 천계의 빛 안에 존재하고, 그리고 지각(知覺)이라고 불리웁니다. 그리고 외면적인 생각(exterior thought)은 이 세상의 빛 안에 존재하고, 그리고 모든 사람의 이해는 천계의 빛 안에까지 올리워질 수 있는 그런 것이고, 또한 만약에 어떤 기쁨으로 말미암아 그가 진리를 보고자 열망한다면, 역시 그 빛 안에 올리워집니다. 이러한 내용이 사실이라는 것은 수많은 경험에 의하여 알도록 나에게 허락되었습니다. 이런 것에 관한 놀라운 것들은 ≪신령섭리≫에서 잘 볼 수 있고, 그리고 더 상세한 것들에 관해서는 ≪신령사랑과 신령지혜≫에 기술되었습니다. 왜냐하면 사랑과 지혜에 속한 기쁨(喜悅・delight)은, 비록 그 전에는 그것에 관해서 듣지 못하였다고 해도, 어느 누구가 한 사물이 그러하다는 것을 빛 가운데서 볼 수 있도록, 생각(思想)을 고양(高揚)시키기 때문입니다. 마음을 환하게 조요시키는 이 빛은 주님으로부터 천계를 통해서 나오는 다른 근원에서 입류하는 것은 결코 아닙니다. 새 예루살렘에 속하게 될 사람들은 직접 주님에게 나아갈 것이기 때문에, 그 빛은, 질서에 속한 통로에 의하여 의지에 속한 사랑을 통하여 이해에 속한 지각(the perception of the understanding)에 입류할 것입니다.

그러나 신학적인 것들 안에 있는 이해는 아무것도 보지 못한다고 하는, 그러나 교회가 가르치는 것은 무조건 맹목적으로 반드시 믿어야 한다는 신조(信條・dogma)에 빠져서 스스로 그것이 옳다고 확증하는 사람들은 그 빛 가운데에서도 어떤 진리도 볼 수 없습니다. 왜냐하면 그들은 자신들에게 들어오는 그 빛의 통로를 막아버리기 때문입니다. 개혁교회(the Reformed church)는 이 신조를 로마 가톨릭의 종교적인 종지(宗旨)로부터 승계하고, 간직하고 있습니다. 그런데 그 신조는, 교회 자체를 제외하면, 그것이 뜻하는 교황이나 추기경 회의(樞機卿 會議)를 제외하면, 어느 누구도 성경을 해석하면 안 된다고 선포하고 있고, 그리고 그 교회가 전수(傳授)하는 모든 교리를 믿음으로 포용하지 않는 사람들은 이단적인 존재(a heretic)로 간주(看做)되고, 저주 받은 자로 간주된다는 것을 선언하고 있습니다. 이것이 사실이다는 것은, 그 종교의 모든 신조들이 거기에서 제정된, 트렌트 종교회의(the Council of Trent)의 조항에서 아주 명백합니다. 이들 조항의 뒷부분에는 이런 말이 있습니다. "그 때 의장인 모로누스는 '안녕히 가십시오'라고 말하였다. 그러자 박수갈채가 뒤따랐고, 그 밖의 사람들 가운데서는 로레인(Loraine) 추기경과 신부들의 선언이 뒤이어졌습니다. '우리도 믿습니다. 우리는 모두 이 견해와 꼭 같습니다. 우리는, 모두 이것에 동의하고, 수용하고, 그것에 서명(署名)합니다. 이것은 축복받은 베드로와 사도들의 믿음입니다. 이것은 교부들의 믿음이고, 정통주의자의 믿음입니다. 그렇습니다. 아멘, 아멘, 모든 이단자들에게는 저주로다, 저주로다, 저주로다.'" 이 종교회의의 칙령은 이 책 서두에 간략하게 인용되었습니다. 사실 그것에는 거의 단 하나의 진리도 없습니다. 이런 개별적인 것들이 인용된 것은, 개혁교회가 맹목적인 믿음을 그 종교적인 종지로부터 전수하고 있다는 것을 보여 주기 위해서 입니다. 다시 말하면 이해에서 떠난 믿음을 전수받고 있다는 것을 입증하기 위해서 입니다. 그리고 그것을 전수받은 사람들은 지금 이후에도 주님에게서 비롯된 신령진리들 안에서 계몽될 수 없고, 조요될 수 없다는 것을 입증하기 위해서 입니다. 이해가 믿음에 복종하는 상태 하에 포로로 잡혀 있는 한, 또는 이해가 교회에 속한 진리들을 직관(直觀)하는 것에서 멀리 옮겨져 있는 한, 신학(神學)은 기억에 속한 한 사물에 불과하고, 그리고 기억에 속한 한 사물은, 마치 모든 판단에서부터 떨어진 것과 같이, 소멸할 것입니다. 그리고 또한 그것의 영명함에서도 소멸할 것입니다. 따라서 그것들에 관해서 이렇게 언급되었습니다.

그들을 내버려 두어라. 그들은 눈먼 사람이면서 눈먼 사람을 인도하는 길잡이들이다. 눈먼 사람이 눈먼 사람을 인도하면, 둘 다 구덩이에 빠질 것이다.
(마태 15 : 14)

그들은 모두가 장님인데, 그것은 그들이 문을 통해서 안으로 들어가지 않고, 몇몇은 다른 길을 통해서 들어가기 때문입니다. 주님께서 이렇게 말씀하셨습니다.

나는 문이다. 누구든지 이 문으로 들어오면 구원을 받고, 들어오고 나가면서 꼴을 얻을 것이다.
(요한 10 : 9)

"꼴을 얻는다"는 말은 신령진리들 가운데서 가르침을 받고, 계발(啓發)되고, 보양(保養) 된다는 것을 가리킵니다. 왜냐하면 문을 통하지 않고 들어가는 사람은 누구나, 다시 말하면 주님을 통하지 않고 들어가는 사람은 모두 "도둑이요, 강도"라고 하였기 때문입니다. 그러나 문을 통해서 들어가는 자들, 다시 말하면 주님을 통해서 들어가는 사람들은 동일한 장에서 '양의 목자'라고 불렸기 때문입니다(10 : 1, 2). 그러므로 내 친구들이어, 주님에게 나아가며, 죄로 알고 악들을 단절하시고, 오직 믿음만의 교리를 끊으십시오. 그렇게 하면 여러분의 이해는 활짝 열리게 될 것이고, 그대들은 놀라운 것들을 볼 것이고, 그리고 그것들에 의하여 크게 감명을 받을 것입니다.

915. 첫째 주춧돌은 벽옥이요, 둘째는 사파이어요, 셋째는 옥수요, 넷째는 비취옥이요.
20절. 다섯째는 홍마노요, 여섯째는 홍옥수요, 일곱째는 황보석이요, 여덟째는 녹주석이요, 아홉째는 황옥이요, 열째는 녹옥수요, 열한째는 청옥이요, 열두째는 자수정이었습니다.
이 말씀은, 주님에게 직접 가까이 나아가고, 그리고 죄들로 여겨 온갖 악들을 단절하는 것에 의하여 십싱인의 계명들에 일치하는 삶을 사는 사람들이 가지고 있는 성언의 문자적인 뜻에서 비롯된 그것들의 순서 안에 있는 그 교리에 속한 모든 것들을 뜻합니다. 왜냐하면 이런 사람들은 종교의 주춧돌인 두 사랑들, 즉 하나님사랑과 이웃사랑에 속한 교리 안에 있고, 그 밖의 다른 사람들은 그 교리 안에 있지 않기 때문입니다. "성벽의 열두 주춧돌들"이 성언의 문자적인 뜻에서 비롯된 새 예루살렘의 교리에 속한 모든 것들을 뜻한다는 것은 앞서의 설명을 참조하십시오(본서 902·914항 참조). "보석"(寶石)들이 일반적으로 영적인 뜻을 통해서 속이 투명한 성언에서 비롯된 교리에 속한 모든 것들을 뜻하는데(본서 231·540·726·911·914항 참조), 여기서 그 각각의 보석은 이와 같이 투명한 개별적인 것 안에 있는 그런 진리를 뜻합니다. 성언의 교리적인 것들의 측면에서 문자적인 뜻 안에 있는 성언이 온갖 종류의 보석들에 대응한다는 것은 ≪성서론≫ 43-45항을 참조하십시오. 일반적으로 보석들에게서 뿜어 나오는 색깔에는 둘이 있는데, 하나는 붉은색(the color red)이고, 다른 하나는 밝은 흰색(the color bright white)입니다. 그 밖의 다른 색깔들, 예를 들면 초록·노랑·파랑이나, 그 밖의 많은 색깔들은 붉은 색과 흰색, 그리고 검은색에 의하여 이루어집니다. 그리고 붉은색은 사랑에 속한 선을 뜻하고, 밝은 흰색은 지혜에 속한 진리를 뜻합니다. 붉은색이 사랑에 속한 선을 뜻하는 이유는, 그 빛이 그것의 근원을 태양의 불에서 취하기 때문이고, 그리고 영계의 태양의 불은 그것의 본질 안에 있는 주님의 신령사랑이고, 따라서 사랑에 속한 선이기 때문입니다. 그리고 밝은 흰색이 지혜에 속한 진리를 뜻하는 이유는 그것은 자신의 근원을 그 태양의 불에서 발출하는 빛에서 취하기 때문이고, 그리고 발출한 빛은 그것의 본질 안에 있는 신령지혜이고, 그리고 따라서 지혜에 속한 진리이기 때문입니다. 그리고 검은색은 그것의 근원을 무지(無知)를 가리키는 그것들의 그늘(shade)에서 취하기 때문입니다. 그러나 그 각각의 보석이 뜻하는 선에 속한 개별적인 것이나, 또는 진리에 속한 개별적인 것이 무엇인지를 설명한다는 것은 지루할 것입니다. 그럼에도 불구하고 이런 순서에 있는 각각의 보석이 뜻하는 개별적인 선이나 진리가 무엇인지를 알려고 하면, 이스라엘의 열두 지파가 다루어진, 우리의 묵시록서 7장 5-8절이 해설된 곳을 참조하십시오(본서 349-361항 참조). 왜냐하면 여기 각각의 보석이 뜻하는 것이 거기에 명명된 각각의 지파가 뜻하는 것과 같기 때문입니다. 거기에 기술된 열두 지파는 마찬가지로 그 교회에 속한 모든 선들과 진리들을 뜻하고, 그리고 그들의 순서에 따른 그 교회의 교리에 속한 모든 선들과 진리들을 뜻하기 때문에, 그러므로 우리의 본문장 14절에는 이들 열두 주춧돌에는 "어린 양의 열두 사도들의 이름들"이 기술되었다고 언급하였습니다. 그리고 "열두 사도들"은 주님에 관한 교리와, 주님의 계명들에 일치하는 삶에 관한 교리에 속한 모든 것들을 뜻합니다(본서 903항 참조). 우림과 둠밈(Urim and Thummim)이라고 부르는, 아론의 법의의 흉패에 있는 열두 보석들이 뜻하는 것과 같은 것을 이들 열두 보석들이 뜻합니다(출애굽기 28 : 15-21). 그것의 설명은 ≪천계비의≫에 주어진 9856-9882항을 참조하십시오. 이것과 다른 점은 후자에는 이스라엘 열두 지파의 이름들이라고 하였고, 전자에서는 어린 양의 열두 사도들의 이름들이라고 하였습니다. 주춧돌들이 보석으로 되었다는 것은 역시 이사야서에서도 언급되고 있습니다.

> 너, 고난을 당하고 광풍에 시달려도
> 위로를 받지 못한 예루살렘아,
> 이제 내가 홍옥으로 벽을 쌓고,
> 청옥으로 성벽 기초를 놓겠다.
> 홍보석으로 흉벽을 만들고,
> 석류석으로 성문을 만들고,
> 보석으로 성벽 둘레를 꾸미겠다.
> 주께서 너의 모든 아이를 제자로 삼아
> 가르치실 것이다.
> (이사야 54 : 11-13)

여기서 "고난당한 자"는 주님께서 이방 사람들로 세우신 교회를 뜻합니다. 같은 책의 말씀입니다.

> 주 하나님께서 이렇게 말씀하신다.
> "내가 시온에 주춧돌을 놓는다.
> 얼마나 견고한지 시험하여 본 돌이다.
> 이 귀한 돌을 모퉁이에 놓아서,

기초를 튼튼하게 세울 것이니,
이것을 의지하는 사람은
불안하지 않을 것이다.
내가 공평으로 줄자를 삼고,
공의로 저울을 삼을 것이니,
거짓말로 위기를 모면하는 사람은
우박이 휩쓸어 가고,
속임수로 몸을 감춘 사람은
물에 떠내려 갈 것이다.
(이사야 28 : 16, 17)

성언에서 비롯된 교리에 속한 모든 진리들이 반드시 주님을 시인하는 것 위에 세워져야 하기 때문에, 그러므로 주님께서는 이렇게 불리셨습니다.

이스라엘의 반석이시다.
(창세기 49 : 24)
집 짓는 사람이 버린 돌이
집 모퉁이의 머릿돌이 되었다.
(마태 21 : 42 ; 마가 12 : 10, 11 ; 누가 20 : 17, 18)

모퉁이 돌이 주춧돌이다는 것은 예레미야서 51장 26절에 잘 나타나 있습니다. 성경의 수많은 장절에서 주님께서는 "반석"(磐石·a Rock)이라고 불리셨는데, 그러므로 "반석"은 주님 자신을 뜻합니다. 주님께서 이렇게 말씀하셨습니다.

나는 이 반석 위에다가 내 교회를 세우겠다.
(마태 16 : 18)

그리고 또 말씀하셨습니다.

내게 와서 내 말을 듣고 그대로 하는 사람이 어떤 사람과 같은지를, 저희에게 보여 주겠다. 그는 땅을 깊이 파고, 반석 위에다가 기초를 놓고 집을 짓는 사람과 같다.

(누가 6 : 47, 48 ; 마태 7 : 24, 25)

여기서 "바위"(=반석)는 성언에 속한 신령진리의 측면에서 주님을 뜻합니다. 교회에 속한 모든 것들이나, 그 교리에 속한 모든 것들은 이 둘과 관계를 가지고 있습니다. 즉 주님에게 직접 나아가야 하는 것과 그리고 사람은 죄들로 여기고 온갖 악들을 끊는 것에 의하여 십성언의 계명들에 일치하는 삶을 반드시 살아야 한다는 것입니다. 따라서 그것은 교리에 속한 모든 것들은 하나님사랑(love of God)과 이웃사랑에 관계된다는 것인데, 그것은 ≪인애론≫에서 볼 수 있겠습니다. 이런 내용들은 그것들의 순서에 따라서 설명될 것입니다.

916. 21절. **열두 대문은 열두 진주로 되어 있는데, 그 대문들이 각각 진주 한 개로 되어 있었습니다.**
이 말씀은 주님에 대한 시인(是認・acknowledgment)과 지식(知識・knowledge)이 성언에서 비롯된 진리와 선에 속한 모든 지식들을 하나로 결합시킨다는 것과 그리고 그것이 교회로 인도한다는 것을 뜻합니다. "열두 대문"은 교회로 사람을 인도하는 요약된 진리와 선에 속한 지식들을 뜻합니다(본서 899・900항 참조). "열두 진주들"은 역시 요약된 진리와 선에 속한 지식들을 뜻합니다(본서 727항 참조). 이것으로 인하여 "대문들"이 "진주들"이다고 언급된 것입니다. "그 대문들이 각각 진주 한 개로 되어 있다"는 이유는, "대문들"이나 "진주들"이 뜻하는 진리와 선에 속한 모든 지식들은 그것들의 내용이 되는 하나의 지식(one knowledge)과 관계를 가지고 있기 때문입니다. 그 하나의 지식은 주님에 관한 지식입니다. 비록 거기에는 그 하나의 지식을 구성하는 것은 많이 있지만, 하나의 지식이라고 하였습니다. 왜냐하면 주님에 관한 지식은 교리에 속한 모든 것들과 그리고 그것에서 비롯된 교회에 속한 모든 것들의 보편적인 것이기 때문입니다. 그리고 또한 그것에서부터 모든 예배는 그것의 생명과 진수(眞髓)를 취하기 때문입니다. 왜냐하면 주님께서 천계와 교회에 속한 모든 것 안에 있는 전부(the all in all)이시고, 그리고 그것으로 인하여 예배에 속한 모든 것 안에 있는 전부이기 때문입니다. 주님에 대한 시인과 지식이, 성언에서 비롯된 진리와 선에 속한 모든 지식들을 하나로 결합하는 이유는 거기에는 모든 영적인 진리들의 관계(a connexion)가 있기 때문입니다. 그리고 만약에 여러분이 이것을 믿는다면, 그것들의 관계는 우리의 인체에 속한 모든 기관들・내장들・조직체들의 관계와 꼭 같기 때문입니다. 그러므로 영혼이 그것들의 질서와 관계 안에 모든 이런 것들을 담고 있기 때문에, 그러므로 마치 한 존재 이외의 다른 것으로는 결코 느끼지 않는 것과 같습니다. 마찬가지로 주님께서는 사람에게 있는 모든 영적인 진리들을 전부 수용하십니다. 주님께서, 사람들을 교회에 들어가게 하시는, 그리고 그것으로 인하여 천계에 들어가게 하시는, 문 자체이시다는 것을 주님 친히 요한복음서에서 가르치셨습니다.

> 나는 문이다. 누구든지 이 문으로 들어오면 구원을 받고, 들어오고 나가면서 꼴을 얻을 것이다.
> (요한 10 : 9)

그분에 대한 시인과 지식이 진주 자체를 가리킨다는 것은 마태복음서의 주님의 이런 말씀이 뜻하고 있습니다.

> 하늘 나라는 좋은 진주를 구하는 상인과 같다. 그가 값진 진주 하나를 발견하면, 가서, 가진 것을 다 팔아서 그것을 산다.
> (마태 13 : 45, 46)

여기서 "값진 진주 하나"는 곧 주님에 대한 시인과 지식을 가리킵니다.

917. 도시의 넓은 거리는 맑은 수정과 같은 순금이었습니다.
이 말씀은, 그 교회에 속한 모든 진리와 그 교회의 교리에 속한 모든 진리가 주님으로부터 천계에서 나오는 빛과 함께 입류하는 사랑에 속한 선의 형체 안에 있다는 것을 뜻합니다. 이러한 내용은, 도시가 맑은 수정과 같은 순금으로 되어 있다고 한, 그 도시 자체에 관해서 위에서 언급한 것과 비슷합니다(21 : 18). 그리고 이 말씀이 그 교회에 속한 모든 것은 주님으로부터 천계의 빛과 함께 입류하는 사랑에 속한 선이라는 것을 뜻한다는 것은 본서 912・913항을 참조하십시오. 여기서 차이가 있다면, 여기서는 그 도시의 넓은 거리가 그러하다는 것이다 라고 언급하였는데, "그 도시의 넓은 거리"는 그 교회에 속한 교리의 진리를 뜻합니다(본서 501항 참조). 성언에서 비롯된 그 교회에 속한 교리의 모든 것들이 사랑에 속한 선의 형체 안에 존재한다는 것은 역시 본서 906·908항을 참조하십시오.

918. 22절. **나는 그 안에서 성전을 볼 수 없었습니다. 그것은 전능하신 주 하나님과 어린 양이 그 도시의 성전이시기 때문입니다.**

이 말씀은, 이 교회 안에는 내적인 것에서 분리된 외적인 것은 결코 존재하지 않을 것이다는 것을 뜻합니다. 그 이유는 교회에 속한 모든 것이 그분에게서 비롯된, 그분의 신령인성 안에 계시는 주님 그분만이 사람이 가까이 나아가고, 예배하고, 경배하여야 할 주님 그분이시기 때문입니다. "나는 그 안에서 성전을 볼 수 없었다"는 말씀은 새 예루살렘이 가리키는 새로운 교회 안에 성전들(temples)이 있지 않다는 것을 뜻하지 않고, 오히려 그것 안에 내적인 것에서 분리된 외적인 것이 존재하지 않을 것이다는 것을 뜻합니다. 그 이유는, 여기서 "성전"(a temple)은, 예배의 측면에서 교회를 뜻하고, 그리고 최고의 뜻으로는, 예배 받으셔야만 하는, 신령인성(=신령인간·the Divine Human)의 측면에서 주님 그분을 뜻하기 때문입니다(본서 191·529·585항 참조). 그리고 교회에 속한 모든 것들이 주님으로 말미암아 존재하기 때문에, 그러므로 "그것은 전능하신 주 하나님과 어린 양이 그 도시의 성전이기 때문이다"라고 언급되었습니다. 여기서 이 말씀은 그분의 신령인성 안에 계시는 주님을 뜻합니다. "전능하신 주 하나님"은 영원부터 여호와 그분이신 주님을 뜻하고, "어린 양"(the Lamb)은 그분의 신령인성(His Divine Human)을 뜻하는데, 이러한 사실은 이미 위에서 자주 설명되었습니다.

919. 23절. **그 도시에는, 해나 달이 빛을 비출 필요가 없습니다. 그것은, 하나님의 영광이 그 도성을 밝혀 주며, 어린 양이 그 도성의 등불이시기 때문입니다.**

이 말씀은 그 교회에 속한 사람들은 자기사랑(自我愛)이나 자신의 총명에 빠져 있지 않을 것이다는 것, 따라서 자연적인 빛 안에 있지 않고, 오히려 오직 주님에게서 온 성언에 속한 신령진리에서 나오는 영적인 빛 가운데 있을 것이다는 것을 뜻합니다. 여기서 "해"(=태양·the sun)는, 자기사랑을 가리키는, 영적인 사랑에서 분리된 자연적인 사랑(natural love)을 뜻하고, 여기서 "달"(moon)은 총명을, 또는 자기 자신에게서 비롯된 그들 자신의 총명이나 믿음을 가리키는 총명과 영적인 믿음에서 분리된 자연적인 믿음(natural faith)을 뜻합니다. 이 사랑과 그리고 총명과 믿음 등등은, 그런 것들의 비춤(shining)이 주님의 새로운 교회에 있을 자들에게는 필요치 않을, 바로 "해나 달"이 뜻합니다. 그것을 비추는 "하나님의 영광"은 성언에 속한 신령진리를 뜻합니다(본서 629항 참조). 그 밝힘(照耀·enlightenment)이 주님에게서 오기 때문에, "어린 양이 그 도성의 등불이다"라고 언급되었습니다. 이사야서의 아래 장절의 뜻은 이와 비슷합니다.

> 너는 너의 성벽을 '구원'이라고 부르고,
> 너의 성문을 '찬송'이라고 부를 것이다.
> 해는 더 이상 낮을 밝히는 빛이 아니며
> 달도 더 이상
> 밤을 밝히는 빛이 아닐 것이다.
> 오직 주께서 너의 영원한 빛이 되시고,
> 하나님께서 너의 영광이 될 것이다.
> 주께서 몸소 너의 영원한 빛이 되시며,
> 네가 곡하는 날도 끝이 날 것이므로,
> 다시는 너의 해가 지지 않으며,
> 다시는 너의 달이 이지러지지 않을 것이다.
> 너의 백성이 모두 시민권을 얻고,
> 땅을 영원히 차지할 것이다.
> (이사야 60 : 18-21)

여기서 더 이상 빛을 비추지 않을 "해와 달"(sun and moon)은 자기사랑(自我愛)과 자신들의 자기 총명을 뜻합니다. 다시는 지지 않을 "해와 달"은 주님사랑에서 비롯된 사랑과 그리고 주님에게서 비롯된 총명과 믿음을 뜻하고, "주께서 영원한 빛이 되신다"는 말씀은, 우리의 본문인, "하나님의 영광이 그 도성을 밝혀 주며, 어린 양이 그 도성의 등불이다"는 말씀이 뜻하는 동일한 것을 뜻합니다. "해"가 주님사랑을 뜻하고, 반대의 뜻으로는 자기사랑(self-love)을 뜻한다는 것은 위의 설명에서 볼 수 있겠고(본서 53·414항 참조), 그리고 "달"이 주님에게서 비롯된 총명과 그분에게서 온 믿음을 뜻한다는 것(본서 332·413·414항 참조), 따라서 반대의 뜻으로 "달"은 자신들의 자기 총명과 자신들에게서 비롯된 믿음을 뜻합니다. 반대의 뜻으로 "해"가 자기사랑을 뜻하고, "달"이 자기 자신의 총명과 자신에게서 비롯된 믿음을 뜻하기 때문에, 그러므로 해·달·별들을 숭배한다는 것은 역겹고, 혐오스러운 것인데, 이러한 사실은 성경에 잘 나타나고 있습니다(예레미야 8 : 1, 2 ; 에스겔 8 : 15, 16 ; 스바냐 1 : 5). 그리고 그런 부류의 사람들은 돌로 쳐 죽였습니다(신명기 17 : 2, 3, 5).

920. 24절. (구원받은) **민족들이 그 빛 가운데로 다닐 것이요.**
이 말씀은 삶에 속한 선 안에 있고, 주님을 믿는 사람은 모두 거기에서 신령진리들에 일치하는 삶을 살 것이고, 눈이 대상물을 보는 것과 같이, 자신들 안에서 내적으로 신령진리들을 볼 것이다는 것을 뜻합니다. "민족들"은 삶에 속한 선 안에 있는 자들을 뜻하고, 그리고 또한 삶에 속한 악 안에 있는 자들을 뜻합니다(본서 483항 참조). 그러나 여기서는 삶에 속한 선 안에 있고, 주님을 믿는 사람들을 뜻합니다. 그 이유는 "구원받은 민족"이라고 언급되었기 때문입니다. 그리고 "그 빛 가운데로 다닐 것이다"는 말씀은 신령진리들에 일치하여 사는 것을 뜻하고, 눈이 대상물들을 보는 것과 같이, 자신들 안에서 내적으로 신령진리들을 보는 것을 뜻하기 때문입니다. 왜냐하면 내면적인 이해(the interior understanding)에 속한 것을 가리키는 영적인 시각의 대상물들은 영적인 진리들을 가리키는데, 그것은 그 이해 안에 있는 자들에 의하여 보여지기 때문입니다. 그것은 마치 우리의 안전(眼前)에서 보여지는 자연적인 대상물과 꼭 같습니다. 여기서 "빛"(light)은, 그들이 가지고 있는 주님에게서 비롯된 내면적인 조요에서 온 신령진리에 속한 지각을 뜻합니다(본서 796항 참조). 그리고 "걷는다"(=다닌다·to walk)는 말은 사는 것을 뜻합니다(본서 167항 참조). 따라서 명확한 것은 "새 예루살렘의 빛 가운데로 다닐 것이다"는 말씀은 내면적인 조요로 말미암아 신령진리들을 지각하고, 본다는 것과, 그리고 그것들에 일치하여 산다는 것을 뜻한다는 것입니다. 그러나 이러한 내용은 반드시 설명되어야만 하겠습니다. 그 이유는 여기서 "민족들"이 뜻하는 사람들이 누구인지 모르기 때문이고, 우리의 본문 뒷부분에 언급된 "왕들"이 뜻하는 자들이 누구인지 모르기 때문입니다. 여기서 "민족들"은, 그것은 천적인 선이라고 부르는 선으로, 주님에게서 비롯된 사랑에 속한 선 안에 있는 자들을 뜻하고, "왕들"은, 아래 단락에서 알게 되겠지만, 주님에게서 비롯된 영적인 선에서 온 지혜에 속한 진리들 안에 있는 자들을 뜻합니다. 주님에게서 비롯된 천적인 선(the celestial good) 안에 있는 사람들은 그들의 생명 위에 각인(刻印)된 신령진리들을 가지고 있습니다. 그러므로 그들은 "걷는다" 다시 말하면, 신령진리들에 따라서 바르게 산다는 것을 뜻하고, 그리고 마찬가지로 우리의 눈이 대상물들을 보는 것과 같이, 자기 자신들 안에 있는 신령진리들을 내적으로 보는 것을 뜻합니다. 이런 주제에 관해서는 위에 설명된 것을 참조하십시오(본서 120-123항 참조). 모든 천계는 두 왕국들, 즉 천적인 왕국과 영적인 왕국으로 구분됩니다. 천적인 왕국에 속한 선은, 주님사랑에 속한 선으로, 천적인 선(the celestial good)이라고 부르고, 그리고 영적인 왕국에 속한 선은 영적인 선이라고 부르고, 그 선은, 그것의 본질 안에는 진리가 내재해 있는 지혜에 속한 선을 가리킵니다. 이런 두 왕국에 관해서는 본서 647·725·854항을 참조하십시오. 이러한 사실은 교회에 있어서도 동일합니다. 그것들이 신령율법들이기 때문에 그 계명들에 일치하여 바르게(justly) 사는 사람들은 천적인 사람들입니다. 이것은 마치 그것들이 시민법들이기 때문에, 공정의 명령들(the commandments of justice)에 따라서 사는 시민(a civil man)과 꼭 같습니다. 그러나 이들 사이에는 차이가 있습니다. 다시 말하면 자기 스스로, 공정에 속한 시민법들도 역시 신령율법으로 완성하는 한 계명들, 또는 율법들에 일치하는 삶에 의하여 전자는 천계의 시민입니다. 여기서는 "민족들"이, 앞에서 언급한 것과 같이, 신령진리들이 각인된 사람들을 뜻하는데, 그들이 바로 예레미야서에서 뜻하는 사람들입니다.

> 내가 이스라엘 가문과 언약을 세울 것이니, 나는 나의 율법을 그들의 가슴 속에 넣어 주며, 그들의 마음 판에 새겨 기록하여, 나는 그들의 하나님이 되고, 그들은 나의 백성이 될 것이다.……그 때에는 이웃이나 동포(=형제)끼리 서로 '너는 주를 알아라' 하지 않을 것이니, 이것은 작은 사람으로부터 큰 사람에 이르기까지, 그들이 모두 나를 알 것이기 때문이다.
> (예레미야 31 : 33, 34)

921. 땅의 왕들이 그들의 영광을 그 도시로 들여올 것입니다.
이 말씀은 영적인 선에서 비롯된 지혜에 속한 진리들 안에 있는 사람은 모두 주님을 고백하고, 그리고 그들이 가지고 있는 모든 진리나 모든 선을 주님의 공으로 돌리는 것을 뜻합니다. "땅의 왕들"은 주님에게서 온 선에서 비롯된 진리들 안에 있는 자들을 뜻합니다(본서 20·854항 참조). 그러므로 여기서는 영적인 사랑에 속한 선에서 비롯된 지혜에 속한 진리들 안에 있는 자들을 뜻합니다. 그 이유는 "민족들"이 먼저 언급되었는데, 민족들은, 앞의 단락에서 그들에 관해서 언급되었듯이, 천적인 사랑에 속한 선들 안에 있는 자들을 뜻하기 때문입니다. "영광과 존귀(=명예)를 그 도시로 들여온다" 즉 예루살렘으로 가지고 온다는 말은 주님을 고백하는 것을 뜻하고, 그리고 그들에게 있는 모든 진리와 선을 그분의 공으로 돌리는 것을 뜻하기 때문입니다. 이러한 내용이 "영광과 존귀"(glory and honor)를 가지고 오고, 돌린다는 말이 뜻한다는 것은 본서 249·629·693항에서 볼 수 있겠습니다. 왜냐하면 "영광"(glory)은 신령진리를 의미하고, "존귀"(honor)는 주님에게 속한 신령선을 의미하기 때문입니다(본서 249항 참조). "민족들과 왕들"이 "만국과 백성"이 뜻하는 것과 동일한 것을 뜻한다는 것은 위에서 언급하였습니다(본서 483항 참조). "만국들"(nations)은, 사랑에 속한 선 안에 있는 자들을 뜻하고 "백성"(peoples)은 지혜에 속한 진리들 안에 있는 자들을 뜻합니다. 그 반대의 뜻을 뜻하기도 합니다. 그러므로 성경의 수많은 곳에 "만국과 백성"이 언급되어 있으며, "만국과 백성"은, 아래 장절에서와 같이, 언급되어 있습니다.

모든 왕이
다 그의 앞에 엎드리게 하시고,
모든 백성이 그를 섬기게 해주십시오.
(시편 72 : 11)
네가 이방 나라들의 젖을 빨며,
뭇 왕의 젖을 빨아먹을 것이니,
이것으로써, 너는 나 주가 너의 구원자이며,
너의 속량자요,
야곱의 전능자임을 알게 될 것이다.
(이사야 60 : 16)
이민에는 바빌로니아 사람들이 많은 강대국들과 대왕들을 섬길 것이다.
(예레미야 25 : 14)

주께서 임금님의 오른쪽에 계시니,
그분께서 노하시는 심판의 날에,
그분께서 왕들을 다 쳐서 흩으실 것입니다.
그분께서 뭇 나라를 심판하실 때에,
그 통치자들을 치셔서,
그 주검을 이 땅 이곳 저곳에
가득하게 하실 것입니다.
(시편 110 : 5, 6)

그 밖에 여러 장절들이 있습니다.

922. 25절. 그 도시에는 밤이 없으므로, 온종일 대문을 닫지 않을 것입니다.
이 말씀은, 거기에서 그 어떤 믿음에 속한 거짓이 없기 때문에, 주님에게서 온 사랑에 속한 선에서 비롯된 진리들 안에 있는 사람은 계속해서 새 예루살렘에 영접, 수용될 것이다는 것을 뜻합니다. "온종일 대문을 닫지 않는다"는 말씀은 안으로 들어오기를 바라는 자들은 쉼 없이 허락된다는 것을 뜻합니다. 여기서 "낮"은 계속적인 것을 뜻하는데, 그 이유는 거기에는 언제나 빛이 있기 때문입니다(21 : 11, 23). 그리고 그 뒤에는 "밤이 없다"고 언급되었기 때문입니다. 주님에게서 온 사랑에 속한 선에서 비롯된 진리들 안에 있는 자들이 계속해서 영접, 수용된다는 이유는, 앞에서 여러 번 입증한 것과 같이, 새 예루살렘의 빛은 사랑에 속한 선에서 비롯된 진리를 가리키고, 사랑에 속한 선은 주님에게서 온 것이기 때문입니다. 그리고 이 빛에는, 주님에게서 온 선에서 비롯된 진리들 안에 있는 사람들을 제외하면, 다른 누구도 들어갈 수 없기 때문입니다. 만약에 낯선 사람들이 들어가려고 한다면 그들은 수용되지 않는데, 그 이유는 그들이 자신들의 성미에 맞지 않고, 그들은 자발적으로 그 곳을 떠날 것이기 때문입니다. 그 이유는 그들이 그 빛을 감당할 수 없을 것이기 때문입니다. 다시 말하면 그 빛은 그들을 쫓아낼 것이기 때문입니다. "거기에는 밤이 없다"는 말은, 거기에는 믿음에 속한 거짓이 결코 있지 않다는 것을 뜻합니다. 왜냐하면 "밤"은 "낮"에 정반대이고, 그리고 "빛"은 앞에서 언급한 것과 같이, 주님에게서 온 사랑에 속한 선에서 비롯된 진리를 뜻하기 때문문입니다. 그러므로 "밤"은 주님에게서 온 사랑에 속한 선에서 비롯되지 않았다는 것을 뜻하기 때문입니다. 그리고 이것이 바로 믿음에 속한 거짓을 가리킵니다. 요한복음서에서 "밤"은 곧 믿음에 속한 거짓을 뜻하고 있습니다.

> (예수께서 대답하셨다.) "우리(=나)는 나(=우리)를 보내신 분의 일을 낮 동안에 해야 한다. 아무도 일할 수 없는 밤이 곧 온다.
> (요한 9 : 4)

누가복음서의 말씀입니다.

> 그 날 밤에 두 사람이 한 잠자리에 누워 있을 터이나, 하나는 데려가고, 다른 하나는 버려 둘 것이다.
> (누가 17 : 34)

여기서는, 믿음에 속한 거짓 이외에는 아무것도 존재하지 않을 때인, 교회의 마지막 때를 다루고 있습니다. 여기서 "잠자리"(=침대)는 교리를 뜻합니다(본서 137항 참조).

923. 사람들은 민족들의 영광과 명예를 그 도시로 들여올 것입니다.
이 말씀은, 거기에 들어오는 사람들이, 주님께서 천지(天地)의 하나님이시다는 것과 교회의 모든 진리나 종교의 모든 선은 주님에게서 온 것이다는 고백·시인·믿음을 가지고 올 것이다는 것을 뜻합니다. "영광과 명예(=존귀)를 그 도시로 가지고 온다"는 말이 주님을 고백하고, 그들이 가지고 있는 모든 선을 그분의 공으로 돌린다는 것을 뜻한다는 것은 앞서의 설명에서 잘 알 수 있겠습니다(본서 921항 참조). 여기서도 동일한 내용을 뜻하지만, 그것과 차이가 있다면, 거기에서는 그것들을 거기에 가지고 올 사람들은 "땅의 임금들"이 뜻하는 자들이지만, 그러나 여기서는 "민족들"이 뜻하는 사람들입니다. 왜냐하면 "사람들은 민족들의 영광과 명예(=존귀)를 그 도시로 들여올 것이다"고 언급하고 있기 때문입니다. 그리고 "민족들"(nations)은 삶에 속한 선 안에 있고, 주님을 믿는 사람들을 뜻하고(본서 920항 참조), 그리고 주님에게서 온 사랑에 속한 선에서 비롯된 진리들 안에 있는 자들의 영접(迎接·reception)이 다루어지고 있기 때문입니다(본서 922항 참조). 그러므로 뒤이어지는 우리의 본문 "사람들은 민족들의 영광과 명예를 그 도시로 들여올 것이다"는 말씀은, 주님께서 천지(天地)의 하나님이시다는 것과 교회의 모든 진리와 종교의 모든 선은 주님께서 가지고 있으시다는 고백·시인·믿음을 그들이 가지고 올 것이다는 것을 뜻합니다. 이사야서의 이런 것들도 이와 가까운 뜻을 뜻합니다.

"내가 예루살렘에
평화가 강물처럼 넘치게 하며,
뭇 나라의 부귀영화가
시냇물처럼 넘쳐서 흘러 오게 하겠다."
너희는 예루살렘의 젖을 빨며,
그 팔에 안기고,
그 무릎 위에서 귀여움을 받을 것이다.
(이사야 66 : 12)

이 장절은 교회에 속한 진리와 종교에 속한 선에 관해서 언급하고 있습니다. 그 이유는 교회와 종교는 서로 다르기 때문입니다. 교회는 교리로 말미암아 교회라고 부르고, 종교는 그 교리에 일치하는 삶으로 말미암아 종교라도 부릅니다. 모든 교리는 진리라고 부르고, 그것의 선은, 교리가 오직 선을 가르치기 때문에, 진리입니다. 그러나 교리가 가르치는 것들에 일치하는 삶의 모든 것을 선이라고 하는데, 그것은 교리에 속한 진리들을 행하는 것이 선이다는 것과 같습니다. 이러한 내용이 교회와 종교 사이의 구분입니다. 그럼에도 불구하고, 교리는 있지만, 삶이 없는 곳이라면, 거기에 교회나 종교가 있다고 할 수는 없습니다. 그 이유는, 교리가 삶을 자기 자신과 같은 하나(as one)로 존중하기 때문입니다. 그것은 진리와 선, 믿음과 인애, 지혜와 사랑, 이해와 의지의 경우에서도 꼭 같습니다. 그러므로 교리가 있고, 삶이 없는 곳에 교회는 결코 존재하지 않습니다.

924. 26절. **속된 것은 무엇이나 그 도시에 들어가지 못하고, 가증한 일과 거짓을 행하는 자도 절대로 거기에 들어가지 못한다.**
이 말씀은, 성언에 속한 선들을 섞음질하고(=모독하고), 성언에 속한 진리들을 위화(僞化)하는 사람들, 그리고 잘못된 확증과 그것에서 비롯된 거짓들로부터 악을 일삼는 자들은 어느 누구도 새 예루살렘이 가리키는 주님의 새로운 교회에 영접, 수용되지 못할 것이다는 것을 뜻합니다. "들어가지 못한다"는 말은, 위에서 언급한 것과 같이, 영접, 수용되지 않는다는 것을 뜻하고, "속된 것"(=불결한 것)은, 성언에 속한 선의 섞음질(=모독)과 진리의 위화를 가리키는(본서 702·728항 참조), 영적인 음행(spiritual whoredom)을 뜻합니다. 왜냐하면 이것은 바로 불결(不潔)과 불순(不純) 자체이기 때문입니다. 그 이유는 성언은 청결(淸潔)과 순결(純潔) 자체이기 때문입니다. 그리고 이것은 그것이 왜곡되고, 악용될 때, 온갖 악들이나 거짓들에 의하여 더럽혀지기 때문입니다. 그리고 섞음질(=모독)과 음행 따위가 성언의 선들의 섞음질에, 그리고 진리의 위화에 대응한다는 것은 본서 134·632항을 참조하십시오. "가증한 일들을 행하고, 거짓을 행한다"는 말은 악들을 행하고, 따라서 온갖 거짓들을 행하는 것을 뜻합니다. "가증한 것들"(=역겨움·혐오·abominations)은 온갖 종류의 악들, 특히 십성언에 거명된 그런 것들을 뜻합니다(본서 891항 참조). 그리고 "거짓말"(a lie)은 온갖 종류의 거짓들을 뜻하는데, 여기서는, 본질적으로 악들을 가리키는, 악에 속한 거짓들을 뜻합니다. 그러므로 악들을 확증하는 거짓들을 뜻하는데, 그것은 곧 확증된 악과 동일한 것입니다. "거짓말"이 교리에 속한 거짓을 뜻하는 이유는 영적인 거짓말이 그 밖의 다른 것이 아니기 때문입니다. 따라서 "거짓말을 한다"는 것은 교리에 속한 거짓에 따라서 사는 것을 뜻합니다. 성경에서 "거짓말"이 교리에 속한 거짓을 뜻한다는 것은 아래 장절들에게서 확실합니다.

너희는 자랑하기를
"우리는 죽음과 언약을 맺었고,
그들(=지옥)과 협약을 맺었다.
거짓말을 하여 위기를 모면할 수도 있고,
속임수를 써서 몸을 감출 수도 있으니,
재난이 닥쳐와도
우리에게는 절대로 미치지 않는다."
(이사야 28 : 15)
누구나 이렇게 자기 이웃을 속이며,
서로 진실을 말하지 않고 있다.
그들의 혀는 거짓말을 하는 데

길들여져 있다.
죄짓는 일을 그치려 하지 않는다.
(예레미야 9 : 5)
이 백성은 반역하는 백성이요,
거짓말을 하는 자손으로서,
주의 율법은
전혀 들으려 하지 않는 자손이다.
(이사야 30 : 9)
허황된 꿈들을 예언이라고 떠들어대는 자들은 내가 대적하겠다.······그들은
거짓말과 허풍으로 내 백성을 그릇된 길로 빠지게 하는 자들이다.
(예레미야 23 : 32)
점장이는 거짓 환상을 본다.
그들은 꾸며낸 꿈 이야기를 하며,
헛된 말로 위로하니,
백성은 양 떼 같이 방황하며,
목자가 없으므로 고통을 당한다.
(스가랴 10 : 2)
그들은 헛된 환상을 보고, 속이는 점괘를 보며, 내가 그들을 보내지도 않았
는데 내가 일러준 말이라고 하면서 예언을 하고 또 그 말이 이루어지기를
기다리고 있다!······너희가 헛된 것을 말하고 속이는 것을 보았기 때문에,
내가 너희를 치겠다.······헛된 환상을 보고 속이는 점괘를 말하는 그 예언
자들을 내가 직접 치겠다.
(에스겔 13 : 6-9 ; 21 : 29)
너는 망한다! 피의 도성!
거짓말과 강포가 가득하며
노략질을 그치지 않는 도성!
(나훔 3 : 1)
내가 예루살렘의 예언자들에게서
끔찍한 일들을 보았다.
그들은 간음을 하고 거짓말을 한다.
(예레미야 23 : 14)
예언자와 제사장까지도
모두 한결같이 백성을 속였다(=거짓말을 하였다).
(예레미야 8 : 10)
이스라엘은

서로 속이고,
안으로 들어가서 도둑질하고,
밖으로 나가서 떼지어 약탈한다.
(호세아 7 : 1)
너희는 너희의 아버지인 악마에게서 났다. 또 그 아버지의 욕망대로 하려
고 한다, 그는 처음부터 살인자였다. 또 그는 진리 편에 서지 않는다. 그것
은 그 속에 진리가 없기 때문이다. 그가 거짓말을 할 때에는 본성에서 그
렇게 하는 것이다. 그는 거짓말쟁이요, 거짓의 아버지이기 때문입니다.
(요한 8 : 44)

여기의 "거짓말"(a lie)이 이러한 거짓을 뜻하는 것입니다.

925. 다만 어린 양의 생명책에 기록되어 있는 사람들만이 들어갈 수 있습니다.
이 말씀은, 주님을 믿고, 성경에 있는 주님의 계명들에 따라서 사는 자들을 제외하면 다른 어느 누구도, 새 예루살렘이 가리키는, 새로운 교회에 영접되지 않는다는 것을 뜻합니다. 이러한 내용이 "생명책에 기록되었다"는 말이 뜻하는 것이다는 것은 본서 874항을 참조하십시오. 여기서 그것에 그 밖의 더 자세한 내용은 부연할 필요가 없겠습니다.

926. 여기에 <영계 체험기>를 부연하겠습니다.
내가 묵시록서 20장을 해설하면서, "용・짐승・거짓 예언자"에 관해서 깊이 생각하고 있을 때, 어떤 사람이 나에게 나타나서, "귀하께서는 깊이 생각하는 것이 무엇입니까?"라고 물었습니다. 나는, 그것이 바로 거짓 예언자에 대한 것입니다 라고 대답하였습니다. 그 때 그는 나에게 "나는 귀하를 거짓 예언자가 뜻하는 자들이 있는 곳으로 안내하겠습니다" 하고 말하였습니다. 그는, 그들은 바로 묵시록 13장에서 "'어린 양처럼 뿔이 둘 있고, 용처럼 말하는 땅에서 올라온 짐승'이 뜻하는 자와 꼭 같은 자들입니다"라고 나에게 말하였습니다. 나는 그의 뒤를 따라갔습니다. 나는 많은 무리를 보았습니다. 그 무리 가운데는 지도자들이 있었는데, 그들은 믿음(faith) 외에는 어느 것도 사람을 구원할 수 없다는 것과, 행위가 선하다고 해도 그 선행이 구원을 위해서 아무것도 되지 못한다는 것을 가르쳤습니다. 더욱이 그들은, 평신도들

이, 특히 소박한 사람들이 통치자들(the magistrates)에게 복종하는 속 박들 안에서 보다 더 꼼짝 못하고 매어 있도록 하는 것을 성경에서 배 워야 한다는 것을 가르쳤습니다. 그것은 마치 종교로 말미암아 하듯이, 따라서 도덕적인 자선행위를 하도록 강요를 받아서 하는 것과 같았습 니다. 그 때 그들 중의 하나가 나를 보면서, "우리의 믿음의 대표적인 성상(聖像)들이 있는 성지(聖地·shrine)를 보시겠습니까?"라고 말하였 습니다. 나는 가까이 다가가서 그 성지를 보았습니다. 놀랍게도 그 성 지는 무척 컸습니다. 그 중앙에는 한 여인의 상(像)이 있었는데, 그녀 는 붉은 옷을 입고 있었고, 오른손에는 금으로 만든 금화(金貨)가 있었 고, 왼손에는 진주로 된 사슬이 있었습니다. 그러나 이들 성지나 여인 상은 모두가 환상들에 의하여 지어낸 것이었습니다. 왜냐하면 지옥적 인 영들은 온갖 환상들에 의하여 마음의 내면적인 것들은 닫아 버리 고, 오직 마음의 외면적인 것들만을 열게 하는 짓을 통하여 놀라운 것 들을 묘사할 수 있기 때문입니다. 그러나 나는 그것들이 이런 부류의 마술적인 것들이다는 것을 알고, 나는 주님에게 기도하였습니다. 그러 자 갑자기 내 마음의 내면적인 것들이 열리게 되었습니다. 나는 그 때 지붕에서부터 밑바닥까지 전혀 어울리지 않는, 갈라진 틈으로 가득 찬 한 가옥이 그 굉장한 성지에 있는 것을 보았습니다. 나는 그 여인상 대신에, 머리는 용의 머리와 같고, 몸은 표범의 것과 같고, 발은 곰의 것과 같고, 따라서 마치 바다에서 올라온 짐승의 표현과 같은(묵시록 13장), 한 형상이 그 집 안에 걸려 있는 것을 보았습니다. 그리고 마당 대신에 늪이 있었습니다. 그 늪에는 무수한 개구리들이 있었습니다. 내게 일러진 것은 그 늪 아래에는 잘 다듬은 큰 돌이 있고, 그리고 그 밑에는 잘 숨겨둔 성언(聖言)이 있다는 것이었습니다. 내가 이런 것들 을 알게 되어서, 나는 그 마술사에게 "이것이 바로 그대의 성지입니 까?"라고 물었습니다. 그는 그렇다고 대답하였습니다. 그러나 그 때 갑자기 그의 내면적인 시각이 열리었고, 그는 내가 본 것과 동일한 것 을 보았습니다. 그 광경을 보자, 그는 큰 소리로 "이것이 무엇이냐? 어디에서 이것들이 왔지?" 하고 외쳤습니다. 나는 그에게 그것은 천계 의 빛으로 말미암은 것인데, 그 천계의 빛은 모든 형체의 됨됨이(性稟) 를 까발리는데 여기서는 영적인 인애에서 분리된 그대의 믿음의 됨됨 이를 드러내 보여 준 것입니다 라고 말하였습니다. 그 때 갑자기 동풍이 일고, 거기에 있는 모든 것들을 휩쓸어 갔고, 늪은 말라버렸고, 따라서 그것 밑에 성언이 있던, 그 돌만 드러나게 되었습니다. 이런 일이 있은 뒤, 하늘로부터 봄철의 볕과 같은 기운이 불어왔습니다. 보십시오, 그 때 그 동일한 곳에, 그것의 겉모양으로는 소박한 한 성전(聖殿)이 보였습니다. 나와 함께 있던 천사가 "보십시오. 세 천사들이 그에게 찾아와서, 이삭이 태어날 것을 알려주었던 그것과 같은 아브라함의 성막입니다. 이것은 비록 초라하게 보이지만, 하늘로부터 빛의 입류에 따라서 더욱 더 장엄하게 보입니다"라고 말하였습니다. 그들에게 지혜의 상태에 있는 영적인 천사들이 있는 천계가 열리는 것이 허락되었습니다. 그 때 거기에서 유입하는 빛으로 말미암아 그 성막은, 예루살렘에 있는 것과 꼭 같은 성전과 같이 나타났습니다. 나는 그 안을 살펴보았습니다. 나는 그 주춧돌을 보았고, 그 밑에는 성언이 정교하게 놓여 있었습니다. 그 성언은 여러 보석들로 치장하였습니다. 그것에서부터 말하자면 번갯불이 성벽에 번쩍이듯 하였는데, 그 때 성벽에는 그룹(=게르빔)의 형체가 나타났고, 성벽들은 온갖 색깔로 아름답게 영롱이였습니다. 나는 이런 일들을 보고, 무척 놀랐습니다. 그 천사가 "귀하께서 이런 것들 보다 더 놀라운 것들을 보시게 될 것입니다"라고 나에게 말하였습니다. 그들에게, 사랑의 상태 안에 있는 천적인 천사들이 있는 삼층천이 열리는 것이 허락되었습니다. 그 때 거기에 유입한 빛으로 말미암아 그 성전 전체가 흔적도 없이 사라지고, 그 장소에는, 성언이 있었던 주춧돌 위에 서 계시는 주님만 홀로 보이셨습니다. 이 광경은 요한이 묵시록서 1장에서 본 그것과 꼭 같았습니다. 그러나 그 때 거룩함(holiness)이 천사들의 마음의 내면적인 것들을 가득 채웠기 때문에, 그 일로 인하여 그들의 얼굴을 땅으로 떨구어야 하는 충격이 있었기 때문에, 주님께서는 삼층천에서 오는 빛의 길을 닫으셨고, 그리고 이층천에서 오는 빛을 위해 그 길을 여셨습니다. 이런 일로 인하여 종국에는 성전의 종전 광경으로 바뀌었고, 따라서 성전이 있는 성막의 광경이 보여졌습니다. 이러한 설명은 우리의 본문장에 있는 아래의 말씀의 뜻을 알게 하기 위한 것입니다.

"보아라,
하나님의 집이 사람들 가운데 있다.

하나님께서 그들과 함께 계실 것이요."
(묵시록 21 : 3)

그리고 이 말씀이 뜻하는 것이기도 합니다.

나는 그 안에서 성전을 볼 수 없었습니다. 그것은 전능하신 주 하나님과 어린 양이 그 도시의 성전이시기 때문입니다.
(묵시록 21 : 22)

이러한 자세한 내용은 본서 882항과 918항을 참조하십시오.

≪묵시록 계현≫ 4권 끝

□ 옮긴이 약력

.이 영 근 서강대학교 경상대학 경제학과, 중앙대학교 사회개발 대학원 사회복지학과, 한국 새교회 신학원에서 공부하였으며, 예수교회 목사로 임직한 이후 예수교회 공의회 의장을 역임하였고, 월간「비지네스」편집장, 월간「산업훈련」편집장, 한국 IBM(주) 업무관리부장을 역임하였다. 현재 예수＋교회 제일예배당 담임목사이고,「예수＋교회」발행인 겸 편집인, 도서출판〈예수인〉대표이다.

역서로는 스베덴보리 지음〈창세기1·2·3장 영해〉(1993),〈순정기독교 상·하〉(공역·1995),〈최후심판과 말세〉(1995), 우스터 지음〈마태복음 영해〉(1994), 스베덴보리 지음〈천계비의1권〉아담교회·2권 노아교회[1]·3권 노아교회[2]·4권 표징적 교회[1]·5권 표징적 교회[2]·6권 표징적 교회[3]·7권 표징적 교회[4]·8권 표징적 교회[5]·9권 표징적 교회[6]·10권 표징적 교회[7]·11권 표징적 교회[8]·12권 표징적 교회[9]와 13권 표징적 교회[10]·14권 표징적 교회[11]·15권 표징적 교회[12]·16권 표징적 교회[13]·17권 표징적 교회[14], 18권 표징적 교회[15], 19권 표징적 교회[16], 20권 표징적 교회[17], 21권 표징적 교회[18]〈천계와 지옥(上·下)〉(공역·1998),〈신령사랑과 신령지혜〉(공역·1999),〈혼인애〉(2000)〈새로운 교회·새로운 말씀〉(공역·2001), <스베덴보리 신학 총서(上·下)>(2002),〈영계일기[1]〉(공역·2003)·영계일기[2]〉(공역·2006),〈영계일기[3]〉(공역·2008),〈영계일기[4]〉(공역·2009), 새로운 교회의 사대교리〉(2003),〈묵시록 해설 1권·2권·3권〉(공역 2008)과,〈묵시록 계현 1권·2권·3권〉저서로는 <이대로 가면 기독교 또 망한다> (2001), 성서영해에 기초한 설교집〈와서 보아라〉[1]·[2](2004)와 [3](2005)이 있다.

묵시록 계현

—묵시록 17·18·19·20·21장 영해—

2010년 6월 25일 인쇄
2010년 6월 30일 발행
지 은 이 임마누엘 스베덴보리
옮 긴 이 이 영 근
펴 낸 이 이 영 근
펴 낸 곳 예 수 인

  1994년 12월 28일 등록 제 11-101호
  (우) 157-014
  연락처·예수교회 제일예배당·서울 강서구 화곡 4동 488-49
  전 화·0505-516-8771·2649-8771·2644-2188
  대금송금·국민은행 848-21-0070-108 (이영근)
        우리은행 143-095057-12-008 (이영근)
        우 체 국 012427-02-016134 (이영근)

ISBN 97889-88992-43-2 04230(set)   값 40,000원
ISBN 97889-88992-45-6 04230

◇ 예수인의 책들 ◇

순정기독교(상·하) 스베덴보리 지음 · 이모세 · 이영근 옮김 각권 값 20,000원
혼인애 스베덴보리 지음 · 이영근 옮김 값 35,000원
천계와 지옥(상·하) 스베덴보리 지음 · 번역위원회 옮김 각권 값 11,000원
신령사랑과 신령지혜 스베덴보리 지음 · 이모세 · 이영근 옮김 값 11,000원
최후심판과 말세 스베덴보리 지음 · 이영근 옮김 값 9,000원
천계비의 ① **아담교회** —창세기 1-5장 영해— 스베덴보리 지음 · 이영근 옮김 값 11,000원
천계비의 ②③ **노아교회** [1]·[2] —창세기 6-8장 / 9-11장 영해— 스베덴보리 지음 · 이영근 옮김 각권 값 11,000원
천계비의 ④-⑱ **표징적 교회** [1]·[2]·[3]·[4]·[5]·[6]·[7]·[8]·[9]·[10]·[11]·[12]·[13]·[14]·[15] —창세기 12-14/15-17/8-19/20-21/22-23/24-25/26-27/28-29/30-31/32-34/35-37/38-40 /41-42장 /43-46/47-50장 영해— 스베덴보리 지음 · 이영근 옮김 각권 값 11,000원
천계비의 ⑲ **표징적 교회** [16]·[17]·[18] —출애굽기1-4/5-8장/9-11장 영해— 스베덴보리 지음 · 이영근 옮김 각권 값 14,000원
묵시록 해설[1]·[2]·[3] 스베덴보리 지음 · 이영근 · 박예숙 옮김 각권 값 15,000원
묵시록 계현[1]·[2]·[3] 스베덴보리 지음 · 이영근 옮김 각권 값 40,000원
스베덴보리 신학총서 개요 (상·하) 스베덴보리 지음 · M. 왈렌 엮음 · 이영근 옮김 각권 값 45,000원
영계 일기[1]·[2]·[3]·[4] 스베덴보리 지음 · 안곡 · 박예숙 옮김 각권 값 11,000원
새로운 교회의 사대교리 스베덴보리 지음 · 이영근 옮김 값 40,000원
이대로 가면 기독교 또 망한다 이영근 지음 값 12,000원
성서영해에 기초한 설교집 ≪와서 보아라≫[1]·[2]·[3] 이영근 지음 각권 값 9,000원

* 이 책들은 영풍문고 · 교부문고 · ≪예수인≫본사에서 구입할 수 있습니다.